HUMANITIES AND SOCIETY

英国工人阶级的形成（下）

Edward P. Thompson

[英国] E.P.汤普森 著　钱乘旦 等 译

译林出版社

图书在版编目（CIP）数据

英国工人阶级的形成／（英）汤普森（Thompson, E. P.）著；钱乘旦等译．—南京：译林出版社，2013.1（2023.9重印）
（人文与社会译丛）
书名原文：The Making of the English Working Class
ISBN 978-7-5447-3395-3

Ⅰ.①英… Ⅱ.①汤…②钱… Ⅲ.①无产阶级－研究－英国 Ⅳ.①D756.161

中国版本图书馆CIP数据核字（2012）第269143号

英国工人阶级的形成 ［英国］E.P.汤普森／著 钱乘旦 杨 豫 潘兴明 何高藻／译

责任编辑 张海波
特约编辑 陈秋实
装帧设计 胡 苨
责任印制 董 虎

原文出版 Vintage Books, New York, 1966
出版发行 译林出版社
地　　址 南京市湖南路1号A楼
邮　　箱 yilin@yilin.com
网　　址 www.yilin.com
市场热线 025-86633278
排　　版 南京展望文化发展有限公司
印　　刷 江苏凤凰扬州鑫华印刷有限公司
开　　本 880毫米×1230毫米 1/32
印　　张 33
插　　页 4
版　　次 2013年1月第1版
印　　次 2023年9月第7次印刷
书　　号 ISBN 978-7-5447-3395-3
定　　价 （上下册）168.00元

目　　录

（下册）

第三部　工人阶级的存在

第三部　工人阶级的存在

"革命开始了，
回家去拿枪，
瞄准威灵顿公爵，射。"

——贝尔珀的街头歌谣

"人民不愿……为追求光辉的戏剧效果而选择叛乱。"

——威廉·黑兹利特

第十三章　激进的威斯敏斯特 451

在通讯会瓦解、人身保护法中止以及所有的“雅各宾”表现形式都被宣布为非法之后，民众的激进主义并没有消失。它只不过失去了连续性而已。它在书报检查与威胁恐吓下的数年间，难于公然发表见解。它失去了宣传阵地，失去了组织机构，还失去了明确的方向。但它在整个战争期间仍然存在，仍然是看得见摸得着的。要把这些不连贯的事件写成一部连续的历史是困难的，不过我们还要尽量去做。

1797年，正当皮特在全国大肆镇压之际，格雷和福克斯向下院提出了最后一个动议，为房产持有人争取选举权。随后，福克斯和他那批剩余的贵族辉格党“共和人士”退出下院，抗议人身保护法的中断和反对战争。他们退到各自的庄园上去，隐退到寻欢作乐之中，做做学问，或者在霍兰公馆和布鲁克斯俱乐部里清谈一番。他们富裕而有影响，所以不可能被完全排除在政治生活之外。他们牢固地掌握着衰败的选邑，而这些选邑，恰恰是他们自己的原则所不容的。[①] 1800年以后，他们又回到议院，重新坐上他们的席位。虽然这批人对于服从多数人的民主信条只是说说而已；但其中个别人——如塞缪尔·罗米利爵士、塞缪尔·惠特布雷德、H.G.贝内特等，却一次又一次地在下院挺身而出，捍卫政治自由或社会权利。1797至1802年间，福克斯大概

① 当时最妙的一个讽刺就是1800年霍恩·图克作为最衰败的选邑老萨勒姆的议员当选，但他因有关的规定的原因而丧失资格，因为他以前担任过教会牧师。

是改革的惟一保护伞。到处都有人在一起聚会，为福克斯和格雷的健康干杯，他们要求恢复政治上的自由，为实现和平而上书请愿。在诺里季，以前的雅各宾派就这样聚会，并且从 1799 年起开始举行“自由之友的每月公开会”。[2]

但这类团体哪怕只要一露踪迹，马上就会引起官员的注意，
452 并导致反雅各宾政论作家们的猛烈抨击——其中颇为尖酸刻薄的一人，就是新近从美国回来的办报人威廉·科贝特，他在美国是一个反雅各宾的雄辩家，回国后，他的爱国行径受到嘉奖，陆军大臣温德姆资助他创办了《政治纪事报》(1802 年)。但即便公开的改革派被驱散或不得不转入地下，在 1799 年到 1802 年，普遍的不满仍在蔓延。拿破仑的大陆封锁使英国的工业停滞，失业率上升，物价高涨。厂商们为和平而请愿，博得公众舆论的日益支持，这就迫使皮特摊牌。抢粮风潮席卷全国；还有证据表明，存在一个有组织的地下反抗运动。[3]

短暂的亚眠和约时期(1802 年 4 月至 1803 年 5 月)造成一个新的阶段，皮特暂时让位给阿丁顿(即后来的西德默思勋爵)，这是个软弱的首相，尽管他在反雅各宾、继承镇压传统方面是坚定的。战争打了快十年，和平的消息使人欣喜若狂，张灯结彩。拿破仑的使节在伦敦大街上被人们拉着一起凯旋游行，科贝特的办公室则被人捣毁，因为《纪事报》主张继续打下去。满心好奇的辉格党人和改革派人士，包括福克斯自己，成群涌到巴黎去，看看那新成立的共和国。(1795 年曾把自己的军服丢给约克“兔崽子”的桑顿中校，这次到巴黎时带了一队猎狐犬和马，还

---

② 人民一分子：《致在天使酒店聚会……庆祝 C.F. 福克斯生日的该协会的第三十六封信》(诺里季，1799)。

③ 见下文，第 472—484 页。

有一箱手枪,作为礼物送给第一执政[拿破仑])。

和平带来了一次大选,大选中,有五、六个选区推出的候选人得到雅各宾派的支持,并且取得惊人的成功。在肯特郡,通讯会曾一度在该郡中部市镇有很大的实力,一位福克斯派候选人挫败了现任议员。在考文垂,在那些严重的骚乱之后,激进派候选人仅以八票之差而落选。在诺里季,陆军大臣温德姆落选,两名福克斯派候选人在雅各宾派的积极支持下当选议员。在诺丁汉,福克斯派的市政团和兴高采烈的人民群众支持一位改革派人士当选为议员之后,出现了兴奋异常的场面。乐队在游行中奏《新纪元》和《马赛曲》,三色旗飘扬,还有(据一位反雅各宾的 453
小册子作家说)"一个全裸的女性扮成理性女神,她是在场的显眼人物!!!"科贝特曾说,诺丁汉民众"在任何方面都是……一群共和革命的暴徒"。但 1803 年,下院借口推说骚乱者威胁了选民,因此撤销了得胜者当选的资格;这件事被作为提出立法以加强乡村法官在工业城镇的权力的机会。④

但大选中最轰动的事件发生在米德尔塞克斯,即当年威尔克斯的选区。三年来丑闻不断,暴露了那些"受人身保护的罪犯"即伦敦通讯会和联合英格兰人被捕成员所受到的待遇,他们没有被及时送交审讯,就被关在冷泉场监狱,置于典狱官阿里斯的看管下。霍恩·图克的朋友、议员弗朗西斯·伯德特爵士曾收到受难者的一件上诉书(据科贝特后来说),上诉书是用小木片蘸血写在一本书的衬页上的。伯德特发现,有些犯人已经虚弱

---

④ J. 鲍尔斯:《上次大选之感想,表明雅各宾主义在进展》(1802),第 3—4 页;《魄力的好效率》(1804),第 141 页。改革派愤怒驳斥鲍尔斯的裸体女士的说法,斥其为谎言,见《关于诺丁汉上次竞选的十封信》(诺丁汉,1803),第 24—25 页;萨顿:《诺丁汉纪实》,第 244 页。真实情况或许是关于游行队伍中有一个妇女"穿着肉色的衣服",见《致约翰·鲍尔斯》(诺丁汉,1803),第 9 页。

不堪，“形容枯槁”，于是就经办这些案子（尤其是德斯帕德中校的案子），并在下议院内外四方投诉。一夜间，伯德特就成了伦敦人心目中的英雄，人们高喊：“不要巴士底狱！”1802 年，伯德特参加米德尔塞克斯的竞选，与一个现任议员对抗，这个人名叫梅因沃林，是政府的支持者，同时又是地方官，与阿里斯有联系。这场竞争引起全国的注意。1794 年曾被上枷示众的约翰·弗洛斯特成为伯德特的助手，其他一些以前的雅各宾派和被关押过的人也都来协助伯德特竞选。当时还是托利党的科贝特慨叹说：

> 从皮卡迪利到设在布伦特福德的投票点，一片混乱和煽动暴乱的景象实属前所未见，除非在革命最恐怖的年代的巴黎郊区。……一路上……从圣贾尔斯教堂起到处都是衣衫褴褛的痞子，咆哮着“弗朗西斯·伯德特——不要巴士底狱”。在投票点，每天都有五、六个分配到感化院去的犯人受雇在那里用咒骂去反对梅因沃林先生当选并以此逗引乌合之众的高兴。

伯德特的胜利是张灯结彩的信号，其规模与庆祝和平时不相上
454 下。科贝特哀叹道：“它会引起一种极可怕的效果，它会使这个畸形发展和堕落的都会里的那部分不守法的、不正直的人胆大起来和人数多起来。”⑤

就连兰开郡都出现了竞争。当时一位女士向“雅各宾式的群氓”发表演说，她说：“这是一场皮鞋与木鞋之间的竞争，是好衣服与坏衣服之间的竞争，是富裕与贫穷之间的竞争，只要人民

---

⑤ 当选者宾（辉格党），3843 票，伯德特（激进派），3207 票，未当选者梅因沃林（托利党），2936 票。见科贝特《政治纪事报》，1802 年 7 月 10、17、24 日；J. G. 阿尔杰：《拿破仑的英国客人和俘虏》（1904）；J. 德尚：《法国大革命时的英国下腹部》（布鲁塞尔，1949），第 5 章；M. W. 帕特森：《弗朗西斯·伯德特爵士》（1931），第 4、7 章。

决定伸张其权利,他们就能得到一切。”[6] 看起来,一场比 1792 至 1795 年声势更浩大的运动正在形成。假如有五年的和平,英国历史的进程就有可能重写。但事态的发展把一切都搅乱了。1802 年 11 月,德斯帕德中校因叛国罪被捕;一月份,他被处死。[7] 1802 至 1803 年之交的冬季,英法关系恶化,1803 年 5 月,两国重新交战。

不过对许多改革派来说,这场战争的性质变了。1802 年,拿破仑成为终身第一执政;1804 年,他接受王冠,成为世袭皇帝。潘恩的忠实信徒是不能吞下这个苦果的。坚定的雅各宾派受此重创,正如当初较温和的改革派对罗伯斯庇尔感到沮丧一样。不管英国改革派如何企图划清界限,他们的士气却与法国的命运紧密相连。第一帝国给英国共和主义沉重的一击,英国自此以后一直不能从这个打击中恢复过来。《人权宣言》在控诉国王的权力、中世纪的野蛮制度和世袭的称号时最为激愤;而当战争进行下去时,拿破仑却与梵蒂冈和解,晋封一批人为王,提拔一个新的世袭贵族,这些都使法国丧失了它最后的一点革命吸引力。“新纪元”甚至在诺丁汉人的记忆中都褪色了;如果自由之树还要生长,它就必须嫁接到英国的树干上来。

现在,在许多人眼里,法国只不过打着与英国在商业和帝国
方面竞争的幌子,而对西班牙和意大利人民进行压迫而已。 455
1803 至 1806 年,拿破仑大军在海峡对岸严阵以待,只等取得制海权。“雅各宾主义已经死了,一去不复返”,1802 年 12 月谢里登这样宣布,他此时已经加入了阿丁顿内阁,“被谁杀死? 被那个不再是雅各宾主义之子、雅各宾之斗士的人杀死了,被波拿巴

---

⑥ J.鲍尔斯:《上次大选之感想》,第 63 页。

⑦ 见后文,第 478—484 页。

杀死了。"温德姆这时已经从诺里季的失败中恢复过来,他在下院发出了一个异乎寻常的呼吁,呼吁全国团结起来,以对付战争的再起:

> 我要向那些雅各宾派呼吁——不是以爱社会秩序、爱良好的政府、爱君主制度的人的身份呼吁,而是以精神饱满的人、用他们自己的话来说是爱自由的人、高尚而热血沸腾的人的身份来呼吁——我要问他们,是否愿意套上枷锁,接受法国的压榨?⑧

战争重新开始后,志愿兵每个星期天都进行操练。也许他们并不像当时政论作家和爱国的传闻所说的那么得人心。"志愿兵"本来是个误称。很多军官都自告奋勇乐于操练,而那些杂凑起来的缺乏训练的兵众,却因失去他们惟一的休息日而倔强地反对操练。为了不让不满分子得到武器,也要煞费苦心。谢里登曾代表政府说:"在大城市,像伯明翰、设菲尔德、诺丁汉,我们宁愿看到较高阶层的联合,而在乡下农村则宁可是较低阶层的联合。"1804 年,《泰晤士报》报道说,在诺里季的

> 城里……和附近,老百姓已经对志愿去当兵的制度反感了。在星期一,他们(特别是妇女)企图阻止诺里季志愿兵团的志愿兵去集合地集合。他们辱骂军官,还责备志愿军是面包变小和谷物涨价的原因。

乡绅、律师和制造商子弟欢喜骑马穿戴整齐,去参加志愿军的舞会。贵族和中等阶级达成共同谅解,形成了后来的在彼得卢(大屠杀)场上得胜的那种"团结精神"。而在化妆舞会上,他们的姐妹挑选丈夫,正是他们使商业和土地的财富相互交融,从而使英
456 国的工业革命闻名于世。行伍的兵丁却得不到这种好处:在诺

⑧ 《科贝特议会辩论录》,卷 2,增补第 1667、1752 条。

森伯兰的一个村庄里,“志愿兵”的比例很高,其中“13个愿在步兵服役,25个愿在骑兵服役,130个愿做向导,260个愿赶运货马车,300个愿赶牲口。”⑨

但不管这潜在倾向如何,谢里登是对的。雅各宾主义作为一个从法国得到启发的运动,大体上已经死了。1802至1806年间,民众中的爱国情感的确复苏了。“波尼”[即波拿巴·拿破仑]若还受到推崇,那他是被作为一个“战士”,而不是作为人民权利的化身被推崇的。爱国主义的通俗小册子、传单、印刷品在英国到处可见。如果诺里季的妇女曾经抵制,诺森伯兰的村民曾经保持沉默,那么兰开郡成千的织工却参加了志愿兵。纳尔逊是战斗英雄,其得人心的程度是自德雷克以来在英国所仅有的。人们认为他是同情人民权利的人,也还记得他曾为了救德斯帕德中校而说情调停。他在特拉法加取得的又苦又甜的胜利(1805),成为那么多民歌民谣的主题,也是每一家酒店每一个小村庄谈论不休的话题。1806年,福克斯(在他生命的最后一年)自己进入联合政府(即“全体人才内阁”)而听任战争继续进行。⑩

然而如从前一样,激进主义还是没有被消灭。但是其论调变得难以辨认了。以前的雅各宾派变成了爱国主义者,热衷于指责拿破仑背叛共和事业,其程度不亚于拥护王朝的正统派指责他篡夺波旁王朝。(1808年,伦敦通讯会的一个前书记约翰·

---

⑨ 《科贝特议会辩论录》,卷4,1191,1362条;《泰晤士报》,1804年11月5日。时人对志愿军中土地与商业利益妥协一致的记载,可见T.A.沃德的设菲尔德日记:《回顾过去》,散见各处,并见简·奥斯汀书。

⑩ 关于民众的爱国心情,见F.克林伯格和S.赫斯维特:《警鼓咚咚……1803年的传单》(加利福尼亚大学,1944)。就连约翰·瑟尔沃尔也撰写《关于纳尔逊勋爵之死的诗和演说》(1805)。

博恩作出有意义的努力以重新唤醒过去的事业，于是出版了名叫《理性人》的杂志以支持战争和许多“雅各宾的”老要求[11]。）其他一些人，像设菲尔德的里德黑德·约克等则自感有罪，他们急于自我开脱，这种情形就像近来常在醒世言情小说中所见的那样；约克在1804年变成了“反雅各宾”的政论作家，其言词之恶毒，竟迫使科贝特厌恶之极，从而倾向于改革派一方。

457 正是从这意想不到的方面，传来了新的激进主义的号角，因为，那些使老一类的雅各宾主义风流云散的影响，也导致老一类的反雅各宾主义失去了一些势头。如果说，拿破仑是敌人，因为他是暴君，他把一切大权集于一己之手，那么皮特又如何呢？他（1804年起重掌政权，直至1806年初去世时为止）侵蚀英国的自由，不经审讯就监禁人民，贿赂报纸，利用每一种行政上的影响去支撑自己的权力。科贝特，这位好斗的托利党的报人，无论怎样丰富的想像力都不可能把他说成是雅各宾主义的人，竟在1804年开始转变立场，向政府发动论战性的攻击：

> 风向变了，从全民的热情跑回到专制主义去了：波拿巴上升到终身执政的岗位，开始了人们思想的大转变，而这转变又因他最近的篡位[即当皇帝]终于完成了。这种转变不仅预先消除了因为赞成自由的流行学说而被逮捕的危险，还能激起另一种担忧，使我们担心大臣依靠手中掌握的发行公债和纸币的机构而权势极大，并且仍在不断地扩大权势。我们虽然不叫奴隶却在事实上可能变得不比奴隶强，但又不是国王的奴隶而是当今的大臣的奴隶……。

---

[11] 这份刊名令人起敬的刊物，因缺乏支持而停办了。见《理性人》，1808年4月16日。

拿破仑的专制和皮特的专制有什么联系,在逻辑上丝毫也不清楚。科贝特在具体问题的辩论上头头是道,至于在主要原则上却往往大言不惭。不过在他越来越有力而频繁的高谈阔论中的要点却是清楚的:必须和国内的专制主义作斗争,也和国外专制主义作斗争。报纸被收买了,政府无能而腐败,豢养了一帮"马屁精、寄生虫、领取年金的人、受贿赂的议员、董事、承包商、股票经纪人、职业介绍所老板、国家大臣等人"。王室费用是派系的贿赂,是由超额收税之款支出的钱来支付的。那些"新富"的暴发户们靠战争发财,他们威胁着国王的权利和人民的自由。只有一个自由的英国,才能抵御外国的入侵。诸如此类。这是一个托利主义和激进主义的奇妙结合,他在这种结合中不指责改革派,而指责政府,说它

> ……竭力想在[人民中]传播不和的种子,想把他们再次分成雅各宾派和反雅各宾派;想寻找一个借口来实行高压政策;想制造不满和不忠,挫败人民作战的勇气,让我们拜倒在敌人的脚下。⑫ 458

科贝特言论之非同寻常不亚于改革派时机之不寻常。梅因沃林向下院请愿,推翻了 1802 年的选举结果。1804 年,米德尔塞克斯举行补选,政府动用一切手段,想把弗朗西斯·伯德特爵士赶下台,而以梅因沃林的儿子取而代之。伯德特的能力并不足以成为全国性的改革派领袖。他是贵族激进派,有意无意地模仿威尔克斯的策略方针;⑬因同索菲娅·库茨小姐结了婚而得到一大笔钱。尽管他在竞选时戏演得不错,但在以后的 10 至

---

⑫ 《政治纪事报》,1804 年 9 月 1 日。

⑬ 1804 年他在竞选演说中说:"我将……竭尽全力,使'第 45 号和自由'与我们这一代人联系在一起。"

15 年中，他在下院的表现却说明他只是一个软弱的改革派领袖。然而他到底是国内几个主张改革的代言人之一，只有他的声音能让全国听到。他不想洗清因他同霍恩·图克和亚瑟·奥康诺的友谊而给他带来的雅各宾主义的烙印。1804 年，他坚持他的立场，当民众高呼“不要巴士底狱”时，他尽情地嘲笑托利和辉格之流。15 天中，选票数在梅因沃林和伯德特之间来回上下起伏着。每天投票结束，伯德特总要对人数众多、情绪激动的人群发表演说，以“**独立**”为口号，呼吁米德尔塞克斯的自由持有农，一遍又一遍地敦促他们“积极起来去游说拉票。”米德尔塞克斯的选民能不能发出“自由而独立”的呼声？或者，是不是要把席位永久出卖给“有利害关系的酿酒商、卖酒商和啤酒商的联合控制，或地方官和承包商的联合控制”？每天投票结束时，梅因沃林也登上竞选讲台发表演说，但都被狂吼和哼声赶下台。支持梅因沃林的人在伦敦张贴海报诽谤中伤伯德特，说他与“雅各宾派”有联系，并向伯德特的选民挑衅，把在政府影响下的每一个选民——“威斯敏 斯特教堂的书记员、唱诗班歌手和敲钟人”，“警官、股票经纪人和巡捕”都在选民册上登记。到第 15 天，即最后一天，看来伯德特有一票多数，他得到 2833 票，梅因沃林得 2832 票。欣喜若狂的人群把伯德特拉着在伦敦城里胜利游行，
459 “在游行的人马中间，好像有一片移动的树林，因为车和马都覆盖着绿色的树枝。”乐队奏《不列颠尼亚之治》，一面旗飘扬在伯德特的座车上，旗上画着赫拉克勒斯把多头蛇踏在脚下。第二天早晨，郡长根据在检票收盘时出现的技术问题更改了选举结果。不过，精神胜利是圆满之至的。[14]

科贝特说潮流变了，这话说得很准。他自己就支持了伯德

⑭ 科贝特：《政治纪事报》，1804 年 8 月 25 日。

特，这在两年前根本就不可想象，而这本身也就是潮流转变的标志。对此，竟有如此多的自由持有农本来要赞成伯德特，表明了有一股不常见的倔强劲头存在于小商人、自由职业者和小乡绅以及工匠师傅之中。他们有一大堆抱怨，有些与经济利益无关（如执着于古老的"自由"与"独立"的风尚），有些则与较多的利益有关；例如政府通常把马车、马鞍和军服生意包给少数几家大商号或中间人，而忽略了多数小业主和工匠师傅。1804至1806年，科贝特并没有倡导而只是追逐一股改革的新浪潮。在以后的几年里，他的《政治纪事报》一个论点一个论点地表达着一种好斗的激进主义，所指的每一种弊端都被条分缕析地张扬和论证，所以这种激进主义是更可怕的。科贝特揭发文官、军官之渎职以及挪用、侵吞公款，约克公爵的情妇出售官职，军队中残酷的鞭笞刑罚；其揭发言词之有力，竟使各种信仰不同的人们不得不注意，而对其中许多人来说，18世纪90年代形成的一套老准则失去了意义。由于科贝特多多少少地还是一个托利党分子，他又回到了那些坚定、独立、直言不讳的人的理想之中，他们不讲财富和地位，只忠于自己的宪政，因此，他避免了反雅各宾派的偏见，而能够使改革者们重新组织起来。

但伯德特因为有一批更为激进的伦敦民众的存在，取得胜利是可能的。1806年，民众找到了一个渲泄情绪的机会，成批地涌进威斯敏斯特进行大选。米德尔塞克斯实行自由持有农选举权，威斯敏斯特则是南部英格兰少数几个"开放"选区之一，凡持有房产的人都有选举权，允许许多工匠师傅和一些帮工去投票。1780年以来，那里的两个席位之一是福克斯的。霍恩·图克曾竞争另一席，在1790和1796年的竞选中得票率可观，但是出于默契，这一席却进入一个政府提名的人之手。"皮特方面指定一个议员，福克斯方面指定另一个，两方面都不想当真地去选 460

举。事情就由两派举行的联席会议来决定,就如小偷们瓜分赃物一样。……”[15]

福克斯死后,空缺的一席留给了辉格党,诺森伯兰公爵冒称有提名权而推荐其子珀西勋爵,于是珀西就在没有竞争的情况下“当选”了。弗朗西斯·普雷斯带着厌恶的心情注视着当时那些身穿制服的公爵的仆人们朝着奴颜婢膝、互相争夺的人群扔出大块的面包和奶酪,分发啤酒。[16] 当一次大选临近时,科贝特给威斯敏斯特的选民们写了四封公开信,其主旨是简明的:

> 听人们谈起威斯敏斯特的选举情况,不知道内情的人还以为,选民们只是少数几个大家族的奴隶,或充其量也不过是他们卑下的仆从。问题……看起来不在于选民希望选举谁,而在于那几个贵族看中了谁……

选民们应该维护自己的独立性,消除敬畏权势的心情:

> 你们几乎有**两万**人。你们的行业与职业……对雇主来说必不可少,正如他们提供的工作机会对你们来说也必不可少一样。假如有一家店号辞退你,那么总有另一家准备雇你;假如你失去一个顾客,你就会得到另一个顾客……

尤其是“在威斯敏斯特选民中为数不少的帮工们,在我看来是完全不受诱惑的……”。雇主们想要强迫雇工投票,应该被揭露出来让“公众藐视”:“一个铺子的工匠,若听从老板的指使并让他领着去投票处,那就把自己降到了牲口的水平上”。除非一些独立的候选人自荐于大选,“否则,威斯敏斯特就把自己放到了老

---

[15] 见科贝特12年后对1806年竞选所作的有倾向性的描述,见1818年1月17日的《政治纪事报》。

[16] 见前文,第77页。

萨勒姆或加顿的地位上。”[17]

托利党提名胡德海军上将。辉格党则提名福克斯的老同事谢里登，当时他在联合政府中任海军大臣，每年有 6000 英镑的收入。科贝特与改革派和他没有来往。在最后的五分钟，有一个自告奋勇的候选人，他本身正体现着激进派阵营的内部混乱，他就是詹姆斯·波尔，珀思的一个裁缝的儿子，是自己奋斗在印度经商致富的，1804 年返回英国，为的是在弹劾总督韦尔斯利 461
的活动中出一臂之力。他被福克斯的圈子搜罗去，当时，这个圈子有威尔士亲王的支持。他作为一个可能给皮特当局制造些麻烦的人，被指定到怀特岛的衰败选邑纽汤镇的席位上(1805)。反对韦尔斯利的行动按时发难。但当福克斯派参加了联合政府，波尔就被私下告知，把这件事放下，或至少要“偃旗息鼓”，波尔愤怒地拒绝了。但议会解散时他发现自己被排挤出纽汤镇的席位，而且他本来天真地以为把他的事业记在心中的那些人却也和他断绝了往来。他的回答就是在威斯敏斯特的竞选坛上去猛烈地攻击那些人。

在激进运动史上，波尔是过眼云烟，没有人再费事地去找有关他的什么材料。人们照例只把他看成是一个满肚子个人恩怨而好争论的小个子而忘掉。然而，他的恩怨却不仅是个人的。韦尔斯利在处理奥德问题时之傲慢、蛮不讲理和背信弃义，本是无可置辩的事实。不应该设想波尔对在印度的“放肆侵略和残暴”并不痛恨，他把这些和“我们每日指责”法国的那些所作所为做比较。假如这一类争端对威斯敏斯特的选民是遥远的，那么波尔作为辉格党和托利党都想让他沉默的一个人，就不得不令人尊敬了。科贝特后来写道：“一个人应有的才干与知识”

---

[17] 《政治纪事报》，1806 年 8 月 9 日、9 月 20、27 日。

> 被波尔的勤奋和勇气来弥补了。他身材矮小，但他这个人是好的。他是好斗的鸡，浑身每一寸都是：真正的斗鸡。

他对英国的政治几乎无知，作为演说家，缺乏雄辩；作为作家，没有说服力；但他也没有政治上的禁忌与野心。三星期吵闹的竞选，一个新的改革派联盟成立了，其中包括弗朗西斯·伯德特爵士，一位贵族激进派，他在竞选讲坛上提名波尔作候选人；科贝特，一位经验主义改革家，他指导了波尔的竞选运动；卡特莱特少校，老资格的男子选举权的提倡者，他得到波尔诺言，说他自己是一个议会的改革家。

科贝特回忆："我们必须对选邑集团的全部力量进行斗争，
462 他们公开地、积极地团结在一起拼命同我们作对。"头四天波尔得票数领先，于是，曾经嘲笑过波尔并说他不可能取胜的胡德和谢里登就联手共同对付波尔。一时间，伦敦城到处是大纸的宣传品、小纸的讽刺文章和歌谣；

> 瞧！腐败在自由的掩饰下昂首阔步，
> 自由人！集合你们的队伍，保护你们的收获，
> 高高挥舞你们的旗帜，为了自由的号召——
> 高喊你们的口号——**独立和波尔！**
>
> 让那些官迷心窍的家伙狂喊反对我们的政治主张
> 说着我们是雅各宾、叛徒和如此之类的无用黑话，
> 我们坚决支持国王宁肯死去——
> 我们的事业必胜——**独立和波尔！**
>
> 他是穷人的朋友，人类的自由，
> 愿意尽其所能，减轻我们的赋税……

波尔的对手则取笑他的卑微出身和外表：

……那边的古怪的小家伙是谁，

谁会像一个被拖到池塘去的扒手？

科贝特宣称：争斗的双方中，一方面“是地方官和领年薪者、收税人、治安官、警察和护从人员”，还有谢里登的私人班底“演戏的、换布景的、剪蜡烛芯的和听从……不道德的召唤而来的人们”；另一方面是工匠和帮工们中间第一次严肃地试图成立民主竞选组织的证据；是教区助选委员会以及在鞋匠、帮工、漆匠和成衣业之中的有组织的声援活动。群众一晚接一晚地把波尔拉着在街上到处张扬声势。

詹姆斯·波尔未能获得席位，但他只比谢里登少300票；[18]这次竞选打破了两派对威斯敏斯特的控制。科贝特说：“这是**真正的**斗争，是自由在威斯敏斯特的**真正胜利**。”但当第二年胜利真的到来时，波尔却与此无缘。伯德特未能赢得1806年米德尔塞克斯的大选，一些自由持有农对他的极端立场大为吃惊，尽管他仍旧博得了竞选讲坛前的欢呼声；在失败时“肯辛顿和奈茨布里奇两地多数的房屋都灯火辉煌，似乎完全是一种胜利的景象……”。但是他的失败又另有原因，一个典型的唐·吉诃德式的原因。在以前竞争时，他使用传统的拉票方法，以其财富慷慨地 463
大批款待选民，赠酒送钱普遍地讨好，其程度也许不亚于他的那些对手。但现在，他因被指控行贿而恼怒；而作为其盟友的科贝特，在整个1806年都滔滔不绝地重申着廉洁选举的要求。1806年在霍尼顿闻名的补缺选举时科贝特要求绝对禁止行贿和请客，要求候选人庄严保证，一旦当选则既不接受公职，也不领取公款。伯德特于是采取廉洁的风度，但他对此不满，他除了每天

---

[18] 胡德5478票，谢里登4758票，波尔4481票。

到竞选场所露面，除要求“独立的选民”自动自愿地挺身而出之外就不肯做别的事了。他不去奔走游说，不搞请客吃饭，不为年老选民提供车马，无论什么组织行动都没有。支持他的人组成了一个委员会，他反而在竞选演说中驳回了它并敦促他们信赖“无需协助的公众原则”。如此一来，便减少了他的得票数。

1807 年大选给改革派带来了机会。科贝特每个星期都在《政治纪事报》上给威斯敏斯特的选民写信，向他们发出警报。支持波尔的人做了准备并成立一个委员会，指名伯德特去争夺另一席。但伯德特已经泄气了：

> 我们的掠夺者手中有万能的舞弊手段，同他们进行一切斗争都是徒劳的。我们只有一直等到腐败把舞弊的手段耗尽，愈合我们的创伤和新生。……但在这个时刻到来之前，我请求让我隐退，不为议会工作效劳……。

有一个代表团去拜访他并问他，如果不需他本人同意或介入而把他选出来，他是否愿意接受席位？对此，伯德特无精打采地加以承认：“如果我在威斯敏斯特当选，……我就必须服从召唤，……但我不会为这次选举花一个几尼、出一份力。”事情甚至更糟，威斯敏斯特委员会在得到这个消极的允诺后，就打算推举伯德特和波尔作为争夺两个席位的竞选伙伴。但伯德特似乎希望摆脱他的平民竞选伙伴，于是那只“斗鸡”就勃然大怒，向伯德特提出决斗要求，而在决斗中双方都受了伤——波尔伤势严重，
464 支持他的人只好放弃他的候选人资格。在 15 天的投票开始之前，改革的事业似乎就要在内讧中以闹剧收场了，[19] 但在最后

---

[19] 这次事件见《年度纪事》，1807 年，第 425—428、632—639 页；M. D. 乔治：《政治讽刺和个人讽刺编目》(1947)，第 8 卷，第 528—529 页。

一分钟,一个名气不大的候选人,激进航海家科克伦勋爵带来了一点复兴的希望。不过,在投票开始那天早晨,伯德特委员会中的人却“非常消沉”:

> 我们没有钱,没有夸耀的手段,没有人加入我们的行列。托利党看不起我们,辉格党愚弄我们。为了这些而被嘲笑,发生了最最糟糕的影响,……经得住谩骂的人却难以忍受嘲笑。

但就在两个星期后,威斯敏斯特的工匠和小店主们已经把伯德特和科克伦抬到街上去闹哄哄地游行庆祝胜利了。伯德特得票大大领先于其他人,科克伦则赢得另一个席位,票数比谢里登多1000张。(在投票的最后一天,科克伦为谢里登感到难过,他把他的监票员打发开,让他把投他票的选民人数重数几遍,好让他成为更体面的失败者。)从此以后,威斯敏斯特就一直掌握在激进派手里(除1819年一段奇怪的情节之外)。这是惟一的大众选区,议会就设在这里,但它被几乎所有的报刊都异口同声地称作是“雅各宾派”的人夺去了。[20]

1806年发生了一件有趣的事,听起来并非是信口胡言。有人告诉波尔,他的竞选委员会里有一个主要人物,是众所周知的雅各宾派,名叫勒梅特,是法国人。这使波尔害怕,他要勒梅特离开委员会并请科贝特去传递口信。科贝特尽可能温和地去传达这个解职意见,但不料他碰到的是个出乎他意外的意志坚强的人。勒梅特以前确是个雅各宾派,一个伦敦通讯会的积极成

---

⑳ 科克伦把他的席位保持到1818年,然后辞退以便去援助南美国家。伯德特作为威斯敏斯特的议员一直延续到1837年,然后,他作最后一次唐·吉诃德式戏剧化表演,辞掉了席位并从这一党派的议员转到另一派的议员以保守党的身份竞选,勉强取得了胜利。波尔并不幸运,他在决斗后只活了一年多一点时间,1808年自杀。

员，是表壳匠；1794 至 1795 年在“汽枪阴谋”大恐慌中他曾被捕，1796 年未经审讯再度入狱，1798 至 1801 年他第三次被收
465 监，“在 18 到 25 岁之间大部分时间里，都关在监牢里。”获释后，他曾经帮伯德特在米德尔塞克斯竞选，从中得到了相当的经验。在投票到第三天时他进波尔委员会办公室，发现该委员会“既没有计划也没有协调竞选活动事务的制度”。在好几天内，他每天从早到晚地工作，制定了一套切实可行的竞选计划。现在，他把这项计划拿给科贝特去看。科贝特看后不禁大叫：“勒梅特先生，我以名誉担保，这是我在本委员会里看到的惟一有用的东西！”于是向他道歉，而勒梅特就留了下来。

1807 年的胜利，完全是威斯敏斯特委员会工作的结果。委员会中，有些主要人物曾是伦敦通讯会的前委员。勒梅特事先就准备好了对每一条街每一个里弄都做竞选游说工作的计划。普雷斯在“一家名叫不列颠尼亚咖啡馆的酒馆”四楼上，从天亮到夜深，整整工作了三个星期而分文不取，细心地管理帐目，核查收回的选票数，为总委员会准备报告。另外一位以前曾坐过牢的人里克特是他的副手，普雷斯写道：

> “我们这些人都是无名之辈”，没有一个有名气，没有一个普遍为选民们所认识。这么一堆无名之辈竟聚在一起，反对财富、地位、名望和权势的操纵；承担了威斯敏斯特的选举这么重要的一件事……

对手嘲讽他们，说他们是“无名之辈、普通的裁缝、理发师。……笑我们愚笨，骂我们鲁莽”。原则和基金短缺都决定这是一次廉洁的选举：

> ……不能有领取报酬的顾问、领取报酬的律师、领取报酬的监票员或领取报酬的竞选宣传员，不搞贿赂，不能代付地方税，不请客，不佩戴帽徽，除了两名把守

竞选委员会办公室大门的警卫以外，没有花钱雇用的警察。

花钱都要由委员会投票决定，最大宗的花费（直至胜利游行需要的旗帜、乐队和彩带之前）是印传单和海报。普雷斯是委员会天才的组织者，他只有一次离开办公室去竞选场所。[21] 466

现在，我们必须探究一下 1807 年时英国激进主义的状况。首先，“激进主义”这个词意味着一种豪放磊落而又目标不确定的运动。18 世纪 90 年代的雅各宾派都忠于《人权宣言》，忠于某些公开的组织。随着 19 世纪的进展，“激进主义”内部存在许多不同的倾向。在 1807 年，激进主义意味着运动的勇气和论调，同激进主义致力的任何原则相一致。它意味着不妥协地反对政府；蔑视软弱的辉格党，反对限制政治自由，公开揭露腐败和“皮特体制”，以及一般地支持议会改革。但在社会、经济问题上却又并不一致，而最坚持不懈的是伦敦民众的激进主义，它广泛得足以时时把处境不稳的厂商或小乡绅接纳进来。

1806 和 1807 年的较量是实在重要的，虽然是混乱的。改革事业再次变得清晰可见了。有两位极端激进派，他们是由一个平民选区选举到下议院的。有一个周刊，编写得颇具天才，政

㉑ 关于 1806 和 1807 年的选举，主要据科贝特《政治纪事报》的记叙，见 1806 和 1807 年各期；同上，1818 年 1 月 17 日；弗劳尔：《政治评论》，1807 年 5 月；《普雷斯回忆录》，见沃拉斯，前引书，第 41—47 页；及科尔和菲尔森：《英国工人运动》，第 79—81 页；无名氏：《威斯敏斯特和米德尔塞克斯大选史》（1807），第 15、36—37、145、157、345、379、437 页；威斯敏斯特委员会散发的《导致 F. 伯德特准男爵竞选发迹的一些情况介绍……》（1807）。亦见 M. W. 帕特森：《F. 伯德特爵士》（1931），第 1 卷，第 10 章；G. D. H. 科尔：《科贝特生平》，第 9、10 章；C. 劳埃德：《科克伦勋爵》（1947），第 2 部分，第 1 章；S. 麦科比：《英国激进主义，1786—1832》，第 207—208 页。科贝特的记叙虽不完全可信，却纠正了普雷斯的一些说法，这些说法不加批评地被人接受，但忽视了 1802 和 1804 年米德尔塞克斯大选的重要性，嘲笑波尔且把 1807 年成功的原因完全归结于普雷斯自己的组织天才。

府很难禁止而该周刊又宣称是远离托利党或辉格党的权势的。就连"改革之父"卡特莱特少校也重新受到公众的注目与好感,[22] 人们第一次听到了一个新人即一个经营农场的绅士亨利·亨特的名字,他按照威斯敏斯特的榜样,发表了一篇致威尔特郡自由持有农的呼吁书。在伦敦,有一种新型的竞选组织建立起来了,威斯敏斯特委员会并不曾自行解散,而是保留了许多年,成为战后改革组织的样板。伯德特、卡特莱特、科贝特、亨特、普雷斯这些人成了后来 15 年中激进主义信史上有名有姓的杰出人物。伯德特许多年一直是伦敦民众心爱的人物。卡特莱
467 特则长期矢志不移地经历过各种磨难,促成了第一批汉普登俱乐部的成立。科贝特一步一步从维护"独立"发展到完全彻底地指责"腐败的旧制度",还确实指责了萎靡不振的激进派人士,如伯德特和普雷斯。亨特一时期作为科贝特的盟友,一时期作为他的对手,用他高超的群众演说技巧与科贝特高超的论战技巧相抗衡。普雷斯推广改革派的渗透政策和工匠与中等阶级联盟的政策,并成为边沁改革派与工会、与民众辩论团体之间的联络人。

1807 年的胜利是威尔克斯的贵族的高超策略和较为进步的民主组织形式之间的一种妥协,收获是重要的,"独立"获得了新的含义。迄今为止"独立"一词成了富裕和地产利益的同义语:辉格党和托利党候选人之所以被推举到竞选坛上是因为他们富有,应该说,这就能使他们保持"独立",而不必巴结大臣或国王以得到恩宠与官职。科贝特的"独立"则力主**选民**的义务,不管这些选民是自由持有农、是商人、还是工匠,都运用自己的

[22] 卡特莱特除支持波尔和伯德特以外,在 1806 年还在自己的波士顿竞选,得 59 票,获胜的候选人得了 237 票。

权力摆脱庇护人、贿赂与依附。威斯敏斯特委员会还有更深刻的意义；即他们的胜利是独立于他们自己的候选人之外的，威斯敏斯特的“小老百姓”是用他们自己的权力作为一股力量而崛起的；此外，他们做出了一种效率高的新的竞选组织的鲜明的榜样，不靠候选人的财富或权势，而靠选民自愿地行使自己的权力。正因如此，威斯敏斯特人觉得这次胜利是他们自己的。

然而，若说威斯敏斯特委员会领导了一个独立的“民众”运动，那就错了，当然更谈不上领导一个工人阶级运动。选民（1818 年大约有 18000 名房产持有人）[23] 中包括许多独立的手艺人和一些工匠。但其基调则越来越多地由小业主和小商人决定。这些集团的激进程度是战后政治生活中的一个重要因素，并曾影响到英国自由的一个组成部分，事实证明这个部分始终使政府当局难堪。最重要的政治和报刊审判都在伦敦举行，而陪审团是在这样的社会环境中被挑选出来的。小店主和小商人 468
在 18 世纪 90 年代曾组成难以对付的陪审团，财政部法务官的记录中保留着能胜任的陪审团成员的名单，在德斯帕德案子和奥科伊格里案子上可以看得出，王国的司法官们是如何小心翼翼地把同情雅各宾的人清除出陪审团。[24] 尽管他们如此防范，当局仍在 1817 至 1819 年间在伦敦那些陪审团手中丢了丑。[25]

㉓ 《女怪》，1818 年 7 月 4 日。

㉔ 其中一份名单在有可能参加陪审团的人的名字上打了记号：G 表示“好”（good），B 表示“坏”（bad），D 表示“靠不住”（doubtful）。打“B”的人中有许多是小生意人，如其中有一个制秤的，一个卖玻璃的，几个卖杂货的，一个造帆的，一些酿酒商（索思沃克一个酿酒商的名字上标着“极坏”字样）。财政部司法处档案，第 11·333 号。

㉕ 把参加矿泉地暴乱（1817）的沃森医生无罪开释的那个陪审团，团长是卖彩票的，成员中有制扣工、打锚铁匠、毛料商、刺果制造工、铁器商、银匠、布商、鞋匠、搬运业者和药剂师。《人民报》，1817 年 6 月 21 日。

嗣后，陪审团变得比较听话了，一方面是因为当局精心策划了新的特别陪审团制度和其他“辞退”的手段，一方面是因为伦敦老城的激进主义（及其代表人物如韦特曼参事和伍德参事）变得越来越脱离平民运动。

所以，威斯敏斯特的胜利很难说是工匠的胜利，而不管他们为这个胜利尽了多少力。而且，这个胜利也有一部分是虚幻的。除了所需的资格限制把挑选候选人的范围局限在有产者之外，即便不谈这个事实，普雷斯的总委员会中也居然没有一个人（至少是普雷斯）想到要把本委员会中的某个人推荐为候选人。这席位是伯德特的，委员会的职能是争取支持他。在以后的岁月里，委员会表明它自己作为一个民主组织具有重大的局限性。1807年，它是在一次新的民主精神的冲动中成立的，随后几年中，它却本质上成了一个自封的团体——或者，如科贝特抱怨的，一个“秘密会议”——一部分在伯德特的控制下，一部分则是小生意人工匠师傅的代表，如普雷斯。战争结束时，普雷斯成了边沁和詹姆士·穆勒的信徒，他对亨特和科贝特变得越来越有敌意，也越来越讨厌对“成员无数”的宣传方法。威斯敏斯特委员会是个有用的地方，可以借此运用谨慎的幕后操纵来维护稳重
469 勤勉的工匠的利益。1818年，科克伦的席位空出来了，科贝特提名的卡特莱特少校却被边沁激进派霍布豪斯的票数超过而没有获胜。当普雷斯变得越来越“自鸣得意”和越来越讨厌游行和竞选活动时，委员会也相应地越来越脱离伦敦的劳动人民了。[26]

这多多少少是1807年激进派所处地位的必然结果。反雅各宾主义根本没有消失。科贝特冲破报刊检查几乎是偶然的，

---

[26] 要了解委员会的工作情况，见A.阿斯皮诺尔：《1814年的威斯敏斯特选举》，载于《英国历史评论》，第40卷（1925）。

此外就很少有定期的激进报纸了。(1810年,科贝特本人被监禁两年,因为他攻击军中滥用鞭刑。)威斯敏斯特委员会作为一个竞选组织而保留了下来,但政府当局并无意准许民众俱乐部有新的发展。曾经是伦敦通讯会领导人的约翰·盖尔·琼斯在伦敦大菜市附近组织过一次"英国论坛"的辩论跨过了谨慎的界线,下院就判处他进新门监狱(1810年)。而当伯德特谴责下院的这一行动是非法时,下院就判处他监禁于伦敦塔。确实,这几乎使所有的伦敦人都站到了伯德特一边。而伯德特最初采取威尔克斯的对抗策略,据守在皮卡迪利自己的家中,不向下院屈服。科克伦勋爵乘坐出租马车赶到伯德特家门口,向门厅里滚进一桶火药,准备炸掉所有的入口处而用武力保卫伯德特。人民成群在几条街上兜来转去,一场1780年规模的暴乱似乎在所难免。普雷斯自己则认为,军队中存在不满情绪,因此有一些阵发性的暴动可能发生。但这次事件的性质及其对威尔克斯的戏剧性的模仿,加上激进领袖中间的混乱,突出了改革派的弱点,即若由他们来驾驭一场造反潮流,他们既没有组织,也没有团结一致的政策。法律取缔通讯会社及公开的政治集会已经分散了运动的力量,所以,运动领导人的个人主义的和争执不休的行为,不过起着一种"喉舌"作用而不是站在运动组织者的地位上。

激进主义仍旧是一个由对当局不满的广泛的群众支持的防御性的抗议运动,却不是一个进攻性力量。如果要理解伯德特和科克伦在1810年的极端观点,只要读读拜伦的作品就知道 470
了。那些人不屑于争权夺利,鄙视他们自己阶级的伪善和新富们的摆阔炫耀。在失望之中,他们也许会时时梦想来一阵子革命以推翻"旧腐败制度"的全部结构。如要理解科贝特的愤怒,只要想想那些引起他愤怒的事情,那就是油水大的承包合同、王室公爵的肮脏丑事、猛涨的租金和税款、农业工人的贫困和枯竭、政府给报纸的津贴以及道德监督会的告密者们对大众娱乐的摧残破坏。有一百个理由在助长不满的情绪。反抗强征入伍、伤残士兵的痛苦、工匠们被那些靠军火合同迅速发展的公司企业排挤而纷纷抱怨，以及在特拉法加战役后，反对那看似无休止又无目的战争的一股地下逆流正在不断地壮大。

1808 年，设菲尔德一个非国教牧师这样写道："情况很可能是"

> 每当人类想组织成社会，建立化剑为犁的王国时，……大人物将是这荣耀功德的反对者；反对的行为尤其可料定来自那些**将军、海军将领、承包商、代理人**诸如此类；说不定那些倡导"**基督太平盛世**"的人在等待来自他们那邪恶之手的凶猛的虐待。

"基督的王国"只有经过"许多反对和许多流血"后才能降临人间，因为"魔鬼和他的代理人"不会原谅它用任何别的方式到来：

> 我无时不听说穷人的妻子和母亲当押掉仅有的衣服以便从**卑鄙狠心的兵贩子们的手中**赎回丈夫或儿子，啊，苍天！穷人们该受何等苦难……

"悲乎，贫穷！尔乃不赦之罪恶！……尔无权利，尔无特许，尔无豁免，尔无自由！"

> 撒旦**老儿**，老杀人者，尔若来，吾欲待尔如尔之待比我更好之人也。吾将依次携尔登临"无比巍峨高山之巅，示尔以基督世界众王国，及众王国固享之荣耀……撒旦，尔其俯身眺望基督教界，审视红尘滚滚陆离苍生；如许圣经，如许刀剑——教派不少，兵营纷逞——教堂林立，堡垒甚多——衣黑者和平之牧师，衣红与蓝者战争之人——夫沐猴而冠俨然**救世主**者几希，千百万之
> 471 众独以分门别类毁灭人类为己任……真正**和平之子**横

> 受轻视，遭埋没，遭怠慢而受侮弄——对**杀人之英雄**及掠夺者，竟可敬之、颂之、誉之、赏之而垂名乎千古……㉗

这呼声发自温斯坦莱和班扬的古英格兰，但这个古英格兰已开始读科贝特的文章了。它提醒我们，在设菲尔德、纽卡斯尔或拉夫巴勒这些地方，威斯敏斯特的选举又何其遥远！在伦敦城，激进派可以在酒店咖啡馆里聚会讨论，也可以感觉到自己在数量上的优势。在那些雅各宾的宣传曾深入人心的外省中心区，只有诺里季和诺丁汉具有广泛的选举权，足以让激进派利用选举的手段。伯明翰、曼彻斯特、利兹和多数正在发展的工业中心，在未经改革的下院里都没有代表。在这些地方，以及在更小的城镇和工业村庄，教会与地方官监视着任何"煽动"的迹象，就连订阅科贝特的《纪事报》的人，都能发现自己已被盯上了。改革派感到孤立无援——"被埋没，怠慢和侮弄"。威斯敏斯特的胜利把外省抛进了遭受更大压制的黑暗之中。

正因为如此，激进运动在中西部地区和北部工业区具有相当不同的表现形式——这种不同将在半个世纪中影响事态的发展。在伦敦，中等阶级改革派和工人阶级改革派保持着沟通渠道，典型的组织形式是委员会。在委员会中，少数几个自由职业者和自学有成的工匠们并肩工作，而这些工匠总有些看不起政治落后的工人和伤风败俗及犯罪的穷人。当压制放松时，论坛、辩论会和讨论小组也就恢复起来了。威斯敏斯特定期的选举至少提供了一个安全阀，对喧闹骚乱起到了关阀作用。但在中西

㉗ 和平福音长老 G. 博蒙特：《武人镜》（设菲尔德，1808），作者可能是洗礼派教士。用类似口气表达激进的基督教反战立场的，还可见《剑桥通信》，及《太因河信使报》上刊载的信件，如 1808 年 1 月 5 日的那封信。

部和北部地区,激进主义被打入地下,进入了非法工会的世界而和工业中的疾苦、秘密集会和誓约等等交结在一起。所以,直到1815年,伯德特和科贝特在工业革命的心脏地区仍旧无关紧要。威斯敏斯特委员会对卢德活动没有什么启示作用,而在特伦特河以北我们找到了非法活动的传统。

第十四章　替天行道 472

1. 黑灯照

“来看这逆贼的头啊!”1803 年 2 月,刽子手在伦敦围观者面前高举起爱德华·马库斯·德斯帕德的头。他和他的六个难友被判犯了叛国罪(图谋杀害国王),七个人全都英勇就义。德斯帕德坚称他无罪,他的死是因为他是“穷人和被压迫者的朋友”。围观者既愤怒又同情。伦敦报纸担心,若殉难者是沿着大街拉向刑场,而且是在泰伯恩刑场①或肯宁顿公地而不是在索思沃克处决的,就有可能发生暴乱和劫法场的事。在那些目睹行刑的人中,有个叫杰里迈亚·布兰德雷思的青年工匠。14 年后,他自己的头也要在德比城堡前的一群人面前高高举起:“来看这逆贼的头!”

从德斯帕德到布兰德雷思,非法活动的传统延绵不断。这个传统将永远不能从朦胧不明中澄清出来,但我们可以从三个方面去接近它:其一,可以通过对 1800 至 1802 年间“地下活动”所留传下来的证据进行考察。其二,通过对史料作出的批评性意见。其三,通过对半合法的工会传统进行考察。我们若不预先做好这些准备工作,我们就不能理解卢德运动,也不能理解战后年代的彭特里奇起义、奸细纳奥利弗和卡图街密谋等等。

---

① 泰伯恩刑场,在伦敦泰晤士及左岸的小支流名曰泰伯恩河,是伦敦的水源之一,河西岸有塞克斯绞架。1300 至 1783 年绞架所在地一直是刑场。——译注

在18世纪90年代末“联合英格兰人”若明若暗的社会活动中，我们看到非法活动的传统在萌生。[②] 1800年到1801年，整个英格兰又突然发生许多骚乱，其中多数是抢粮风潮，由拿破仑
473 大陆封锁时期的粮食匮乏和物价腾贵所引起。但这里也有某种初步组织的迹象。有些骚乱和买者“罢买”是由传单事先通报的，其规模表明有委员会在做组织工作，他们可以接触印刷机。1800年9月伦敦出现这样一份传单：

> 同胞们！
>
> 对被收买后的奴才和政府的佣工强加给你们的半饥饿状态，你们还将默默地怯懦地忍受多久？你们还能容忍他们继续进行扩大他们的垄断范围而你们的孩子却正在哭着要面包吗？不，不能让他们再存在一天了！我们是国家的主人，从沉睡中醒来吧。星期一在谷物市场上见！

六天中谷物市场上骚乱不已。11月有传单号召“商贩、工匠、帮工、零工等等去肯宁顿公地集合”——这次会议只是由于军队到场才没有开成。在朴茨茅斯，造船厂“机工”决议在价格下跌之前，“不再食用黄油、奶油、牛奶和土豆”。在诺丁汉，军官们试图叫观众高唱“上帝保佑吾主”，却被观众扔石子赶出了剧院。也是在诺丁汉，在18与19世纪之交的时候，人们还是每年举行庆祝活动栽种自由之树。有一次，当局曾截获一封信，内容描述一次成功的抢粮风潮，信中热情称颂“人民在星期二的行动，他们以无所畏惧的勇气顶住了义勇骑兵队的火力，以致使绅士们吃惊……”。写信人还加上一段意味深长的话：群众不再有“雅各宾”和“教会与国王”派之分了，“最叫绅士害怕的是看到各

② 见前文，第167—172页。

派联合，现在没有……潘恩派，也听不到像'上帝保佑吾主'这样的歌了。"可见在"暴民"的半政治性行动中，群众的态度有了重要转变。③

与此同时，警报不断涌向内政部。闹事最严重的地区看来在诺丁汉、兰开郡工业区（据说联合爱尔兰人和联合英格兰人仍在该地十分活跃）和约克郡西区。我们可以把约克郡西区的有关材料拼凑在一起：地下组织从雅各宾的据点设菲尔德向外扩散，1800 年 9 月，在一个作坊里发现公然贴着一份煽动性传单， 474
其中说："农夫 K－G－ 正忙着往穷人的空肚子里赛（塞）刺刀"。④ 12 月，设菲尔德的地方官发觉有必要颁布一份文告，禁止夜晚在田野里召开"有很多人参加的"会议。各种报告送到郡守菲茨威廉伯爵手里。在一次讨论怎样才能最有效地降低食品价格的会议上，一个奸细听到有人谈论长矛和武器，当这个奸细暴露身份时，他就被赶了出去。人们加入各种秘密社团，还庄严地进行结盟宣誓："有一个组织系统正在发展——秘密委员会——正在准备敌视政府的武器"。设菲尔德附近经常召开会议——

> 晚上十点——一个演说家戴着面具向群众高谈阔论——他借着烛光宣读外社团的来信，读完就立刻把它们烧了。

任何人若不向外圈的哨卡通报口令，就不得进入会场。⑤

---

③ 内政部档案，第 65.1 号；J. 阿什顿：《19 世纪在英国的开端》（1906），第 19 页；D. V. 厄尔德曼：《反帝国的预言寄托布莱克》，第 317—319 页；哈孟德夫妇：《城市工人》，第 291 页。

④ "K－G－"，即 KING GEORGE，指乔治三世。乔治三世曾以"农人乔治"的笔名写文章，故有此挖苦之言。——译注

⑤ 菲茨威廉文件，F. 44（d）和（e）。

1801年3月，恐慌已扩散到利兹和哈德斯莫尔德；地方官担心“下层等级正在图谋反叛”，有“一些人走门串户，拼命想拉老百姓起誓，叫他们此呼彼应地调整和压低生活必需品的价格”。兰开郡两个地方官在一封信中断言：一月份在莱恩河畔的阿什顿附近召开过某种形式的代表会，与会的“代理人”来自约克郡、伯明翰、布里斯托尔和伦敦。就在这个时候，皮特用来禁止煽动性集会和中止人身保护法的两项法令（1795年底获通过）到期了。尽管各个团体间有组织的通信仍属非法，但从技术上说召开群众大会又算合法了。几星期内，在几十个广泛散布的地区召开了抗议大会，这些会议往往靠手写传单召集。约克郡在设菲尔德、威克菲尔德、杜斯伯里、宾利等地开了会。在宾利，4月初有人把传单偷偷塞进门缝和市场摊铺，号召人民参加
475 一次“自由之友联合”的示威集会。会议的目的是抗议食品价格过高，“揭露欺诈舞弊和形形色色的世袭制政府，减轻税务压榨，提出方案使无依无靠的儿童能够上学，使老人和穷人有舒服的生活……灭绝可怕的战争行为”。

> 你们是否愿忍受那一大帮贪心的帮凶政府坏蛋——谷物贩子——当官的——领年金的——寄生虫等等欺诈你们，而你们自己却饿得没有面包吃？不，不能让他们再有一日稍存，我们是国家的主人……把宪法从密室里拉出来——把它公之于众，让大家监督——撼树要撼根……⑥

下院一个秘密委员会报告说：“时局似乎在动荡，国家的不同部分在同日同时突然召开无数集会，其势头之大，若不加阻止，必大大危及公众的安宁。”4月底煽动性集会法再度生效，人身保

⑥ 同上，F.45(a)。

护法继续中止一年。

宣传活动又立刻转入地下。我们可以再次到约克郡西区去追踪它的历史。集会在1801年夏季持续不断,主要是在晚上开,巴特利、奥塞特和萨德尔沃思也成了集会的中心。1801年7月,在哈利法克斯似乎召开过某种形式的代表委员会,到会的有来自各纺织城镇的代表,有一个设菲尔德人曾发言。会上谈到宣誓问题,也就是与联合不列颠人即联合英格兰"合作"的问题,该组织主要活动中心大概是彭奈恩山脉那边的博尔顿。所有参加者都要正面回答三个问题:(1)是否要求全面改变制度?(2)是否准备在使子孙后代获得自由的斗争中承担风险?(3)是否愿意尽你所能地去缔造自由之友们的友爱和亲善精神,不遗余力地摄取可以得到的一切政治信息……"八月份利兹也有报告说那里召开过一次代表会议;据一个地方官说,会议通过一项决议,认为"在法军登陆之前不可能再召开任何会议",随后就休会了。威克菲尔德一个地方官也附和说:"……他们的目标是发动革命,而不满分子的叛变完全有赖于敌军对我国的入侵。"⑦

集会现在变得相当普遍,以致《利兹信使报》也注意到了。476
这家报纸的编辑爱德华·贝恩斯曾经是普雷斯顿一个"雅各宾"俱乐部的书记,但现在却急于要和"一切有政治目的的秘密团体决裂"。该报在社论中评论说:半夜三更召开政治性集会已变得"极为常见"。因此完全有理由认为它们是出于"不好的动机",也可怀疑与法国有秘密通信。他还指责改革派"像无法无天的匪徒"一样缩进"深洞里"。贝恩斯的评论促使本杰明·弗劳尔毫不妥协地作答,他的《剑桥消息报》(还有蒙哥马利的《设菲尔德彩虹报》)是坚持到19世纪的最后几张改革派地方报纸。1800

---

⑦ 菲茨威廉文件,F.45(a)和(d)。

年11月弗劳尔发文号召举行群众示威要求和平，人民（他说）“看出并且感觉到战争和捐税的后果是抬高一切消费品的价格”。他指责贝恩斯“见风使舵”，为“教会与国王派”的宣传助威，蓄意诽谤改革派“与法国通信”，往他们脸上抹黑（而他们，除秘密集会外别无他法）还安慰：

> 那腐败放荡的制度，这个制度使欧洲大片地区荒无人烟，杀害数百万人类同胞，剥夺我国人民最宝贵的权利，把国家引向崩溃的边缘。

弗劳尔这种人的旧潘恩式激进主义（这种人不怕起诉，也不怕冒险在不满群众中进行鼓动）与贝恩斯谨慎的“立宪”辉格激进主义的分道扬镳，在19世纪的进程中将变得日益重要。[8]

10月，当和平预备条约获准通过时，群众欢欣鼓舞，似乎出现了一个间歇期。但在1801至1802年的冬天，约克郡西区又开始报道“夜半”会议，还报道反麦芽税、窗户税和限制自由的抗议活动。和平在1802年3月到来，但晚间集会仍在继续，尽管地方官多方努力，却找不出谁是会议的领袖。1802年8月利兹市长给菲茨威廉伯爵的一封信最详细地记载了其中一次集会：

> 477 关于夜间集会，他们继续举行，虽然不到开会时别人根本不知道集会地点。星期五晚上约在午夜时分，在离利兹六英里、伯斯托尔二英里、远离一切交通要道的一段荒路或峡谷中开了一次会。一个诚实可靠的人告诉我，说他企图参加会议，但发现老远就有人在各个方向上把守，最外一层警戒的人走过来搭讪，想把他引到相反方向上去。他吵着要过去，这时，他发现还有一道不

---

⑧ 《利兹信使报》，1801年8月1日，E. 贝恩斯：《爱德华·贝恩斯生平》（1851），第51页；《剑桥消息报》，1800年11月15日，1801年8月8日。

> 固定的流动警戒，他们询问他是干什么的，当他继续向“黑灯照”挤过去时一声口哨响了，随即他听到人的说话声，其言词和声调使他决不敢再向前走出一步。他们在等一些他们称之为绅士的特殊人物，但这些人还没有来，他能够轻而易举地记起在路上无意中听到的话……
>
> 从其他可靠方面我得知，组成“黑灯照”的总委员会在星期五晚上大概由200人（由那些和其他九个人谈过这问题，并让他们宣誓入会的人）组成，这些人按同样的原则成为委员会成员，循环无限。“取消一切赋税，享受全部权利”，这就是头领们提出的话题，也是把他们连接在一起的共同纽带。“到圣诞节时他们就能功成名就，某一天晚上他们会在各个地方同时举事。”⑨

只要有组织，它就有可能使用印刷机。1802年6月，一个约克郡西区地方官交给内政部一份小小八页纸的“致联合不列颠人”，声称要把所有想推翻民族之压迫者的人联合到“感情的链条上来”：

> 他们把一个有见地的民族的独立**自由**看做是叛逆，因为他们害怕正义会落在他们罪恶的头上……。⑩

秋天，有两个设菲尔德人威廉·李和威廉·隆克斯利因主持秘密宣誓而受审。据供述，他们在1801年10月至1802年8月间是一个秘密组织的成员，该组织在设菲尔德有1000人，他们打造 478

---

⑨ 内政部档案，第42.66号，全文刊于阿斯皮诺尔编：《英国早期工会》，第52—53页，原文见菲茨威廉文件，F.45(d)。

⑩ R.沃克1802年6月28日致内政部（附件），内政部档案，第42.64号。

矛头，拥有埋藏武器的秘密仓库。组织由“长官及指导”率领，这些人在夜间对会员操练。组织上的目标不清楚，但(利兹市长致信菲茨威廉说)“穷人中有一种想法——认为他们不**应该**纳税……成千上万的人怀有秘密的信念，并纵容着一种希望：时机已经成熟了”。⑪ 李和隆克斯利被判七年流放。⑫

11月，德斯帕德及其伙伴在伦敦被捕。12月，有更多的消息说设菲尔德在准备武器。迟至1803年8月，还有人向菲茨威廉告密说，起誓及制造矛头的活动仍在继续。尽管菲茨威廉一向怀疑，他还是写信给国务大臣说：秘密组织“渗透到本国制造业区的一大批人中，军队和民兵也有大批人起誓”，誓词如德斯帕德事件中所用的一样。地区间有特使来往，“很少有什么东西写下来，而一旦有，就一定在传递后立即销毁”。“领导人从不在自己的镇上开会，当他们需要商量时，他们就离开家走得远远的。”⑬ 这以后，“黑灯照”仿佛就消失了。

在同一时期，南兰开郡和中部部分地区也有类似的报告。显然存在着一些地下组织，它们想把对物价腾飞和食品短缺的不满转到革命的轨道上去。这方面证据之多，又出自许多独立的资料来源，故而完全不可能支持那种广为接受的历史虚构，说什么除了在大臣、地方官和奸细想象之外，根本不存在“骚动”。然而在这一点上资料只能导向模糊不清：“联合不列颠人”真在**全国**存在过吗？德斯帕德中校是否和它有牵连，或和兰开郡、约克郡西区的地下组织有牵连？是否与法国及都柏林的罗伯特·

---

⑪ J.狄克逊1802年7月17日信；W.库克森1802年7月27日信；J.洛1802年12月3日信，以上都载于菲茨威廉文件，F.45(d)。

⑫ L.T.里德：《19世纪的约克堡》，第198—201页。

⑬ 菲茨威廉文件，F.45(e)。菲茨威廉还附言道：告密者是个“稳重、勤劳的人，不年轻，我看没有什么理由认为这是个饶舌的人在闲着无聊时磨嘴皮”。

埃米特有联系？地下组织在 1802 年之后还存在吗？

德斯帕德审判案几乎没揭露什么。虽说包含着大量的暗示。德斯帕德中校(1751—1803)出身于爱尔兰地主家庭，有过 479
卓越的军功。纳尔逊[14]应召出庭作证时说："我们一块儿去西属美洲海岸，我们一块儿和衣而睡了许多夜晚，我们一块儿测量敌军围墙的高度。在那些日子……谁也比不上德斯帕德中校那样对君主对国家忠心耿耿。"[15] 纳尔逊对他的战友评价极高，曾指望他能升到军中最显著的职位上去。但这是许多年以前的事了：1780 年之后他们就没有见过面。从 1772 年起，德斯帕德一直在西印度群岛和英属洪都拉斯服役，直至 1790 年应召回国，领取半薪。看来他一直是当时那一大批军官的典型，他们的钱和势都不足以被人承认，升迁的机会被别人骗了去，斗不过与宫廷有牵连的一些笨伯，被对手指控为行为不佳，在权力的门口长期等待。[16]在德斯帕德那里，我们可以看到一个现役军官的个人不满混合着对腐败伪善的政治生活的普遍厌倦，而这种同样的混合使科克伦勋爵变成一个激进派。

但德斯帕德又是个爱尔兰人，1796 年或 1797 年他已经全力置身于爱尔兰的独立事业，因而既在伦敦通讯会的总委员会也在联合爱尔兰人和联合英格兰人隐密的伦敦小圈子里工作。奥科伊格里在弗尼瓦尔地下酒店接触的那批人中有一个就是

---

⑭ 霍雷肖·纳尔逊(1758—1805)，英国海军将领，曾在特拉法加海战中击败法西联合舰队，挫败了拿破仑入侵英国的计划。——译注

⑮ 参见 1780 年 7 月 18 日《伦敦官报》："几乎没有对欣琴布鲁克岛开炮，而只是由纳尔逊上尉或工兵队长德斯帕德中尉加以瞄准……"。

⑯ 德斯帕德的早年生涯见查尔斯·奥曼爵士：《不幸的德斯帕德中校》(1922)；J. 班南廷：《E. M. 德斯帕德回忆录》(1799)

他。[17] 1798年初,枢密院接到许多关于他活动的报告,说他在建立一支地下军事组织,把伊丽莎白时期的职业军队风格和19世纪革命军的特点奇妙地交织在一起。虽然组织的目标是雅各宾式的,但应征为德斯帕德服务的人却被许以成功后的高官厚禄。1798至1800年人身保护法中止期间,德斯帕德锒铛入狱,他的案子在当年弗朗西斯·伯德特和伦敦群众的"不要巴士底狱"的鼓动中曾经是最突出的。1800年他出狱后,大概就立刻又着手组织他的革命军去了。

480 他在1802年11月的最后一周被捕于兰贝思的"奥克利纹章"酒馆,他当时大约和40名工人与士兵在一起。他受审时,有些事实是明确无误的,德斯帕德及某些同伴在前几个月中不停地奔波于工人阶级伦敦酒馆的聚会场所中,比如纽因顿的"飞马",白教堂的"双铃"和"车马",干草市的"火腿与风车",圣贾尔斯的"棕熊"和"黑马",哈顿菜园的"流血的心"等。所有这些地方的同伴都包括零工和士兵,爱尔兰人的比例很高,肯定讨论过某种密谋。

他受审时,当时的报纸还引用了其他事例,但这些则必须用更批判的眼光来看待。据引述,在查塔姆和伦敦两地兵营中,雅各宾派禁卫兵招募了大批人马,让他们通过秘密起誓后加入密谋。在犯人们身上发现的文件,记录了协会的"章程",那就是:

> 在不列颠和爱尔兰的独立——公民、政治及宗教权利平等化——在斗争中牺牲的英雄,其家属将得到充足的生活品。
>
> 有功者重赏——这些就是我们争取的目标,为实

---

[17] 见前文,第169页。

现这些目标我们宣誓团结在一起。[18]

士兵们受到邀请去参加“宪法协会”，以便“战斗，砸碎这奴役束缚的锁链”。这个组织（据说）在索思沃克一地就至少有七个师和八个旅，在巴勒、玛丽莱本、斯皮特菲尔兹和布莱克沃尔还有更多的师，主要分布在“零工、帮工、普通士兵”、解雇的水手以及爱尔兰码头工人中。这是个仿军事组织，“每10人一连，当达到11人时，第11人领导”一个新连。各连都由一名“上尉”率领， 481
每五连组成一个“旅”，由“上校”指挥，而另一方面，若这就是公认的组织形式，那么看起来并没有广为实行。据一个证人说，德斯帕德曾说过：

正规组织在伦敦对我们是有害的，它就在政府的眼皮底下，但在外地正规组织却是必要的，而且我相信，是相当广泛的……

这种组织在伦敦“确实是不可能的”，但他提到利兹、设菲尔德、伯明翰、曼彻斯特和查塔姆是“外地的”中心，这几个地方都有这种组织，而且他和它们有联系。

审判还提出另外一些说法，指责德斯帕德中校及其革命军在急切准备政变，说他们想袭击伦敦塔和英格兰银行，从内部夺取兵营，打开监狱，杀害或逮捕国王。据称德斯帕德曾说：“我已深思熟虑过一切，上帝可以知道，我的心已经变硬”。在密谋者眼中，内阁是“吃人者。”夺取伦敦塔或抓住国王对伦敦群众来说是起义的信号；而邮车（它们都从一个中心驶离伦敦，这个中心在皮卡迪利）“被挡住，这就是对外地人民的信号，说明伦敦城已经暴动了”。

并没有真凭实据说德斯帕德的案子是“编造的”，虽然在当

---

[18] 1802年在约克郡也发现同样的文件；菲茨威廉文件，F.45(d)。

时，人们普遍相信他无罪[19]，而且这种说法在辉格党史学传统中一直传下来。不错，为政府作证的人声名狼藉——特别是过去的雅各宾派钟表匠约翰·恩布林及某个禁卫兵，他们俩都转而为政府作证，后者还把他兄弟的命给卖了；同样不错的是，关于军中密谋的大量证据只是间接地牵连到德斯帕德，而且也许是背着他甚至违背他的劝告而进行的；而那些企图杀害国王和夺取伦敦塔的绘声绘色的描述，也许是作为应景之作捏造出来的。但另一方面，德斯帕德和他的辩护律师都没有对那些频繁在伦
482 敦下等小酒馆召开的会议目标作出过丝毫解释，而在这种酒馆中，像德斯帕德这种身份的绅士是不大可能光顾的。德斯帕德只是在死刑判决通过之后，才打破他在对自己及同伴的审判过程中始终保持的沉默。而即使如此，那也只是一种告诫：

> 大人，你把诱惑这些人的角色归之于我；但从审判中所出示的东西及为反对我而引用的证据中，我看不出任何证据说明是我诱惑了这些人。

在当时的场合下，这话只能被理解为他承认有一个密谋，不过德斯帕德远不是发起者，而只是被别人拉进去了的，至于这些人是谁，他却忠诚地保持着沉默。

弗朗西斯·普雷斯（他曾和德斯帕德同在伦敦通讯会总委会共事）30 多年后为一份手稿作注时说：“德斯帕德中校……是位少有的心地异常善良的绅士人物——一个少有的好心人。”“雄辩者”亨特是在他碰到德斯帕德的时候（在王座法庭吃官司时）最早接触雅客宾思想的，他也以类似的笔触写道：“这是个善良

---

⑲ 例如，可参看 C.F.莫蒂默著：《基督徒在回忆中努力提高爱德华·马库斯·德斯帕德绅士及其他六名公民身上的神威，他们现在无疑是与神光辉地在一起》（1803 年），该书引《马太福音》，第 28 章，第 12 节：“他们拿许多银钱给兵丁……”。

的绅士般的人。”我们是否应接受那通常的说法，即追随他的人“微不足道”，或“若不设想他心智不全，就无法解释他那愚蠢的阴谋”[20]，1798 年爱尔兰的形势就足以搅乱每一个爱尔兰爱国者的心。而且若我们设想（我们有理由可以这样设想）德斯帕德这个圈子可以接上伦敦通讯会的老关系，也可以接近在英国的“联合爱尔兰人”[21]，而且他们还和约克郡的“黑灯照”这类组织有松散的联系，[22] 那么密谋之说就相当严肃了。此外，海军兵变提醒我们：军中有革命组织也绝不是不可能。陆军中怨声载道，其 483
程度并不比海军轻——比如对津贴、伙食、居住、家属的赡养、纪律、鞭刑等等。士兵们获许在晚上穿便装去伦敦的酒馆和工匠劳工们坐在一起，安全保卫措施很少，雅各宾派使者可以轻易地走进营房中兵士的宿营地——正像 1817 年班福德和米奇尔所做的那样。[23] 在今天看来，一个投弹兵给他的儿子起名叫“波拿巴”，这似乎不大可能；但德斯帕德的一个同伴却这样做了。政府方面说禁卫军第三营至少有 300 士兵、第一营有三四十人卷入这项密谋，这个说法恐怕有点牵强附会，但选出来和德斯帕德一起受审处的六个牺牲者，却都是禁卫兵，这个例子说明政府确实对密谋的范围有所不安。

---

[20] 见科尔和波斯特盖特：《平民百姓》，第 163 页；H. W. C. 戴维斯：《格雷和皮尔时代》，第 95 页。

[21] 密谋者中至少有另一人（查尔斯·彭德里尔）是伦敦通讯会的前领导成员，他是土利街的鞋匠帮工（以前是师傅），1798 至 1800 年和宾斯一块在格洛斯特监狱坐牢。尽管他在审判时被说成是主谋之一，德斯帕德及其同伴被处死后他又由大赦释放了，后来却又在 1817 年的一次类似密谋中露面。见下文，第 652—653 页。

[22] 1801 年，有一些“联合英格兰人”在博尔顿被捕，其中之一卡伦特后来以吸引兵士叛变罪处死，见 W. 布顿姆洛：《博尔顿政治史》，（1882），第一部，第 14 页；G. C. 米勒，前引书，第 404 页。

[23] 见后文，第 651 页。

全面观察这些论据，就应该把德斯帕德一案看做是英国政治史上真正重要的一件事。它把爱尔兰民族主义者的斗争（德斯帕德与罗伯特·埃米特有一些接触）与伦敦的劳工、北英格兰的剪绒工及手织工的疾苦连接在一起了，它是18世纪90年代老雅各宾主义的最后一颗火星，它和德斯帕德一起受到最惨的失败。这件事好像证明政府的“告急”政策和暂停公众自由的政策是对的，它还在一个极端雅各宾派的小圈子里为政变的策略（或者可以说是政变的幻想）开了头，后来这一直是伦敦一些小组织的目标，直到卡图街密谋（1820年）时为止。而阻挡邮车，用它来传递总起义的信号，这种念头到宪章运动时又萌生。

德斯帕德带走了大多数机密。假如真如他所说，他的图谋杀害国王和内阁罪是无中生有，那么他也没有解释过：他的组织的目标是什么。据有人记载，他在绞刑架上说：

> 我知道，由于敌视政府那些血腥、残酷、强制而又非法的手段，政府已决意拿我开刀，而用他们津津乐道的法律作借口。……公民们，我祝你们健康、幸福、昌盛；虽说我不能活着见到那神圣的变化带来的幸福，但请相
> 484 信，公民们，那一天终会到来，而且会很快到来，那时，自由的光荣业绩将凯旋而归……

如果说德斯帕德并未参与禁卫军中的共谋，那么有可能他是出于道义的原因而不能进行辩白，因为这会牵连其他人。但起诉也是有克制的，它将案子仅局限于某些有真凭实据的公开活动上，同时又宣称它还掌握着从告密者那里得来的更多情报，这些告密的人在审判中没有暴露，因为他们“为国家未来的安全……应不被别人怀疑”。案子审理的时候英国仍与法国保持着和平，有谣传说有关法国牵连在内的证据都抽掉了。《晨报》说：“德斯帕德深受这种观点影响”：

> 即革命不是由广泛的群众团体完成的……而是由一小批奋不顾身的人来执行，这些人在施展沉重的打击之后，比如暗杀了国王，使伦敦充满恐慌时，就能够找到成千上万的人支持他们。

“穷人……相信他是个殉难者”。“德斯帕德的无头之躯是否会走进每一间酒吧，去找到100倍的新信徒……？”[24]

2. 无形之影

许多年中，《晨报》发出的警告看来是过分了。直到1811年，地下活动才重露端倪，而这时是以暴烈的产业冲突——卢德运动的形式出现的。卢德派以特别的工业目标为攻击对象：摧毁动力织布机（兰开郡）和剪绒机（约克郡），抵制中部地区针织业中违背惯例做法等等。要解释这些行动，我们需要进一步考察随即的经济和产业方面的灾难情况吗？ 485

但我们要提出另一种解答。要想作出任何解答，历史学家都会在解释史料时遇到困难，而史料却又非解释不可。从18世纪90年代到1820年，这些史料又非同寻常地打着党派的印记。

首先，是当局有意识的派别倾向。从皮特到西德默思，政府

---

[24] 此处关于德斯帕德密谋的记述基于以下资料：J. H. 格尼记录：《爱德华·马库斯·德斯帕德审判案》（1803），尤见第33、36、44—45、72—73、79、115、127、137、174、269页；财政部司法处档案，第11.332号，第11.333号；“约翰·奥克斯莱德的自述”（普雷斯作注），见附加手稿，第27809号；《利兹信使报》，1802年11月27日；《晨报》，1803年2月22日；国家审判集散见《德斯帕德中校审判案全录》（1803），第78页。15年后奸细奥利弗报告他和主谋之一查尔斯·彭德里尔的谈话时说：“他承认士兵深深卷入在内，而且非常坚定。”有一次约200名士兵携带武器在伦敦塔附近的房屋中集合，准备政变，而且彭德里尔“好像很相信那时伦敦塔可以被士兵轻易拿下，再放弃掉。如果当时他们聚集起意想中的人数；但到场的人太少了。奥利弗的记叙，见内政部档案，第40.9号。

只遵循一种政策。对于不满情绪必须先声夺人压服之孤立之；而为做到这一点，可以把不满说成有亲波拿巴分子的密谋嫌疑，或者（在1815年以后）有狂暴造反的图谋。每个下院秘密委员会（1801年、1812年、1817年）都曾呈递断定存在着谋反组织网的危言耸听而缺乏证据的陈述书。从某种意义上说，政府需要密谋者，这样就可以为继续执行镇压性立法提供合法依据，从而防止出现全国性群众组织。

但如果说所有的改革派都是法国的代理人，这种神话就必然会导致一种古怪的逻辑。它不仅意味着改革派被迫采用了隐蔽的秘密活动方式，同时也意味着政府当局也被迫以其他任何时期未曾有过的规模使用奸细和密探，以渗透到这些活动中去。密探和挑唆人之间的界限很模糊。密探计件取酬，因此他的情报越耸人听闻，他的生意就越有利可图。无中生有的情报对传播这种神话的当局来说真是求之不得。在某种程度上，没有人知道政府本身会被密探所编造的阴谋欺骗到何种地步。为孤立和恐吓潜在的革命者，有可能采取一种故意挑唆的政策。从这个意义上说，正是皮特在压制通讯会社时所执行的政策，合乎逻辑地导致了奥利弗事件和1817年的彭特里奇起义。这些年来充分暴露了捏造事实、恐吓威胁、双重奸细等种种令人作呕的现象，因此这种逻辑没有导致预定的结果反而是值得遗憾了。假如卡图街的密谋者达到了目的，暗杀了全体阁员，那么内阁就是被那些由其自己的镇压性政策所造就、为其自己的奸细所武装起来的密谋者所杀害。

因此，当局为1798至1820年间地下密谋活动所提供的证
486 据，是大可怀疑，甚至是一无价值的。而这也确实就是当时改革派据以反驳的主要理由。包括伯德特和塞缪尔什·惠特布雷德等在1817年一个戏剧性的时刻，施鲁斯伯里议员H.G.贝内特

把秘密委员会的报告掷在下院地板上并说这是“对全体人民的诽谤……是垃圾，我只认为适合把它踩在脚底下”。一代代历史学家也持有大体相同的观点，他们或者是想严格遵守信证法则，或者是同情改革派，或者像最近一段时间那样，冷冷地不加验证就断言任何有意识的革命活动都是非英国式的。他们为对抗关于雅各宾阴谋和斯彭斯派阴谋的神话，便宣扬一种英国“合法主义”的反神话，把信任寄托在另外一种主要的情报来源——弗朗西斯·普雷斯搜集的档案（手稿、回忆录、小册子、剪报等等）上。

这些档案价值连城。但普雷斯却绝不是那子虚乌有的“客观旁观者”，他也有高度的派别色彩，而且深深卷入在使1806至1832年整段时期光彩大减的激进派内部纷争中，他对意见不同的人很不耐烦——在他看来，科贝特只是个“无原则的吃软怕硬的懦夫”，雄辩者亨特“冒失、活跃但庸俗”。他是功利主义有关工人问题的官方资料搜集人，当他着手写回忆录时，他一心想强调温和派的贡献，贬低“民众鼓动家”的作用。此外，资深改革派对他极不信任，1810年他是一桩验尸案陪审团的陪审长，这个陪审团认定不得人心的坎伯兰公爵无罪，为他洗刷颇有证据的谋杀书僮罪嫌疑；人们还知道他和某些改革派所讨厌的人来往；伯德特和亨特都曾在公开场合下指责他是“奸细”。这种指责是荒唐的，因为奸细总的来说是更可鄙的一类人。但从另一方面说，普雷斯——在1810年以后——对必须进行合法主义的改革，深信不疑，因此如果他真的掌握着密谋造反的证据，他完全有可能把它转交给当局。所以我们在谈论普雷斯档案时，必须记住他虽然处在有利的位置上，可以搜集首都改革运动和比较“体面”的工会、行业俱乐部等情况，但在某些范围内，他的情报与政府的一样大而化之。他对中部和北部地区知之甚少，对非 487
法工会组织知之甚少，而且如果真有严肃的地下政治组织存在，

其组织者必不允许普雷斯探见它的机密。㉕

这样，我们就比较接近问题的核心了。还有第三大理由说明史料为何遮掩不清，这就是工人阶级**要**它们这样，而“要”这个词是十分恰当的，确实，在英国有两种文化。在工业革命的中心，新组织新观念新社会模式不断涌现，它们被有意无意地用来抵御官员、雇主、神父或奸细的侵蚀。新的团结不仅是一种融合的团结，而且是一种排斥的团结。在当局看来，他们的问题有3/2是能不能得到可靠的情报。地方官从他的驻所骑马而行，穿过拥挤的邻街走出数百码，就发现人们把他当做敌对的外国人来看待。他们想找出工会的分支组织，比皮萨罗的海盗似的冒险家在秘鲁的村庄落中寻找金杯更无能为力。㉖

所以，我们在读内政部档案(我们主要的第一手资料)时常常因其荒杂而为难。官员和军官们像不识途的游人，由他们自己的密探任意摆布。互助会对一个从未考虑过穷人安葬费的人来说，有可能像一台煽动机器。而一个在野地里夸夸其谈的传教士，听起来就像是德斯帕德的代理人。雇主有可能希望用雅各宾的故事来把地方官吓得魂不附体，以确保对工会分子严加惩处，治安官从告密者(给钱的、或匿名的)及其他中介人如酒馆老板、行商小贩、士兵等等那里攫取零星的消息。这里人们发现有人把当天早上理发师带来的闲言碎语郑重地报告给约克郡西区的郡守。那里人们又发现另一个人在1802年从巴恩斯利写信说:“女人们都在神秘地交谈，期待着某件他们自己也不知道的什么事”。一个地方人们又发现某个卫斯理牧师写信给波特

㉕ 附加手稿，第27809号，第16、17页。亦见W. E. S托马斯:《弗朗西斯·普雷斯和工人阶级历史》，载于《历史杂志》(1962)，第61页。

㉖ 皮萨罗(1475—1541)，西班牙殖民者，曾率众捕捉印加王，灭印加帝国。——译注

兰公爵谈 1801 年以博尔顿为基地的某个革命者的大联合会——而事情的出处是某个"可靠的朋友",这个朋友从设菲尔德一个教堂的"卫斯理宗歌手领班"那里听来,而领班又从另外一个什么人那里听说这条消息。[27] 488

这一类闲言碎语自然无聊,但我们应更细致地考察一下密探的作用。英国人天真地相信在内部事务中使用奸细是"非英国式"的,那是"大陆的奸细制度"。事实上这是一种古老的英国治国术,也是一种古老的警察手段。早在克里斯托弗·马洛[28]落入密探的圈套前很久,这种东西就已经存在,反天主教、反共和国和反詹姆士党,斗争中的间谍和反间谍活动,则一直延续到 18 世纪的刑事犯罪活动中,它出于一种颇为不同的理由持续存在(1780 至 1830 年的 50 年中尤为盛行)。常备警察力量很不完备,导致"按成果付酬"的制度产生,即按定罪的程度给一定级别的报酬(亦称泰伯恩票证)。这又反过来滋养了一群讨厌的中间人,他们靠揭发犯罪获利,而为了利益所在又要求他们夸大,甚至编造事实。19 世纪初在纯刑事案件上揭发过好几起这种骇人听闻的挑唆事件,而且无疑还有许多事未被人知。卢德派也和其他刑事案犯集团一样,受到高额悬赏,征求可以定罪的情报,臭名昭著的曼彻斯特代理警监约瑟夫·纳丁,就有人怀疑他用不正当手段弄泰伯恩票证加以出售从中渔利。1817 年英格兰银行控告 124 个人假造钞票或使用假钞,而激进派报纸则揭

---

[27] 菲茨廉文件,F. 44(a)和 45(d),R. F. 韦尔默思:《卫斯理宗和英国工人运动,1800—1850 年》,第 60 页。比较 T. A. 阿布迪 1795 年 12 月 20 日致波特兰公爵的信,说他转告"我的猎场守护人"的消息,"他的地位使他比我这个地方官更有机会听到更多……",见内政部档案,第 42.37 号。

[28] 马洛(1564—1593),英国著名剧作家、人文主义者,1593 年为密探刺死。——译注

露在有些案子中，靠出卖人命赚钱的密探把假钞票“栽”到无辜的受害人身上，而从其定罪中提取酬金。[29]

如此，政治的和刑事犯罪的传统都赞成雇用密探，“平定”爱
489 尔兰所取得的经验加强了这种看法，特别是在1798年以后，但是这样雇用来的密探素质却大不相同。在少数场合下，为对付激进的政治运动，当局可能挑选像“公民格罗夫斯”那样有一点文化也有一点能力的人打入到运动中去，格罗夫斯在1794年成功地渗入伦敦通讯会的核心会议中。但大多数密探却主要是那种传统的“卖人命赚钱”的雇佣兵，最近有人竭力想消除人们在传统上对奥利弗这种人的某些憎恶感，把他们描绘成“侦探”，在其心目中他们似乎扮演某种危险却又诚实的角色，这种做法是全无道理的。[30] 在战争中，甚至在内战中，都可以这样来看待密探；但在皮特或西德默思向改革派发动的战争中却不可以这样看，因为力量的对比大不均衡，况且告密者分成两种，首先是有些被当局找了麻烦的人，他们操持此业，是为赎身免遭官司（或者释放出狱）。招募这种奸细的最好土壤是债务监狱，19世纪之交有个叫巴洛的人就是这种应募人中最叫人恶心的一个，在曼彻斯特和设菲尔德的酒馆中寻欢作乐（还企图牵连一批中等阶级改革派），又不时写信给内政部可怜地要钱，不仅为其手头开销，而且是为偿还以前债务，（据他自己说）这是在他接受雇用

---

[29] 刺探犯罪情报的整个体系及其弊端可见L.拉齐诺维奇前引书，第1卷，第333页以下；骚塞：《英国通信》（1808年第二版），第1卷，第173页；黑兹利特：《论奸细制》，载于《作品》第7卷，第208页以下。关于纳丁可见，里德：《彼得卢》（曼彻斯特，1957），第65页。伪钞案见《黑矮人报》1816至1818年，各处；《达克特快报》，1818年2月9日；H.亨特著《回忆录》（1822），第3卷，第483页。

[30] 例如，可参见A.F.弗里曼特尔：《密探奥利弗真理》，载于《英国历史评论》，第4期（1932），第601页；R.J.怀特：《从滑铁卢到彼得卢》，第13章；F.C.马瑟：《宪章运动时期的公共秩序》（曼彻斯特，1959）。

时给他许的诺。他显然做得太过分了,在他的一封乞讨信背后有人(也许是波特兰公爵)粗暴地写道:“为甩掉巴洛如果还需要什么理由的话,那就是这封信了。我提议给他20镑之后立刻打发他。”[31](据某个动机不那么卑鄙的、后来又为这种行为感到羞愧的密探说,政府与卡斯尔、奥利弗及爱德华兹间的联系,“全都开始于舰队街监狱”。[32]

第二种密探中有叛徒,他们曾是积极的改革派,为保全自己
或为钱而当上奸细,也有偶尔自愿的贪心汉,企图按“件”出卖情 490
报。荣誉心和职业道德在这两种人身上都很少。[33] 但另一方面,若认为这些人的报告一概没有价值,那就错了,坏人可以在坏事中起作用。[34] 假使可以从内政部、财政部和枢密院收藏的各种全然不同的文献资料作一个概括的话(包括书面报告及信件、誊抄的口供、囚犯的坦白等),它们可能会是这样一种情况:

1. 告密者显然有一种使自己的报告耸人听闻的倾向(如哈孟德夫妇及其他人已指出的那样,他越是出于为钱的动机,他就越挖空心思想提供其雇主所希望收买的情报)。

2. 但雇主又不全是傻子——这是个常被人忽视的事实。

---

[31] 巴洛1799年11月16日信,枢密院档案第164号。实际上巴洛并未就此被打发,因为他(也许善于见风使舵)开始送来有关非法结社活动的长篇报告。

[32] A.B.里奇蒙:《工业人口状况记叙》(1825),第159页。(有关奥利弗)亦见查尔斯·彭德里尔的口述,载于科贝特:《政治纪事报》,1818年5月16日;及本书下文,第653页。

[33] 有关政治奸细制度的概况,见F.O.达维尔:《摄政王时期的民众动乱和公共秩序》(1934),第12、14章;哈孟德夫妇:《技术工人》,第12章;F.W.钱德勒:《政治奸细和挑唆特务分子》(设菲尔德,1933);W.J.菲茨帕特里克:《皮特手下的秘密活动》(1892)。

[34] 菲茨威廉写信给佩勒姆说,某个奸细是“……完全的无赖,品质坏到无以复加的地步,……但尽管他或许是一文不名的,刺探起不满分子的机密来却可能不是个太坏的间谍”。1802年9月25日,菲茨威廉文件,F.45(d)。

他们也了解这种倾向，地方官的利益所在也是取得准确的情报，他们并不愿意像傻瓜那样被派去搜寻根本不存在的武器库，也不愿意把时间浪费在追踪酒馆演说家上面。他们常常事先就心存戒备，不只雇用一个告密者（相互不认识）作为核实情报的方法。治安官在向内政部传递情报时，要对情报的可靠性作出某种估价，是普遍的做法。

3. 然而这种情报却是一面观察历史的哈哈镜，又不仅仅是因为多数奸细倾向于给非罪的活动套上一个有罪的框子，而且因为有一些情报他们没有发出，这包括了对政治不那么热心的多数人的思想及兴趣，同时也包括了不列颠的大片地区。这里，我们不仅应考虑奸细的动机，而且要考虑雇用奸细的治安官们的动机。从公共档案馆的资料看，自 18 世纪 90 年代末到 1820 年，博尔顿似乎是英格兰的头号造反中心。但完全搞不清这究
491 竟是因为博尔顿人特别喜欢革命或是因为博尔顿受到两个精力太盛的治安法官之害。托马斯·班克罗夫牧师和弗莱彻中校这两个人都似乎以不同寻常的规模雇用奸细（或“使者”）。

记住这一点是重要的。因为英国在这段时间中基本上是由托利党统治。一个地方官若孜孜不倦地给内政部写信，他大概会是个狂热的反雅各宾派托利党，或出于私人的理由博取政府的赏识。在同一时期，约克郡来的许多报告比兰开郡的简单得多，虽说没有理由相信设菲尔德或巴恩斯利就比曼彻斯特或博尔顿革命情绪更少。约克郡有一个辉格党郡守菲茨威廉指导下的辉格党地方政权，菲茨威廉不喜欢托利党干预他的事。同样的情形也适用于许多“老派”的治安官，不管是辉格还是托利，他们认为维护治安是教区的事，是当地贵族的责任，给内政部写长信毫无必要，令人厌恶，而且还多少有点失身份。

对中央政府的这种嫉妒事实上是导致了许多纠纷。历届内

政大臣都以一些异常积极的地方官为依靠，这些人的权威伸展到自己的边界之外。高级军官和地方官彼此打小报告，报告对方的动静。卢德运动时，斯托克波特一个积极的诉讼师劳埃德先生受到鼓励，把他的权威伸展到约克郡，甚至把政府方面的证人拐骗到彭奈恩山另一边。[35] 在战后年代，博尔顿的弗莱彻中校掌握的曼彻斯特改革派情报，往往比当地法官还要多。1817年奥利弗直接由西德默思派往中北部时，他好几次差一点被地方治安官逮捕，以为他是真正革命者。

由此，我们必须认为内政部档案的确失真，不仅是在这点那点上的失真，而且是整体上的失真。我们不仅应对呈送进来的信件的字里行间，而且要对从未送出的信也加以探讨。 492

4. 大体上可以说，当局向非法政治组织的渗透比向工业组织的渗透成功得多，对地区组织的渗透比对地方组织的渗透成功得多。无论在全国范围还是在地方范围内都是如此。这里的原因不说自明。对一个密探来说，假扮成雅各宾分子或激进派要比冒充大剪绒工或针织工容易得多。政治社团集结于广大地区并来自不同的社会集团，而非法工会或卢德派团体则产生于工场或村落，其中每一个人大都彼此认识。奸细们发现，正是在镇与镇相连，地区与地区相连的地方，他们最容易渗透。

5. 记住所有这些后，我们还有两点要谈。首先是一句老生常谈，即根据旁证的一般规则，每一份报告都必须仔细审查。提到这点很有必要，因为现在变得有点时兴的是对所有这类报告都认为不可信而不予考虑，或谓对所有一切同纯正解释无法吻合的报告都不予考虑。但很少有什么报告不给批评留下把柄，为其他材料、内证、本质上可能的结果等等所证实或反驳。

---

[35] 见后文，第580页。

我们可以看两个例子，都是1817年的。第一例是某密探报告曼彻斯特一个改革派的演说：

他然后陈述穷人及其子女的状况。孩子对父亲说：给我一点面包，父亲回答说没有，孩子说到处都没有了吗？父亲说，有的，有很多，但暴君和强盗把它从我们这儿夺走了。现在该你们（指人民）伸出手去把它再拿回来了。㊱

第二个例子是给一位王室律师的信：

利奇菲尔德先生，有一事我不支（知）说过没有，但是我想可以告诉你，马上要有小分队开到伦敦内外的大门头，不让政府向全国各地送邮件，因为只有一个骑兵跟着……这是小沃森和西斯尔伍德提议的，也被全体同（通）过。㊲

还有比这更明显的差异吗？第一份看上去很可信，是一个未经正规训练的探子写出来的报告，显然这密探忘记了自己，被这段
493 发言打动了，他对这位民主演说家风度的记录比一般出现在激进派报纸上的"文学"气味的叙述更生动。第二份报告的作者则是那臭名昭著的内奸约翰·卡斯尔——一个青楼妓女的"保护人"，1817年沃森受审时，其证词被撕成碎片。但即使我们不知道这一点，他的文风在第一句话中将他暴露无遗，他舞动他那支文盲之笔，急切地想进一步巴结政府当局。这不是说他证词中每一句话都是谎言。但确实意味着每句话在被历史承认之前，必须批判地过滤一遍。

要说的第二点是：人们会惊奇地看到在1792至1820年间，

㊱ 《关于巴古利讲话的报告》，见内政部档案，第40.4号。

㊲ 《约翰·卡斯尔1817年3月6日信》，见财政部司法处档案，第1.351号。

政府不仅没有被成群的骗子牵着鼻子走，而且它居然用高超的技巧成功地防止了严肃革命的发生，并保证有关图谋造反的可靠消息源源不断地流向政府。他们在伦敦通讯会中成功地安插了奸细(虽说在核心部分是间断地安插)。发现了有关联合爱尔兰人和联合英格兰人的相当一部分情况。他们打入并瓦解了德斯帕德的密谋，还终于渗透进某些卢德派活动的地区(但只是局部地并且经历了巨大的困难)。在战后年代，我们将看到，政府在事发之前就知道了密谋的一切细节，而这个密谋在彭特里奇起义时发展到最高峰。亚瑟·西斯尔伍德从1816年起就被盯梢，直到他死在绞刑架上。在曼彻斯特，"我们用字母B来称呼的那个人"是为德斯帕德少校辩护筹款的司库，而1812年，这同一个"B"或另一个"B"被任命为某个准卢德派的"秘密委员会"的司库，他和其他的密探对1816至1820年间兰开郡的每一个动向都了如指掌。若熟悉内政部的文件，那关于英国统治阶级从来就是愚蠢的说法，就不攻自破了。

事实上，一部可靠的英国雅各宾主义和群众激进主义史，只能根据特务活动对运动的影响来写。早在其初期阶段，伦敦通讯会就对典型奸细所装出的过分热情和挑拨态度有所认识。1794年，托特纳姆一个叫琼斯的人被(错误地)指控为奸细，因 494
为他提出激烈的决议，人们说这些决议是"想**陷害**协会"，而琼斯(据真奸细格罗夫斯不无挖苦的报告)则抱怨说：

> 假如一个公民因提出一项看来有点火药味的动议就被当成是政府派来的奸细，假如一个公民坐在角落里一言不发，只是观察会议如何进行因而可以更好地去汇

报……那么公民们就很难知道该如何行动了。[38]

为了加强安全,伦敦通讯会于1795年通过一个新章程,其中包括以下规定:

以表现热情、勇气或其他动机为借口而企图破坏纪律者,应予以怀疑。吵吵闹闹并不算勇敢,过分的热情则往往是伪装的背叛。[39]

但这种规则一旦制定,可以被一个更改了自己形象的演员所规避。而战后的政治激进主义刚开始复活,就遭到卡斯尔和奥利弗事件的打击。假如我们想为战后激进主义的分裂和人们忠于报纸编辑而不忠于某个组织的问题作出某种解释,答案就在这里。

出于这种原因,秘密**政治**的传统要么是一个接一个的灾难(德斯帕德、彭特里奇、卡图街),要么是虚弱的宣传,既遮遮掩掩的,又是小规模的一点一滴的宣传,处于猜疑的环境中,因此它很难有什么结果,除非在某些地区它能与秘密的**劳工传统**结合在一起。这种结合存在于卢德运动中,而在诺丁汉和约克郡,卢德派抵挡奸细的渗透最为成功。在这里,政府当局面对一种工人阶级的无形文化,它可以抵挡一切渗透(只有在拷打和绞刑架的威胁下,被捕的卢德派才有可能垮掉)。当两名经验丰富的伦敦警官被派到诺丁汉后,他们向内政部报告说:"不管城里还是乡下,下层等级几乎每一个人都站在他们那一边"。[40]

495 现在可以特别就卢德运动的研究提出以下几点了。假如这

---

[38] 《格罗夫斯1794年7月21日的报告》,财政部司法处档案,第11.3510A(3)号。

[39] 附加手稿,第27813号。

[40] 《科南特和贝克报告》,1812年1月26日,内政部档案,第42.119号(抄件亦见诺丁汉文献馆)。

些年中确实有地下活动存在，那么就其本性来说是不会留下什么文字证据。它不会有报刊杂志，也不会有会议记录，由于当局检查邮件，也不会有多少信件，人们也许指望某些成员会留下回忆录；然而迄今为止，还没有见到业经考证的第一手卢德派记叙。许多卢德派积极分子虽然识字，却不读书也不写字。此外我们还应该从 1813 年往后看，卢德运动在绞刑架上结束，此后的 40 年中，在任何一刻宣称自己曾经是卢德派鼓动家，就都有可能引起政府的反感，甚至在那些被处死者还有亲属活着的地区，有可能亲属被强加一些罪状。那些悔恨过去的卢德派正如有犯罪前科的人一样，不想让人们提起他们的青年时代。而那些不追悔过去的人，我们应该记住，革命密谋的趋向经过 1816 至 1820 年和 1830 至 1832 年这两个时期一直发展到宪章运动的最后岁月。对那些具有绅士派头的侦探来说，滋生出 1848 年宪章运动实力派的中、北部工人阶级文化，并不比战时年代更明显。至于那些“被饶了性命，继续留在乡下的”卢德派，照弗兰克·皮尔的记叙：

> 应特别指出，他们许多人看来终其一生都与后来的政治社会运动纠缠在一起，这些运动多多少少都为法律所禁止。

他们多数追随科贝特、亨特和费格斯·奥康诺。（据皮尔记载）有个老卢德派从不愿透露运动的丝毫机密，到老年糊涂时却给孙辈们唱卢德派歌曲；另一个从约克郡搬兰开郡去住，25 年以后，因参加宪章运动而坐牢；还有一个始终对卢德运动“缄默不言，直至去世”。[41] 在中部地区的针织业村落里，夜半集会、军事训练和造反的言论一直延续了 40 年。约克郡西区也是这样，

---

[41] 弗兰克·皮尔：《卢德派起义》（赫克蒙德怀克，1895），第 269—270 页。

496 有传闻说1812年埋藏的卢德派枪支在后来的危机中被挖出来使用，诸如此类残存的记忆，就作为秘密传下来。

事实上，直至19世纪60和70年代，活下来的人才把自己的身世付诸报端，但一个在1811年仅21岁的人，到1870年已是80岁了。约克郡西区有好几个这样的幸存者，他们的故事由当地历史学家搜集起来，带着同情在可判别的意义上，以某种准确性记载下来。由于这些著作是口传机密最后的表达形式，因此它们应当被看做是严肃的历史资料。[42]

诺丁汉的情形令人迷惑不解。至少有一个针织工领袖的政治文化水平相当高。格雷夫纳·亨森（1785—1852）在某一方面比得上弗朗西斯·普雷斯，在另一方面又比得上约翰·多尔蒂。（当时有人写道）："本世纪最初40年中，中部数郡没有哪个行业结社是……亨森所不熟悉的。"1812年，他是针织工委员会幕后的策划人，而这个委员会显然与卢德运动有亲缘关系。随后几年人身保护法中止时他曾入狱（1817至1818年），后来又在废除结社法的斗争中起过领导作用。他自学成才，身体粗壮，脖子短，眼小而尖锐，下巴很宽，且上翘到不合适的高度。他对有关工业和工会法律异常了解，出版过《针织花边业史》的第一部（1831年），还为激进报纸和地方报纸写文章。在诺丁汉地区，人们都说他曾是卢德派，甚至还是"卢德将军"本人。这大概肯定不是真的，但毫无疑问，亨森知道很大一部分卢德派史实。但正是这样一位流畅的作家直至生命终止，都"坚决不肯"谈论这

[42] 这种史料在下面两本书中都保留一点，夏洛蒂·勃朗特的《雪莉》——但几乎完全从"另一方"的角度来写——A. L. 的《悲惨年代》（哈德斯菲尔德，1870）；在下面几本书中则较多，D. F. E. 赛克斯和G. 沃克的《卢德派分子比尔地方的老本》（哈德斯菲尔德，无出版年月），以及弗兰克·皮尔的《卢德派起义》（1880）。后两本书都自称是根据幸存者的回忆写成。

件事的细节。当然，确实有人说他把一些揭开卢德运动秘密的宝贵手稿留在诺丁汉市政团一位“有影响的成员”那里，“商定一旦某些派别让位从而消除惟一的障碍时，就将它们公之于众”。但这些手稿从未问世，也许那有“影响的成员”宁愿把它们带进坟墓”。[43] 497

亨森“不肯”透露事实，不仅没有冲淡卢德派有明显的地下活动的说法，反而加强了它。现在我们要从评论史料转向积极的推测了，从德斯帕德到西斯尔伍德再往下，有一片秘密历史的空间，就如同圭洛德大平原埋藏在海底下一样。我们应尽可能地将它复原。

3. 反结社立法

隐藏在动乱后面的“黑手”中，最受当局怀疑的是托马斯·斯彭斯。当局认为斯彭斯派鼓动 1800 和 1801 年的抢粮风潮，虽说 1801 年斯彭斯受审入狱，但当局仍归罪于他的煽动性书刊，1817 年下院秘密委员会再次发现“斯彭斯博爱主义者协会”的一个密谋。而另一方面普雷斯则说，斯彭斯派“并没有什么不平常”，“既无害又单纯”。

我们还会回到 1816 至 1817 年的事件上来。不过很可能直至 1814 年斯彭斯去世，普雷斯的说法都是最接近事实的。斯彭斯既不想当真做一个密谋者，也没有在行动上这样做。另一方面他的团体却使地下不满活动在伦敦保存下去，比如书写粉笔标语和散发粗制的传单。在镇压的条件下，更重大的是斯彭斯

---

[43] W. 费尔金:《机织编袜和花边制造业史》(1867)，第 17 页，第 240—241 页；《诺丁汉评论》，1852 年 11 月 19 日；W. H. 怀利:《新旧诺丁汉》(1853)，第 234 页。所谓有影响的成员，据一项记载，是指参事员约翰·布雷德利。这些手稿若能发现将引起极大的兴趣。

不相信高度集中有纪律的地下活动。他的策略是扩大宣传。1801年3月,斯彭斯派同意尽可能松散地组织起来,设"野外宣讲员"。追随者应组成协会,"自由自在地在酒馆聚会而无须费脑筋去制定章程"——协会的任务是交谈和传播公民斯彭斯的小册子。(1807年,一个叫"自由自在"的协会每星期二在小风车街的"羊毛酒家"聚会。他们是想让不满情绪无形可寻,这样政府就找不到中心,也找不到组织的脉络。)[44]

498 这些都不是"黑灯照"和卢德运动所用的方法,但在其扩散宣传的策略中,仍可看见某种线索。因为从1800至1820年,非法活动的传统从来没有中心。既没有巴贝夫的平等派密谋,也没有邦纳罗蒂向全国各地派遣使节;[45]如果我们想找到这个中心,我们就和当局犯了同样的错误。雅各宾主义成为工人团体中特有的东西的同时,就失去了全国性中心和绝大多数中等阶级支持者。正是在雅各宾宣传的旧中心地区——设菲尔德、诺丁汉、南兰开郡、利兹等地——瑟文沃尔的"苏格拉底精神"在工场作坊中扎下了根。在某种程度上,这是一种自觉的传统。相互认识而信任的潘恩派团体秘密地聚会,《人权论》从一个人手上传到另一个人手上。据某个绘声绘色的说法,

> 在默瑟尔一小批对潘恩的《人权论》和《理性时代》顶礼膜拜的人,聚到山上的秘密地点集会,他们从一个大圆

---

[44] O.D.拉德金:《托马斯·斯彭斯和他的团体》,第122—123、146—147页;附加手稿,第2780号。

[45] 巴贝夫(1760—1797)和邦纳罗蒂(1761—1837):法国革命家,空想共产主义者,领导"先贤祠俱乐部"和"平等会",主张密谋暴动。1796年组织秘密起义委员会,泄密后被捕,巴贝夫被处死,邦纳罗蒂监禁后改判流放。——译注

> 石或类似的隐藏点取出书本，满怀激情地阅读。[46]

梅休记录过一个伦敦老书贩的话，这个书贩曾“偷偷地卖过汤姆·潘恩的书”。

> 要是有人买一本书而愿意付……三倍于标价的钱，他就送一本《理性时代》……他的书摊上全是信神的书，也不时有一两本《反雅各宾评论》……虽说他的抽屉里有“汤姆·潘恩。[47]

在设菲尔德，“老哥儿们”还聚在一起为潘恩的健康祝酒，唱“上帝保佑伟大的潘恩”：

> 当宫廷和国王被触动，
> 事实也就变成煽动，
> 军队于是开始出动。
> 建起了兵营和巴士底，
> 无辜的人们进监狱。
> 鲜血无端往外淌，
> 上帝见了也着慌……[48]

德斯帕德被处死后，工业区这种潘恩派团体就失去了全国 499
性联系，而缩回到自己的地方圈子里。其影响也取决于地方事务和经历。只是在发生大动荡的时刻，它们才会小心翼翼地伸出触角，起先是寻求地区的联系，然后再寻求全国的联系。但既然它们缩了回去，其思想也就反过来由每个地区的特殊情况所定，不满的重点将在经济和产业方面。在博尔顿和利兹，为面包

---

[46] C. 威尔金斯：《默瑟尔·提德维尔史》(1867)，同一说法中说：“信教的人把靴底的钉子排成 T. P. 字样，这样就可以象征性地把汤姆·潘恩踩在脚下”。

[47] 梅休前引书，第 1 卷，第 318 页。

[48] 约翰·威尔逊：《约瑟夫·马瑟歌集》(设菲尔德，1862)，第 56—57 页。参见 B. 布赖尔利：《费尔斯沃思：我的故乡》，第 14—16 页。

价格组织一次罢工或示威，要比组织一次政治讨论会，请愿或暴动容易。雅各宾或潘恩派于是消失了；但对人权的要求却比以前传播得更广泛。镇压并不能打碎平均主义的英吉利共和国之梦；它解除了工人对雇工残存的忠心，不满于是弥漫到一个当局所不能渗透的领域。某个充当地方官的牧师 J. T. 比彻曾怒气冲冲地谈到他对卢德运动起源的看法：

> 我把这些……暴行归因于雅各宾的原则，我们诺丁汉的改革派将这些原则孜孜不倦地灌输给下层人民，这些改革派在许多场合下成为秘密组织和罪恶私党的目标。而这些组织是在他们的邪恶榜样、放肆言谈，以及为取得党派目标而开办的煽动性报刊影响下才生成……于是，这些邪恶……被引进来，当成宝贝受珍爱，直至它在这个那个工业区与社会状态完全融为一体。[49]

在这种爆发的背后，隐藏着错综复杂的怨恨。比彻是个托利党（摄政王对他来说，既是教会也是国王），他认为诺丁汉的袜商是罪有应得，他们中有些人在 18 世纪 90 年代是改革派；现在是非国教分子，1801 年曾呈请要求缔和，1802 年，协助撤换了一个托利党议员，而这恰好与骚乱和法国新纪元同时发生（具有讽刺意味的是，正是这个议员丹尼尔·帕克·科克在 1803 年官复原职，而他对织袜情况的关注要甚于那些辉格党雇主）。十年前他们在诺丁汉市场上种下的龙牙[50]，现在全都手执武器地跳出来
500 围住他们。[51] 但在有一点上比彻是看对了，他看出少数人过去

---

[49] 阿斯皮诺尔前引书，第 170、174 页。

[50] 日耳曼神话，种下龙牙，化为武士互相砍杀。——译注

[51] W. H. 里德：《不信神的协会的兴起与解散》，第 20 页，说“俱乐部活动分子”认为“他们的任务是钻进各种类型寻欢作乐的协会中去”，尤其是共济会。

的宣传现在“与社会状态完全融为一体”,而雅各宾主义嫁接其上的砧木正是非法的工会组织。

几乎没有证据表明潘恩派有意识地决定要“打入”工会和互助会。但在19世纪40年代以前的任何时刻,若我们心目中把政治上的不满和产业组织完全分开,那就会犯错误。互助会在合法时不允许发生地区性和全国性的联系,这时,“不搞政治”的规定常常生效。有一些年深日久的行业俱乐部也有类似传统。但在多数制造业地区,任何有组织的运动都很可能由少数活跃分子发起,而那些有胆量组织非法工会、有能力掌管其书信来往及财政经济、有知识向议会或向律师请教的人,就很有可能对《人权论》毫不生疏。年轻的工会领袖顶上来时,他们很快会由于他们与雇工、地方官或抱严惩态度的下议院的矛盾而转向极端的激进主义。

正是皮特实施结社法,才无意中使雅各宾传统和非法的工会结合起来了。兰开郡和约克郡的情况尤为如此,1799年的法案促使雅各宾派和工会分子结成一个着重于半政治性、半产业性广泛的秘密结盟。一个告密者(巴洛)报告说:

> 它起源于设菲尔德……的共和派协会——与约克郡的主要工业城镇有联系——与本城(曼彻斯特)及斯托克波特,尤其是伯里通消息。

同一个告密者在设菲尔德发现:“最近的法案在各类的工匠和机匠中造成普遍的不满情绪……我担心这法案已经促成更多的**结社**,要不是这些法案,他们还想不起这样做的。”据他报告,工会活动家正在造可能受结社法反向影响的工人人数统计表。据估计,兰开郡有6万人,约克郡有5万人,德比郡有3万人。新团 501
体的秘密委员会“处在共和派的操纵之下”。有趣的是,这以后北部和中西部幸存下来的政治俱乐部放弃了“爱国会”、“宪法会”这一类名称，而改称自己是“联合会”——这种叫法模棱两可，因它既含政治目的又含产业目的。这个名称(即使组织没有保存下来)成为战后年代出现的联合会和政治同盟的名称。[52]

在兰开郡，抵制结社法的活动由一个技术工人的工会委员会发动，其中包括粗布裁切工、棉纺工、鞋匠、机器自制工、白布印花工等等。[53] 在约克郡，不断有报告说，呢料整布工和剪绒工扮演着秘密组织发起人的角色。其目的既是产业的，也有更深远的。1799 年结社法通过并提交枢密院时，一份备忘录专门把剪绒工挑出来谴责：“他们所拥有并行使的那种专断权力，简直到了难以置信的地步”。[54] 1802 年，约克西区温和的郡守菲茨威廉伯爵连续向内政部报告，说剪绒工的组织和一般的非法结社好像完全纠缠在一起，难以分清。起先，菲茨威廉倾向于对有关搞密谋暴动的报告的真实性打一个折扣。7 月份他写道：“我担心真正雅各宾式的密谋多少是有一点的……但我深信真正的秘密只掌握在极少数人手里，其他人只是受了骗……他认为绝大多数夜间集会只是“为提高工资，而这并没有什么可怕的”。至于是否应接受某些大制造商提出的要求，对这种会议进行武力镇压，他采取谨慎的态度。不能因为有必要镇压煽动性集会，就以此为借口在“制定限制性更强的法律反对以增加工资为目标的帮工结社”，当行业兴旺时，帮工们也有权分享“收获季节”。
502 对其结社进行惩治是不公正的：

我认为我们不应当给他们提供对恶政表示不满的理

[52] 枢密院档案，第 A. 161 和 164 号。差不多就在这时，有很多人来找卡特莱特上校，“商量成立若干新生组织的事，起名联合会”。F. D. 卡特莱特前引书，第 1 卷，第 243 页。

[53] 《T. 贝利 1799 年 11 月 6 日致内政部》，枢密院档案，第 A. 164 号。

[54] 《关于工人结社的问题》，枢密院档案，第 A. 152 号，见后文，第 524 页。

> 由，我们不应当把他们驱赶到真正的雅各宾事业中去，不应当以我们的行动，为他们的行动提供根据……[55]

但只隔两个月他就改变了看法。理由有三个：首先，他得到了关于“黑灯照”和秘密工会组织的报告，报告相当详细，其中工会的目标与传闻中的长远目标难分难解。他得知说：

> ……委员会开会的房子在利兹有三座，在威克菲尔德也有三座——他们估计其中有一座房子会在某个时候被搜查，就把文件藏在煤堆下和房屋地板的活门里，每个会员每星期交一便士作基金；委员会选举了很多委员，而每个委员手下又都有十个人……他们把每周会费送到利兹，将在同一天晚上在全国发动叛乱，第二天早上就改变一切。

其次，他从内政部得知可靠证据，说明约克郡的剪绒工组织和英格兰西部有联系。那里使用起毛机的工厂最近被毁。第三，他对工会活动取得成功、其势头不断高涨并囊括十几个行业的报告越来越感到惊慌。9 月初，利兹市长写信给他，沮丧地谈到“各阶层工人(尤其是剪毛工)的结社热情所表现的严重情形”：

> 奖金、特惠、工时、工作方式、工资率，应该雇用谁，等等，等等——现在这一切都要征得我们工人的同意，而没有丝毫的商量余地，而且每个部门都在为分享这些新权力而斗争。现在这件事已成定论，即瓦匠、石匠、木匠、纺车匠等等的工资，在利兹或曼彻斯特比威克菲尔德、约克、赫尔和罗奇代尔每星期高三个先令……

1802 年 9 月底，利兹最大的呢绒制造商戈特所雇用的全体剪绒工罢工，反对招进两个超过公认学徒年龄(14 岁)的男孩。(这 503

---

[55] 阿斯皮诺尔前引书，第 41、45—46 页。

件事是一个借口,引起戈特与剪绒工之间以及随后约克西区全行业关于学徒问题的摊牌。)菲茨威廉伯爵于是写信给佩勒姆勋爵,要求"进一步限制帮工的结社":

> 我不得不坚决认为所有集会或怀疑中的集会,都起自于我现在要谈的这些人的结社——剪绒工。他们是国家的暴君,他们有权力有影响是因为他们工资高,他们可以有储蓄,从而不怕行为不当造成的不便,但他们又是一种对生产并非必需的人,假如商人们决意摆脱他们,他们就会失去影响,他们的存款就会耗尽,结社就会垮台,我们也就不会再听说有任何种类的集会了……[56]

我们不知道在剪绒工工会的主要人物中,是否有五年前写信给伦敦通讯会的"劳动机匠"社成员。[57] 但我们确实知道世纪交替的时候,小生产者在利兹建立过呢绒自由贸易行,绕过有钱的呢料商控制,一般人都把它叫做"汤姆·潘恩行"。我们还知道为约克郡剪绒工和西部各郡剪绒工传递信件的主要人物是一个利兹鞋匠——乔治·帕尔默,他是否就是那闻名天下的激进鞋匠呢?我们有理由假设这些有文化、有技术而又有能力的人中,有一些就是潘恩派。

此外,1799年和1800年结社法把工会驱入一个非法的世界,秘密活动和敌视当局正是其存在的实质。从1799年到废除结社法(1824至1825年),各种工会的地位十分复杂。首先,我们必须面对这样一个矛盾,正是结社法生效的年代里,工会运动取得巨大的进展。不仅那些远植根于18世纪的工会:梳毛工、

---

[56] 同上书,第53—64页,亦见哈蒙德夫妇:《技术工人》,第174—178页。

[57] 见文,第177页。

制帽工、制革工和鞋匠、造船匠、成衣匠的工会在结社法生效的许多年中，多少不受干扰地继续存在，而且有证据表明结社向许 504
多新行业扩展，还有最早组织总工会的尝试。韦伯夫妇断言说许多伦敦手工艺行业“从未像 1800 至 1820 年间……那样完全地组织起来”，[58] 许多手工行业如成衣业甚至有网状的行业俱乐部或地方分会、候工所、资格证、流浪生活津贴、学徒期控制（这给工会基金添加了一大笔钱）、救济金、银行存款等，有时还有与雇主商定的正式工价。这些情况都表明结社法几乎形同虚设，如果认为这些年中有“反对自由的运动”存在，那是太夸张了。[59]

与这种看法同样不确实的另一种看法是：认为结社法使以前合法的工会变得非法了。这种观点有时可以在一些流行的说法中看到。事实上，在 18 世纪 90 年代以前，有足够的立法可以使任何可能的工会活动受到起诉——例如习惯法中的聚众密谋罪，也可以说工会撤毁契约、未完成工作任务，将它与涉及到个别工业部门的法令相对照。结社法是由反雅各宾派和地主的议会通过的；他们最关心的是在现有法律中加上恐吓政治改革派的条文；但也想整理现有的反工会法律，简化程序，并授权两名地方官就可以执行即决审判。他们的新发明即在于无一例外地禁止一切结社，同时也在于这个事实，它与早期家长制立法传统不同。因为它没有制定保护性的条款作为补偿。尽管从技术上说，它也禁止雇主结社，却正如阿斯皮诺尔教授所说，这是个“讨厌的阶级立法”。

---

[58] S. 韦伯和 B. 韦伯：《工会运动史》，第 83 页。亦见上文，第 252—257 页。

[59] 见 M. D. 乔治：《结社法》，载于《经济史评论》，1936 年，第 6 卷，第 172 页起；关于工会在该法之前及生效时期，法律地位的有益总结，见阿斯皮诺尔前引书，序，第 10—30 页。

就这样,这个立法在所有工会人士的头上整整悬挂了25年,而且时常被引用。1802年一个内政部探子从英格兰西部写505 信道:“每天在这个或那个工业城镇,都会有两名或更多的法官坐到一起。由于结社法为传唤任何嫌疑犯到庭并在令其起誓后提审提供了方便的借口,我因此不断把这种人交给他们。结社法正是由于这样一种不加区别笼而统之的特性,才变得如此“方便”。现在还没有人计算过在结社法名义下审理过多少案子(这要求对地方报进行漫长的研究),但熟悉这些年代的人都怀疑它有过禁止结社的普遍影响。另一方面有许多有趣的理由说明它为什么不像所预期的那样被广泛使用。首先,尽管立法很有分量,但在某个模糊的范围内,某种工会活动是在事实上得到许可的。一方面,伦敦手工业中那种行业俱乐部主要起共济会的作用,在全国性联系和劳资谈判问题上不声不响。这些俱乐部可以长年累月地不受干扰,直至劳资冲突或罢工冒犯了雇主或当局。另一方面,还会有这样的情况,即某一行业的帮工——至少在不同的城镇和地区——可以合法地向议会请愿申诉他们的利益,或出席下院调查委员会。此外,结社法并没有完全取代旧的渐渐废弃不用的立法,这些立法授权地方官可以仲裁工资争议,为使帮工能够向地方官或议会吁请保护,就必须允许他们有某种组织去选举他们的发言人,筹集必要的经费。(政府并不愿意完全堵住申诉疾苦的合法渠道。)

因此,这是个在合法边界上有争议的地区。它在导致卢德运动的历史中相当重要。但此外,还有几个理由说明雇主为什么常常只愿把结社法当作威吓来使用。在工匠的行当中,如成衣或制鞋业,有许多行业小师傅自己就有一些小型组织。伦敦或伯明翰有大量这种人。他们本身就是激进派。他们蔑视镇压性立法[60],而他们对使用这种立法会感到良心不安。他们和自己帮工的关系往往是非正式的、私人间的;行业俱乐部早就作为理所当然的东西存在了。很小的雇主仍然觉得学徒制度很方便,他把自己的生意看做是提供一个过得去的生活的手段,而并 506
不在扩大经营的意义上加以理解。因此,他和工人一样嫉妒少数的大雇主。因为这些人不顾习惯和学徒制,抢走了最好的市场,雇用廉价劳工。在这些行业中,工匠工会就存在于一个不确定的宽容区分内。假如他们跨越某些界限,比如罢工或提出"无理"要求,他们就会面临起诉,或与雇主的相应组织相对抗。他们并没有摆脱结社法的约束,但他们学会了在它旁边生存。

在工匠手工业之外——事实上是在北、中、西部的广大工业区,还产生了其他情况。在那些工作分发到外面去做,或有工厂和大型工场手工业的地区。对工会运动的压制就相当严厉。生产单位越大,要求的技术越专门化,劳资间的对立就越尖锐,雇主也越有可能达成相互谅解。我们发现一些最尖锐的冲突涉及到有特别技能的人——如棉纺纱工、白布印花工、制模工、机械安装工、造船工、剪绒工、梳毛工、某几种建筑工等等,他们想夺取或保持特权的地位。其他的尖锐冲突则涉及到大批户外工(特别是手织工和织袜工),他们企图抗拒削减工资和反对自身地位的恶化。

但即使在这一点上,结社法也并不总是能用上的。首先,结社法把起诉的责任推给雇主,虽在不同的工业部门曾有过一些雇主的早期结社,但每一个雇主却都受到与他竞争的人的妒嫉。雇主的企业越大,妒嫉也就越甚,其对手也越愿意从他的困境中渔利。(因此1802年戈特企图搞垮剪绒工时,他却由于其他雇

[60] 结社法就是其中之一。

主向工会的要求让步而失败了。)其次,在工会强大的地方,起诉有很多困难。尤其困难的是要在工人中找两个证人起誓说工会存在,雇主知道他会失去许多最好的工匠。假如他们不坐牢不
507 罢工,他们就会三三两两地走掉,给他的作坊或工厂“抹黑”。此外,起诉的结果并不一定总能抵偿所蒙受的损失。一个人被首次定罪后,惩处仅仅是三个月监禁,虽然定罪一般决不成问题,但不是自然成立的。雇主还受制于“向州法院上诉的权利……这可以把事情搁置三个月,然后再做出决定,而在此期间告发人就不会有生意做,因为他的剪绒工场会受到驱逐出教的制裁”。[61]

正因为如此,起诉往往不引用 1799 至 1800 年的结社法,而是援引以前的立法——习惯法中的阴谋法,或是对工人不完成工作进行惩罚的伊丽莎白工匠法令(伊丽莎白女王第 5 年第 4 号)。前一种立法的好处是它可以用于对付一个组织的“头领”或干部(同时没收文件和资金等);可以施行更严厉的处罚;而且起诉的责任交给当局而不是单个的雇主。这一点也并非无所谓。后一种立法的好处则是:在罢工时,雇主可以用罢工本身作证,依靠即决司法打官司而不需要找证人,让他们对正式的工会组织发誓作证。织袜工领袖格雷夫纳·亨森写道:“用结社法起诉,很少能够生效。”

但在工匠法令下却有过成百上千个案子,这项法律若不改,劳工们永不得自由。结社算不了什么;雇主们是引用了有关完成工作的法律,而找麻烦并把工人的工资压下来的。[62]

以上这些说明是很重要的,但不应该为此就认为政府方面

---

[61] 见《克特 1803 年 1 月 28 日致菲茨威廉的信》,菲茨威廉文件 F.45(e)。

[62] 转引自 M.D.乔治前引书,第 175 页。

对工会采取温和态度。从工会人士的角度看,他们是受结社法起诉,还是受习惯法或伊丽莎白第5年第4号立法的起诉,其间并没有什么区别,只不过后者更严厉或更迅速。对一般百姓来说,无论这些立法如何,它们都归在“反结社立法”这一名目下,立法的效力不由起诉的次数来判断,而是看它有没有起阻碍作用。在危机时刻,或在发展过程的关键点上,工会人士受到不同 508
法律的打击,比如:英格兰西部的毛织工(1802),约克郡呢绒工的“协会”(1806),兰开郡棉纺工(1808和1818),《泰晤士报》排字工(1810),格拉斯哥织工(1813),设菲尔德刀具匠(1814),针织工(1814),白布印花工(1818)及巴恩斯利的麻织工(1822)。这些案子通常出现在组织广泛发展并取得成功时,或发生在政府本身对动荡或周围的“煽动”宣传感到担心时,内政部信件表明这种一般性考虑常常先附于个别的工业问题,而在希望雇主提出起诉的政府(内政部或地方官)和希望把责任推给政府的雇主之间,又一直存在着龃龉。[63] 就连较大的雇主也常极其谨慎地行事。1814年,菲尔德一个雇主在未婚妻向他抱怨时承认:“法律是苛刻的,若非依靠结社,工资就很难提高,如果是在雇工反抗较弱的时期,我是不想运用这些法律的”。[64] 我们又看到那无定形的宽容区了,它只会因工会取得令人不安的成功或是在反抗时,才会被扰乱。

这样,在工匠手工业中,尤其是在伦敦,就有一个半合法的朦胧世界,在这个世界里一个地位很高的组织获得预期的成就,

---

[63] 一个极好的例子是当时的总检查官斯潘塞·帕西瓦尔1804年10月5日的议论:“假如政府对靴鞋制造商的申诉加以干预,那就要准备其他各行各业都会来申诉,结果人们就会认为,提出起诉不是该行业中感到受害的雇主的事,而是政府的事了。”阿斯皮诺尔前引书,第90—92页。

[64] T. A. 沃德前引书,第216—219页。

积累了相当一批资金（我们已知托马斯·拉奇曾暗示木匠们在1812年有2万英镑，也见过达文波特在同一时期关于鞋匠们的陈述），正是在伦敦，第一个与工会事务有关的期刊《女怪》于1818年问世，它由分毛工约翰·韦德主编并得到造船工领袖约翰·加斯特的支持。然而在北部、中部工业区，结社要么散布很广且富有战斗性，要么就一无成果，在这种情况下，这个或另一个反结社的法律就常被使用，用来协助削减工资或进行欺骗，粉
509 碎刚出现的工会，并把别的工会打入地下。在纺织业中，格雷夫斯·亨森把结社法看做——

> 一块巨大的磨盘石绕在当地工匠的脖子上，把他压倒在地。他想做的每一件事，他为维持工资或提高工资而想出来的每一种方法，都被说成是非法的；世俗权力和地方势力的全部力量都用来对付他，因为他非法地行动，地方官自信是在和立法机构协调一致，他们采取行动阻止结社，压制工资，……把工匠中任何想改变其状况的企图看做是……某种煽动或反对政府。他们中每一个组织或积极分子都被看成是危险的动乱分子，应该加以监视，如有可能，则应压制。[65]

亨森的1813年针织工协会，其证件上印有一个纹章，上面有一架织机，一只拿着锤的手，还有一句缄言“Taisez vous”（保持沉默）。诺丁汉郡的工人（据亨森在1824年说）认为结社法“太压制人”，他们的警句因此是：‘你们若找到监狱，我们将找到尸首。’”[66] 韦伯夫妇写《工会运动史》，其中资料是19世纪末收

---

[65] G. 怀特和格雷夫纳·亨森：《简评当前调整雇主和雇工关系的法律之现状》（1823），第86页。

[66] 《关于工匠与机器……的第四个报告》（1824），第281页。

集的。他们注意到每一个老牌工会都有其“早年的浪漫传说”，比如“爱国者半夜在一块地边开会，埋在地里的档案箱啦，秘密宣誓，坐牢的补贴等等……”[67] 于是，1810 年成立的铸铁工协会据说是“半夜里在中部各郡高地的山顶、沼泽和荒地里”开会的。[68] 在举行深夜集会的地方（无疑是有这种集会的），整个气氛鼓励谈论革命，即使其直接的目标是产业，更常见的是工会在一个同情他们的客店老板的私室里开会。组织的形式使密探很难渗透。有些场合以“班”为基础（一种借用卫斯理宗的组织形式），[69] 有的则经过甄别，这可能取自雅各宾或爱尔兰的经验。这样，作坊选出代表参加城镇委员会，城镇又选出代表到地区委员会，一个精心设计的体系建立起来，有可能掩蔽工作人员和委 510
员会代表的姓名，甚至不让广大会员知道。（有时工作人员的委员会的秘密无记名投票决定，名单只有书记或司库知道）。[70] 万一当局探知了组织的某个部分，其他部分也可以安然无恙。

可怕的誓言和入会仪式可能也相当流行。梳毛工（或建筑工）的入会仪式许多人都知道——门里门外有岗哨，眼睛蒙着在死神像面前庄严起誓，以保守秘密等等，对这些情况的可靠性没有理由加以怀疑。

> 上帝在天作证，我作庄严地宣誓：我要做到威武不能屈，富贵不能淫，即便死也不能让我直接或间接地透露与本会有关的任何情况，也不透露与本会有联系的其他类似协会的任何情况，我决不写也不叫别人写出有可能泄密的文字，不管是写在纸上、木头上、沙土上、石

[67] 作者前引书，第 64 页。

[68] R.W.波斯特盖特：《建筑工人史》，第 17 页。

[69] 见 R.F.韦尔默思前引书，第 3 卷第 2 章。

[70] 见 A.B.里奇蒙前引书，第 77 页。

头上，还是其他什么东西上。[71]

这种誓词有许多来源，它部分来自共济会，部分来自古老的行会传统，或来自陈腐的民间仪典，比如市民的立誓等。“自由编筐人协会”在18世纪中期使用的誓词，就要求会员忠诚、卓越地保守行业机密，不传授给“除有权获得本技巧之外的任何人”，作为本会弟兄和自由人应履行一切义务。[72] 弗莱彻中校在博尔顿的特使找到一份更令人毛骨悚然的誓词，据信是爱尔兰“绿带会”[73]使用的：

> 当众兄弟之面及圣母玛丽亚之面，我宣誓：我有生有业之年将坚信并拥护我们神圣的宗教，摧毁一切异教，无一例外。[74]

19世纪早期的誓言就是这些完全不同来源的混合。卢德派主要取自爱尔兰传统，工会则主要取自行业及共济会传统。[75]
511 入会起誓也许在伦敦手工业和其他大城市的工匠中最早废弃。但入会仪式和起誓在北中部（及其他地区）持续下去，直到结社法废除后好久还在用。它不仅被当成是抵抗雇主的安全措施，也因为它成了工人道德文化的一部分——意味着团结、忠诚与威吓，而这些对工会的存在都至关重要。1831年老机匠工会哈德斯菲尔德分会成立时，就买了一把手枪，一本圣经和十码窗帘布；显然，会费开销的第一笔钱是买入会式用品。在1832至

---

[71] E.C.塔夫内尔：《工会的特点、目标及影响》(1834；1933)，第67页。

[72] 章程藏大英博物馆，打印编号L.R.404.a.4(52)。亦见《誓词集》中大量不同形式。

[73] “绿带会”是19世纪初北爱尔兰民族主义组织，故以下誓言中有强烈宗教色彩。——译注

[74] 内政部档案，第42.119号。

[75] 共济会传统及仪式、入会式的一般作用，见E.J.霍布斯鲍姆：《绿林好汉》，第9章。

1834 年的总工会运动大潮中，宣誓似乎有所恢复，尤其在神密的约克郡“各业工联”中更如此。矛盾的是，“保持沉默”的传统好像骤然间达到一个过度夸张的仪式的最终阶段，而这个阶段远不是沉默的。绅士们惊惶地听到谣传，说有所谓“庄严可怕的誓言”，令工人杀死叛徒和坏主人。有人见煤窑子和建筑工人走进客店，在里面“发生嘈杂的声音，仿佛是在军训，……一个晚上通常要放四五十发枪弹，每个人在起誓后，立即向他头顶上开一枪。……”[76] 工会领导人西米恩·波拉德不承认进行过这种起誓，但 1825 年领导过梳毛工罢工的约翰·特斯特（现在却坚决反对工会运动）却挖苦地写到工会在那一套行头上所花的钱——短剑、死神、布影、袍子、旗帜、战斧以及大大的像军用钱箱似的空盒子。利兹附近的法斯利有一个爱尔兰年轻人因破坏罢工，被一群不明身份的人殴打致死（1832 年 12 月），在调查这件事时，查出的一些细节大概是可信的。工会一个支部每星期在“海湾之马”酒店聚会，一星期付 3 便士使用三楼的一间私室：

> 他们用极端措施来防备有人偷听房间里发生的事，搁栅底部钉着一英寸厚的木板，隙缝里填着木屑，开会时门外布着岗哨，啤酒和其他饮料都由会员送进房间。 512

死者的父亲作证说，他曾在雇主要求下参加工会，以便揭露其图谋。他的说法看来是可信的：

> 一个人入会时，有两个房间，其中一间是分会开会的地方。首先的动作是把他两眼蒙起来，然后由两个会员带进会场，人们叫他说口令，那一次口令是阿尔法和欧米伽。他然后绕着房间走，这时一块铁皮发出轰隆隆

---

[76] 安·利斯特日记手稿（藏哈里克斯市班克菲尔德博物馆），1832 年 8 月 31 日，9 月 9 日。

巨响——然后人们哼歌——而他继续绕着房间走两三圈，人们问他动机纯不纯——然后把他眼睛上的布拿掉，这时他首先看见的是一幅死神像，有一个人那么大，上面有这样一些字：切记你的下场。画像上悬挂着一把出鞘的剑——他的眼睛于是又被蒙起来，再绕着房间走，这时发出一个信号，全体会员都跺起脚来，发出一片吵声——人们然后令他跪在一张桌旁，再把蒙眼布拿下来，他看到一本大圣经，手被按在那上面。……他们读第94页赞美诗，誓言就进行了，赞美诗大意是这样的：他应服从工会委员会的一切指令，应保守每一项秘密——起誓末尾有一个咒语，每一个发誓人都必须说他愿在违背誓言时，让他的灵魂永世在地狱最底层受火烧炼……[77]

在一个早已忘记战神的时代，我们可以引用一下工会挑选出来读给新入会者听的那些赞美诗段落：

耶和华啊，你是伸冤的上帝，伸冤的上帝啊，求你发出光来……

耶和华啊，恶人夸胜到几时呢，要到几时呢？

他们絮絮叨叨，说傲慢的话，一切作孽的人，都自己夸张。

耶和华啊，他们强压你的百姓，苦害你的产业。

他们杀死寡妇和寄居者，又杀害孤儿。……

因为耶和华必不丢弃他的百姓，也不离开他的

[77] 《利兹信使报》，1832年12月15日，亦见利斯特日记，1832年8月4日，12月8日，12月22日，（关于特斯特）《利兹时报》1832年6月7日、14日。我在此大段引用原文，是因它们从另一方面证明科尔还算相当不错的叙述，见《成立总工会的尝试》第7和16章。

> 产业。
>
> 审判要转向公义,心里正直的,必都随从。 513
>
> 谁肯为我起来攻击作恶的,谁肯为我站起抵挡作孽的? ……
>
> 那借着律例戏弄残害,在位上行奸恶的,岂能与你相交么?
>
> 他们大家聚集攻击义人,将无辜的人定为死罪。
>
> 但耶和华向来作了我的高台,我的上帝作了我投靠的磐石。
>
> 他叫他们的罪孽归到他们身上,他们正在行孽之中,他要剪除他们。我们的上帝耶和华要把他们剪除。[78]

这种誓词和这种赞美诗,摆在一家旅店后厅的死神像前,对那些仍旧畏惧迷信的人来说,确实是严重的事——他们中有一些可能虔信过乔安娜·索斯科特,或卷入卫斯理的宗教复兴。况且,一个人在工作时,当然也可能在酒店或教堂时,要抬起眼睛,就能遇到其他信守同样保密誓言的人的目光。正是由于某种这样的宣誓,多尔切斯特的农业工人"托帕德尔烈士"在 1834 年被流放,而在此之后,宣誓就迅速地不再使用了。在利兹的亨斯莱特草地举行的一次抗议多尔切斯特审判的群众大会上,一位著名改革派公开宣布:

> 我知道有些品格极为高尚的下层人士,也曾举行过同样的宣誓,他们的人数太多了……如果要把他们找出

---

[78] 其他誓词基于《以西结书》,第 21 章(见前文,第 392 页),《民数记》,第 30 章第 2 节及《申命记》第 23 章第 21—23 节。参见 E. J. 琼斯:《苏格兰乡巴佬和威尔士的早期工会运动》,载于《经济学杂志》(增刊),1926—1929 年,第 1 卷,第 389—391 页。(本处译文取自中文《新旧约全书》中的旧约《诗篇》。——译注

来流放，就会使约克郡西区人口减少。[79]

然而对非法活动的岁月，我们却不能给它涂上太多的英雄色彩。客店后厅中作出的许多事都是单调无味的，其中有大量共济会善后会那种实实在在又无声无息的事务。在平时，许多最坏的情况不是由雇主引起，而是因为领导人无经验或办事疏忽。慢慢积累起来的资金可能因领导人潜逃而丧失，又不可能诉诸法律去追索，就像针织工杜克斯伯里分会那样，他们愚蠢地
514 信任分会书记，这个人"看起来是个能干、笃信宗教的人"。[80] 工作人员一般虽不领取工资，但委员会开会时却用工会资金大喝一顿，工会的社会作用是很重要的，但早年帐簿中留下了足够的证据，说明约翰·特斯特的另一个抱怨并非虚构：

我见过很多委员实在是……不合格，惟有咀嚼能力特强，他们的消化力的确惊人。[81]

没有理由说秘密活动传统应该是沼泽中的夜半集会而不应该在酒馆举行。这两个地方都不会有绅士光临，陌生人只要一走到柜台，就立刻会引起注意。保守秘密不能只看做起誓和仪式，在战时及战后年代，它还包含一整套行为规矩，这几乎成为一种意识形态。工作中不需要领袖或代表去与雇主交涉工人的要求；而只是留一个暗示，给监工一点提示，或给雇主留一张没有签名的字条。假如要求未被满足，(那么在小作坊中)是没有必要来一次正式罢工的；工人会拂袖而去，或写一个离职报告。即使查出了领袖，也可能得不到他们活动的证据。1804 年威克

---

[79] 《利兹时报》，1834 年 4 月 19 日，会议主席托马斯·巴洛插话说："我很高兴听说：你们已经有一段时间不搞宣誓了"。

[80] 诺丁汉市档案馆，第 39841 号，1812 年 6 月 22 日。

[81] 《利兹时报》，1834 年 6 月 7 日。例子可见波斯特盖特前引书，第 21—22 页。

菲尔德某个地方官写道:“他们变得极其谨慎,故无须总罢工,也不与雇主对话,他们只要把事情做得让雇主一看就懂,却又不可能提出证据说他们在结社。”[82] 普雷斯 20 年后写道:

> 有那么几个人拥有同伴的信任,当行为中有事需要讨
> 论时,不管是在俱乐部还是在一个单间的房屋里,在工
> 场或院落,只要这件事重要起来,人们就会指望这些人
> 出来指导行动,而他们又确实出来指导——仅用一个
> 暗示。工人于是照此行动,一致照料那些有可能被解
> 除工作的人。……群众并不知道是谁在指导,20 个人
> 中也许没有一个知道指导行动的人。他们的规矩是,
> 什么也不问;而那些知情最多的人,他们有另一条规矩 515
> 就是,要么不回答,要么给一个错误的回答。[83]

此外,非法状态意味着工会人士时常要依靠直接行动,去争取那种既不能诉诸法律,又不能有公开谈判的要求。这可以采取多种方法。较温和的形式大概就是强大的道德压力。低于工会工资率以下工作的匠人会受到抵制,“非法”工人会发现其工具“不见了”,或被其工友们“罚款”。在斯皮特菲尔兹,丝会断在织机上;在呢绒区,料子会被剪破;针织业中,织袜机上关键的部件“开关”会不翼而飞。工贼和坏主人会知道有人在盯梢,砖头会从窗子里飞进来,晚上则可能在小巷里遭到伏击。格洛斯特郡的织匠工贼被放在自己织机的大梁上扛出去抛进池塘。有时甚至应用更激烈的威吓形式;在格拉斯哥、都柏林、曼彻斯特和设菲尔德都有零星的报告说有过或企图有暗杀行动,向作坊里扔硫酸、火药包。最轰动的事件广为传播,就连中等阶级持同情

---

[82] 阿斯皮诺尔前引书,第 93 页。

[83] 韦伯夫妇前引书,第 86—87 页。

态度的人，其心中也会生出对秘密工会暴力性质的深刻恐惧。[84]

通常，这一类直接行动总是被工人社会的道德文化小心地控制在一定范围内。人们把工贼看做一种威胁，从勤奋工作，无辜受害人的嘴角夺走面包；然而，虽说他遭到袭击或“受到教训”时并没有人同情他，但对其暗杀或伤害的行动就得不到道义上的支持。卢德运动是这种直接行动的延伸，但它也被小心地控制在这种无须言明的法典中。就连在森德兰和北希尔德这些民风粗犷的煤村港镇中，凶猛的示威和暴乱往往发生在较为固定的组织活动之前，暴力也有一定的界限，它可以感到却难以描述。

矛盾的是，秘密活动和偶尔出现的暴力，持续不断，这反而
516 使取消结社法的论点更为有力。弗朗西斯·普雷斯的论点是人所共知的：

> 反结社立法……使工人群众犯法而不顾法，使他们怀疑愿意为其效劳的每一个人的动机，使他们痛恨雇主而又带有怨愤，其他任何东西都不会产生这样的怨愤；还使他们痛恨本阶级中不肯跟他们跑的那些人，其恨之深使他们渴望对这些人搞一点恶作剧。[85]

普雷斯自己关于废除结社法的宣传运动很成功的说法，被人们如此经常地加以引述（而且不作任何批判），以致现在变成了某种传奇。据他说，战争结束后不久，他就几乎是单枪匹马地在议会内外开始宣传。而在这方面工会人士几乎未给他帮助，反而还有一些抵触：

---

[84] 对这种根深蒂固的恐惧感的一个极好的例子，可以在加斯克尔夫人充满感情的小说《玛丽·巴顿》(1848)有关工会的叙述中看到。

[85] 沃拉斯前引书，第 239 页。

工人们上的当太多了，不愿意信任他们不大了解的任何人，他们狡诈的习性，对上流等级的疑虑，加上看不出结社法会有所松动，更看不出它被废除的可能性，他们就不肯轻信我的话对他们有用，也就不肯为此而自找麻烦，更不肯提供在他们看来有朝一日会用来反对他们的情报。我对他们太了解了，所以我既不丧气，也不生他们的气，我决心竭尽全力去为他们效劳。[86]

最后他找到约瑟夫·休谟这样一位议员，既有能力又有恒心，还深得大臣们信任，由他在下院指导废除结社法的行动。小组专门委员会满是支持废除结社法的人。在院外，普雷斯为工会运动设立了一个常设总部，准备了最好的证人，向休谟提供材料证据。1824 年，他们靠"保持沉默"的战略通过了一项提案，通过时竟如此"沉默"，就连最坚定的支持者都受到警告，要他们不要讲话。这议案不仅废除了讨厌的结社法，还公然使工会会员不受习惯法里密谋罪的起诉。接着就掀起一股公开组织工会和罢工的浪潮。1825 年雇主和政府对此都发动反攻，他们任命了一个新委员会，指望它建议恢复镇压性立法。但普雷斯和休谟再次不懈地工作，抗拒或修改这种立法。请愿书源源不断地来自各地，议会走廊中全是代表团，要求作证。结果，1825 年的修正 517
案在这一点上收紧了，它规定用任何形式说服或恐吓非工会会员即是犯罪，然而让最主要的成果保留下来：工会运动和罢工不再像以前那样是犯法的了。[87]

这个说法并非不真实。普雷斯的成功是聪明的幕后操纵加

---

[86] 沃拉斯前引书，第 204 页。

[87] 普雷斯的叙述全文见沃拉斯前引书，第 8 章；韦伯夫妇前引书，第 2 章；波斯特盖特前引书，第 2 章。

以大量辛勤的消息灵通的院外活动的伟大胜利。对有利和不利的因素,他一点都不放过。他知道他在和一个充满了绅士的下院打交道。绅士们对工会问题感到厌烦,其中有些人不喜欢工业,另一些人则把“自由放任”当做无可怀疑的教条,而多数人则对这一类问题迷惑不解或漠不关心。普雷斯是充分地利用了这种现实。但他的说法又早就该重新审查了,下面这几点就应该加以考虑。

首先,工会人士有理由怀疑普雷斯。他们的苦难不仅由于通过了结社法,而且(这一点可能更重要)由于同时取消了过去保障工人利益的一切立法而更加深了。[8] 但普雷斯和休谟都是正统“政治经济学”的信徒,曾积极参加与撤销一切限制“自由”资本和“自由”劳动的立法。因此在 1812 年 7 月,当格雷夫纳·亨森为通过一项保护针织工的提案进行院外活动而面临强烈反对时,他伤感地写信给诺丁汉委员会说:“休谟先生站在亚当·斯密博士不干预贸易的立场上反对我们的提案……。”取消伊丽莎白第 5 年第 4 条立法中有关学徒制条款的动作是由普雷斯积极筹划的。组织这场取消运动(1813—1814)的制造商雇主委员会由亚历山大·盖洛韦任主席,他曾是伦敦通讯会以前的助理书记。现在他在铁园的工场是伦敦主要的机械厂。雇主委员会的书记约翰·里克特又多少年来一直是普雷斯最亲密的伙伴。这件事曾受到工会的激烈抵制,成百上千的请愿书递进来,要求保
518 留或延续使用学徒法规,总共有 30 万人签名。普雷斯把工人的反对(还有一些伦敦手工业中小业主)的反对,斥为“固执”——“证明帮工”完全不懂他们的真实利益。因此,工会人士在 1824

---

⑧ 见前文,第 257 页;及(有关剪绒工和织袜工)后文,第 544—545 页。

年仍然对普雷斯及休谟的“动机表示怀疑”，这就一点也不奇怪了。[89]

其次，普雷斯根本不是在进行一场“单枪匹马”的斗争。事实上，格雷夫纳·亨森就走在普雷斯前头很远（他在工会会员中更有威望，尤其在特伦特河以北），他起草过一个提案，得到考文垂激进派议员彼得·穆尔的支持，穆尔在1823年提出这个提案。普雷斯和休谟迅速行动，既是为了促成自己的提案，也是为破坏亨森的提案。亨森的意见按普雷斯的话说，常被斥为“复杂而荒唐”，是“一大堆谬论”。韦伯夫妇较为审慎地说那提案是“精心制作的”，既废除结社法，又“为调节计件工资和解决劳资争端设计了一套复杂的机制”。他们继而评论道：“其中有一些建议令人赞叹地预见了后来的工厂法，但实行这些措施的时机却不成熟”。他们还继续赞扬普雷斯卓越的政治敏捷性，使用了高度迂回的费边技巧，将亨森和穆尔推到一边。[90]

其实，普雷斯的“政治敏捷”不过是这样：他相信结社法不仅是秘密活动和暴力活动的原因，也是罢工和工会运动本身的原因。受到他在小裁缝铺里经历的影响，他以为雇主和雇工在完全自由的条件下，每个雇主就能多少宽厚地解决他与工人的问

---

[89] 《诺丁汉选邑档案》，第8卷第156页；韦伯夫妇：《工会运动史》，第61—62页；T.K.德里：《学徒法令中学徒资格条款的废除》，载于《经济史评论》，第3卷（1931—1932），第77、85页。

[90] 沃拉斯前引书，第207—210页；韦伯夫妇前引书，第100页，注释1。穆尔（及亨森）的提案确实相当繁杂，而且在战术上判断不周，它提议废除近400个法律或法律条款（包括在结社法废除后很久仍旧使用的主仆关系法），并制定以下法案：1.责成雇主发给雇员正式证书，载明工资和工作条件；2.限制加班；3.取消实物工资制；4.帮助雇员采取反对雇主恢复工资的行动；5.建立仲裁机构。许多小条款谈到一年为期的雇用，克扣原料工具问题等等。见《议会文件集》（1823），第2卷，第253页以始；《汉萨议会记录》（新版），第8卷，第366号。

题。供求规律会调节劳动的价格，而在少数情况下地方官的仲
519 裁能够解决困难。他在给休谟出谋划策，建议他如何能压倒穆尔时说，“事情其实很简单”，

> 废除每一项讨厌而麻烦的条款，用很少几条来取代它，让工人和雇主尽可能自由地用自己的方式去讨价还价。这就是防止争议的办法。……

1825年他写信给伯德特：

> 很快就不会有结社了，工人长期聚集在一起，是由结社法压迫所至。结社法废除后，结社就失去了将他们结合起来的理由。从而就会破裂，一切都会井然有序了。甚至，可以像奎克派教徒要求的那样。我坐在工人那儿，一点儿也看不出他们会认为，当他们能自由地行动、不再受结社法的压榨而被迫处于联合起来时，他们还愿意为远方那些可疑的试验方式出钱，去企想那靠不住的好处。[91]

“这就是防止争议的方法……。”这句是普雷斯一切院外活动的基本注解。《爱丁堡评论》上发表的“政治经济学”老前辈麦卡洛克的一篇文章中提出了相似的论点，正是这篇文章促使许多议员支持废除结社法。亨森自然没有这种谬想。然而作为一个外作工，他从自身的经历中知道，对手织工、针织工及其他工人来说，仅有工会运动还不够，因此他的提案想提供一种积极的保护机构。对此下院可能还不“成熟”，但外作工却是急不可待需要的。

工会对1824和1825年事件的反应，现在看来比较好说明了。他们看亨森的提案被排挤掉，这样做的人过去曾反对工会

[91] 沃拉斯前引书，第210，217页。

要求,并和政府好像有某种谅解。因此,在早期阶段就相当不愿意出来支持;而当他们确实出来给休谟委员会作证时,普雷斯又发现他们满是保留:

> 工人不好管事,需要极其细心,肯花力气,还要有耐心,不去触动他们的偏见。……他们满脑子糊涂想法,把苦难归咎于错误的原因。……他们都期望在结社法废除时,工资一下子提得很高;没有一个人洞悉工资和人口间的关系……

当他们看到普雷斯快要成功时,就给他支持,但并不热情, 520
而是出于有比没有好这个原则。一旦结社法废除,他们就急切地利用这种新自由。1825 年,在结社法似乎又要恢复时,就连政府也被铺天盖地的抗议、请愿、集会和各行业代表团吓坏了,从兰开郡、格拉斯哥、约克郡、泰恩河畔来的“聪明警觉的人”,现在到议会来观察议程的兰开郡棉纺工领袖约翰·多米蒂写信给普雷斯说:想恢复结社法的任何企图,都会引起广泛的革命运动。[92]

普雷斯是废除结社法的主要设计师,因此在工会运动史上青史留名,这一点自是理所当然的,但我们不能因此而斥责工会“漠不关心”(如韦伯夫妇所说)[93],也不能低估当时那种欢快的混乱状况。普雷斯是个教条主义者,他希望废除结社法,是因为

---

[92] 沃拉斯前引书,213—214、228 页;韦伯夫妇前引书,第 106—107 页。《工匠及机械委员会调查报告》(1824)各处。

[93] 早在 1824 年 1 月,《黑矮人》就发出了,要求为支持废除结社法而进行请愿的普遍号召:1824 年初几个月,各地行业俱乐部送来几十份这种请愿。考虑一下为甩开彼得·穆尔的提案,政府成员(如哈斯基森)对休谟的提案容忍到哪一步,是十分有益的。见《黑矮人报》,1824 年 1 月 17 日;《技工杂志》,1824 年 1 月 24 日,2 月 7 日;《下院议事录》,第 79 卷,1824 年;哈斯基森 1823 年 5 月 27 日的议会辩论发言,《汉萨议会记录》(新版)第 8 卷(1823)。

结社法冒犯了真的政治经济学(也因为他对工人阶级身受压迫感到愤慨)。他并不想靠磋商或协议来为工会运动“效劳”,他想控制工会代表,正如他操纵议员一样:“我知道得很清楚,假如要为他们效劳……就不能征求他们的同意,不能由他们说了算”。[94] 至于工会方面,他们认明了普雷斯,看出他是真心实意的,又有影响,就给他适当的支持,尽管他的提案并不是他们所需要的。普雷斯认为亨森的提案不能在下院通过,要使它通过比十年后才成功的马克斯韦尔和菲尔提出的调节织工工资的议案更难。他的看法基本正确。另一方面,普雷斯在废除结社法
521 可能产生的后果问题上,可说是自己骗了自己,而部分地正因为这个幻觉(即废除结社法能防止劳资争端),才使休谟在一个冷淡或敌对的下院争取支持。

结社法一旦废除,进入这新的自由领域的,不是麦卡洛克的“规律”,而是像约翰·加斯特、多尔蒂、亨森这样一些人的组织。伦敦的工会人士没有到普雷斯那里,而是到托马斯·霍奇斯金那里去接受理论。有很短一段时间,某些工会善意地看待普雷斯关于劳资利益一致的福音。[95] 然而阶级合作的理论刚一问世,就受到各方面攻击,首先是加斯特的《行业报》,其次是欧文派社会主义者。[96] 除了几个手艺工会是例外,这个理论完全被拒之门外,在15至20年的时间中几乎对工会发展没有影响,人们不禁要问,普雷斯这位伟大的木偶牵线人,是不是自己被挂到工会这根线的线头上呢?

---

[94] 沃拉斯前引书第204页。

[95] 设菲尔德刀具工送给普雷斯一件漂亮的礼物,兰开郡的工厂棉纱工安排了一桌酒宴,其间霍布豪斯、休姆及普雷斯受到祝酒,并向“曼彻斯特的棉纺织商祝酒,愿他们及工人间的和谐安宁长存久在”。见《行业报》,1825年7月24日。

[96] 见后文,第16章。

4. 剪绒工和织袜工

以上是写在叙述之前的话。关于废除结社法的最令人信服的论点，首先是从未有效地防止工会运动发展；其次，工会的暴力活动流行，到卢德运动时形成戏剧性高潮。我们已试图从三个方面来接近卢德运动：某种政治"地下活动"的无形传统；史料的含糊暧昧，活跃的非法工会传统。现在我们要更详细地分析一下卢德运动产生的工业背景。

分析早就有人做过，[97] 但应由最新发现的史料加以纠正和补充。1811 至 1817 年，严格意义上的卢德运动仅限于三个地 522
区与行业，即约克西区（的剪毛工），南兰开郡（的棉布手工织工），以及以诺丁汉为中心包括莱斯特郡、德比郡局部地区的针织业区。

这三群人中，剪绒工或称平绒工[98] 是享有特殊待遇的技术工人，属毛呢工人中的贵族。手工织工和针织工是外作工，有很长的匠作传统，但地位正在恶化。剪绒工最近似大众想象中的卢德派。他们与机器直接对抗，他们自己和雇主都深知这种机器会取代人。剪绒工的工作在 1800 年行呢业调查委员会的听证中被描写成下面这样：

呢绒工人的工作是拿一块从市场上买来的粗呢，或大

---

[97] 哈蒙德夫妇的《技术工人》仍是叙述卢德运动发生背景的最好书籍，见第 4 章《棉业工人》，第 6 章第 4 节《剪绒工》，第 8 章《针织工》及第 9 和第 10 章关于诺丁汉和约克郡的卢德运动。弗兰克·皮尔的《卢德派起义》（关于约克郡）是最生动的地区性研究。F.O. 达维尔的《摄政王时期的英国民众骚乱与社会秩序》广泛引用内政部档案，然而缺乏想象力。

[98] 这两种叫法可以互换，但"剪绒工"多在约克郡使用而"平绒工"多在西部各郡使用，有时用更一般的称呼"手整布工"或"毛料工"。

块从浆洗房送来的粗毛料，首先使绒毛隆起，然后，假如料子好，他就湿剪，然后再拿起来补绒，摇荡；补绒是在用湿剪刀剪之后，把呢子底填平，做的时候每只手拿一根柄子，上面装着起毛果，做过之后就把料子荡一遍，张到布架上，晾干。假如料子不错，在张起之后还要干剪三趟。……

在这样处理以后，背面还要剪，然后查看疵点、修补、刷光、洗净、压平，也许还要最后修剪一次。[99] 所有这些工序都由呢绒工即剪绒工完成。除了清洁、拉(即张)、压之外，剪绒工的技术表现在中心程序上，即使料子的表面毛隆起来，然后将毛剪去或平掉。毛用起毛果隆起，平绒则使用很重的手剪(从柄到刃 4 英尺长，重 40 磅)两道工序都需要经验和技巧。此外，由于习惯上剪绒工的工资是成品毛料价值的约 5%，“他们可由于精心操作或马虎行事而使一块料子涨价 20% 或落价 20%”。这样，他们就处于异常强有力的谈判地位上。[100]

至 18 世纪末，这套羊毛织物的整理已成为高度专门化的过
523 程。有些大厂商将整个程序置于单独的“工厂”中，戈特在自己的厂房中就雇了多达 80 名的剪绒工。但多数商人从较小的呢绒商那里买回未完成的料子，然后把它们外放到作坊中去完成，在利兹这种作坊雇有“40、50 甚至 60 名”技术工人和学徒；但在约克西区的村落里，较小的成品作坊只有五六个人。1806 年估计在约克西区有 3000 至 5000 以上的剪绒工(第二个估计数包括学徒)，另加上梳毛工，英格兰西部的数字大约是该数

---

[99] 前引文，第 296 页，清楚说明这些程序的是 W. B. 克伦普的书《利兹呢绒业，1780—1820 年》(利兹，1931)，第 38—51 页。

[100] 《论结社》，1799 年，枢密院档案，第 A152 号。

的1/3。[101]

剪绒工就这样控制着成品阶段，而且和梳毛工一样，处于组织起来以排斥非技术工人的有力地位。他们形成约克郡西区呢绒工人的贵族，如果充分就业，在19世纪初期可以每星期赚30先令。他们向来就以“独立”或“不依附”的气质，以政治觉悟和疲塌好玩著称。《利兹信使报》一个通讯员写道：“剪绒工严格来说并不是受雇用的人”，他不认为自己是，也不把自己叫作这种人，他们自称是呢绒工而与鞋匠、细木匠、裁缝等等属于同一类。……他像他们一样爱来就来，爱走就走，根据其工作多少……决定他休息时间长一点或短一点。

据另一个记载，他们“花在酒馆里的钱是手工织工、整布工或染工的两三倍”，而且“在这个重要的行业里，是受雇于其中的最难管束的人”。[102]

然而与此同时，他们是常常知道机器使他们的地位变得不稳，可以在一夜之间把他们从“精英”变成“一种对本行业毫无用处的人”。起毛机是一种旧发明，而事实上，导致卢德运动的许多冲突，其关键在于爱德华六世的一项禁止使用起毛机的法令。起毛机其实是一个简单的装置，根据这个设计，毛料在装着起毛果的滚筒中间穿过，而不是用手来起毛，剪绒工（以及某些整饰 524
业）坚持说，起毛机只适用于最粗糙的料子，不适用于其他，它会把较好的料子拉坏并拉扯得太长。但企图用这种说法来证明手工技巧不可缺少，这本身就拉扯得太长。起毛机威胁到的是要把成品过程中的一道工序从剪绒工那里夺走，而新近发明的剪

---

[101] 《议会毛呢业委员会》(1806)，第239—289、297页。

[102] 《曼彻斯特汇换导报》，1812年4月21日，引自达维尔前引书，第60—61、106页。

绒机则含有同样严重的性质。这种装置把两把或更多剪刀安在一个架子上,用来通过毛料表面,其简单易行就排除了对工匠手艺的需要。

反起毛机的斗争追溯到18世纪。虽说它在英格兰西部少数地区早就运用,呢绒工人却始终不满于它的使用。18世纪末,约克西区部分地区有少数起毛机在开动,但剪绒工组织起来,不让它被引进利兹。多年来,剪绒工在约克郡和西部各郡间川流不息,因为他们的技术可以互换,18世纪90年代,反起毛机的斗争达到热点,1791年利兹呢绒商发表公开宣言,表明他们打算引进新机器,此后10年,剪绒工捣毁了不止一架利兹的机器。1799年枢密院得知剪绒工有一个"总金库",金额超过1000镑。

> 他们十分强大,足以规定非工会会员不得受雇用——。一个出于感恩戴德而在主人需要时挺身而出的工人,成了被放逐的孤立者。只要有持工会证件的人在场,他就不能工作,甚至他恳求中立,交出随意强加于他的罚款。

假如雇主想缩短某道最后工序,剪绒工就坚决要求向他们的基金付罚金。假如雇主退回活计,说它做得不好,事情就交给一个工人委员会来裁决。利兹一家使用起毛机的工厂当着"几百个"目击者的面被捣毁,但尽管后来重金悬赏,却找不到一个人出来作反对工人的证词:

> 这个制度的存在,更主要地是它与少数几条简单的工会规则相一致,而不是靠书面的形式。为规避定

罪的可能性,他们现在组成一个健康总俱乐部。[103]

健康俱乐部大概就是“协会”或“呢绒制造人共同体”(1802) 525
的最初形式,总部在利兹;但1802年,威尔特郡是放火烧工厂和群众骚乱的中心。这也许不是力量,而是绝望的表现。在利兹,剪绒工组织太强大了,根本不可能引进起毛机。1802年8月,利兹市长写信给菲茨威廉伯爵说:

> 由于深信商人若违反呢料工的规定,他们就一定要把威胁变为行动,所以我在过去9个月中依靠个人的影响,私下里说服了几个厂家,叫他们暂时打消在厂里添加起毛机或剪绒机的念头,否则,我坚信我们这儿也会有西部地区那种值得悔恨的可怕暴行的。[104]

这些“可怕暴行”于18世纪最后几年在西部达到高潮。一两千人的大群骚动者攻击可恨的机器,1797年12月,萨默塞特郡有:

> 两三百人脸上涂黑,手持大头棒,走进离弗鲁姆大约3英里的……一个剪绒商屋子,破坏了大约值30镑的剪刀。[105]

但在威尔特郡,已经有某些迹象表明,由于与约克郡西区相关的行业地位衰落,剪绒工已经被削弱了。短暂的和平时期,许多平绒工从军中复员,失业问题变得更尖锐了。1802年,“一个回到妻子和哭喊的幼儿身边的战士”从布雷德福(威尔特郡)写信给某位议员说:

---

[103] 《论结社》,枢密院档案,第A.152号。亦见《议会毛呢业委员会》(1806),尤见第235、264—265、369页,W. B. 克伦普前引书,第46、317、327页;哈蒙德夫妇:《技术工人》,第171—180页;阿斯皮诺尔前引书,第40页及以后诸页。

[104] 阿斯皮诺尔前引书,第52页;菲茨威廉文件,F.45(d)。

[105] 《鲍恩1797年12月20日致波特兰公爵》,内政部档案,第42.41号。

> 我们知道，那些有工厂的人已经提醒议会的伟人和大
> 臣们他们已雇用了多少穷人，但与此同时他们却不提
> 如果像过去那样用手工操作，他们还能多雇多少人。
> 我们看见贫民院里全是鬼鬼祟祟的男孩……许多人告
> 526 诉我将有一场革命，在约克郡一个通讯会有 3 万
> 人。……我们知道烧工厂、对别人的财产放火是不对
> 的，但饥饿驱使本能去做他所不愿做的事。……[106]

格洛斯特郡一个女呢商收到一封更吓人的信：

> 俺们听说到消息你有了平荣器[107]，要是你不在两个新（星）期内拆掉它，俺们就来为你拆你这老王八蛋。在全能的上帝更（跟）前我们要推平一切有平荣器的工厂，我们要把你的全体心肝挖出来如果你留这些东西。我们要叫旁人来吃你的心肝，要不然我们也同样对待他们。[108]

无论爱德华六世禁止起毛机的法令如何古老，重要的是剪绒工知道这一点，并认为反对机器取代工人不仅是他们的“权利”，而且是宪法的权利。他们也知道伊丽莎白工匠法令中规定 7 年学徒的条款，以及腓力和玛丽时期限制每个雇主使用织机数目的法令。他们不仅知道这些法律，而且要认真执行这些法律。1802 年，他们在约克西区争取民意，在与戈特的抗争中大受同情。他们反对新机器，看来并不出于轻率也并不绝对，他们有过这样的建议，就是逐渐引进机器，而为被顶替的人找其他工作，或对机器整的毛料抽每码 6 便士的税，用做失业者找工作的

---

[106] 哈蒙德夫妇前引书，第 172—173 页。

[107] 即平绒机。

[108] D. M. 亨特前引书，第 21 页。

基金。剪绒工看来希望进行行业内部的普遍谈判，而对受“报复心和贪婪心”驱使的少数雇主的态度，感到特别愤慨。因为这些雇主“意识到……法律可以轻易地对非法结社判罪”，因而竭力主张利用这种便利。[109]

正是如此，结社法中罪恶的阶级压迫在每一点上向他们压来。当习惯法中的密谋法或伊丽莎白第5年第4号法令被用来
击败工会活动时，任何人企图实行法令中对工人有利的条文，一 527
定会遭到失败或受经济损失。英格兰西部毛呢工人组织募捐，聘请律师提出诉讼，反对使用起毛机和没有学徒资格的人，但一次也没有成功。[110] 雇主受到很大震动，于是请愿要求取消呢绒业中的一切保护性立法。约克郡的毛呢工人也卷入类似的立法斗争。1802年至1803年间，他们花了很多钱请代理人，代表他们出席议会，派出证人代表帮工作证。雇主的提案在1803年受挫，议会已把精力集中在与法国重起的战事上，提案也就失败了。此后许多年，每年都几乎不经讨论就强行在下院通过一项中止法案，停止实施保护工人的所有立法，而半合法的协会则花费大量金钱，试图抵挡雇主的进展。1806年，一个剪绒工证人说，在过去三年中，仅约克郡一地剪绒工和手织工已经募集了10000至12000英镑，用以进行诉讼和出席议会。

与此同时，人们的怒气在上升，对剪绒工的支持也在增加。协会在约克郡已成为令人生畏的组织。不仅剪绒工声称几乎100%地组织起来（一个证人说：“我认为在约克郡只有不到20

---

[109] 见《利兹信使报》上刊登的“一个旁观者”和“一个商人”的有趣信件，1803年1月15、22、29日。

[110] 见E.A.L.莫伊尔前引书，第254、258、259页；W.E.明钦顿：《格洛斯特郡毛织业中工会运动的起始》，载于《布里斯托尔和格洛斯特考古学会简报》，第70卷（1951），第126页以始，《毛织工协会章程条款》（格洛斯特，1802）。

个呢料工不属于协会”)，而且许多小业主和手织工也向其交纳会费。1806年他们的帐本被查获时，显示出许多其他类别的工人，要么隶属协会，要么曾接受其基金馈赠，比如说挖煤工、瓦工、羊毛分类工、呢绒工、细木工、锯木工、麻布整饰工、鞋匠、铺路工、家具制造工、花样模型工、造纸工等等，此外它还和曼彻斯特棉纺工有金钱支付关系。到1806年，剪绒工的情况实际上已基本融入工人总体的疾苦及要求中，对剪绒工来说这种疾苦是特殊的：起毛机和剪绒机好像要变得普遍起来，如果允许它们发
528 展，我们中成百上千的人就要饿肚子了。对手织工来说事情则含义更广：古老的伊丽莎白第5年第4号法令中的学徒条款还有用吗？能不能堵住非技术工人的决堤之水？所有工匠都把对恢复还是全部取消有保护性或调解性的旧的劳工法规的表示视为对当局的一次测验。因为这旧法规是惟一尚可盼望的对削减工资和因引进机器而削减人手的全面压力能够提供法律保护的法规。对许多小业主来说，家庭工业制本身看起来受到了威胁，他们中成千上万人参加了1805年39000人的请愿，支持一项限制织机数，禁止使用起毛机、加强学徒制的提案。1806年议会任命一个新的委员会调查毛呢业状况，这时从毛呢工人和小业主的多数集团中涌现出许多代表团给委员会作证，约克郡和西部地区都有，给人深刻印象。所有的证词都集中到对工厂制的厌恶上。委员会报告说：“他们坦率地承认希望保留这项法律(即学徒法)，因此这不利于实行工厂制，因此可以阻碍其发展。”相对大雇主违反工作常规、破坏已有的生活方式而言，起毛机所造成的威胁只不过是一项总爆发中的一个因素而已。[111]

---

[111] 《议会毛呢业委员会》(1806)，第232、239、277、347、355页，附录13；哈蒙德夫妇前引书，第180—186页；阿斯皮诺尔前引书，第66—67页。

如果说工人的作证受到1806年委员会冷淡的接待,这还是一种忧郁谨慎的说法。工人及其代理人受到鼓吹自由放任、维护秩序,反对雅各宾主义的人的威胁恐吓。请愿被看做是密谋的证据。剪绒工花钱派往伦敦的证人被当做罪犯受到盘问(有一个剪绒工曾规劝道:“只要我知道,我便会说出真相,我以面包担保”),工人从别人那里征集金钱并同西部地区的毛呢工人保持联系,这些都成了滔天大罪。他们被迫说出在工会中共事的干部的姓名,他们的簿本被没收,帐目被查看。议会委员会去掉伪装公正的假面具,把自己变成一个调查审理的法庭。它向议会报告说:

> 本委员会无需指出这一类协会在其终极倾向上,从政 529
> 治方面看比从商业方面看更叫人担心。……

委员会从剪绒工组织那里看到“存在着一个系统而有组织的计划,它既有效又危险,这不仅是因为其力量壮大,也因为这种力量有呼之即出的……便利及机密。……”正是这一点,需要“议会”认真而严肃地加以考虑”。[112]

协会于是转入地下。接着的两年多,议会继续通过中止法案。1808年剪绒工再次请愿,声称“关于使用那种机器的大问题……已提交给这么多届议会,花费都把我们弄垮了。”最后,1809年,毛呢业一切保护性立法全都取消(包括学徒期、起毛机、织机数目等)。通向工厂的大门被打开了,现在可以使用起毛机、剪绒机,也可以雇用没有技术的工人和童工,而凭借宪法手段来作出补救的道路则最终被堵死。如果说剪绒工队伍中曾有过“合法”派和“卢德”派的话,那么卢德派现在占据了上风。早在1805年,皇家兑换保险处就收到一封匿名信:

---

[112] 《议会毛呢业委员会》(1806),第244页,附录,第17—18页。

诸位董事先生：

根据本郡(即约克郡)呢绒织造工各委员会主席秘密召开的全体会议精神，特奉命要求你们(为你们自己的利益着眼)不要对使用与呢绒编造工有关的机器的工厂承受保险业务。会议已下令再次为我们的权利向议会请愿。如果议会不愿赋予我们权利，不禁止与我们有关的机器，我们就下决心自己去争取，但不希望你们会由此而有任何损失。

谨奉呢绒织造工之命特上[113]

1806和1809年之后，任何使人想到毛呢业帮工可以指望议会
立法来保护他们地位的立法都消失了。在实行枢密院令[114]的那
些萧条凄惨的年代里，一些大雇主抓紧安装新机器，想依靠廉价
530 劳动力垄断剩下的那一点贸易，卢德运动就几乎以必然的逻辑
出现了。对剪绒工来说，内德·卢德[115]是古老权利的捍卫者，是
失去的法律的维护人：

我们永不放下武器，直至下院通过法律禁止对公众有害的机器，并废除吊死砸机者的法律时为止。但我们，我们不再请愿——这样做无用——必须战斗。

替天行道大将军内德·卢德

收记官签名

永行天道，阿门！[116]

---

[113] 同上书第312页。此信无疑是可信的，但没有证据表明它受权于协会。

[114] 指英国针对拿破仑的大陆封锁而颁布的枢密院令，对法国的盟国实行海上封锁。——译注

[115] 内德·卢德是传闻中第一个砸毁机器之人，究竟有没有这个人始终不得而知，但卢德运动即以此得名。——译注

[116] W.B.克伦普前引书，第230页。

但卢德运动的信号却首先来自针织工，而不是剪绒工。他们的情况很复杂，没有因为像起毛机那样单一的讨厌机器而引起他们的造反，而且就他们来说，合法的策略和卢德式策略似乎并不交替，而更像是同时使用的战术。这里我们首先要阐述的是合法这一条线。

战争中针织工被贫困打倒的过程，和手织工衰落的经过很相像。但织袜机却比多数手织机贵得多。行业控制在袜商手中，生产由织袜工进行，他们在自己家里工作，或是在袜匠师傅的小作坊里工作。有些织袜工[117] 自己有织机即织架，但 1800 年以后则日益归袜商所有，或者归一些独立的投机商，他们在织机上投下多多少少的资本，由此收取租金，正如同房产主所做的差不多，因此，除有关工资减少，工作习惯的一般抱怨外，还加上有关租机的切实抱怨。袜商事实上有两个手段可以降低工资；一是减少工作报酬，二是提高机租，正如在手织业中，最不谨慎的雇主败坏了全行业的情况。

1811 年，全国大约有 29000 台织袜机，50000 人在该行业工 531
作或与这个行业有关。[118] 虽说伦敦这个 17 世纪的织袜业之乡还保有一小块织袜区；但现在它主要集中在诺丁汉—莱斯特—德比三角地区。如同约克郡的呢业一样，有少数大作坊或“工厂”发展起来。但到这时为止，绝大多数织袜工在工业小村落中只有三四架织机的作坊里劳动。与有技术的剪绒工不同，针织工是外作业，其地位特别容易受剥削，他们也就和手织工一样顾惜往日的好时光。关于 18 世纪下半叶的情况，人们各有各的说

---

[117] 织袜工和针织工是可互换的词。

[118] 诺丁汉档案馆，第 3984 Ⅱ，第 f. 29 号的详细说明称该行业有 29355 名工人，W. 费尔金前引书，第 239、437 页说 1812 年有 29,58。架织袜机，50000 针织工。

法，但从 1785 到 1805 年，看起来就业率相当高，一天工作 12 小时每星期可得工资 14 或 15 先令。18、19 世纪交错时织袜业面临着困难的重新调整。反雅各宾协会阴沉的调子使革命前那种豪华长筒袜的需求下降，虽说在某种程度上，这由普通袜子需求量增加及逐渐引进了机织花边而得到补偿。织袜工的前景越变越坏，反应也很强烈。正像手织工的情况一样，可发现一些地方官和雇主，他们把工人的不驯服归咎于以前富足所造成的"骄奢淫逸"，"一个星期的前半周工人们就是谈谈政治、赌博或在酒馆里消磨时光，而不是尽工作义务，剩下来的三四天就足以赚到应当付当前花费的钱了"——"下层等级大手大脚腐败堕落到令人难以相信的地步，他们几乎全都被腐化了……"。[119]

织袜工的疾苦很复杂，要想全盘了解，就要细心关注织袜业的详细情况。[120] 中部地区不仅织普通袜和花式袜，也织手套、背带、女用长臂手套、网状女衬衫、马裤、领巾及各种其他物品。莱斯特产许多精工制品，在卢德运动时期，不像诺丁汉受的打击
532 大。但所有的不满都针对最不谨慎的袜商为节省劳动力和降低产品价格而采用的种种方法。有些村落中，"实物工资制"极为流行，几乎要掩护真正的工资。工作由复杂的计件法计酬，如织花边，就看花边上丝绒的粗细。工人抱怨说，他们的工资在较粗的活计中给他们的报酬一直太低，而且往往还不肯使用一种叫做"网架"的测量丝绒粗细的工具。织袜工还要从不足额的工资中扣除缝合接口、买针、灯油、领取活计的费用等等。不谨慎的中间人或私商，即所谓的"背袋子袜商"，走村串户地劝那些工作

---

[119] 见哈蒙德夫妇前引书，第 222—226 页，达沃尔前引书，第 28—34 页。

[120] 最明了的概述见达维尔前引书，第 2 章及 A. 坦普尔·帕特森：《激进的莱斯特》第 3 章。亦见 F. A. 韦尔斯：《中部地区织袜业史》(1935)。

量不足或是想节省时间、不肯把他们的产品拿到诺丁汉大袜商仓库里去的织袜工接受低于工资率的活计。但最严重的不满是针对“剪裁袜”和“使用生手”的。中等阶级激进报纸《诺丁汉评论》曾写道：**“诺丁汉及其附近并没有出现新机器让工人对其施行报复。”**

> 机器，或机架……被砸并不是因为有什么新发明……，而是因为在机上织出来的东西没有什么用，是骗人的，损坏了行业的信誉，从而孕育出捣毁机器的种子。[121]

剪裁袜子（及其他产品）由织好的大块袜料制成，大块料在宽机上织出，然后裁成所需要的形状，再在接口处缝合起来。[122] 这种产品便宜，而且和传统的织袜机相比，它可以成批生产。但行业内对此极不喜欢的理由很多。工人及许多雇主认为产品太低劣，缝合工序又分开进行。在不懂行的人眼中，它们和正品完全一样，因此可以压低用“手艺人风度”造出来的袜子的价钱——而这正是南美市场崩溃、枢密院令引起的总萧条导致需求下降的时候。此外，剪裁袜低劣的质地还打击了工匠的工作自豪感， 533
并使全行业的产品信誉普遍下降。进而，这些弊端又直接导致“使用生手”，也就是雇用非技术工人或过量的学徒。粗制滥造推动了廉价的无技术性劳工的泛滥，针织业降格为一种“不体面的”行业。

像剪绒工一样，织袜工在保卫自身地位时，既有合法斗争又有暴力斗争的漫长历史。一个针织工公会从查理二世那里取得特许状，但在 18 世纪，中部地区事实上已突破了它的规定，而公

---

[121] 《诺丁汉评论》，1811 年 12 月 6 日。

[122] 关于反对使用这种宽机，见《莱斯特日报》1811 年 12 月 13 日和《德比信使报》1811 年 12 月 19 日刊登的信。

会也已变得默默无闻了。1778 至 1779 年之间,他们曾下决心争取一个法定最低工资。提案失败后,骚动和毁机行动就紧跟着而来。1787 年,袜商和工人谈定了一份工资表,它在某种程度上实行了 20 年之久。从 1807 年起,工资下降,织袜工再一次使用合法宣传手段。古老的针织工公会复活了,帮工要交纳高达 1 镑 13 先令 6 便士入会费,接着又开始采取一些行动。一场反对"生手"的试探性官司打赢了,但陪审团判决的 1 先令赔偿费并不能阻止其他人犯法。工资从 1807 年的水平下降 1/3。1811 年,已成为工人们杰出领袖的格雷夫纳·亨森试图用结社法起诉雇主,这是有案可查的很少几次行动中的一次。他提出证据说,有一些雇主联合起来降低工资,而且在诺丁汉报纸上刊载了他们的决议。地方官不肯听他陈述,市政书记官则不肯签发令状。[123]

正如剪绒工的情况一样,针织工感到可以保护他们的一切法令都废弃了,或者不再受重视,而依靠工会活动来维护他们"权利"的尝试,又都属于非法的。尽管在 1811 年以前有些袜商也希望制止"剪裁法"和"生手",但阶级分野却一日甚于一日,以
534 前曾存在于政治上是激进派的雇主与其帮工间的亲切感,现在消失了。不过很有理由设想,在 1811 至 1812 年,某些按习惯支付工资,又不生产"剪裁袜"的雇主是相当同情卢德派宗旨的,即使并不同情卢德派做法也罢。在诺丁汉,和约克郡一样,卢德运动很有针对性。只有工资偏低或生产"剪裁"袜的织机被毁,而织机上的成品被抖乱或货担上的货物被拦截时,"剪裁袜"被毁

---

[123] 哈蒙德夫妇:《城镇工人》,第 66 页;《技术工人》,第 227 页;达维尔前引书,第 43 页,《议会针织工请愿委员会》(1812);J. D. 钱伯斯:《针织工分会》,载于《经济学》,1929 年 11 月号。

掉,织边良好的袜子却安然无恙。这种区别,清楚地体现在“卢德将军的胜利”这首歌中:

让有罪的人恐惧,但他决不把复仇的利剑
指向诚实者的生命与财产,
他的怒火只焚烧
宽机和支付低工资的机件,
这些捣乱的机器应该处死。
这是全行业一致的意见,
卢德不怕任何人反抗,
他是命令的总执行官。
有人说卢德无法无天,
但他为什么不片刻细想,
正是那可鄙的过重负担,
造成这不幸的局面。
直到那傲慢不再压迫卑贱,
卢德才收起他征服的剑,
让苦难立即得到解除,
和平于是快快实现。
聪明的大人物请出谋划策,
不要再袖手旁观站在一边,
直到古老的工资伴随完善的产品,
再由习惯和法律来树建,
艰苦的斗争于是过去,
行业的光荣又重现,
生手、剪裁和笼络

再不能抢夺工人的饭碗。[124]

事实上,针织工甚至为捣毁机器寻找了法律依据。在查理二世的特许状中有一个条款授权针织工公会指派代表检验产品,可以把制作低劣或弄虚作假的产品剪成碎片。卢德派就把
535 这种权力视为权利。针对地方官反对卢德活动的公告,他们发表了一个反宣言,使用"鉴于"、"无论何时"等公文套话,声称他们有意也有权"销毁织造下列赝品的任何种类的织机,及不按迄今为止雇主及雇工双方同意的正常比率支付工资的任何织机"。宣言下面附着一张犯忌的机型及开业活动的一览表。[125]

诺丁汉卢德运动主要在 1811 年 3 月至 1812 年 2 月间,在此期间又有两次高潮,即 3 至 4 月和 11 至次年 1 月,当时毁机活动蔓延至莱斯特郡和德比郡。整个运动过程砸毁织袜机约 1000 台,价值大概在 6000 镑至 10000 镑之间,无数的成品被销毁。下面我们还要谈到这些事件,但在诺丁汉,卢德行动和合法抗议很有趣地相互交替。而且可能两种活动都受同一工会组织的指导——至少到 1814 年都是这样。在这个组织里,卢德派和宪政派(可能由格雷夫纳·亨森领导)也许意见不同。在议会把毁机活动定为死罪的法案通过后,卢德运动的主阶段结束,"内德·卢德"的《宣言》将此法案斥为"无效",因为它是用"最骗人的欺诈,偏私和到处拉票的方法"通过的。但 1812 年 2 月法案的通过使针织工极为震惊。他们立即组织起半合法的"针织工联合委员会",这个委员会的文件(1814 年被缴)有许多至今仍保留着。

[124] 抄件,见内政部档案,第 42.119 号(调寄"穷杰克")。

[125] 《科南特和贝克致内政部信》,内政部档案,第 42.119 号,达沃尔前引书,第 170 页将其部分重制。

诺丁汉委员会采取的第一个步骤是与伦敦、莱斯特、德比，甚至都柏林、杜克斯伯里和格拉斯哥建立通信联系，试图推迟通过这讨厌的法(并没有成功)，以使议会能听到他们的陈述。他们收到的回信显示要形成合法组织是多么困难。莱斯特的来信(1812年2月20日)说：

> 大家认为应该使我们受到法律宽宏的保护，应在本选邑诸位地方官的同意下……召开一次行业集会……。

德比来信(1812年3月3日)说："本腐败选邑的地方官不容忍 536
我们开一次行业会议"。在伦敦只有100名左右的织袜工仍在开工，哈顿莱园的地方官就比较帮忙，但(据1812年3月4日来信)"两个警官出席会议，以使地方官对我们议事的合法性感到满意"。杜克斯伯里也有人写回信(3月2日)说地方官阻止了一次集会，信件也被拆开了。托马斯·卡瑟姆，他和亨森一起(主持通信)给"吐克斯伯里"市长写了一封辛辣的信：

> 先生，你可知道，那一般称为"禁言法"的法令，早已因它的自然死亡而死亡？

应当知道人民"是会被迫犯罪的，当他们不能行使权利时，就会进行复仇"。但尽管有种种困难，上述这些中心还是都建立了织袜工委员会，而且和设菲尔德、阿什菲尔德的萨顿、贝尔珀、希纳、卡斯尔、唐宁顿、戈达尔明等地保持了通信联系。[126]

诺丁汉委员会的目标是促成一项提案，使织袜工得到议会的救助。有几个委员会提出为拟订一项关于最低工资而请愿，诺丁汉委员会反对这些建议：

> 众所周知，政府不会插手一定量的劳动应该拿到一定量的工资，因为事情本身会归结到讨厌的一点即确定

---

[126] 诺丁汉档案馆及《记录》第8卷，第139页。

> 一个商品的最高值和最低值，但商品上下浮动，就好像我国的繁荣和衰退来回波动一样……政府的确在很久很久以前插手调节过工资，但亚当·斯密博士的书把上流社会对这个问题的看法改变了。所以，想靠议会的影响增加工资，就如同想调节风向一样荒唐。

显然，亨森和他的同伴已测算过会遇到多大程度的对抗。若想取得工人所要求的工资增长（诺丁汉委员会争辩说），就必须制定更详尽的立法，来防止**间接**削减工资：

537 本委员会认为……本城及邻近地区最近发生的暴力行为有其根源，因缺乏议会调节，袜商给工人造成了五花八门的负担。

所以他们想起草一个提案，其中包括一些详细的条款：(1)用“插杆”即织袜机里的钢丝数来规定袜子的规格；(2)给一切袜子强制打标记，以区别质地好坏；(3)强制使用网架，以便能估计机制花边的报酬；(4)禁止仿制滥造优质产品；(5)强制每个作坊公布工资表；(6)授权治安法官调整租机费。

最后，他们草拟了一项提案，以阻止编织制造业中的欺诈陋习，其中有以上条款中的几条，还包括禁止用“实物”支付工资。1812年3月，他们忙于送募捐单和支持提案的请愿书，到4月底，在针织工中征集到一万多签名（“注意：本行业一切男子都可签名但女子不可”）。其中：

诺丁汉市　2629
诺丁汉郡　2078
莱斯特市　1100
莱斯特郡　2057
德比市　239
德比郡　1809

杜克斯伯里　281

戈达尔明　114

伦敦　92

募捐单表明在织袜工队伍以外也受到广泛支持——酒馆老板、杂货商、面包师、屠夫、磨坊主、农场主、印刷工、某些织袜业雇主,还有许多工匠都解囊相助。还有人向健康俱乐部呼吁捐款。6月,当提案送交议会时,一个士兵写信表示愿在大亚茅斯民兵团里征集募款,而诺丁汉委员会则感谢"拜伦勋爵的慷慨捐赠"。

4月下旬至7月末,亨森、拉奇、莱瑟姆及其他代表经常在伦敦,密切注视提案的进展。他们发回的报告对伦敦很不恭维。因为他们不仅发现有技术的工会人士目中无人,而且发现工会 538
给他们的经费补助极度紧张。4月22日他们报告说在小伙子巷"双颈天鹅"旅馆住了第一夜:

> 晚饭冷牛肉加上住宿,堂倌和女佣人,他们想弄走我们25先令,这使小托米(即拉奇)搔着头大叫起来:"伦登(敦)真见鬼!!!"

(5月亨森已回到诺丁汉,他写信问他的同事:"伦敦的气氛是不是好一点了。"办事开销很大,基金大部分用在提出法案和议会活动上了,但代表们也需要路费和其他开销(亨森在6月中旬匆匆访问都柏林),他们的妻子得到一些津贴(每星期14先令),也给全部时间花在募捐上的委员会委员一笔津贴(每天3先令)。织袜工本身的反响也不同,莱斯特地区毛织袜业不像诺丁汉地区棉织袜业受影响大,因此热情也小,拉奇在4月写道:"城里只有五六个好汉,他们主要是绿林英雄"。[127] 5月份一个委员失望地写道:在诺丁汉郡织普通袜(使用两根针)的村落里缺少支持,

---

[127] 即卢德派。

这个行业的人怀疑提案主要对织花边和丝袜的人有利:“我已经出来两天了,但弄不到一分钱,他们滑机(稽)地看着我,好像我是个放牛的。”几个月过去后,人们开始问花在维持伦敦代表团及他们在家的妻子身上的钱(这种嫉妒心理在每一个早期工会那里都无可避免地存在)。并且,正当织袜工委员会在奋力压制砸毁机器的活动,因为它可能损害自己在议会的努力时,诺丁汉的情形却激动起来,3 月份,当地有 7 个卢德派被判处 7 年或 14 年流放。委员会即使没有把卢德派领袖吸收在自己的行列中,它至少也肯定知道谁在指挥上一年的活动。4 月,中部地区动荡局势中惟一一次暗杀企图发生了——一个叫威廉·特伦特姆
539 的袜商在家门口被打伤。在此之前,曾有一封来自“上尉”的匿名信,指责特伦特姆给女工的工资不足:

> 你应该知道先生,这些不幸的女孩很容易因太穷受惑而变成妓女,上尉指示我宣布这些人没有防卫能力,故此他认为她们更直接地处于他的保护下,因为他相信她们的工资在全英格兰最低。

莱斯特地方委员会的书记失望地给伦敦代表团写信说:我听说诺丁汉的袜商特伦特姆先生星期一晚上在自家门口被枪击,有消息说上星期六他裁减工人工资,每双袜减掉两便士,还叫他们去告诉内德·卢德。我不知道这事的真实程度如何,但现在这种时候肯定不能用奇耻大辱来激怒公众。事情在伦敦的发展有一点悲怆的味道,织袜工代表——特别是亨森——在审理提案的议会委员会前深刻感人地描述了工人的情况。[128] 代表们也拼命进行院外活动,把劣质产品的样品和漏织脱线的残缺品拿给议

---

[128] 见《议会针织工请愿委员会》(1812),尤见第 38—46 页。工人的证人中有一个是约翰·布莱克纳,诺丁汉历史的编写者,从 1780 年起他自己就是针织工。

员们看，将最好的成品分送给有影响的人(从织袜工委员会的基金中开支)，还送给摄政王几双袜、一块丝巾、一个丝夹子和几块手帕。西德默思和蔼地接见了代表团，为他女儿定做了几双袜子和一块头巾，代表们看起来是要成功了。在提案三读前夕，亨森带着胜利的口气写信给诺丁汉说(1812 年 6 月 30 日)：

> 我们有理由(认为)摄政王也是赞成的。我们只需要和亚当·斯密博士的信徒去拼斗了，他们的原则在全国到处受诅咒。

两天后他写信时就丧气了。休谟反对提案，随后下院就休会，“在场的不满 40 个议员，我们的事提交讨论时他们就像失了火一样往外跑”。几个月的请愿、募捐、牺牲和成立合法组织的尝试就此结束。在小组委员会上，下院接纳了最后一分钟送到的莱斯特及诺丁汉袜商的陈言请愿，因而决定划掉提案中与织袜业有关的一切条款，只留下与花边及实物工资制有关的无力条 540
文。亨森把这个消息写在一封信里送回诺丁汉，附加了下面几句愤怒的话：

> 又及：现在他们可以心满意足地裁减工人，做裁剪袜、收买、用单股棉线、偷、窃、扒、拿和压迫别人了。

由于希望某些条款能重新加上，代表团就拜访了激进派领袖：

> 弗朗西斯·伯德特爵士告诉我们，议会从来不介入雇主和工人的争端。……弗朗西斯爵士并没有参加投票支持我们，相反他离开议会……倒是下院中政府方面的人在鼓吹我们改提案。

被阉割的提案确实通过了三读，虽说在 7 月 21 日，休谟又作了一次反对提案的长篇演讲：“大臣们支持提案，它通过时下院只有 12 个人，所有的爱国者都照例走开了”。但很难理解“政府方到底扮演了什么角色，因为 3 天以后，提案被上院否决了。最强烈反对提案的(没有人支持它)是西德默思的发言:他“对天起誓,再不能让这种原则在任何提案中带进下院”。[129]

针织工组织的历史并不到此为止,简言之,提案失败后委员会采取措施加强工会。他们调查了“木匠、裁缝、鞋匠、刀具匠是如何管理工会的”,起草了一个新章程(也许由塞缪尔·罗米利爵士建议),工会取名为“争取议会救助、鼓励机匠改进机械的协会”。[130] 如此它实际上存在了大约两年,发放养老金、失业救济、罢工补助。工会不成功地雇用了一些会员直接进行生产,这些活动足以有效地阻止卢德运动的一次复发。然而,1814 年毁机的行动再次爆发,一种说法认为这有违亨森和“合法派的愿望,另一种说法则认为这是加强工会的补充手段,卢德派小股队伍
541 实际上接受了工会的基金援助。诺丁汉一个大织袜商铺子里发生罢工,导致袜商和市政团一个“秘密委员会”采取行动,而市政团早就使用密探刺探工会活动。工会两名领导人被捕入狱,工会的文件也被没收。砸机活动一直到 1817 年都时有发生;但同时也很清楚,就在这相同的年份里,工会也一直活跃在地下,秘密活动一年一年地让位给群众有组织的公开示威,让位给公开的谈判。[131]

---

[129] 诺丁汉档案馆,第 3984 号 I、II 卷各处;《记录》,第 8 卷,第 139—162 页,哈蒙夫妇前引书,第 229、270 页。

[130] 《章程总则》(诺丁汉,1813),复本见诺丁汉档案馆第 3981 号,第 2 卷,第 126 页。

[131] 见哈蒙德前引书,第 229—254 页,W. 费尔金前引书,第 238 页;A. 坦普尔·帕特森前引书,第 6 和 7 章;达维尔前引书第 139—150、155—159 页;阿斯皮诺尔前引书,第 169—183、230、234—242、320—328 页。亨森曾短期地受工会专职雇用。1816 年他成功地进行两次诉讼,反对袜商破坏实物工资法。1817 年他在伦敦被捕,当时他正在为被判死刑的卢德派请愿赦免,并在人身保护法中止期间没有罪名地被监禁了 18 个月,见后文,第 671 页。

这些历史大体上属于卢德运动的余波。但调整针织业的提案流产的过程，却使卢德运动时期工会的困境变得明显起来。虽说我们手头没有文件可以使我们弄清楚手织工和剪绒工领袖的想法，但1800至1812年间，他们一定在花费巨大又一无成果地向议会求助时，遭遇了同样的经历。前面我们略为详细地追述了兰开郡棉织工的历史。但必须注意：兰开郡的卢德运动产生过家长式管理和自由放任之间的冲突，这恰如织袜业和呢绒业中的情形一样。迟至1800和1803年，手织工在进行了激烈的鼓动后至少还在"棉业仲裁法"中得到了正式的保护手段。他们和格拉斯哥的棉织工已有通信来往。而且(在博尔顿的弗莱彻中校看来)，他们的鼓动"源出于**雅各宾会社**，目的是用来使手工织工的心境始终动荡……"。[132] 但仲裁法的胜利却是一个幻像。地方官获得居中调停和强制实行最低工资的权力，

> 他们在财产和地位上与雇主更接近，而且与之应酬往来、彼此更熟悉，所以遇事便马虎处置。[133]

1807至1808年，争取最低工资法的宣传活动进入第一个紧要时期，有许多请愿、示威和罢工活动，结果是汉森中校被捕入 542
狱。[134] 有一个苏格兰人证明说他曾在组织中发挥过战斗作用，他记得很清楚，1809至1812年曾有过一个全国性织工工会，中心在格拉斯哥，苏格兰、兰开郡、卡莱尔和北爱尔兰都是坚强堡垒。[135] 1811年，手工织工重新动员争取最低工资法，曼彻斯特的

---

[132] 哈蒙德夫妇前引书，第67页，(仲裁法)见第62—69、72页以始。

[133] "一个同情被压迫者的的人"：《乞丐的抱怨——反对收取高额地租的地主、贩卖粮食的中间商、大农场主、垄断商人、印发纸币者及战争……》(设菲尔德，1812)，第100页以始。

[134] 见前文，第278页。

[135] A.B.里奇蒙前引书，第24—28页。

4万名织工,苏格兰的3万名织工和博尔顿的7000名织工在一份请愿书上签名,要求保护并反对肆无忌惮的雇主:1812年,手工织工委员会似乎出现了分歧,兰开郡人不再指望能受到保护,于是转向卢德运动;格拉斯哥和卡莱尔人则到法庭上去打漫长而花钱的官司,提出调节工资和学徒制的问题。格拉斯哥人甚至还打赢了官司,但这是在提交高一等法院并花费巨大开销之后才取得的。但是制造商立刻就拒付地方官在州法院商定的最低工资,结果(在1812年11和12月)从阿伯丁到卡莱尔发生一次纪律严明又大受支持的大罢工。工人们(据里奇蒙说)决心靠"同时并举的道义努力"来取得法律所赋予的工资,并决心为"其阶层力争立足于社会的最后基地"。格拉斯哥领导人("极其冷静又极有能力的人")曾在每一点上都费尽心机地请教律师,努力在法律范围内行事,这时却因此而被捕,判刑4至18个月不等。两年后,伊丽莎白第5年第4号法令中的学徒条款被废除,一份新的请愿书(这次是来自兰开郡手工织工)宣称:"废除上述法律的提案使请愿者的心冰凉透彻,无可名状,他们不再存有任何希望……。"[136]

格拉斯哥手工织工领袖的遭遇最冷酷地表明了这时工会的困境,我们可以在这一点上把我们的分歧收拢来,找出促成卢德运动的原因。退回到经济主义这种毫不说明问题的理论上去当
543 然很容易,它把卢德运动简单地归咎于枢密院令及其后果。的确,拿破仑的大陆封锁体系及枢密院的报复性禁令瓦解了英国纺织业销售市场,兰开郡、约克郡及中部地区的工业因此而停滞

---

[136] 同上书,第29—40页及里奇蒙的证词,载于《关于工匠和机器的……第二个报告》(1824),第59页以始;哈蒙德夫妇前引书第85—88页;阿斯皮诺尔前引书,第137—150页,尤见《J.J.狄龙致西德默思信》,第143页以始。

不前，战争和接连不断的歉收又把粮食价格抬高到“缺货”的高价水平。但用这些来解释卢德运动是不行的，它也许有助于解释卢德运动的时机，却解释不了卢德运动的特点。1811 和 1812 这两个荒年在已有的痛苦上又加上持续的饥饿这个最严重的痛苦，从而使最不道德的雇主所采用的节约劳动力、降低劳动力价值的每一种方法（如动力织机、平绒机、剪裁袜等等）变得更加使人反感。但卢德运动并不是盲目的反抗，也不是抢粮风潮（像其他许多地区发生的那样）。也不能把卢德运动描述成“原始”的工会运动。因为正如我们所知，组织和掩盖了卢德运动及为其辩护的人远不原始。他们机灵而诙谐，其中有一些仅次于伦敦的工匠，是“勤劳阶级”中最有代表性的人。少数人读过亚当·斯密的书，更多的人对工会法有研究。剪绒工、织袜工和手织工有能力管理复杂的组织，承办其财政、通信事务，把代表远派到爱尔兰，或与西部各郡保持正常的联系。所有这些人都通过他们的代理人与议会有所交往，而诺丁汉经过学徒阶段的织袜工还是市民和选民。

应当这样来看待卢德运动：它起于家长式立法消失的关头，起于把自由放任的政治经济学强加给工人、而不顾其愿望和心意的时刻。这是从 14 和 15 世纪就开始的历史的最后一章，而这部历史的主要部分则见载于托尼的《宗教和资本主义的兴起》中。诚然，这种家长式立法的多数就其本意来说不仅是限制性的，而且对工人还是惩罚性的。然而，在这各法统中有一个一切人共有的仁慈国家的虚幻影子，它对肆无忌惮的制造商和不仁不义的雇主们不仅有司法的，而且有道德的制约，帮工们在其中总还算是国家的一个“等级”，而不管其地位如何低下，至少从理 544
论上说，在没有办法的情况下可以请治安法官仲裁或保护，即使事实教育工人只能期待含混的答复；人们却仍根据这种理论来对待地方官。工业的作用是为受雇于其中的人提供生计,而明显地损害"行业"利益的实践和发明,则必须不加宽恕。帮工为其手艺而自豪,不仅因为它增加了工人在劳动市场上的价值,而且因为他是一个手艺人。

这种理想也许从来就只是理想,而到18世纪末,也许就更加陈旧。然而在人们想象的理想世界中,它却始终是强有力的现实,工匠、帮工和许多小业主尤能与之产生共鸣。不仅如此,这理想还存在于传统制造业、社会团体的许可与习惯中。每当帮工们欢天喜地、隆重盛大地举行鞋匠的圣克里斯平节聚餐[137]、普雷斯顿市的"行会"联欢或梳毛工的布莱斯主教聚会时,他们就大力赞美这种理想。早期半合法的工会组织在他们华丽的证件和会员卡上印着这种传统的标志,如平绒工有徽记,顶上是两把交叉的大剪刀,夹在正义和自由两女神之间;鞋匠则写上他们的口号:"让克里斯平子孙的产品踩在全体世人的脚之下",所有工会又都有他们的宣言和声明,最后签着"受行业之命"。正如常发生的那样,当传统越接近尾声时,它就越充满缅怀的曦光。

此外,人们有时会忘记家长式立法消失得多么快。重要的"斯皮特菲尔兹法"迟至1773年才制定,经过某些修改而持续生效了50年,丝织工据此取得合法的最低工资——而这是其他织工和袜工所想要而徒劳无获的东西。[138] 棉织业的"仲裁法"(1800至1803年)虽无效却至少维持了"保护"这个概念。这以后,在10年之中,所有家长式的法典几乎全都扫涤一净。1803
545 至1808年间涉及毛织业的规定全都暂停,1809年则根本废除。

---

[137] 圣克里斯平是传说中的鞋匠保护神。——译注

[138] 《斯皮特菲尔兹法》实施的情况见M.D.乔治:《18世纪的伦敦生活》,第4章;哈蒙德夫妇前引书,第209页以始;J.H.克拉潘:《斯皮特菲尔兹法》,载于《经济学杂志》,1916年12月。

1813年伊丽莎白第5年第4号法令有关学徒的条款被废除。1814年,则轮到授权地方官实行最低工资的条款(而未完成工作就离职即算犯罪的条款却保留下来了)。1814年刀具业中学徒资格的限制被“设菲尔德刀具工法”废置了。就在这10年,工人可以因为直接的工会活动而受到结社法的惩罚,于是日益求助于法庭,企图加强行将消失的立法。由此,才会有毛呢工针对起毛机和学徒制的诉讼,有织袜工针对“生手”和“实物工资”的诉讼,有棉织工针对学徒制实施最低工资的诉讼,以及1809至1813年伦敦各业造车工、制锁工、机器制造工等等就类似问题而进行的十多场官司。[139] 其中大多数案子都不成功,少数几个成功了,却耗尽工会的基金,造成哭笑不得的损失。最后,习惯或法律对开放市场上物价的最后一点控制也逐渐消散了,而恢复习惯法中关于囤积居奇的规定又遭到失败。

我们应该想像亨森和拉奇在耗费巨资出席议会时,其痛苦的经历扩大了100倍。工人很清楚出了什么事。他们前有狼后有虎,一方面他们面对现存秩序之狼,并非所有的乡村地方官都教条地支持自由放任,就连郡守们也未必如此。有时,他们会因调停对帮工不利而真正感到不安,甚至很不喜欢大雇主的做法。但是当工人的不满清楚有效地表达时,这正是他们威胁到秩序与价值的时候,老派的绅士有可能会同情一个饿得快死的织袜工以消极的原告的身份站在他们前,但他决不同情秘密委员会、街头示威、罢工或破坏财产。

但另一方面,工人们又面对雇主这条虎,他每天都从自由放任的信徒中吸取新的力量。1815年的谷物法将表明贵族乡绅 546
离真正支持这种学说还相差多远。但战争期间,出于纯粹的反

---

[139] 见T.K.德里:《学徒条款的废除》,前引书,第71—72页。

革命机会主义,政府发现接受"自由竞争"的说法很方便,只要这论点只妨碍工人阶级的利益而不妨碍土地的利益。事实上,1813年西德默思提出废除工资仲裁时,他很少想到这事还值得争论:

> 如诸爵爷这般敏睿之人,是无须花心思来弄清事情在此种状况下对雇主和雇工会多么有害,而又特别对后者有害的。因此,爵爷们一定会深信,废除这类有害的法令自是合乎时宜。[140]

若说剪绒工和织袜工代表在大臣那里受到了挫折,那么他们也没有在休谟甚至伯德特这样的激进派那里得到安慰。反对他们的一面是有关秩序的价值观念,一大群心慌意乱的议员在这二者间选择最简单的出路,"我们的事提交讨论时他们就像失了火一样往外跑",而其中某些议员,有可能对造成的不公正带有某种负疚感。

拜伦在上院作反对把砸毁机器定为死罪的著名演说时,并没有夸张其辞:"当一个解放或救助的法案提出时,你们犹豫不决,想过来想过去地盘算多年,你们拖延处置,收买人心,但死刑令却必须马上通过,而毫不顾及其后果。"工人们感到把他们和社会其他部分联系在相互的权利和义务中的纽带,无论其如何理想化,都一根接一根地中断了,他们被抛在宪法大门之外。而对疾苦最有切肤之感的是手织工和织袜工这批人,他们感到其
547 工匠的身份受到损害。1811年"德比普通丝袜工"向袜商们呼吁说:

> 我们是心灵手巧,使用昂贵原料的工匠,作为一个整体……我们认为应当在社会上有更高的地位,在工资

[140] 见哈蒙德夫妇前引书,第87页。

上应该和第一流的机匠平齐……因为有结社法作梗，我们不能以整体的名义对你们说话，不能要求增加工资，但我们能够说，正义要求我们为额外的劳动取得报酬。[141]

1811 年，兰开郡一个手织工委员会宣布："鉴于立法机构已干预过较不重要的事务——颁布过调节谷价的法律，规定面包价格的法律，……增加法官和教士薪水的法律等等……本委员会完全不知道在如此必要的情况下进行立法干预有何不妥之处"：

假如你们有 7 万张选票，去选举出席议会的议员，还会有人对你们的请求漠不关心，乃至不闻不问吗？我们相信不会。[142]

所以，卢德运动首先应放在这种背景中考察。帮工和工匠觉得自己被剥夺了宪法权利，而对此他们深信不疑。内德·卢德是"替天行道的人"，是"大执行官"，他（"经行业一致同意"）保卫着"习惯及法律"为工人确立的权利，这些权利是如此深刻，决不是一小帮雇主甚至议会所能不顾的：

不要再吟唱罗宾汉，
也别把他的业绩赞叹，
我如今要歌颂卢德将军的成就，
他现在威震诺丁汉。……[143]

其次，我们却不能夸大织袜工和剪绒工所被迫陷入的孤立状况。在整个卢德派"暴乱"期间，中部地区和约克郡西区的公众舆论

[141] 《诺丁汉评论》，1811 年 12 月 20 日。

[142] 内政部档案，第 42.117 号。哈蒙德夫妇前引书，第 84—85 页对这份重要文件有较多的摘引。

[143] 《卢德将军的胜利》，内政部档案，第 42.119 号。

一直支持砸机器的人。大雇主及整个工厂制度在成千上万的小雇主中挑起深刻的对立情绪。1795 年,约克西区的毛呢业小雇主积极活动,争取人们支持一个提案,“以恢复并保持过去经营呢绒业的一整套制度……”。

> 直到最近,这个制度还是由居住在不同村落里的人织出毛呢,然后在利兹的公共会所卖给商人,商人并不从事呢绒料生产。
>
> 近来有一些商人成了毛呢生产商,他们为更好地进行生产而建造起很大的楼房,称之为工厂,打算在里面雇毛呢匠为佣工,像前面提到的那种分散的工人及
> 548 其家庭,现在就在这些厂房内或其附近集结起来,处处仰人鼻息。

提案(意在阻止商人制造商在公共会所买进呢料以补足定货)“目的是维持本行业制度,产生更多的独立、昌盛及良好品行,因此也就比国内其他任何工业部门都导致更大的幸福。”[144]

服从主人命令、遵守主人纪律的“佣工”,即工资雇佣者,与能够随心所欲地“来来往往”的工匠之间的地位之差,真是大到可以让工人为之流血,而不愿让自己被别人推着从一边走向另一边。况且从集体的价值观念看,抵抗身份降低的人做得对。1797 年布雷德福建立第一座动力纺织厂而招来的是几群人的威胁呵斥。约克西区的“小生产者”在阿克莱特那多烟囱、来自彭奈恩山另一边的创造物上,看见了他们自己家庭工业的死亡证书。在 1802 至 1806 年间支持“协会”或“呢绒商公会”的小雇主,在背后有道德经济学的一般理论支持。

人们很容易忘记新出现的棉纺厂名声有多坏。它是剥削的

---

[144] 《酝酿中的提案要点……》手稿,哈里法克斯资料馆。

中心,是囚禁儿童的可怕监狱,是伤风败俗和劳资对抗的中心;[145]尤其把勤劳的工匠贬低到"仰人鼻息的地位"。社会上一种生活方式濒临死亡。因此,我们决不可把剪绒工反对某种特定机器的斗争,仅仅看做是某个特定的技术工人集团在维护其自身的生计。这些机器象征着工厂制的侵犯。有些毛呢商道德上的先入之见如此强烈,以致我们知道在有些场合下,他们故意压制节省劳动力的发明,而理查德·奥斯特勒的父亲在 1800 年宁愿卖掉一家兴旺的铺子,也不肯使用他认为是"富人压迫的工具、穷人苦难没落的手段"的机器。[146] 这种情绪弥漫于毛呢商、 549
整饰业雇主、工匠及各式普通工人甚至某些专业人员之间,正是它支持并保护了卢德派。格雷将军 1812 年在约克郡西区统帅当地驻军时曾沮丧地谈到:

> 上当受骗而怀有恶意的老百姓现在把气出在起毛机和剪绒机上面,居民中较体面的那部分居然也在这个问题上和他们一致,并且还波及该部门中拥有别种类型工场的人……[147]

这种情绪在中部地区也有,那里并没有什么重大的机器改革引起争议。织袜业主、商贩、工匠乃至某些袜商完全站在针织工一边,尤其是 1812 年针织工请求议会帮工时最明显。规定破坏机器为死罪的法案就连有些袜商也看不起,而据说这个法案

---

[145] 试比较当时还是托利党的科贝特 1803 年 7 月 23 日在《政治纪事报》上所说:"星期天,孩子们从那据说叫做工厂的可怕监狱里……放出来,才可以伸展一下他们那发育不全的肢体……";自由派的《利兹信使报》也说(1802 年 3 月 6 日):"本城及其他城市中的工厂是各种乌七八糟事情的温床,……这样说的真实性无可置疑。"

[146] 德赖弗前引书,第 17—18 页。

[147] 达维尔前引书,第 62 页

是维护他们利益的。如此看来，过去把这几年中的卢德运动看成是盲目地仅对机器，这种说法就越来越说不通了。人们争执的是资本家有没有破坏行业习俗的“自由”，而不管他用什么方法——是新机器、工厂制，还是靠无约束的竞争、降低工资、低价出售打倒对手和降低工艺水平等等。我们对下面这种观点已经太习惯了，即各行业在 19 世纪初从“限制”措施中解脱出来，既无可避免又很“进步”，以致要有很强的想象才能理解：那些用以上这些手法积聚财富的“自由”工厂主、大袜商和棉纺织业制造商在当时不仅受到嫉妒，而且被看成是进行缺德和非法活动的人，下等人并不把“自由放任”看做自由，而只是“肮脏的欺骗”。他们看不出有什么“自由规律”，靠此某个人或某些人可以从事明显伤害别人的活动。

550 一封致“敬爱的兄弟爱德华·卢德总指挥”的“非常公告”，就表达了“行业”的道德经济学的所有观念：

> 鉴于我们——北方各郡为解除职工苦难而召开的全体鼓动员大会得知，查尔斯·莱西，诺丁汉市人，英国花边制造商，犯有弄虚作假及压迫行为罪——用单股绒编织冒牌的棉绣花边……从而使我们 700 名亲爱的弟兄陷于贫困和苦难之中，他自己却赚到 15000 镑巨款，由此毁灭了棉织花边业，毁灭了我们可敬可爱的弟兄，而其养家活口舒适的生活完全指望花边生产继续进行。
>
> 据信该查尔斯·莱西完全为邪恶动机所驱使。本公告……宣布没收该 15000 英镑，并据此……命令查尔斯·莱西交出该款，在 1807 年从事棉绣花边生产的

> 全体工人中平分……[148]

由此出发，我们可以把卢德运动看做是反对无限制工业资本主义情绪的狂烈喷发，它追溯已废弃的家长制法典，又得到工人整体的传统支持。不过在这一点上，如果用“反动”这个词来形容就太轻率了。因为尽管对卢德派有那么多的说教（当时及后来），说新机器和“自由”企业会有什么好处——这些论点卢德派无论如何是有智慧去自己权衡的——但仍然是砸毁机器的人而不是写小册子的人最能够现实地估计其短期后果的。剪绒工的情况就清楚地表明一种手艺轻易地消失会是什么样：

> 1806—1817 年约克郡的剪绒工厂据说从 5 家增加到 72 家，机器剪子从 100 把增加到 1462 把，3378 个平绒工中至少 1170 人没有工作，而 1445 人只是半工作。[149]

他们的工作由非技术工人和童工顶替了，据 1841 年一个记载：

> 1814 年利兹有 1733 名剪绒工，全都充分就业，而现 551
> 在，自机器引进以来，呢料全都……由相对少的人来整饰，主要是男孩，工资每星期 5 先令至 8 先令……少数成人 10 先令至 14 先令。以前的剪绒工现在是能找到什么就干什么，有的给人看田地，有的挑水度日，有的当清道夫、卖桔子、卖糕点、卖丝带花边、生姜饼、皮鞋油、等等等等。[150]

一种体面的手艺竟落得如此下场。织袜工和棉织工后来的

---

[148] 该公告用细铜版印制，发表时间为 1811 年 11 月，并授权爱德华·卢德在命令未被遵从的情况下“执行死刑”，执行者分享 50 英镑，见 J. 拉塞尔：《卢德派》，载于《索罗顿学会会刊》，第 10 卷，1906 年，第 53—62 页。

[149] E. 利普森：《呢绒呢织业史》（1921），第 191 页。

[150] W. 多德：《工厂制图解》，第 15 页。

历史并没有提供更多的证据来证明那种“进步”的观点，打破了习俗限制措施有什么好处。我们已详细考虑过纺织工的生计如何被破坏，但假如工业革命中还有什么比手织工的遭遇更凄惨的话，那就是织袜工的遭遇。据费尔金说，到 1819 年他们许多人每天劳动 16 至 18 小时，每星期工资却下降为 4 至 7 先令，只有移民好望角才是惟一的出路。19 世纪 20 年代初情况有所好转，当时引进机织花边(即螺旋网或筒子网“热”给行业注入新的生命，但接下来又是持续的衰落。1840 年一个织袜工对托马斯·库珀说：“我们间或会有一点兴隆，但很快又回到饥饿中去。”(4 先令 6 便士被说成是有工作做时的“平均”工资。)他们一方面要付机租，另一方面还有各式各样的剥削——如削减工资(“扣工资”也就是罚款、实物工资等等)，在这两面夹攻下，“可怜的针织工被耗干了，直至你在离莱斯特一百里的地方碰见一个人，都能凭他特有的悲怆和心灰意懒的气质认出他来，而这还仅仅是受“自由竞争”的影响，还没有引进任何机器，不涉及蒸汽或水力在其中。[151]

即使我们把产品便宜这一条算上，也不能在任何意义上把随后二三十年在该业做工的工人地位下降的过程称为“进步”。从这一点出发，我们可以把卢德运动看做是过渡时期的对抗。一方面，它缅怀不可再现的老习惯和家长制立法；另一方面，它
552 又企图复活旧的权利以便开创新的先例。在不同时期，他们的要求包括实行法定最低工资，控制女工童工的“血汗劳动”，仲裁调停，雇主负责为受机器排斥的技术工人寻找工作，禁止偷工减

[151] 费尔金前引书，第 441 页以始；T. 库珀：《生平》，第 137—142 页。亦见 J. F.C. 哈里森：《莱斯特的宪章运动》，载于 A. 布里格斯主编：《宪章运动研究》，第 121—129 页。

料，给予公开组织工会的权利等等。所有这些要求既向前看，也向后看，其中含有的模糊影子与其说像家长专制主义，不如说更像民主社会。这个社会中工业的发展应根据伦理的优先地位来调节，而利润的追求应服从人类的需要。

这样我们应当把1811至1813这几年视为分水岭，它的水一股流回都铎时期，另一股则向前流，流向以后一百年的工厂立法。卢德派有几分像最后一批行会分子，但同时又有几分像最早进行鼓动而导致十小时工作日运动的人。在两个方向上都有替代“自由放任”的政治经济学及道德标准，在工业革命那关键的几十年中，劳动人民完全被遗弃在历史上最有辱于人类的一种教条——不负责任又毫无节制的竞争理论的摧残下，外加工或干活的几代人就死在这个摧残中。在十小时工作日法（1847）里，正是马克思看出了证据表明“第一次……在光天化日之下中等阶级的政治经济学服从工人阶级的政治经济学。”[152] 袭击卡特赖特在罗福尔兹开的工厂的人宣布了这替代的政治经济学，虽说那时是在夜半的一场混乱的遭遇战中宣布的。

5. 绿林好汉

在一般人心中，卢德运动是没有文化的手工工人粗鲁而自发的行为，盲目地反抗使用机器。但破坏机器的历史却长远得多。毁坏原料、织机、打谷机，淹没矿井或破坏井口辘轳，抢劫不得人心的雇主的财产或烧毁他们的房屋，这些以及其他形式的直接暴力行动，都在18世纪和19世纪上半叶大量使用，而捣蛋做法一直到19世纪60年代还在设菲尔德刀具业某些部门中流 553
行。这些方法有时是针对人们感到讨厌的那些机器，但更多情

[152] 卡尔·马克思：《选集》(1942)，第2卷，第439页。

况下是用来维护习惯、恐吓工贼和"非法"工人及雇主,或作为(时常很有效)罢工及其他"工会"活动的辅助手段。[153]

虽然和这些传统有关,卢德运动却必须和它们区别开,首先是因为它高度的组织性,其次是它蓬勃发展的政治背景。这些区别可以用一个简单特点来总结:尽管工业中的特殊疾苦是它的原因,卢德运动却是个半造反运动,它一直摆动在未来的革命目标的边缘上。这并不是说它已是完全自觉的革命运动,但另一方面它又确有成为这种运动的倾向,而正是这个倾向最常被人们所讳言。

兰开郡卢德运动表现得政治性最强,同时自发性和混乱状况也最突出。诺丁汉郡的卢德运动最有组织纪律性,同时又最严格地局限在产业目标上。约克郡的卢德运动则从产业目标转向进一步的目标。在具体分析这些区别之前,我们应简短地叙述一下。

主要的骚动在 1811 年 3 月从诺丁汉开始。织袜工举行一次大示威,"吵吵嚷嚷地要求工作和比较公平的售价",结果被军队驱散。当晚,阿诺德这个大村子里有 80 架织袜机被砸毁,参加暴动人的没有预先化妆,他们受到群众欢呼。以后几个星期,动乱在诺丁汉郡西北的织袜业村庄里一直延续,而且主要在夜里。尽管临时巡捕和军队在村子里巡逻,他们却抓不到任何人。

虽说大约在 30 年时间里砸毁袜机的活动到这时开展得最广泛,但三四月份它最早爆发时,却并未引起轰动。这种那种的
554 动乱在工业区司空见惯,因此很少引人注目。但 1811 年 11 月

[153] 见 E. J. 霍布斯鲍姆:《砸机器的人》,载于《过去与现在》,第 1 卷,1952 年 2 月,第 57 页以始。虽然霍布斯鲍姆博士的文章出色地考察了砸毁机器这个一般现象,但他却忽略了卢德运动(就本章的定义而言)之于其他毁坏机器活动的不同特点。

初，卢德运动表现出高度的纪律性，砸机行动不再是“暴乱者”所为，而是纪律严明的小分队所做，他们在夜间从一个村庄迅速转向另一个村庄。运动从诺丁汉郡发展到莱斯特郡和德比郡部分地区，而且不间断地持续到1812年2月间。11月10日布尔韦尔发生激烈冲突，当地有个袜商叫霍林斯沃思，他奋起而保卫自己的财产。双方交了火，一个卢德派被打死，三天后，一大队卢德派以长枪、手枪、斧头和锤子为武器，毁坏了阿什菲尔德的萨顿镇一个大袜商工场里的70台袜机。三个多月中，每一夜都有袭击事件，有时同一夜发生在相距很远的两个村庄里。

到12月底，《利兹信使报》驻诺丁汉通讯员声称：“过去一个月中，这个郡的造反形势在查理一世的动荡日子以后便前所未有。”尽管地方官采取各种规模的行动，军队也得到大量增援，却仍旧不能阻挡卢德派。袭击每一次都表现得有计划有秩序：

> 他们只砸那些降低了工人工资的织袜机，不削减工资的人的织袜机他们就不触动，昨天夜里一座房子里有6台机子中的4台被砸，另两台属没有削减工人工资的雇主所有，他们就没有去动一下。

卢德派戴假面具或进行化妆，有哨兵也有信号，“他们通过口令互相联络，短枪或长枪的鸣火一般是危险的信号，或撤退信号”：

> 暴动者突然出现，成武装团伙，有正式指挥员，其首领无论实际上是什么人，一律以卢德将军相称，他的命令都绝对地服从，似乎他有国王的权威。

一般都相信卢德派根据庄严的誓言进行活动，不服从“将军"的命令就要被处死。[154]

同时,抄查武器、为卢德派基金摊派捐款也变得普遍起来。555 一封来自阿肖弗的信描写卢德派行事时具有何等权威:

> 两个人到这儿来,说他们是委员会派出的视察员,他们跑到每一个织袜工家里,给他们一张工资表,叫他们不要以低于表上的工资干活。……他们召集所有的织袜工以及雇主中的12至14人到一家酒店去,结果就像他们拥有摄政王的委任状一样,他们把这些人召到这里后,据我现在所知,就是为了向他们募钱,去赡养那些因为被别人砸了机子而挣不到饭吃的家庭。如果他们发现哪台机子是没有学过徒的人在操作,或由妇女操作,他们就把这些人打发走,这些人要是愿意走,他们就在机子上贴张纸,上面写着这些字——"本机可保留,生手已赶走"。[155]

在彭特里奇(这个地方5年后因另一事件而闻名),"他们在全村巡视,检查了织袜机和使用机子的人,看他们的产品和所得的报酬,然后没做什么坏事就走了……"。有些袜商出于同情或自我保护而顺从了织袜工提出的条件,这样他们就可以在自己的织袜机上张贴印刷的单据:"**本机制造全合格产品,支付全酬**"。[156]

> 卢德派的巨大成功使他们士气大振:
> 威武不能屈,恐吓何所惧,
> 死亦压抑不了他的高昂情绪,

---

[154] 达维尔前引书,第67—70页;哈蒙德夫妇前引书,第261—265页;《利兹信使报》,1811年12月7日,14日,21日。

[155] 阿斯波诺尔前引书,第118页。

[156] 《艾尔弗雷德报》,1811年12月9日。

军队煞不住他的威风，
更不能阻碍他的成功，
胜利的消息正传遍远近，
叫他的敌人胆战心惊，
他坚强的勇气所向披靡，
制敌的法宝是全能的武器。
……
破坏的工作一旦开端，
奇计良谋何止万千，
水火也能大显神通，
天地万物助他成功。
哪管士兵沿途防护，
哪管士兵严守房屋，
他不分昼夜打击敌人
死亡的命运在等待他们。[157]

他们不但公开“悬赏”，让人们告发泄露他们秘密的人，而且还发出警告，威胁那些冒名顶替私筹款项或抢劫孤立农场的假卢德派。“卢德将军”的纪律最充分地表现在一封寄给某个“不知名的陌生人”的信里，随信还附有在克利夫顿(诺丁汉郡)一次袭击中被盗的物品，请他把这些物品“归还给他各自的主人”。 556

……我非长(常)抱欠(歉)地告诉你这些冬(东)西，怎么会到我的手，我和我的人出去时由(有)一些以前没有跟过我的人进来是这些混蛋抢东西但是我们出了克里夫顿时我的一个人来告诉我说他相信这些人弄了不相干的东西我所以命令对他们搜身……

---

[157] 《卢德将军的胜利》，内政部档案，第42.119号。

此信的结尾十分严厉：

> ……我们正准备把一个坏蛋吊起来这时我们听说土(士)兵快到我们响(想)还是走为上。注意：弄冬(东)西的这些人完全不晓得我的命令否则他们不会碰一样冬(东)西，但他们已受到惩罚其中一个人给吊了3分中(钟)然后再放下来我是受苦受难的穷人的朋友是压迫者的敌人。
>
> ——卢德将军[158]

1812年2月的第一个星期，中部地区卢德运动的主要阶段停止了。这有三个原因。首先，卢德运动取得部分成功——袜商中多数同意支付较高的报酬，每周工资普遍增长了两先令。其次，该地区现在有好几千军队，还加上临时巡捕和地方警戒队。第三，把砸毁机器定为死罪的提案正在议会讨论，(如前所述)卢德运动突然让位给合法的鼓动——变化如此突然，以致人们不得不相信新成立的委员会至少部分地是在前卢德派指导之下。[159] 然而就在诺丁汉的卢德运动渐趋宁静的时候，兰开郡和约克郡的卢德运动则起而效尤。

557 在约克郡，剪绒工热切地追问诺丁汉的消息，据传说，《利兹信使报》上的记载在作坊里高声朗读。对卢德运动的首次模仿出现在1月中旬，当时一队人涂黑了脸突然袭击利兹桥。这以后，已充分发展的卢德运动似乎就处处仿效诺丁汉的纪律和战术，但伴随着更多的严辞恐吓信件。这些信有可能出自同一个中心，当然也可能不是，1月份，利兹不多的几个起毛机厂之一

---

⑱ 《利兹信使报》，1812年2月15日，《诺丁汉评论》，1812年2月7日。

⑲ 亨森自称是他建议成立行业俱乐部来替代卢德活动，见《关于工匠及机器的……第四个报告》(1824)，第282页。

被烧;2月,哈德斯菲尔德和斯彭河谷地区夜夜都有袭击活动,这些地方是起毛机和剪绒机数量最多的地区。有一次,在袭击成功之后,

> 一旦破坏完成,头领就叫他手下人排队,然后点名,每个人都答应一个特别的号码而不是名字,然后他们就放枪……大叫一声后,以正规军的行列离开。

除了叫人憎恨的机器外,他们没有毁坏任何东西:

> ……队伍中有人问头领应如何处置某个人的财产,他说不要碰一根毫毛,但如果有必要以后再去造访他一次,那就对他不客气。[160]

约克郡西区似乎有不同的卢德派"领导",分别以利兹、哈里法克斯、哈德斯菲尔德和斯彭河谷的呢绒业小村落为中心。这些小村落的代表(来自克莱克希顿、赫克蒙德维克、戈默索尔、伯斯托尔、默菲尔德、布里格豪斯、埃兰及"更远的地方")据信在2月份开过会,一两周以后又派代表到哈里法克斯参加另一个会议。[161] 利兹散发过一份传单,其言辞比诺丁汉卢德运动的任何文字都更富有造反性:

> 致剪绒工、手工织工等等及人民大众
>
> 慷慨的乡亲们:
>
> 今要求你们应声而起拿起武器,帮助救世军匡正时弊,打开那个蠢老头的可恨枷锁。[162]他的儿子和无赖 558
> 大臣们,比他还蠢,一切贵族和暴君都应该打倒。大家

---

[160] 《利兹信使报》,1812年1月18日,2月29日;弗兰克·皮尔前引书(1880),第17页。

[161] 皮尔前引书(1895)第44页以始。应特别注意,皮尔的记叙凡是能加以检验的,通常总是很准确,连细节也如此。

[162] 指国王。——译注

> 赶快起来,学习勇敢的巴黎市民的崇高榜样,他们当着3万个残暴士兵的面,把一个暴君拉下马。这样做对你们自己最有好处。4万多英雄已冲出来了,要打碎旧政府,建立新政府。
>
> 有事找替天行道大军总司令卢德将军。[163]

哈德斯菲尔德一个制造商史密斯先生收到一封信甚至更叫人心惊:

> 今接报告说你拥有万恶的剪绒机,我的人要我写信给你公正地警告你把机子拆了。……你应当注意,若在下星期结束前机器仍不拆除,我就派一个副官带至少300人把它们砸掉。还应该注意你,给我们找麻烦的话我们就叫你更难过,要把你的房子烧成灰。你若敢向我的人开枪,他们有令在先,会把你杀死,还烧掉你的府宅。你最好告诉你的邻人如果他们剪绒机不赶快拆除,同样的命运在等待他们。……

接下来史密斯先生及其"罪恶的兄弟们"得知,说仅在哈德斯菲尔德大军中就"有2782名由贫穷连接在一起的结义英雄",在利兹,结义的人加倍:

> 通讯员最近来信告诉我们,以下这些地方即曼彻斯特、威克菲尔德、哈里法克斯、布雷德福、设菲尔德、奥德姆、罗奇代尔及整个棉织业地区,生产者即将奋起加入我们,改变不公平的待遇,勇敢的汉森先生将指导他们直至胜利。格拉斯哥和苏格兰许多地方的手织工也要加入我们,爱尔兰的天主教徒会团结得像一个人,这样他们大概就会给士兵们找到其他事情干而不是呆在哈

---

[163] W.B.克朗前引书,第229页。

德斯菲尔德睡大觉,而士兵们现在守着的地方就要遭殃了。……[164]

10天之后(1812年3月20日),哈德斯菲尔德地区最活跃的地方官本人也收到一封恐吓信,信上说它发自诺丁汉的舍伍德森林,[165]出自卢德将军的律师之手,要执行“诺丁汉卢德法庭”的判决。[166] 约克郡继中部地区之后也获得成功,军队软弱无力, 559
公众情绪敌对,这些对小厂商来说已经足够了——而当他们接到这种毛骨悚然的信件时就尤为如此。他们中许多人于是就缴械投降,砸毁自己的剪绒机或把它们藏起来。据传说,卢德派常在夜里实行军训:“拿枪的人10人一排站在前面,然后是带手枪的人……持矛或斧头的在第三排,没有武器的一大群人排在最后。”[167] 然而在民间故事中居显要地位的是使锤子的人,他们手挥号称“伊诺克”的特大铁锤,开门撬锁,砸烂剪绒机。剪绒机(和锤子)是由马斯登的伊诺克·泰勒制造的,这人是铁匠,后来造机器。所以卢德派的口号是:“伊诺克造了它,伊诺克砸了它。”攻击行动在剪绒工歌谣中受到赞颂,这首歌以“真正打快板的格调”演唱:

入夜悄悄静无声,月掩半山照无人,
携枪带斧上前来,我行我素是时辰,
剪绒工,棒小伙,身强体壮跟着我,
铁锤底下机身碎,剪绒工们跟上我!

---

[164] 同上书,第229—230页,汉森先生大概就是汉森中校,1808年因支持手工织工而入狱。

[165] 舍伍德森林是传说中罗宾汉出没的地区。——译注

[166] 阿萨·布里格斯:《论〈雪莉〉的个人主题和社会主题》(勃朗特协会,1958),第9页。

[167] A.L.:《悲惨年代》,第112页。

大伊诺克打前锋，有谁胆敢来阻拦，
勇敢的伙计蜂涌来，有携枪带斧冲向前！
剪绒工，棒小伙，……[168]

约克郡卢德运动的主阶段在4月中旬陷入危机。这时它只有效地存在了六七个星期，由于使用这种侵犯工人的机器的小厂数量大减，事情就变得很明显：卢德派要么乘胜而止，要么试着去破坏少数几个仍在顽抗的大工厂，他们选择了后者。3月
560 最后一周他们成功地袭击了利兹附近的两个厂。4月9日，约瑟夫·福斯特在威克菲尔德附近霍伯里的“大规模”毛呢工厂被一支多达300人的卢德派队伍袭击，他们也许集结于不同的指挥系统下，之后工厂被一洗而空并付之一炬。[169] 当时一般人都估计两个主要的大企业之一会受攻击，其业主都因为断然反抗卢德派而声名狼藉。哈德斯菲尔德附近奥蒂威尔的威廉·霍斯福尔对攻击等得既焦急又不耐烦，他手下的人都武装起来，厂里还安了一门大炮，对着进攻路线掏了许多枪眼。他自诩要踏着卢德派的血“骑马而过”，对他的仇恨竟如此深重，以致小孩子也在街上对他们叫嚷：“我是卢德将军！”斯彭河谷地区罗福尔兹的威廉·卡特赖特，不像那样大喊大叫，但其决心并不稍逊，每晚他的厂房里（他自己就睡在那儿）都有武装的工人和士兵，有人站岗放哨，楼梯上（如果外层防线被攻破的话）有尖头棍栅栏，楼顶还有一大桶硫酸。据传说，卢德派抽签决定先打哪个厂，结果选中了罗福尔兹。

罗福尔兹攻击战已成为传奇故事了。大约有150个卢德派参加攻击（据说还指望有更多的人来，利兹或哈里法克斯的队伍

---

[168] 弗兰克·皮尔：《斯彭谷的过去与现在》，第242页。

[169] 《利兹信使报》，1812年4月11日。达维尔前引书，第114页。

未能及时赶到)。他们由哈德斯菲尔德附近朗罗伊德桥下一家小成品铺中的青年剪绒工乔治·梅勒率领,与严阵以待的守军进行了 20 分钟的激烈交火,在火力掩护下,一小批持锤执斧的人几次三番想打开沉重的工厂大门。这一小批人损失惨重,最后有 5 人受伤,其中 2 人伤势严重,当卢德派突然撤走时,他们被留在现场。据说指挥者梅勒是最后离开战场的。他无法帮助这两个伤员。因为他协助把另一个伤员(他自己的堂兄弟)搬到安全地带去了。工厂周围的地上丢满了枪支、斧头、长矛和金属器械。

有关这次攻击及其余波的细节成千上万,纷纷流传在雇主的传闻和民间传闻中。在此,我们要停下来问一问为什么会发 561
生这件事,并进一步考察当局的力量,考察 1812 年 4 月和 5 月份的政治背景及兰开郡同期内发生的其他事。

有一部分背景情况由夏洛蒂·勃朗特的小说《雪莉》忠实地展现出来。工厂主穆尔(卡特赖特的原型)被准确地描写成一个半辉格党、半激进派的中等阶级人物,以《利兹信使报》为其喉舌,他对战争漠不关心,或持敌视态度,他希望取消加在商业上的一切限制,强烈批评政府的政策,特别是反对枢密院令。好战的牧师赫尔斯通(大体上以哈蒙德·罗伯逊牧师为原型)是个狂热的"教会与国王"派托利分子,认为《利兹信使报》是在恶作剧,工厂主心怀不满,自己给自己找来麻烦。所有这些描写都是真实的。夏洛蒂·勃朗特笔下的雅各宾——辉格派乡绅约克先生既忠诚于自己的阶级又同情民众的疾苦,他也许在治安法官中有不只一个原型,这些人在卢德运动爆发时一直古怪地无所作为。

当然,《雪莉》的局限性在于对卢德派及其同情者的态度上,但小说却真实地表达了一个中等阶级的神话。1812 年,传统的阶级对抗经受着卢德运动的严峻考验,这一年开始的时候工厂主和乡绅严重对立,卢德派吓唬住一个又一个的制造商时,罗伯逊之流的蔑视就增长了。这时,卡特赖特用自己在罗福尔兹的英勇壮举赢得了军官和托利党乡绅的尊敬与感激。有好几个星期,他在北方是与威灵顿齐名的英雄。罗福尔兹的枪声标志着大工厂主和当局在感情上的根本和解。经济利益胜利了,制造商在工人阶级雅各宾主义面前最终表现出效忠之情,这由一个戏剧性的事件表达出来。

然而使有产阶级取得感情一致的东西,在有产者和工人阶级之间却造成深刻的对立。罗福尔兹事件的民间传说强调的是卢德派的英勇斗争和防守方面的冷酷无情。民间的说法夸张其细节插曲,夸张独特的危险和人物的相互影响。在卢德派撤退之后,卡特赖特据说不给那两个受了致命伤的人饮水和包扎,除
562 非他们泄露卢德派的机密。哈蒙德·罗伯逊据信更像是审讯员而不是在当牧师。好几百人聚集在两个人临死前安放的旅馆外面的大街上,床单上发现有硝酸的印渍(大概是用来烧灼他们的皮肤的,大家都相信对他们采用了严刑逼供。据说罗伯逊曾俯身在其中一个人的床头——19 岁的约翰·布思,一个国教教士的儿子那里,等候他作临终的忏悔。在死亡来临时,小布思向罗伯逊示意:“你能保守秘密吗?”“当然,当然,我能保守秘密”,罗伯逊迫不急待地答道;“我也能”,布思回答,不久他就死了。

当局曾缴获一封信,是一个住在约克郡的诺丁汉工人(也许是卢德派难民)写给家里人的,信中谈到了对这件事的直接反响:

> 卢德派与军队干了一仗,卢德的人被打败了。元(原)因是哈里法克斯的卢德派没有如约好的那样赶到,16个人发动进攻,有两个被打死,伤员都给抬走,没有人

> 被捉住，后来那两个人在上星期四埋在阿特斯菲尔德。[170]。尸体放在一个黑屋子里，里面点6支蜡烛，卢德的朋友们跟在后面，每个人都伤心地戴一个带黑边的丝围裙，神父不肯安葬他们，但卢德派坚持要把他们埋在教堂，还要有一个大石碑，他被抓住后还活了24小时，他是个教会牧师的小儿(孩)，好多人去看他，但是他不肯说话。[171]

围攻之后的几天有不少事刺激着群众的想像力，许多故事说人们怎样在军队眼皮下逃脱掉，说受伤的人如何藏在谷仓里，守卫卡特赖特工厂的一小队士兵中，不止一个人对执行任务毫无兴趣，其中有一个在整整20分钟的枪战中不肯开枪，“因为有可能击中我的一些弟兄”，这不幸的士兵(属坎伯兰国民军)后来受军法审讯(被判处鞭刑300下)——有可能会致人死命的处罚。处 563
罚在罗福尔兹执行，卡特赖特被减免了大部分刑罚，从而挽回部分民心。

但他并没有挽回多少。在中等阶级神话里，卡特赖特和罗伯逊不仅是时代的英雄，而且还无情地追捕“心怀叵测的人”，即那些来自远方的神密使者和蛊惑家，他们是动乱的教唆者。夏洛蒂·勃朗特在写信给杰勒德·穆尔时说：“他不知道谁是头子”，

> 那些都是陌生人，是大城市里来的密使。其中多数并不是工人阶级出身，而主要是一蹶不振的人，是破产的人，负债累累的人，又总是醉酒醺醺——是些无可失而多所得的人，在身份、财产、整洁方面都可以有所得，穆

---

[170] 哈德斯菲尔德。

[171] 《拉德克利夫手稿》，第126/132号。写信的人实际上把约翰·布思下葬的情况和哈里法克斯的哈特利的葬礼弄混淆了。布思的下葬因估计到会有大批群众前来致哀因此在哈德斯菲尔德仓促进行，后者情况见下文，第586页。

尔对这些人像警犬一样追踪，他真爱这项工作……他爱它，胜过爱织呢子。

然而在民间传说中，卡特赖特和罗伯逊只是“嗜血鬼”，整个社会都以非常方式向其关闭。直至进攻罗福尔兹之前，约克郡的卢德派（像中部地区一样）严格地局限于毁坏机器。是卡特赖特而不是卢德派让人们流出第一滴血。好几个月中尽管在约克西区有 4000 名军队而且密探四布，参与攻击罗福尔兹的人却没有一个人被确切地认出来。而肯定会有成千上万的人认识其中的一两个，传闻中就记着非国教牧师和外科医生不肯报告情况，小呢商把自家的卢德派工人藏起来，还有士兵对证据假作不知这样的事，整个的教区中“监视”条例不起作用，卢德派歌谣流传：

想要活干的英国英雄
彼此忠诚别做狗熊
紧紧跟着卢德将军
刺刀上膛也是无用。[172]

就连暗杀奥蒂威尔的霍斯福尔这件事（4 月 27 日），也没有像预期那样太多地扭转人们的感情。把“教会与国王”派及《利兹信
564 使报》——（罗伯逊与卡特赖特）——拉在一起的危机，也同样把人民中反对地方官和大雇主的情绪连接起来了。[173]

此外，在 1812 年四五月，收成不好加重了粮食短缺和物价

---

[172] 布里夫：《第五王》，米尔恩斯和布莱克巴勒，财政部司法处档案，第 11.263 号。

[173] 关于卢德运动的“民间传说”，可在 A. L. 著的《悲惨年代》、F. 皮尔的《卢德派起义》、《斯彭谷的过去与现在》雇用、赛克斯和沃克的《比尔家的老本》等书中找到。只要有可能，本处叙述就曾与《利兹信使报》及继起的审讯材料上的说法对照核实过，卡特赖特叙述卢德围攻及士兵“背叛”的信件，见哈蒙德夫妇前引书，第 305—306 页及 H. A. 卡特曼：《愚人的过去与现在》（利兹，1930），第 114—116 页。

上涨，制造商把这些灾难都归咎于战争的延续，特别是归咎于枢密院令，卢德运动还是一种散布很广同时又颇为混乱的暴动紧张气氛的中心。这部分是由于1811至1812年发生的经济总危机。由于战争不得人心，由于反枢密院令的宣传鼓动，英法之间相互封锁，对美贸易的中断等等，都在1807—1812年间给制造业许多部门带来极大困难——如伯明翰、设菲尔德、利物浦和纺织业区，因为它使大部分欧洲处于封锁下。意味深长的是：卢德运动发生在那种大雇主利用时局的艰难引进新方法新机器从而失去民众支持的工业部门，而像设菲尔德、伯明翰以及在某种程度上还有曼彻斯特这一类中心，由于整个工业都局部瘫痪，雇主们自己就在发动反枢密院令的示威及请愿（由布鲁厄姆领导，在伯明翰则是年轻的托马斯·阿特伍德）以及工人的不满大体上保持着合法的形式。[174]

事实上，到1812年，古老的乡绅阶层很少能控制工业地区了，除非他们能得到大雇主的支持。但矛盾的是，在雇主敌视政府的地方，治安问题反而较小。卢德运动就揭示着这整个治安问题。1812年夏，在骚乱的各郡至少有12,000名军人，比威灵顿指挥下曾在伊比利亚半岛作战的军队还要多。好几个月的时间中这些军队毫无作用，这大概部分是由于许多普通士兵同情人民，所以当局必须将他们不断地从一地调往另一地，生怕“不 565
满”会在队列中传播。但同时也由于卢德派极度的保安措施和相互联系，他们静静地通过人所共知的地段，而骑兵则吵吵嚷嚷地从一个村庄转到另一个村庄。约克郡西区的山中骡马羊肠小道纵横交错，卢德分子在这里通行无阻。骑兵的行动，刀枪铿

---

[174] A. 布里格斯：《进步时代》，第164—166页；A. 普伦蒂斯：《曼彻斯特纲领》，第41—47页；切斯特·纽：《亨利·布鲁厄姆传》（牛津，1961），第4、6章。

锵、马蹄得哒半夜里老远就听得见，弄得众所周知。卢德分子在树篱后面悄声潜行，伏在庄稼地里或走小路，行动就比较容易。……”[175] 卢德派的目标在许许多多星罗棋布的村庄和工厂中，这些村庄实际上没有警备，而军队又很不愿意让士兵三三两两地在危险的孤立中分散住宿，骑在马上的地方官既不懂工业又不了解人民，因此就一无所用。只有工厂主或制造商因其厂房及工资簿册主宰村庄，才能够实行控制。因此，在雇主失信于工人的地方，治安的整个结构就出现风险，而权威就只能像在罗福尔兹那样的加以补救。在罗福尔兹，主宰者是卡特赖特，而不是罗伯逊。但是在设菲尔德和伯明翰这样的地区，制造商和工人们仍旧由反政府的共同抱怨联结在一起，真正动乱的危险是受到雇主的控制的。

这样，卢德运动就不仅把地方官和工厂主拉到一起，它还使政府对制造业的利益作出不可避免的让步。这种让步是在胜利中得到的，1812 年 6 月枢密院令宣布废除。[176] 卢德运动也许和阿特伍德及布鲁厄姆的合法鼓动同等地促进了这一过程。但废除枢密院令有更为险恶的背景，因为此时除约克郡和中西部地区的卢德运动之外，又加上兰开郡的严重动乱。

很难弄清兰开郡的动荡在多大程度上可算作真正的卢德运动，它其中一部分是自发的骚乱，一部分是非法然而“合宪”的政治改革宣传，部分是奸细罗织的偶发事件，还有部分是真正的起
566 义准备工作。1812 年 2 至 4 月间，至少有两种形式的“秘密委员会”存在于某些兰开郡城镇中。首先，有手织工委员会，其秘密组织多年来一直在为制定最低工资而宣传和请愿。这种委员

[175] D. F. E. 赛克斯：《科恩河谷史》（斯莱恩韦特，1906）。

[176] 1813 和 1814 年还废除伊丽莎白第 5 年第 4 号法令。

会据报告 4 月初存在于曼彻斯特、斯托克波特、博尔顿、费尔斯沃思、萨德尔沃思、莱恩河畔的阿会顿、奥德姆、斯泰利布里奇、德罗伊斯登、普雷斯顿、兰开斯特、亨德尔、纽顿、德里斯代尔、霍林伍德、威林顿、埃克尔斯等地。[177] 其次,在曼彻斯特—斯托克波特地区可能还有其他地方,存在一种早期各行业的秘密会议(或称“各业委员会”),包括“纺纱工、裁缝、鞋匠、瓦匠、粗布剪绒工、细木工及其他许多行业”。这种委员会在 1797 年结社法初通过时即已存在曼彻斯特,工会人士无疑在情况需要时会正式或非正式地商讨聚会。

3 月 20 日,威廉·拉特克利夫的仓库在斯托克波特受袭击,他是最早使用动力织机的制造商之一。4 月份,事件接连发生。4 月 8 日,曼彻斯特交易所发生一次多少有一点夸张的暴乱,事情至少间接地带有政治性。多年来人们以为摄政王支持辉格党,甚至支持政治改革,他为自己的宗派目的而在战争初期赞助过福克斯反对派。人们曾不断指望,到 1812 年初,当他的权力不再受限制时,就能够组成一个“和平改革”的政府,由格雷和格伦维尔两勋爵担任主角。然而摄政王所做的,仅仅是向“形成我公务生活的早期习性有关的某些人”提出参加联合政府,而所定条件又是他事先就知道不会被接受的。随之而来的政府改组中,由珀西瓦尔领头组成一个更不得人心的政府,而以卡斯尔雷为外交大臣,西德默思(首次)为内政大臣。人民的期望成了泡 567
影,其影响远在想象之外,甚至有人说这种失望就是约克郡卢德

[177] 这些城镇和村庄都是亚伍德的叙述及“B”(本特)1812 年 4 月的报告中提到过向各种秘密会议派出代表的地方,见内政部档案,40.1 号;亦可见托马斯·惠特克在内政部档案第 42.121 中词,说 3 月 25 日在索尔福德“撒玛利亚好人”酒馆召开的一次会议上,方圆 15 至 20 英里内的每一个城镇几乎都有代表出席。有关这些说法的真实性可见下文,第 593—598 页。

运动爆发的直接原因。[178] 曼彻斯特的教会与国王派完全错估了公众的情绪，他们在交易所召开群众大会，向摄政王呈递颂词，庆贺他保留其父的大臣们连续任职。改革派在曼彻斯特四处张贴海报号召人民参加会议，否决颂词。托利党于是撂挑子，打算取消会议。但大批人群围在交易所附近，其中许多人（主要是手织工）接着向圣安妮广场进发，在那儿他们自己开了个会。同时，有些年轻人冲进报刊室打碎了玻璃，翻倒了家俱，接着发生一场大乱。这并不是一件大事，然而“标志着公众舆论掉转风向。在从前‘教会与国王’是大家欢喜的口号，搜索‘雅各宾’则是安全的消遣……但这以后，就不再有‘教会与国王’暴徒了！”[179] 有个老改革派后来曾这样回忆。

此后两星期中，曼彻斯特、奥德姆、阿什顿、罗奇代尔、斯托克波特、麦克尔斯菲尔德等地都出现更严重的骚乱，这些基本上都是抢粮风潮，特别狂暴又范围特别广，目的在迫使马铃薯和面包的价格压下。但同时，又有一些混乱的报告，说“卢德派”即雅各宾派鼓动者在积极煽动和组织参加暴乱的人。斯托克波特有两个男子穿着女人的衣服，自称“卢德将军的妻子”，走在闹事者前面。恐吓信不仅寄给有动力织布机的人，而且还寄给有改进过的整布机的人：

> 出于公平人道我们认为有毕（必）要通知你如下，也就是假如你不在七天期限内拆除整布机……你的工厂和其中一切就都要一定要给放火烧掉……我们决不会让你快快活活而是下决心要摧毁整布机和动力织布机而

---

[178] 见后文，第589页。

[179] 普伦蒂斯前引书，第48—52页；达维尔前引书，第93—95页。

不管其主人是谁。……[180]

(这封信并不是卢德签署,而是“正义将军”签署。)4 月 20 日,米德尔顿发生一次大骚动,丹尼尔·伯顿的动力织布厂被数千人围攻。进攻的人用排炮般的石块攻打,守卫者则开枪作答,打死三 568
人,打伤更多。第二天早晨吓人的人群来得更多,中午时又加上一队人,由一二百人组成,其中有些拿着枪,枪口上着刺刀,其他人则带着矿工用的鹤嘴锄。他们列队进入村庄,参加到暴民之中。这批武装歹徒的前面抬着个稻草人,代表出名的卢德将军,他的掌旗兵挥动着一面红旗似的东西。……[181]

工厂很难攻,参加骚动的人就烧了厂主的家。这时他们与军队遭遇,至少有七个人死在他们手里,许多人受伤。

就直接攻打机器而言,这是兰开郡卢德运动的高潮。很显然,这远不只是手织工的运动——被打死的人中有一个面包师,两个手织工,一个装玻璃的,一个细木工,在第二天的攻击行动中,霍尔姆菲尔德的矿工是主要参加者。就伤亡来说,这也是全国最严重的一次卢德派闹事。但 4 月 24 日发生一起带有神秘色彩的事——威斯特霍顿的雷邓克罗夫工厂被烧。此事之神秘,并不在于工厂受到袭击——这个厂是破坏活动的一个明显目标。它不仅一再受到恐吓,而且在一个主要是由弗莱彻中校雇用的内奸控制下的博尔顿“秘密委员会”鼓动下,已经发生企图攻击它的事件。但叫人迷惑不解的是,在这些鼓动无效的情况下(看来确是这样)进行了一次成功的袭击。[182]

---

[180] 匿名信,1812 年 4 月 19 日,内政部档案,第 40.1 号。

[181] 《利兹信使报》,1812 年 4 月 25 日自米德尔顿报道。

[182] “老 S”和“小 S”拐弯抹角的说法记叙在哈蒙德夫妇的前引书的第 10 章中,亦见达维尔前引书,第 5、14 章,普伦蒂斯前引书,第 52—58 页,及匿名作者的《1812 年的涂黑脸人》(博尔顿,1839)

卢德运动的这段插曲充满了各种假象,人们的思想却很少能跟着那曲折复杂的过程。但如果说兰开郡卢德运动只不过是弗莱彻中校和约瑟夫·纳丁之辈借机对手织工进行挑动,这种(从博尔顿事件中得出的)假设却不能成立。不错,从表面上看,兰开郡的活动几乎没有诺丁汉和约克郡西区事件中所表现的那
569 种组织纪律性。另一方面,捣毁动力织机所提出的问题,又和织袜机、剪绒工的问题属不同类型。动力织机是昂贵的机器,只是最近才引进,只在很少几个有蒸汽动力的工厂中使用,并大量散布在乡村各地的小作坊中。这样,夜半游击战在兰开郡就几乎不管用,每次攻击都必须有罗福尔兹或伯顿事件那样的规模,因此有可能直接与军队发生冲突。但这样做几乎没有意义了,即使从有限的战术角度来讲也是如此。同时,几十年来兰开郡人都和蒸汽动力纺纱厂生活在一起,所以必然有许多(也许是多数)织工会怀疑抵抗新机器是否有效,而这种怀疑由于有报告说手织工自己的"秘密委员会"中也有严重分歧而得到证实。所以,兰开郡的卢德运动在三四个星期的时间里就越过了砸毁机器的阶段。然而就在攻击工厂的活动告一段落的同时,关于起誓、武装和军训的说法却流传得最广。对动力织布机的攻击在五六月间让位给更严肃的暴动准备工作。尽管1812年5月底兰开郡和切郡巡回法庭都对参加4月骚动的人判处酷刑,[183] 动荡则一直延续到秋天。6月中旬,兰开郡一个消息最灵通的密探写道:"100多人的卢德派队伍每天夜里都进入民宅搜拿武器",他们以枪声、狼烟、"火花"为号,表现了(按某一个军官的意

[183] 兰开斯特58个被捕者中28人判定有罪,其中8人被判死刑,18人流放。切斯特的47个被捕者中29人判定有罪,其中15人被判死刑(但只有2人执行绞刑),8人流放。

见)高度的组织一致。好几个星期中,兰开和约克交界的整个地区实际上是处在军管之下,特别是某个军事指挥部还建立起恐怖统治,它随意抓人、搜捕、进行野蛮的审讯和恐吓,而相应的情况只有在爱尔兰的历史上才能找到。[184]

初夏,卢德运动进入危急关头。在发生米德尔顿和威斯特霍顿事件的那一个星期,全国许多地方也出现报警的迹象,布里 570
斯托尔、卡莱尔、利兹、设菲尔德、巴恩斯利等地发生严重的抢粮风潮,康沃尔矿工举行罢工,向集市进发,要求降低食品价格,普利茅斯和法尔默思出现动乱。其中有些地方的抢粮风潮比预计的情况要含意更深刻,它们是政治或公民行动,且是争取最大多数群众。在设菲尔德,人们冲进一座国民军弹药库,两个领头的人竟然不是饥饿的失业者——这些人组成示威群众的多数——而是"本城最机敏的两个巧匠",每星期可以有四个半基尼的工资。[185] 4月27日,威廉·霍斯福尔在约克西区遭暗杀,5月11日,首相珀西瓦尔在下院被刺。整整一天中全国一片混乱,人民并不掩饰内心的欢快。在博尔顿(弗莱彻中校抱怨说),消息传来时"贱民们表示高兴"。在陶瓷制造区,一个当事人听到消息时看见:

> 有人沿街快跑一蹦三尺高,把帽子举过头顶挥舞,狂喜地大叫:"珀西瓦尔尔给打死了,哈哈,珀西瓦给打死了,哈哈!"

诺丁汉群众举行庆祝,"敲锣打鼓地在城里游行,旗帜胜利地飘舞"。当消息透露出来时,伦敦本身的群众聚集在下院外面,行

---

[184] 《劳埃德1812年6月17日致内政部》,内政部档案,第40.1号;F.雷恩斯:《向人民呼吁》(1817),第20—21页及各处。

[185] 《利兹信使报》,1812年5月2日;财政部司法处档案,第11.5480号。

刺人约翰·贝林厄姆被带走时,“愚昧恶劣的一部分群众中再三发出欢呼声”。当有消息说贝林厄姆也许是神经病,而且是出于私人恩怨而采取行动时,人们几乎感到失望;他们希望出现另一个而且是成功的德斯帕德。贝林厄姆走上绞架时,人们高叫:“上帝保佑他”,科尔里奇还听见他们说:“这只是开始啊!”给珀西瓦尔举行公葬被视为不合适”。[186]

在英国历史上反叛的义愤很少像这样广泛流传。连续几个星期,约克西区的门上墙上常有粉笔涂画的告示,以 100 基尼代价悬赏摄政王首级。[187] 5 月中旬,摄政王及其私人秘书收到几十
571 封恐吓信,其中一封署名“民声”的在开头写道:“粮食要便宜——面包或者流血——告诉你的主子,他是个没良心的混蛋。……”[188] 但对约克郡的人来说,摄政王毕竟远在天边,而工厂主和地方官则近在咫尺。在罗福尔兹失利之后,约克区的卢德运动进入拼死拼活的阶段。它在这里一向就比诺丁汉更富于军事纪律性,也更环绕在保密和宣誓的气氛里,因为它出现的时候,正是砸毁织袜机的行动被定为死刑的时候。暗杀霍斯福尔的决定也许是地区指挥员乔治·梅勒自己作出的,而不是在约克郡代表会议上作出的。据传说,牧师的儿子布思是他特别要好的朋友和心腹,布思的死使他气得发狂。后来为政府作证的行刺帮手本杰明·沃克说,梅勒及他在朗罗伊德桥下的约翰·伍德工场中的剪绒工伙伴们“谈到……在卡特赖特那里被打死的人”:

---

[186] 内政部档案,第 40.1 号,普伦蒂斯前引书,第 46 页,《利兹信使报》,1812 年 5 月 15 日,皮尔:《卢德派起义》,第 156—157 页;A. 布里格斯:《进步时代》,第 157 页。

[187] 拉德克利夫手稿,1812 年 3 月 17 日,第 126/26 号。

[188] 《伦敦报》,1812 年 5 月 19 日;内政部档案,第 42.123 号。

> 他们说这是件严重的事，梅勒说砸剪绒机的方法应该放弃，代之以枪毙雇主。这是我听到的主要内容；他们说已经失去两个人，必须杀雇主。

为一个远方的首相被刺欢呼是一回事，躲在墙背后冷酷地暗杀一个按时骑马而过又“属于”这个地方的人——尽管他不得人心——却是另一回事。如果说人们感情上曾经有过突发的变化，这种说法似乎太过分了一点，上千的人一定曾猜测过谁是凶手，但好几个月中未走漏任何消息。更接近事实的情况是，那些以前仅是被动地同情或袖手旁观的人，他们的感情发生了突发变化，与此同时双方的极端派则情绪更坚定了。霍斯福尔死后三天，哈蒙德·罗伯逊写信给卡特赖特说：

> “附近地区我所认识的一切居民中”，除我之外，没有一个人对国家的局势是敏感的，或者说，没有一个能够并敢于断然指导军队的行动，要是我能把全部时间用于军队，我愿意尽我全力去做。[189]

卢德派方面的人数开始减少，他们开始用恐吓来恢复松弛 572
的纪律，攻击剪绒机的活动停止了（虽说现在很少有厂家还在抗拒），而代之以四处搜罗钱财武器。这些搜索和兰开郡一样，在5月、6月、7月、8月和9月一直延续，虽说偶或有一两队盗贼冒充卢德派，从而搅浑了水。有关这些搜索活动的记叙可以和在敌占区活动的骚扰部队相比较，1812年7月一个地方官曾对克利夫顿村（约克郡）的一次搜索有所描述并发表评论说：

> ……准、猛、快，一帮武装匪徒就是这样井然有序地在一个人口稠密（有一英里长的）村庄里搜索枪支，并拿走六七支而丝毫不想碰一碰其他财产。他们接连向屋

[189] 见A.布里格斯：《论〈雪莉〉的个人主题和社会主题》，第12页。

> 子里和稍微企图反抗的人开枪，其麻利迅速及明显的纪律即使是正规军也不过如此。……[190]

约克郡的卢德运动在逮捕、背叛、威胁和失望中消失了。这一次，事情又由民间传说传下来，当然也透露在1813年1月的约克审判案中，从其他地区募征来的奸细发现了一些情况。于是在哈里法克斯逮捕了一小批潘恩派，其中包括制帽匠约翰·贝恩斯，罪名是进行卢德派起誓。接着，梅勒的工友及同伙本杰明·沃克说出了霍斯福尔暗杀案之谜。其他一些卢德派也去告密，以此来救自己一命。有些参加罗福尔兹事件的人被追踪，巴恩斯利和霍尔 姆弗思也进行了几次逮捕。10月份，最热衷于追踪卢德分子的地方官约瑟夫·拉德克利夫接到最后一封恐吓信："我肯定会当第二个贝林厄姆，我已经造了子蛋(弹)，假如我在教堂动手就把它射进你的心血管。"[191] 11月份收网了。1813年1月，在约克的特别法庭上，当其他审判还在进行时，梅勒及两名同伴被判犯有谋杀霍斯福尔罪并立即处死，其他5人因参加
573 罗福尔兹攻击或搜索武器而被判极刑，其中只有一人减为终身流放。还有6人因进行非法起誓而判7年流放，其中包括哈里法克斯的老民主派贝恩斯。如果他们的罪行是在1812年7月底而不是7月初犯的，那么就会被判处死刑。

与此同时，诺丁汉和织袜区在1812年春夏一直十分安静。针织工委员会此时正试图保证其法案在议会通过。1811至1812年运动中的领袖没有一个可以被确认是定了罪。尽管1812至1813年显然平安无事，匿名信和重新活动的威胁却始

---

[190] 菲茨威廉文件，F. 46(g)。

[191] 《拉德克利夫手稿》，第126/91号。拉德克利夫在以后几年中还不断被恐吓骚扰，1815年3月有一个匿名写信的人警告他："卢德运动将要在这里重新开始"，剪绒工们"发誓要首先毙掉你，他们说你是老王八。"见第126/136号。

终对雇主保持着压力,要他们同意织袜工的条件:

> 乔治·罗博顿,本信特通知你(1812 年 4 月有一封信说)在阿诺德、布尔韦尔、赫克诺尔和巴斯福德镇未(没)有一个人来领活干,除非工资额满,式样完整,有合适的价钱和规格。特此通知你,假如你再不按完整的式样、全面的工资和合适的规格收进或给出活计,你就要在脖子上套一根绳子来开这台织袜机。[192]

1812 年 11 至 12 月,卢德运动有轻度复活,但两年中织袜工看起来把信心完全置于工会活动上。这以后出现一些零星的攻击工厂活动(1814),而且有一些织袜商似乎在试着挑动工人去砸毁机器,以便为采取行动反对工会寻找借口。[193] 工会瓦解以及两位领导人被捕后,攻击活动就流传得更广了。1814 年 9 月贝斯福德一个织袜工詹姆斯·托尔因参与一次攻击活动而被捕,但在 1815 年的春季巡回法庭上获释。1816 年夏至 1817 年最初几个月,中部地区的卢德运动经历了最后的阶段,其激烈程度为 1811 年以后所未见。其中最轰动的一次,是攻击希思科特和博登在拉夫巴勒的一座相当大的工厂,工厂守卫被手持大口径短枪、头戴面具的人群所压倒,人们高呼:“卢德派,好好干吧,这是一场滑铁卢大战,上帝保佑!”在口号声中厂里昂贵的花边织机被毁无遗,仅这一次攻击就造成 6000 多镑的损失。詹姆 574
斯·托尔再次被捕,这次他被定了罪,在 11 月中旬处死。攻击活动又持续了一两个月。据一种说法,托尔的兄弟带着一帮人,急于想做给“詹姆斯看,他们没有他也能干点事”。另一种说法,则

---

[192] 在这信中胡乱画着一个绞架,还写着一行不吉利的话:“本织袜机以全工资完全式样操作”。内政部档案,第 42.122 号。

[193] 见 C. 格雷:《诺丁汉 500 年史》(诺丁汉,1960),第 165 页。

说卢德运动的这最后阶段是一两支几乎“以此为业”的团伙干的，他们受到转入地下的工会地方支部的召唤，并由此领取报酬。在受刑的那天早上，詹姆斯·托尔在忏悔式上说，他从未作过秘密起誓，也不曾听说有这种起誓：

> 他们没有什么特别的基金，但在打算行动或为某种目的需要钱用时，就在当时恰好有活干的织袜工或花边工中筹集捐款。……他们没有武器弹药库，许多人在家里藏有一两支枪，……打算行动时，三四个为首的人物就出去转一圈，在那些他们深知是极其倾向卢德活动的人中找帮手。

但托尔并没有暴露谁是这种“为首的人”，他的忏悔可能是编造出来迷惑审问他的人。1817 年初，他这一伙中又有人暴露身份，1817 年 4 月在莱斯特又有 6 人被处死，还有两人被流放。处死的人中有一个叫托马斯·萨维奇的，他在行刑前两星期的一份口供上说运动的最后阶段中，“卢德活动和政治紧密联系”。他声称在法国加来有一个卢德派难民的侨民区。[194] 他还想暗杀格雷夫纳·亨森，就是全体之头(他指责格雷夫纳“几乎干尽罗伯斯庇尔所做的坏事)，但他绘声绘色的可疑说法，事实上并没有把亨森本人牵连到任何砸机行动中去。他的指责是说亨森在织袜工中领头进行极端激进主义的宣传，从而在 1816 至 1817 年之交的冬季引发出汉普登俱乐部行动，他还说亨森希望发生共和派的革命，“谈论攻击诺丁汉兵营”。不管这些是真是假，6 月
575 份发生彭特里奇的“起义”时，亨森却不能任意表达他的同情了。因为正是在萨维奇对他作如上指责的同一个星期，诺丁汉一个

[194] 这并非不可能，加来确有一个英国针织工的侨民区，见《关于工匠及机器问题的……第四次报告》中亨森的证词(1824)，第 274 页，内政部档案，第 79. f. 31 号。

地方官告诉西德默思说，亨森（“一个聪明的家伙并酷爱言谈”）已经登上去伦敦的邮车，打算呈递一份请愿书，以拯救被判死刑的人。他在伦敦被捕，在人身保护法中止之际被关了 18 个月，而早在这之前很久，我们这里所定义的那种卢德运动已经偃旗息鼓了。[195]

6. 奉行业之命

> 拜伦在上院感叹道："竟会有这样的进军和回军！"——他们[196]从诺丁汉到布尔韦尔，从布尔韦尔到班福德，再从班福德到曼斯菲尔德！最后当小分队豪情满怀、列队庄严、像打一场光荣的战争那样终于到达目的地时，他们刚好及时赶来看已经造成的破坏，……然后在老妇人的哄笑及孩童的叫骂声中返回基地。

无疑在被送上绞刑架的人们中，会有一些地方性的卢德派领袖，证据和传说都确凿地表明乔治·梅勒和詹姆斯·托尔是卢德派“上尉”。但时至今日，卢德运动仍不肯完全吐露真情，是谁在“幕后”策动？到底有没有这些人，或者说运动只是某个地区模仿另一个地区自发地在蔓延？不同地区存在着何种委员会？它们间有没有正常的联系？秘密起誓进行到何种程度？卢德派暗怀着何种政治目标和革命目标？

对这些问题，大多只能进行一些猜测，但应说明，某些公认的答案与证据并不相符。有关卢德运动的研究，最重要的是哈蒙德夫妇和达维尔的成果。《技术工人》是本很好的书，但有关

---

[195] 《W. 伯欣供词》，见内政部档案，第 40.4 号；托马斯·萨维奇交代，见内政部档案，第 42.163 号；H. W. C. 戴维斯：《格雷和皮尔时代》，第 172 页；达维尔前引书，第144—149页；哈蒙德夫妇前引书，第 238—242 页。

[196] 指士兵。——译注

卢德运动的章节读起来有时像为辉格党反对派准备的发言提纲，目的在涉及运动的密谋的革命性质时，推翻当局夸张的说法，书中对奸细、**坐探**的作用过分强调，以致竟暗示不存在真正
576 的革命地下活动，也没有证据表明各郡之间有代表来往。至于宣誓活动，哈蒙德夫妇说："即使解释得再宽，也没有证据表明宣誓的范围很广，或者除奸细活动的地区外**还确实有过宣誓的事**。"[197] 真正的卢德运动（据暗示）并没有深远的目标，因此若不是自发的骚乱（如在兰开郡），就是严格局限于产业目标的行动（如在诺丁汉和约克郡）。

F.O.达维尔的《摄政王时期的英国民众骚乱与社会秩序》一书，在多数论点上附和哈蒙德夫妇，他直截了当地说：

> 没有任何证据说明卢德派方面有丝毫政治动机，没有一次事件可以证明，卢德派进攻工厂的行动除表现主仆之争、工人与雇主之争外，还有什么更深的含意。没有对任何一个卢德派……提出过叛逆的罪行，或确认过这种罪行。尽管奸细们竭力要证明这种动机，却根本没有迹象表明，除少数几个次要而没有代表性又不负责任的鼓动家外，有哪个卢德派确实有某种庞大的政治计划。

"虽说有过细致的搜查，却找不到奸细所说的大量武器储藏。也查不出一地的不满分子与另一地有什么联系。……"兰开郡各镇的秘密委员会是"株连生长"，受控于奸细和那些"把适度煽动作为收入来源的人"。至于较大的卢德攻击活动，"这种乌合之众的组织性，并不见得比在校园里自发搞'恶作剧'的人群强多少"，"除奸细不可信的证词外，没有任何东西可以证明卢德派曾

[197] 见哈蒙德夫妇前引书，第339页，黑体为作者所加。

进行过秘密而非法的宣誓。”[198]

若沉湎于每日细碎的报告中——有时是迂腐的军官，有时是吓坏了的地方官，再有时是歪曲不实的奸细汇报——确有可能令人全然怀疑卢德运动的真实性。但如果离开这些报告片刻，我们就会看出这种权威的结论和最耸人听闻地说卢德运动是阴谋活动的说法一样不可信。任何人若抢过枪，或组织过标 577
枪比赛，就都会知道一次校园里自发的“恶作剧”是不可能在半夜里把几十个人组织起来，叫他们化了妆，以大枪锤斧为武器，从不同地区来到指定地区集合，排成队，按号点名，走上几英里去进行成功的袭击，还随时打信号放狼烟的。任何人若了解北部中部的地形的人，就很难相信邻近三个郡的卢德派彼此间会没有任何接触。在一个心怀不满的爱尔兰人成百上千地涌入兰开郡，人们又在大街上欢天喜地地庆祝首相被刺杀的时代，要把卢德运动孤立起来，看做是纯粹的“产业活动”并完全与“政治”无关，确实需要敏捷的才思才行。总之，对卢德运动的这种观点的论证只依赖于一种特别的抗辩术，即把当局的愚蠢、怨恨及挑拨作用夸大到荒唐的地步，或是因缺乏割裂生活、轻视民众传统的学术想像力。

事实是，关于卢德派的组织情况，没有哪种证据材料是不曾在某种程度上遭受“污染”的。正如哈蒙德夫妇及达维尔所说，我们知道有代表与宣誓活动，仅仅是从传谣中，或从“奸细”的叙述中，或从地方文武官员处，或从已被宣判死刑或害怕被判死刑又急于求生的人的口供中得来的。有关卢德运动的深远目标也是这样。然而哪里又有其他证据呢？每一个犯人都自动地成为强制的对象，而每一个告密者都立刻成为“奸细”。

---

[198] 达维尔前引书，第 174—196 页。

我们可以拿宣誓为例,如果说很少有中部地区卢德分子进行宣誓的证据,那可能是有原因的。中部地区砸毁机器的主要阶段在1812年2月结束。正是在这个月砸毁机器才成为死罪。约克郡和兰开郡的卢德运动在开始时就知道暴露即是死亡,因此很可能会进行一些秘密宣誓(奸细和民间传说都这样说)。1812年7月,当局出于重判的目的,使宣誓也成为死罪。有谣传说,宣誓在约克群一直进行到年底。而1814至1816年中部地区卢德运动再兴起时,从事活动的各小团体好像不愿在新的
578 犯法行为上再添加死罪的风险。

1813年1月的约克郡巡回法庭上,有两批犯人因宣誓而定罪,其中一例——贝恩斯及哈里法克斯民主派案——十分可疑。他们之定罪是基于两个职业奸细的证词,这两个人是道德败坏出了名,专门为这个目的而被从曼彻斯特弄过来,很有理由相信这个案子是“罗织”的。哈蒙德夫妇和达维尔都暗示另一个案子——巴恩斯利一个手织工案——也值得怀疑,也是一个职业“奸细”所作所为。[199] 但情况并不尽如此。告密者托马斯·布劳是巴恩斯利的手织工,共济会会员,他自愿告密的原因不甚清楚。1812年8月他当着两个设菲尔德地方官的面宣誓作供,据说,他在当年早些时候曾参加一个巴恩斯利5位织工组成的“秘密委员会”,他们在巴恩斯利拉了2000人,主要是手织工,但也有两个酒馆老板,一个制帽工,一个园丁(爱尔兰人都不准入会)。他的任务是参加会议,收集经费并与其他委员会通信。巴恩斯利(该地没有发生卢德运动)被视为是新开辟的薄弱区,主要力量则在设菲尔德和利兹。卢德分子的圈子里,流行着这样一种夸大其辞:设菲尔德有8000人入了

---

[199] 见哈蒙德夫妇前引书,第314、325页。

会，利兹有 7000 人，霍尔姆福斯有 450 人。代表们被派到曼彻斯特、斯托克波特和阿什顿去参加会议。在哈里法克斯，卢德派在“宗教外衣下以不从国教者的身份”开会。许多卢德派也是国民军队成员。“卢德派想靠发动国家的革命而最终推翻政府制度。”布劳顿自己曾参加阿什顿的一次代表会议，在那里另一个代表告诉他进攻两院就是第一个信号。假如革命成功，卡特莱特少校和伯德特会指望参加。他还收到 10 先令 10 便士用作代表的开销费。[200]

如同其他这类供词一样，我们几乎不可能区分这份证词中的真伪。但这里可以指出两点。其一是布劳顿似乎是个告密者，也就是说，他曾是真正的卢德派，后来变成叛徒。其二，是根 579
据布劳顿的证词在约克提审的案子——针对巴恩斯利委员会成员约翰·伊登的案子中，并未引用该证词中的任何一个字。起诉只想提出证据来证明他进行过非法起誓。

> 我自觉自原(愿)地宣布并庄严宣誓我永不以任何言行暗示向任何……透露可能导致泄密的任何事，否则甘愿被第一个遇见我的弟兄送回老家。我进而宣誓，若我们之中出现叛徒我将惩处跟踪追击复仇不止，哪怕他逃到天涯海角，我将真诚、稳重、诚实地与弟兄们交往，愿上帝助我信守誓言，阿门！[201]

从字面上看，这誓词应该是真的。[202] 但这里需要进一步考查当局的意图。英国的统治者对工人群众冷漠无情，但英国却不是一个“警察国家”。它当然有文武官员，如哈蒙德·罗伯逊和

---

[200] 《供词》，菲茨威廉文件，F.46(g)。

[201] 国王对伊登案，豪厄尔的《国家审判集》，第 31 卷，第 1070 栏。

[202] 奸细伪造的誓词往往显得更可怕，例如有一个誓词就含有砍掉叛徒及其家人的头和手的内容。

博尔顿的弗莱彻中校之流，这些人对卢德运动的仇恨根深蒂固，和曼彻斯特臭名昭著的副警事长纳丁一样，会不惜以暴力及欺诈手段谋求定罪。但也还有另一种公众舆论是需要对付的。例如约克郡西区的辉格党郡守菲茨威廉伯爵就是一个持温和立场的人，他后来因公开抗议彼得卢事件而丢掉官职，因而不大可能容忍实际的挑唆活动。法官贝利先生在处理中部地区卢德派的几个案件中，因其宽大为怀而大受攻击。另外，在1812年夏，曼彻斯特一个更重要的案子中，陪审团也不肯将纳丁试图"罗织"的38名激进改革派定成从事卢德派起誓的案件判定有罪。司法官员们深知，定罪并不是自动成立的。[203]

此外，这时的政府为劳动人民所痛恨，又实在不讨中等阶级许多人的欢心。即使司法官员在类似布劳顿这样的证词基
580 础上提出以叛逆罪起诉，如此办案也不合当局的利益。人们会怀疑他们的行动主要有政治动机，就会激怒公众舆论。因此他们想干的是将起诉限于明显的犯罪行为上，如砸毁机器和半夜袭击，抢劫武器，进行宣誓等等。像布劳顿所作的这种证词对法庭来说，无论如何显得证据不足，特别当被告聘请布鲁姆这种人当辩护人时更为如此。这种证词的依据只是一些未经证实的革命言谈，或有外地代表参加的会议而代表姓名又往往不知或只是假名，要不就是明显的夸张和完全不可能的各种说法——比如说卡特莱特、惠特布雷德或伯德特将领导革命等。

事实上，最古怪的冲突发生在地方当局和内政部之间，而以1812年夏秋在约克郡表现尤为显著。"劳埃德先生是斯托克波特一个非常活跃的律师，他受政府雇用，向各地派奸细以搜取情

[203] 这就是为什么主要的卢德派案件都由特别法庭审理。

报”(约克一个治安法官写信给菲茨威廉说)。[204] 他在内务大臣的直接保护下行动,采用一些为某些乡村治安官所不齿的方法来拼凑完整的案件,他还把主要证人实际上都绑架起来,带过彭奈恩山脉实行秘案保护性拘禁。[205]

有人会说这只是处理方法的不同。一方面,内政部(在西德默思领导下)执行的是导致战后发生奥利弗、爱德华兹、卡斯尔挑唆事件的政策。西德默思、劳埃德、纳丁这些人想进行大规模逮捕,进行耸人听闻的审判和执行死刑,在卢德派和改革派的心灵上打下恐怖的烙印,而几乎全不顾受害人是不是“真正的卢德”派,也不管用什么方法来编造证据。另一方面,像菲茨威廉和拉德克利夫这种人并非不希望整垮卢德运动,但他们在方法上比较谨慎,决心抓住真正的犯人——例如暗杀霍斯福尔的凶手和攻击卡特赖特工厂的人。这样,交付审判的主要案件(除曼彻斯特的三十八人案之外)都是要针对特定罪行而蛮有把握的“侦破、定罪、判刑之实例”,较严重的政治煽动罪名则被细心地掩盖起来。即使是哈里法克斯民主派一案, 581
虽说其暗藏有政治动机已无可置疑,[206]起诉也只是煞费苦心地以犯人的见解间接治罪,而把案子置于在某种具体场合下向某个具体人进行宣誓这一明显行动的证据上。因此,如果要问为什么不提出叛逆罪,答案是这种罪名不得人心,在法律上不可靠,并可能以无罪开释告终(如曼彻斯特的案子那样)。

---

[204] 菲茨威廉文件,1812 年 7 月 9 日,F.46(g)。

[205] 这种古怪的争端可见哈蒙德夫妇前引书,第 315 页以始,及达维尔前引书,第 125—133 页。

[206] 《财政部司法处文件》中“国王对贝恩斯案”概要开头就说:“老贝恩斯为制帽工,以对政府不满而臭名昭著”,见《财政部司法处文件》,第 11.2673 号。

当局也不愿大批审判起誓案，它只想将其终止。[207] 为做到这一点，他们希望把最便当的案例作为典型，进行审理，叛处流放。而出于不同的原因，哈里法克斯和巴恩斯利人被挑了出来。若设想当局一心一意要把每一桩事都穷追到底，这是弄错了权力的本性。在约克郡，一旦杀死霍斯福尔的人被处以死刑，一旦有几个人因宣誓活动而被流放，另有 14 人因抢劫武器和深夜袭击而走上绞刑架时，"受损伤的法律"和秩序的价值就得到了补偿。再走远一点就会叫公众的舆论受不了，直到北方每一个治安官和厂主们都终日在咒骂声中生活。卷宗正是在此合上的，大赦由此发出，报复不是足够了吗？

因此，我们不能根据提交审判的案子，也不能用起诉使用的证据来讨论卢德运动的组织。事实上，当局通常是根据不在审
582 判中提出的证据及强烈的猜测来行事的，[208] 他们握有关于秘密集会、操练、起誓、互派代表等等的大量证据，其中有些是捕风影，有些是声名狼藉，多数在法庭上很少有价值。这些证据包括匿名信和告密者的信件、供词，有一些简直是无关紧要的，例如有一份材料描述卢德派的暗号系统：

---

[207] F. 雷恩斯的见证《诉诸公断》(1817)，尤说明问题。雷恩斯上尉指挥一班人，特别负责渗透并探寻卢德派教唆人的工作，曾在兰开郡(1812 年 6 月至 9 月)，及约克郡西区(1812 年 9 月至 12 月)。出于个人恩怨，他后来发表了供职记事和与顶头上司的通信。在兰开郡的某些区如纽顿，起誓"在制造业及下等人当中几乎普遍存在"。他的特务不止一次渗入密谋中，但卢德派(察觉自己败露了)立即跑到最近的地方官那里忠诚宣誓，"洗清"自己的干系——这使雷恩斯上尉十分恼怒，细读这本小册子，就不会再怀疑起誓的流行程度了。(曼彻斯特市立档案馆抄本)。

[208] 到这一点上作此详述是因为它也有助于澄清有关德斯帕德和布兰德雷恩两案的某些混乱看法。财政部司法处现存的简短记要表明，政府方面的司法官员极小心地筛选证据，导致最容易证实的公开活动。就连在奥科伊格里案中(见前文，第 170 页)，政府方面的概述上也加批道："是否要提入侵爱尔兰一事？"(财部司法处档案，第 11.333 号)。托马斯·培根案见后文，第 665 页。

你必须把右手高举过右眼——假如有另一个卢德派在场，他会把左手高举过左眼——然后你应将右手食指举到右嘴角边——另一人就把左手小指举到左嘴角边并且说：你是干啥的？回答：铁了心眼儿的。他会说：为什么？你答：自由。[209]

这一类供述在法庭上作为证据提出，虽然是没有价值的，但假如我们步哈蒙德夫妇和达维尔的后尘，忽视**所有**这些证据，[210]我们就落到了可笑的境地。我们必须假设当局实际上通过自己的特务制造出密谋的团体，然后又制定新的死罪，而这些罪行（如起誓）又只存在于想象中，或只是他们自己奸细迷惑的结果。再者，这种说法的全部含意表现出他们未能从地方社会的角度去考虑卢德运动，尤其是诺丁汉和约克郡西区，这里卢德派的力量之所在是一些工业小村庄，那种地方每一个人都与邻居们相识又束缚在同一个亲属密封网中。誓言的制裁对有迷信心理的人们来说，已经够可怕了，而集体的制裁力甚至更强。卢德派领袖在各自的村庄中都深孚众望，如手织工乔治·豪沃思，他也许是约克郡秘密委员会的一员——他“气色很好，身材粗壮，交往 583
中的好歌手，谈吐粗俗，好像是乡下人……”。[211] 当局极难叫一个证人出来说出邻居的名字，这部分是由于害怕卢德派报复，但更重要的是，充当密探就是背叛道德经济学，承受着被逐出群体的危险。就连地方官也只能把本杰明·沃克，那个为政府作证告发梅勒的凶杀帮手视为犹大。梅勒在其被处决前夕曾说：“他宁

[209] 菲茨威廉文件，F. 46(g)。

[210] 这一类证词在内政部档案中相当多，提及进行操练的代表、革命的目标等等。达维尔对此不作任何引述，只在注脚中轻蔑地把每一个例证都说成是密探们想象或切身利益的产物，这就使他容易提出论点了。

[211] F. 雷恩斯前引书，第 114—115 页。

愿处在现在这样一个地位上，尽管这很可怕，也不愿对告发人的罪行负责，他不愿和告发人互换位置，即使有自由和2000英镑也罢”。那些为当局提供证据而救了自己一命的卢德派，他们的情况甚至比处死的人还可怜。有一个教友派教徒曾在约克处决一批人后去见沃克，发现他“面色……苍白可怕，全身骨架子像散了一样，几乎撑不住他的身体。”事实上他从来没有领到答应给他的那2000英镑血腥钱。他继续过悲惨的流浪生活，最后竟沦为乞丐。诺丁汉有两个告密的卢德派害怕丢命，便恳求政府送他们去加拿大。其他有告密之嫌的人被完全冷落，一个约克郡人不肯再和妻子共同生活，因为她轻率愚蠢地提供了证据，导致罗福尔兹袭击行动中的一个人被处决。几年后，两个约克郡告密者在相似的情况下被人们冷落，直至终其余生。他们若走进房间或是酒店，聚在一起的人会立即住嘴不说话，或站起来走开。[212]

我们应想象一下集体的团结，想象当局极端的孤立，正是这一点把卡特赖特和罗伯逊提拔到夏洛蒂·勃朗特心目中的英雄的高度，在宪章派宣传运动中，她自己也经历过霍沃思牧师公馆中的孤立之苦。罗福尔兹受攻击时，尽管枪声大作，村子
584 里却没有一个人去救援。只是当卢德派撤退之后，才有三四个本地人跑出来，说他们站在被围的人一边的，被围攻的人是哈孟德·罗伯逊牧师、科克希尔先生（大染坊商）、狄克逊先生（化工厂经理），加上当地的美食家名叫克拉夫。他们很快被七嘴八舌的人群围住，这些人的同情心很清楚是在受伤的卢德派

---

[212] 《卢德派历史纪实》(哈德斯菲尔德，1862)，第79页；皮尔：《卢德派起义》(1895)，第278页；皮尔：《斯彭谷：过去与现在》，第261、264页；哈蒙德夫妇前引书，第241—242页；赛克斯和沃克：《比尔家的本》，第335页。战后，政府采用的做法是答应把工人阶级告密者送往某个殖民地。亦见哈蒙德夫妇：《城市工人》，第259—261页。

一边。[213]此外,审判和葬礼都为表现群众的同情提供了机会,这有时是以威胁的形式表现出来的,有时则以宗教狂热的形式。诺丁汉提审被控的卢德派是在恐吓和示威中进行的,有一次还在一个挤满人的审判室里进行,据说其中包括武装人员,有一个陪审团曾判定几个人参与了 1812 年 3 月诺丁汉的卢德派攻击活动,因而其陪审长就一直被追踪到沃克索普:

> 先生
>
> 受卢德将军专送特快《快件》之命,我到沃克索普查询你对我们事业的态度。我遗憾地说我发现它合乎你最近对我们的行动。切记,像你这种人后悔的日子很快就要至(到)来,不久就会有人找你。切记——你(是)受监视的人。
>
> 为卢德将军代笔:一个真正的人。[214]

尽管约克郡审判在约克举行,离闹事中心有 30 多英里,当局还是另外征召了武装人员,害怕有人劫狱。被处死的人坚强不屈,就连反对他们的人都为之钦佩。梅勒和两个伙伴不肯作任何招供,几天后处死的另外 14 人也一样。"假如这些不幸的人知道什么秘密的话,《利兹信使报》写道:他们是带着这些秘密殉节了,发掘这些秘密的可能性微乎其微。"[215](据传

---

[213] 皮尔:《斯彭谷》,第 255—256 页。参见《利兹信使报》(1812 年 5 月 9 日):"……我们相信下层阶级中普遍倾向是得意洋洋地来看待这伙人的活动,更不用说是倍加赞许了,这就是结社的力量及生命之源泉之所在。"

[214] 内政部档案,第 42.122 号。

[215] 有个军官曾目睹处决,他写信给拉德克利夫说:"我认为有 8 个真正的卢德派……9 个趁火打劫的强盗"(即破门而入的人)。监狱牧师告诉他"真正的卢德派"不肯忏悔:"我确实相信他们认为即使有罪也决不是什么大罪",他还说:"我相信他们都是卫斯理宗教徒"。《诺顿中校 1813 年 1 月致拉德克利夫》,《拉德克利夫手稿》,第 125.14 号。

585 说，首席法官这次表现得有一点轻浮，有人问他 14 个被处死的人是否应该被吊在一根横梁上，他想了一会儿回答说：“哦，不，先生，我想他们还是吊在两根梁上好，这样会舒服一点。”）首批带去当一大群人面执行处决的 7 个人，边走向绞架边唱卫斯理宗的赞歌：

瞧那人类的救星，
钉在耻辱的树上，
多少爱倾注着他，
他为我死，为我伤。
听，他在呻吟！天地在颤动，
大地的柱石在倾斜，
神庙的帷幕碎成片，
坚固的巨石也开裂。
而后，他付出宝贵的赎金，
高叫：“将我的灵魂拿走”，
看他垂下神圣的头，
他死了，垂下神圣的头。[216]

在所有这三个郡，我们都有一种印象，即当地居民给一切卢德派活动予以道义上的赞许，只有实际的暗杀行动除外。当局自己也曾抱怨说：

> 对这些罪行在道德上的败坏提出质疑，反给它们增添了勇气，宗教狂热将罪恶推向高潮，不幸，这种狂热在人口稠密的地区实在是太多了。[217]

---

[216] 《约克特别法庭审判记录》（利兹，1813），第 67—69 页；哈蒙德夫妇前引书，第 332 页；H. 克拉克森：《回忆可爱的威克菲尔德》（威克菲尔德，1887），第 40 页。

[217] 给核准的约克郡审判引言，见豪厄尔：《国家审判集》，第 31 卷，第 964 栏。

正如民间传说把所有的坐探都描绘成犹大一样，夏洛蒂·勃朗特在讥讽摩西·巴勒克拉夫时也采用中等阶级的看法，说他是个“喧嚣派”传教师，“结伙的卫斯理宗派”，伪善的卢德派教唆犯，并且用《旧约全书》的调子来谈论对杰勒德·摩尔的暗杀企图：“恶棍完蛋时，人们齐喝彩；旋风过去后，恶棍不再来。……”[218]这里的证据也和往常一样混乱。在约克被处死的人中有两三个肯定是卫斯理宗信徒。但即使他们中许多人是受卫斯理宗(或 586
其喧嚣派及索斯科特派旁支)的文化所哺育，其牧师死在牢中也仍然对他们无能为力。而牧师们特别关心的就是使卫斯理教免于牵连。对《旧约全书》的热情已几近于是一种阶级团结，就连杰贝兹·邦廷也很难渗入。

卢德派葬礼很好地表明了这一点。在1811年11月一次骚动中被杀的卢德派约翰·韦斯特利的葬礼，成了诺丁汉反映公众同情心的一个机会。他的“遗体被死者生前的一群会友们簇拥在前，他们手持黑杖，上面缠着黑色纱结”。

> 场面真是可怕。郡长大人、副郡长及五六个地方官在场，由一队巡捕及大约30个龙骑兵作陪……尸体移走之前，城里好几个地方宣读了防暴令。[219]

因伤在罗福尔兹死去的两个人也得到同等同情。哈德斯菲尔德阻止了一次大规模的群众葬礼，这仅是因为当局悄悄地在预料的时间之前埋葬了布思。哈特利的葬礼在哈里法克斯，有成百上千的人参加追悼会，手臂上缠着白纱。他的朋友要求以卫斯理宗的仪式埋葬他，而当邦廷拒绝颂祷告时，就出现了愤怒的场面，下一个星期天有大量人群集合起来参加一次追悼仪式。当

---

[218] 《雪莉》，第8、15章。

[219] 《利兹信使报》，1811年11月23日，贝利前引书，第4卷，第247页。

地一个跛脚的传教士乔纳森·萨维尔回忆说，那是“在哈里法克斯教堂的最大的一次集会”，

> ……人们从远近各地赶来表示他们对死者的哀伤，他们把教堂挤得满满的，成百上千的人站在外面进不来，巡捕们在门口巡行以维持治安，那天下午安排好的牧师跑到哈德斯菲尔德去了，大概是想回避一下。……

邦廷还不肯登台，而命令萨维尔代替他。跛脚牧师于是就信教者与不信教者死亡之间的区别加以宣讲：

> 现时不信宗教的情况在下等人中也许比任何时候都盛行，……我说：“不信教，死之亦难，死神来临时永不可收起黑旗！”这似乎效果很好……

587 但效果并不像萨维尔想造成的那么好，他在走回家时被人扔了石子，墙上和门上有人用粉笔写字：“为无辜者的鲜血复仇”。事件后的几个星期中，邦廷（他也收到了恐吓信）在下乡赴约时都给配备了一名武装护卫。当卫斯理宗牧师拒绝为在约克处死的人举行葬礼时，霍尔姆弗思和格里特兰（在哈里法克斯附近），也出现相似的麻烦。[220] 同样的群众抗议也出现在1816年11月的诺丁汉。詹姆斯·托尔的葬礼上，当时一个充当地方官的教士怀尔德牧师禁止宣读丧葬祈祷。尽管如此，还是有3000人参加了仪式，据一个奸细报告：

> 我听说，一个小学校长分发咏叹曲，由6个年轻妇女从他家一直唱到坟墓……棺材盖上有一个星或十字，许

---

[220] J. U. 沃克：《哈里法克斯卫斯理宗历史》（哈里法克斯，1836），第255页；E. V. 查普曼：《约翰·卫斯理公司（哈里法克斯分部）》（哈里法克斯，1952），第35页，F. A. 韦斯特：《乔纳森·萨维尔回忆录》（1844），第24—25页。

> 多人猜测那表示什么意思,有些人说那是因为他至死不屈,其他人说,是因为他被吊死了,还有人咒骂怀尔德牧师不准宣读丧葬祈祷。巴德说……那对詹姆斯没什么意义,因为他不要牧师在身旁。[221]

对卢德运动作为产业性的有限解释或否认其暴动反叛的基调而仅谈论一小批“头脑发热的人”,这一类说法是不能令人满意的,即使在诺丁汉,那里的卢德运动在追求产业目标时也表现了最大的纪律性,其捣毁袜机和政治煽动之间的联系也仍在交叉出现,因为不仅是针织工,而且是一般的“下层等级”都在卢德派对袜商、军队和地方官的斗争中与其合作。在兰开郡——虽说那里的组织骨干是由织工组成的——煤矿工、棉纺工和各式商贩也都在动荡中有份;在约克西区,虽说攻击的目标是起毛机和剪绒机,与卢德派合作的人却不仅是剪绒工,而且有“相当数量的织工、裁缝、鞋匠及几乎每种手工行业的代表”。约翰·布思,在攻击罗福尔兹时被杀害的那位牧师之子,就是一个马具匠的学徒。[222] 被带到约克特别法庭受审的犯人中,有 28 个剪绒 588
工,8 个农工,4 个织工,3 个鞋匠,3 个煤矿工,3 个棉纺工,两个裁缝,两个布商,及屠夫、起毛机制造工 3、木工、织地毯工、制帽工、小贩、店主、石匠、船工和毛纺工各一人。[223]

我们现在要试着来解释一下卢德运动的原因,它在诺丁汉是以直接的“工会”强制行动的形式于 1811 年开始的,受到工人

---

[221] 哈蒙德夫妇前引书,239 页。

[222] 皮尔前引书,第 6、18 页。

[223] 《约克郡……巡回法庭审理报告》(汉萨,1813),第 14—19 页。但应该说明,这些人中有一些是假卢德派,他们被指控打家劫舍,而制帽工、鞋匠和起绒机制造工是哈里法克斯的民主派。所有因参加罗福尔兹事件而被起诉的人都是剪绒工。亦见《财政部司法处文件》,第 11.2669 号。

群体的支持，因此，它立刻被指控非法，正是这种处境迫使它向更叛逆的方向发展。1811 至 1812 年之交的冬季，"代表们"很可能去了北部其他地区而不管他们是正式的还是非正式的。[224]约克郡卢德运动(1812 年 2 月)则在更富于反叛性的气质中发生。一方面，剪绒工积压已久的忧郁之火被诺丁汉的榜样所点燃，另一方面，民主派或潘恩派小团体在卢德运动中看到了更广泛的革命机会。这两种动力都可以在两封卢德派信件的字里行间看出来。它们都寄于 1812 年 3 月，第一封信可能发自哈德斯菲尔德，其中表达了剪绒工的特殊疾苦：

> 注意：……将军……命我通知你们哈德斯菲尔德地区的整布工，已花费 7000 英镑向政府请愿以执行停止使用剪毛机及起毛机的法律，但毫无效用，故开始试用现在这个方法，他也听说你们怕它会被用于其他目的，但你们不必害怕，因为一旦这种罪恶的机器停止使用或被摧毁，将军及其勇敢的军队就将解散，像其他忠诚的臣民一样回去工作。[225]

另一封信发于大约一星期前，最不可能像一个"忠诚臣民"写的。它暗示摄政王未能组成和平、改革的内阁，因而引起失望(后来
589 成为在曼彻斯特交易所发生骚乱的原因)，这就是卢德运动的导火线：

> 我们开始动手干的直接原因是摄政王写给格雷和格伦维尔二勋爵的那封卑鄙的信，它使人们失去了对于逐

[224] 如可见一封被截获的从约克寄给诺丁汉一位弟兄的信，谈到一位住在他们那儿的诺丁汉人："我们……把他作为你的一位朋友接待了他，我们相信他正是这样。我们用一两罐啤酒款待大家，他给我们念卢德先生的歌。"1812 年 4 月 19 日，《拉德克利夫手稿》，第 126—132 号。

[225] 《拉德克利夫手稿》，第 126—127 号。

渐好转的一切希望，还有他和珀西瓦尔这帮流氓同流合污，而我们把国家的一切苦难都归于这些人。我们希望法国皇帝[226]能帮助我们摆脱这有史以来最腐败、最无耻、最残暴的政府之压迫，打倒汉诺威暴君和一切大大小小的暴君。我们将受一个公正的共和国的治理。千百万国人衷心希望并祈祷全能的上帝促进这幸福的时刻赶快到来。……[227]

如果我们承认这两封信都确凿可信，那就意味着约克郡的卢德运动源出于不同的图谋。如果是这样，反叛的气质就随事件的逐一发生而占上风。这样，由弗兰克、皮尔搜集的口头传说的影响力必须重视。据这些传闻，哈里法克斯的老制帽工贝恩斯确处于一群"汤姆·潘恩分子"的中心位置上，他们在哈里法克斯组织了一个"民主或共和派俱乐部"，在鞋匠神酒店开会。在这儿，一次重要的卢德派代表会议于3月份召开，而贝恩斯作为主席表示欢迎他们的运动。

30年来我力争唤起民众反对这种罪恶，……因为我的观点而深受身心及财产之苦。现在，我已接近我的天年之限了，但我将死亦如生；我最后的年限仍将奉献给人民的事业。我欢呼你们起来反抗压迫者，希望反抗继续下去，直至没有一个从事征服的暴君。我已经等了许久，期待着来日的黎明，我虽已老了，却仍可能看见民主的凯旋胜利。

据同一传闻，一个叫韦特曼的诺丁汉代表也发言说："本委员会与一切不满情绪中心区团体保持每日的联系，并主张在5月份

---

[226] 指拿破仑一世。——译注

[227] W.B.克伦普前引书，第230页。

发动一次总起义。”[228]

有理由设想：在这些说法中，不是个别的词句，而是其总体倾向是真实的。当局显然下决心要给贝恩斯定罪，虽说其奸细
590 的证据完全靠不住，一个证人声称贝恩斯曾说他“不屑与任何人来往，除非这个人理解贵族与民主这两个字的含义”，而法官则认为贝恩斯曾炫耀“其双眼已睁开了 23 年”，[229] 这使其罪恶更为昭著。这个案子仅仅是想“陷害”当地的激进派还是说他们确实与卢德运动有关联，这是另一回事。但兰开郡主要的告密者“B”在 1812 年 3 至 4 月写的报告中提供了某些线索。“B”声称有一个叫沃尔什的利兹代表来找过他，还(在 4 月)收到过利兹某个叫曼的人的信，叙述卢德派的成功举动。[230]沃尔什告诉他，利兹的秘密委员会“不让任何老雅各(即雅各宾派)活动，因为他们近年来一直受怀疑”：

> 有些老雅各希望活动，但老委员会活动得太过分，既不谨慎又不成功，所以没有一个被准许进入委员会，而只是流(留)在后台。

约克郡的组织(沃尔什对“B”说)是由一个“行业委员会”指导的，其会议都是极其秘密地在利兹举行的：

> 委员会从不在酒馆开会，而是在私人家里开会，如果天气允许甚至晚上在野地里开会，而且不像过去办事时

[228] 皮尔前引书(1880)，第 23—26 页。在其 1888 年的第 2 版前言中，皮尔叙述了这些传说是如何流传下来的。

[229] 《巡回法庭审理报告》，第 124、207 页。

[230] 詹姆斯·曼是利兹剪绒工，1817 年人身保护令中止时被捕(见后文，第 668 页)，后来成为利兹最主要的激进派书商。如果这两位“曼”是同一人，那是很有趣的。

那样让整个镇子都知道。[231]

有可能正当“老雅各们”在利兹留在后台时，哈里法克斯的卢德派则不那么谨慎。有人说在罗福尔兹攻击行动失败后，约克郡卢德运动采取更普遍的反叛形式，这种说法是符合现存证据的。无疑到4月间，约克西区已经有某种代表制度在活动。罗福尔兹以后，卢德派组织将其重点转向总体革命的准备工作。4月至9月，经常有抢夺武器、收集钱财和进行宣誓的传闻出现。铅(做子弹用)像热天的雪一样不见了，“唧筒和水管总是失 591
踪”，[232] 就连染桶和排字版隔条都会不见。密谋蔓延到如设菲尔德和巴恩斯利这些地方，而这里既没有剪绒工，也没有起毛机和剪绒机。卢德派受激于“推翻政府这种浅薄的观念，其组织这时已蔓延到全国，他们也搜集到了足够的武器”。[233]

如果说约克郡的卢德运动从剪绒工的疾苦向更一般的革命目标扩展，那么兰开郡的不满则有一个单独的主题将其纠合起来。抢粮风潮、煽动性的粉笔标语，私下鼓动政治改革，地下工会委员会，抢夺武器、袭击动力织机以及密探的挑唆等等同时发生，有时是自发地，而且相互间常常没有直接的组织联系。在《技术工人》一书中，“兰开郡卢德运动”是最不令人满意的一章。有些显然不实，比如说到1812年5月初，兰开郡和切郡的所有动荡都已终止。其他一些说法——例如对博尔顿的几个密探及曼彻斯特的“B”赋于了过大的影响——则是建立在推测和特殊抗辩的基础上，不过表面上似乎是在叙述。结论几乎很可笑，作者要我们相信1812年5月，步兵的71个连，骑卫兵和龙骑兵的

---

[231] “B”的报告，1812年3月25日，4月18日，内政部档案，第40.1号。“老委员会”和“过去办事”大概是指1801和1802年的密谋，见前文，第474—478页。

[232] 《利兹信使报》，1812年6月6日。

[233] 皮尔前引书(1880)，第9页。

27 个支队，加上成千上万的特别巡捕（仅索尔福德一个村就有 1500 名）在兰开郡辛辛苦苦地执行任务，原因只是“老 S”、“小 S”和“B”用一些关于暴动的故事吓坏了他们的主子，同时又发生了一些自发的抢粮风潮。

最值得注意的是，哈蒙德夫妇在处理史料时有一种明显的倾向，即以某种假设为其研究之始，也就是假设工人方面任何真实的暴动意图若不是极不可能，便必定是错误的，不值得同情的，因而应归咎于工人中昏乱的不负责任的一翼。然而却很难弄懂在 1812 年为什么要这样想。这时战争已持续 20 年了，中间只有一年的间隔。人民没有公民自由，没有组织工会的自由。他们没有预见历史的能力，不可能知道以后的 30 年中等阶级将得到选举权，而因此感到慰藉（况且那时他们中会有多人已经死
592 了）。1812 年，手织工的社会地位和生活水平灾难般地下降。人们饿极了，不惜赔上性命去掀翻一桶马铃薯。在这种情况下，假如人们**没有**策划革命起义，会比**策划了**更叫人吃惊，而且这种情况看来完全不可能哺育一批渐进的宪政改革派在一个不允许其政治存在的制度下活动。

人们至少会猜测，民主文化会要求这些处境不妙的人处事谨慎并谦恭。但事实上却不是这么回事，对这个时期作研究的历史学家中，有几位（哈蒙德夫妇、韦伯夫妇和格雷厄姆·华莱士）具有费边社信念，他们根据后来的改革立法和工会代表大会及工党的成长过程来回顾“工人运动的早期历史”。由于卢德派和抢粮的人看起来不像是合格的“工人运动先驱者”，他们就既不同情也不对此多加注意。这种偏见还从另一方面得到补充。加上了那种正统经院传统的更为保守的偏见，于是“历史”就公正地对待了托帕德尔烈士，令人作呕地对待了弗朗西斯·普雷斯；而数百个因为起誓，因为雅各宾密谋，因为卢德运动、彭特里

奇和格兰奇沼地的起义，因抢粮、圈地、税路风潮及伊利暴乱和1830年农工暴动及几十件较小的骚动而遭处死、放逐的男男女女们则被所有的人忘却了。只有少数几个专家还记得，而即使还有人记得他们，也把他们看做是傻瓜或沾染着犯罪恶习的蠢人。

但对那些生活于其中的人，历史既不“早”也不“迟”。“先驱者”是已往的又一个继承人。人们应该根据其自己的环境来判断，而在这种环境中，我们能看出像乔治·梅勒、詹姆斯·托尔、杰里迈亚·布兰德恩这样的人具有英雄的本色。

甚而，偏见可以深入到历史研究的细节上去，这特别适用于兰开郡卢德运动的情况，只有把内政部档案中有关其革命性的种种供词都视为虚假，要相信这一点只能有一个理由，即先假设这些证据注定是假的。而一旦如此假设，哈蒙德夫妇就航行于 593
虚构历史的大海之中了。试举例：在卢德运动和战后年代里兰开郡最经常进行告密的是一个叫做“B”的人，这个“B”有可能自1801或1802年起就已经受雇做密探了，[234] 他同时为曼彻斯特极端激进派所信任。他的名字叫本特，是个小商人，1812年据称是“买卖废纱头”的，[235] 相对来说比较富裕，他常被任命为各不同秘密委员会的司库——这对密探来说，是个很好的监听位置。很显然，他的处境极利于提供内部情报。

在《技术工人》中，“B”时常出现，扮演一个激化感情、煽风点火的人：

---

[234] 见《技术工人》，第67、73页及本书前文，第493页。但并不能绝对肯定“B”就是这个人，因为还有其他的“B”在受雇用——比如说巴洛。见前文，第489页。

[235] 《H. 亚伍德1812年6月22日的口供》，载内政部档案，第40.1号。他还被描述为是一个“体面的棉花商”，见《曼彻特三十八人审判全录》（曼彻斯特，1812），第137页。

> 内政部档案中有大量从他那里来的文字不通的书信，其中满是可怕的暗示，说下层的爆发正在临近，并受到神秘的上流人物的鼓动。他喋喋不休的主题是成千上万的人在全国不同地区想发动总起义。

(哈蒙德夫妇宣称)兰开郡卢德派的起誓“不无理由去设想……是出自‘B’的发达大脑”。当他们发现证据表明曼彻斯特的一个代表走访了斯托克波特手织工的一个秘密委员会，想把他们卷进革命的准备之中去之时，哈蒙德夫妇找到了一种方便的解释：

> 现在，通读过这一时期内政部档案的人，无不可以听出在有关曼彻斯特代表言论的报告中回响着“B”的声音。……

基于这种假设(有冒似高深的知识的支持，因此很难有几个读者会对此加以质问)，煽动的虚构就编造出来了。但仅几页之后，当上述这些作者们相信“B”的报告中的另一部分适合他们口味时，他们又殷勤地告诉读者说：“本特曾当真想诱使其同伴们使用暴力活动是不大可能的，因为如果是那样的话，像约翰·奈特
594 这种人就不会再信任他。……”总之，“B”的报告可以任意歪曲，只要它刚好适合情节的需要就行。

有人会说对内政部档案可以有不同的读法。本特不是挑唆者，而只是告密者，他把他的活动限制在能确保其激进同伙们持续信任的范围内，他似乎是个有点愚蠢但又机警的人，这种混合性格并不见得反常。因此，他的证据只有当他描述他亲身参加的事件时才可信，而他在报告不可告人的目的或国内其他地区的组织情况时，他只是在传递更残忍的蛊惑家的海口吹牛而已。至于说本特就是把斯托克波特委员会卷入到密谋计划里去的曼

彻斯特代表,这种说法也经不起检验。[236]

事实上,如果我们不再追踪挑唆这条线索,就有可能把兰开郡卢德运动的内部历史整理得更有条理,而在很大程度上仍使用哈蒙德夫妇用过的同样史料。首先,我们应该记得雅各宾主义在兰开郡比在其他任何工业区都扎根得更深,而且爱尔兰移民还使它具有特别的革命色彩,兰开郡几乎独一无二地有一条不间断的公开鼓动反战和改革的延绵之线,从 18 世纪 90 年代起,经过"联合英格兰人",一直到卢德运动。1808 年,这种鼓动不仅在曼彻斯特,而且在罗伊顿、博尔顿、布莱克本等地都有报道。当一批博尔顿手织工宣布打算在两个月时间内每个星期天都在城外的契据沼泽举行示威时,他们问道:

> 这难道还不是把英国宪政从它的藏身之地拖露出来,透露其本来的纯真实朴,而将祖先的法律昭示于每一个人的时候吗?[237]

年复一年,手织工争取最低工资的无效宣传,把他们驱赶到政治鼓动的方向上去,不管是革命还是立宪。

其次,当卢德运动于 1811—1812 年开始时,非法的工会活 595
动,已经在兰开郡植根很深了。我们已注意到曼彻斯特手工行业和棉纺工人的组织和协商程度。手工织工的组织可能也相当广泛并基础牢固。在兰开郡的城镇甚至某些村庄,都有某种程度的织工代表制"秘密委员会",在诸如向议会提出要求、请愿、

---

[236] 1812 年整个早春"B"都定时不断地发出报告。哈蒙德夫妇关于斯托克波特 2 月会议的说法基于托马斯·惠特克的口供,但"B"于 3 月 25 日还报告,说他仍未能得以参加任何秘密会议,虽然他希望不久就能获准参加(内政部档案,第 40.1 号)。4 月份他确实成功地参加了几次织工的会议,但被排除在 5 月份一次重要的会议之外,原因是在金钱问题上发生争执(亚伍德口供,内政部档案,第 40.1 号)。

[237] 见阿斯皮诺尔前引书序,第23页注2,第98—99页注1,第100—101页注2。

征集基金等问题上习惯于相互磋商。[238]

所以,当卢德运动传到兰开郡时,并不是搬进了真空。在曼彻斯特和较大的中心地区已经有工匠工会、织工秘密委员会和一些新老潘恩派激进分子的小组,还有一个奔放的爱尔兰人旁支。兰开郡之所以是奸细、挑唆分子活跃的土壤,并不因为这里事太少,而是因为这里事太多。报告中矛盾百出,并非全体告密者都在撒谎,而是因为运动本身有矛盾。在一个像兰开郡这样政治上相对成熟的地区,必然会对捣毁机器这种做法有不同的看法。工人团体中这种冲突在 1812 年 2 至 4 月底造成许多不和。因此,可能在 2 月某个时期真正的卢德运动方针受到织工代表会议的支持,他们代表若干城镇的秘密委员会。据一个叫亚伍德的人供称,织工们加入(起誓"入伙")一个以捣毁蒸汽织机、积钱购买武器并以武力反对为宗旨的组织,而亚伍德自己就是斯托克波特秘密委员会的小组代表。该组织每周征收一便士会费,而约翰·巴克利·布思[239] 这位前"非国教的牧师",事实上被聘用了一两个月的,做专职组织工作。但在这一点上亚伍德的说法含混不清。其他行业,尤其是纺纱工、裁缝和鞋匠,似乎
596 在曼彻斯特和斯托克波特的秘密委员会中也有代表,而且除织工外还有许多其他人"入伙"。但亚伍德并不知道委员会的确切计划,他只是斯托克波特组织的一个地区书记,他把钱交给约翰·巴克利·布思并从他那里接受指示。

---

[238] 见《A. B. 里奇蒙的证词》,引自前文,第 542 页。菲茨威廉文件,F46(g)中也有一段完整的证词涉及一个影子"织工工会",据称散布于"从伦敦到诺丁汉,再从诺丁汉到曼彻斯特和卡莱尔"之间由最严格的保密制度维系在一起,在不同组织层次上有不同的级别的起誓,传送文件时十分小心——如约定在晚上在草场开会,在一块指定的地角上放一根空心杖传递信息等等。

[239] 也许是当地的传教士。

从亚伍德和其他人的叙述中可以清楚地看出各委员会之间是分裂的。早在 4 月 5 日曼彻斯特委员会就拒绝了“卢德派”。

> 那天晚上他们彼此争执不休,各区甚至没有凑到足够的钱去支付秘密委员会喝的一点点东西。

为派代表到博尔顿和斯托克波特去,“通知他们曼彻斯特不愿一致行动”,就有必要弄一笔钱,可以(根据亚伍德的提议)向“本特先生借……,我曾见到他在摄政王之徽酒店里和秘密委员会在一起”。4 月中旬的骚乱在多数场合下似乎是一些自发的事件,并不是秘密委员会发动的(甚至未得到其支持)。4 月底,曼彻斯特各业(特别是纺纱工和裁缝)拒绝支付更多款项,结果,曼彻斯特代表(包括本特)被排斥于 5 月 4 日在费尔斯沃思召开的一次重要的代表会议之外。

这以后,兰开郡似乎出现了并行的(也许不是交叉的)两种组织形式。一方面,运动的一部分致力于恢复对和平与议会改革的宣传。本特报告说,5 月 18 日召开过一次代表会议,为此目的准备一份请愿书,与会的代表来自兰开郡及约克郡的某些市镇,像往常一样,他设法使自己当司库。约翰·奈特等“38 人”所卷入的正是这个宣传,他们 6 月份在曼彻斯特被纳丁逮捕(本特告密的结果),罪名是进行起誓活动。另一方面,运动的另一部分肯定是在做暴动准备工作。早在 3 月 28 日本特就曾称与爱尔兰的密谋者开过一次会:“他们是危险的亡命之徒,其中至少有 4 个人曾参加过爱尔兰叛乱”。4 月份他宣称确曾有爱尔兰的代表造访过他,这个人到过都柏林、贝尔法斯特和格拉斯 597
哥,还准备到德比、伯明翰和伦敦去,他自称是爱尔兰叛乱的一名军官,说自己叫帕特里克·坎诺文,“他大约 40 岁,绅士风度,黑衣贴体,穿黑帮长靴。下一个来拜访本特的是伯明翰代表,他在经普雷斯顿和卡莱尔去格拉斯哥的路上顺道到曼彻斯特。5月中旬又一位代表从制陶区的纽卡斯尔来，拜访了委员会一名成员，带来消息说，在他那个地区有好几千人起誓并武装起来，但伦敦却“非常落后，……出人意外地没有按预期的精神行事”。伦敦卷入密谋的“主要是斯皮特菲尔兹的织工和裁缝”，即“针线骑士”。

关于地下活动的说法并非绝对不可能，而地下活动的主要联络渠道是1798年的爱尔兰难民。但若把事情截然分开，分成这半边的合法改革者和那半边的造反的爱尔兰人，这样做就又错了。同样有可能的是，较成熟的政治改革者们认为自己是比机器破坏者更严肃的革命者。[240] 本特5月初写道：

> 执行委员会建议人们要和平处事，在任何情况下不要扰乱治安——扰乱治安的人不是入了伙的人。……

5月6日，一个匿名的雅各宾派署名“汤姆·潘恩”于兰开郡写道：

> 事实是，人民有一个正规、广泛、进步的组织在发展，可以把他们叫做汉(普)登派、西德尼派或潘恩派。上天让我团结众人，我们——因为我以大众的名义说话——我是说我们否认，完全不承认与破坏机器的人、烧毁工厂的人、敲诈钱财的人、抢夺私产的人有任何联系。我们知道每一个节省人类劳动的机器对于我们也是其中一员的大家庭来说都是一种好事，我们打算从我们苦难的根源着手，因为请愿是无用的，我们要求得到一种摆脱苦难的方法。……

---

[240] 参见皮尔对哈里法克民主派有关霍斯福尔被刺一事反应的评论：“暗杀在老民主派贝恩斯那里既得不到支持也得不到辩护”。皮尔前引书，第164页。

可以设想,到 1812 年 5 月,兰开郡和约克郡的卢德运动已基本上让位给革命组织,它以爱尔兰移民和老雅各宾派为中介, 598 实现了与许多中心地区的联络(如设菲尔德、巴恩斯利、伯明翰、制陶区、格拉斯哥等地),这些地方并没有发生过卢德运动。在其本来意义上的卢德运动来说,现在只剩下有卢德将军这个名字保存了下来。粗糙的手制卡片以及符牌、暗号、口令等等都用来保障会议的入场。甚至有一些更吸引人的证据,包括一些文件,据称是在卢德派袭击威克菲尔德附近霍伯里的福斯特工厂之后不久在路上被拾到的。其中有两大篇演讲,用华丽的自由派风格写成,还有一份"章程"和一个"誓词",和在德斯帕德的一个同伴身上发现的在他受审判时曾被作用证据的那种如出一辙。[241] 因此,除非我们设想这里有某种精心编织的"圈套"(没有理由这样设想),这个证据确凿地指出了 1802 年和 1812 年地下活动之间的关系。[242]

有关这一类地下活动的证据实际上来自许多不同的史料,如果对所有这些证据都不加理会,我们就只能退回到某些严重混淆视听的假设上去——例如存在着货真价实的谣言工厂,制造捉襟见肘的奇想,而其惟一的目的就是蒙骗当局。有一个完全另一类型的坐探,名叫"R. W."的织工,他在 6 月初告诉其地方治安官说在斯托克波特召开过一次一个兰开郡代表会议,参加者有从诺丁汉、德比和哈德斯菲尔德来的人。代表们谴责——

---

[241] 见前,第 480 页。

[242] 奥利弗报告过一次约克西区代表会议(1817 年 4 月 28 日):"我发现他们中许多人毫不犹豫地说在 1802 年他们准备和德斯帕德这帮人在一起,说那次事情完全是由于损失了少数人而失败的,这些人忽视了相互保持紧密的联系。"《奥利弗"叙述"》,见内政部档案,第 40.9 号。

这里的人轻率地在指定时间之前，在他们有足够的人装备起武器之前匆匆忙忙开始暴动。

据报告，设菲尔德在大力制造长矛，这在一个有大量小工场和铁匠店的城镇里是件相对简单的事。人们说起义预定在9月底或10月初发生。在迪兹伯里附近一块田里举行的半夜集会上，有
599 个"绅士风度的人"讲了话，他没有就"工厂或机器问题说一个字"，而是号召举行一次总起义而不是"部分"起义。他"像国内很多人一样是个适于在圣坛或法庭上"演讲的人。[243]

但正是在有关全国组织和"绅士"领导人的传闻上我们必须十分谨慎。很明显，真正的鼓动者企图用全国性支持这种宏大的许愿或甚至有希望支持革命的个人（如卡特莱特、伯德特、科克伦、惠特布雷德、沃德尔中校及其他人）来鼓舞其追随者的士气。但不管卢德运动与织工工会、"针线骑士"或游荡的爱尔兰代表之间有什么含糊的联系，它只是一个没有全国性领导或中心的运动，而且在共同的苦难及推翻政府的愿望之外几乎没有全国性目标。尤其是，有关伦敦"大委员会"的说法（如本特这一类人传递的）则完全是凭空的想象，而且表现了在外地革命者中间对他们的真实处境的误解。

梅特兰将军也许正确地宣称卢德运动"没有真实基础"，而且在现时，所有这些革命运动一般来说都只限于人民中的最低等级，限于运动已发生的那些地方，除了在每天发生的那些公开暴行中所表现出来的东西以外，既没有统一行动，也没有制

[243] 本处关于兰开郡卢德运动的讨论主要以本特、亚伍德、惠特克、"R. W."等人的陈述及地方官的报告、匿名信等为根据，见内政部档案，第40.1、42.121和42.123号。

定计划。[244]

我们只要仔细留心这些话，就可以接受话里的论断。发论的人若不像梅特兰这样熟知内情，便会吓坏了自己，因为他们很难想象一个"革命运动"可以没有由"出谋划策的邪恶之徒"组成的内部核心，没有某些贵族或中等阶级领袖在秘密地鼓动一切。当找不到这种共谋者时，另一种极端意见就会出现，若没有指导者，就根本不会有革命运动。剪绒工、织袜工和手织工们居然会 600
自己企图推翻当局，这是不可想象的。[245]科贝特在评论1812年下院秘密委员会的报告时这样说："似乎没有证据表明有人在挑唆，没有证据表明有人搞阴谋。这是使内阁最感迷惑的，他们根本找不到蛊惑者，这是人民自己的运动。"[246]

而这次运动竟能在几个月内拖住12000名军队，并迫使约克西区的副郡守在1812年6月宣告该区正直接走上"公开的反叛之路"。

> ……除士兵直接占据的若干点之外，本区实际上是在不法之徒手里……不满分子在很大程度上超过了和平居民。[247]

从某一角度看，卢德运动最像一次工业工人的一种"农民暴动"，他们不是掠夺庄园别墅，而是袭击象征其受压迫的最

---

[244] 达维尔前引书，第175页。参见《贝克特1812年8月29日致梅特兰信》："在有必要担心他们造成严重祸害之前，他们的活动必须更协调一致，更有系统。"内政部档案，第79.2号。

[245] 见《卢德派历史纪实》，第11页："有一种看法很流行，即认为某些从事过激活动的人的想法延展成了革命行动，以期推翻政府。但这种看法似乎一直没有得到有力的证据，而且各方面都承认，领导骚乱的人虽说很有影响，却都是劳工阶级出身。"

[246] 科尔：《科贝特生平》，第180页。

[247] 达维尔前引书，第310页。

直接的目标——剪毛机或动力织布厂。卢德派产生在出版和公众集会已几乎寂静了 20 年后，它不相信有任何全国性领导可以信赖，也不知道任何全国性纲领可以与自己的宣传相一致，因此，它总是在地方社会中最强大，在有限的产业行动中最有凝聚力。

但就在攻击这些剥削和工厂制象征的同时,他们也意识到更远大的目标了;小群的"汤姆·潘恩派"存在着,能把他们引向进一步的目标。但是在这儿,用以摧毁棉纱厂或织袜机的严密组织就不再有什么用处了。无疑,在约克郡和诺丁汉还建立起某种形式的地区领导。而这只有极少数"队长"如托尔和梅勒才知情。但如果关于在艾什顿、斯托克波特和哈里法克斯召开代表会议的说法是确切的,而且看来也像是确切的,那么正是在这
601 里卢德运动最虚弱——最容易受奸细渗透,也最容易引导到依靠法国人、爱尔兰人或苏格兰人之助发动起义的夸夸其谈上去。只是在 1812 年仲夏才有迹象表明出现了一个严肃的密谋组织，它摆脱了有限的产业不满情绪并扩散到新的地区。到 8 月份(根据雷恩斯上尉的意见),卢德派要么只能"孤注一掷揭竿而起,"要么运动必然瓦解。[248] 两个原因导致其结束:第一,枢密院令的解除,商业迅速发展。第二,当局压力增大,有更多的军队,更多的奸细,更多的逮捕,以及在切斯特和兰卡斯特的处决等等。

从另一个角度看,我们又可以把卢德运动看做是过渡性的,我们应透过砸机行动看到那些挥舞大锤的人们的动机。作为"人民自己的运动",它给人深刻印象的与其说是落后,不如说是它日益增长的成熟性。它远不"原始",相反,在诺丁汉和约克郡

---

[248] F. 雷恩斯前引书第 58 页。

还表现出高度的纪律性和自制力。可以把卢德运动看成是工人阶级文化的一种体现，它比18世纪所知道的任何一种都更加独立更加复杂。1811年之前的20年中，非法活动的传统丰富多彩，对此我们惟可揣测，特别是工会运动，其新尝试不断增长的经验和文化程度，较高的政治觉悟等等在各方面都很明显。卢德运动出自这种文化似乎有不可避免的必然性——共济会、秘 602
密仪式和起誓，半合法地向议会请愿，酒店里的手艺人集会等等。在这个过渡时期中，自信的工会运动之潮虽受反结社法的阻挡，却努力冲出堤岸，成为清晰明了的现实。这也是以德斯帕德和"黑灯照"为一方，以彼得卢为另一方的中间过渡时期。1812年5月1日，一个（可能是未经授权的）[249]"卢德将军的秘书"曾自诺丁汉写信到哈德斯菲尔德说："本人经收（授）权宣布"：

> 将军及其麾下认为只要那个叫摄政王的流氓醉鬼嫖客及其仆从还与政府有关，那就只有灾难会降临我们这些做他们垫脚板的人的头上。我还想宣布，你们应记住你们和格尔格·居尔普斯·犹纳是用同样材料左（做）成的，小麦和酒给你也给他。

在这三个郡中，要求议会改革的宣传恰恰开始于卢德运动被击败之时。甚至在贝恩斯受审之前，哈里法克斯就建立了最早的议会改革同盟。乔治·梅勒在约克城堡中等候受审时曾写信给一个朋友说："我听说你正在向议会请愿改革，我希望把下面这些名字也加上……"，其中包括39名同狱犯。（他还加上一句：

---

[249] 除了可能是发自真正的卢德派团体的信件之外，这一时期大量自由的书信写作问世。我所见到的作者中有"手枪先生"、"卢德夫人"、"长毛绒彼得"、"正义将军"、"托马斯·潘恩"、"真正的人"、"伊丽莎·卢德"、"无王氏"、"卢德王"、"纵火者乔"等，所用地址如"罗宾汉石洞"、"好汉树林"等。

“请记住，灵魂比工作或金钱更宝贵”。）假如把这种逻辑贯彻到底，我们就可以相信1817年德比郡一个地方官的愤怒评论：

> 卢德派现在主要在搞政治和偷偷摸摸的事，在莱斯特—德比—纽瓦克三角地带的几乎每一个村庄都形成的汉普登俱乐部里，他们都是主要的头领。[250]

---

[250] 《拉德克利夫手稿》第126/46和126/127A号；《告全国书》（哈里法克斯，1812）；《洛基特1817年1月12日致贝克特》，内政部档案，第40.3号。

第十五章　蛊惑家和殉难者

603

1. 心怀不满

战争在骚乱中结束，除一小段间歇之外，战争已持续了23年。《谷物法》(1815)通过时，两院受到军队保护以免遭受民众威胁。成千上万的陆海军士兵解甲归田，在家乡找不到工作，其后的4年便是大众激进主义的辉煌时代。

这时的激进主义不再是少数派的宣传运动(如同1790年代时一样)，仅以几个组织和几位作家为特征。1815年之后，《人权》中的主张已不再新奇，它们已经得到采纳。大部分宣传激进主义的演讲和文章都注意一点一点地揭露"选区贩卖"制度，或者"资金控制"制度的弊端，如收税、滥用资金、贪污腐败、臃员闲职、教士兼职等等，并认为这些弊端都根源于一小批贪图贿赂，自私自利的地主、朝臣和官吏，同时弊端本身还指出了根治的办法——彻底进行议会改革。这就是激进主义宣传的主调，其在报刊上明显的代言人是威廉·科贝特，在讲坛上最能打动人心的演说是亨利·亨特。科贝特在他著名的《工人》(1816年11月2日)一文中写道："至于我们当前苦难的原因，正是那**庞大的税收**；政府强迫我们纳税去供养其军队、官吏和年金享受者，并且去偿付其债务的利息。"

"雄辩者"亨特也把握这同一主题。1816年底，他在伦敦矿泉地一次大规模示威活动中宣称：

就业不足的原因何在？税收。税收的原因何在？腐

> 败。正是腐败才使得选区贩子们能够发动旨在摧毁各
> 604 国自由但主要是我国自由的血腥战争……。凡是有关人民生存和舒适的东西都征了税。他们的面包不是要征税吗？他们的啤酒不是要征税吗？他们吃的、喝的、穿的甚至说的一切不是都要征税吗？……这些税是一个选区贩子集团的政府强加的，他们不想别的，只想压迫人民，他们是靠巧取豪夺苦难大众过活的……。[①]

激进主义是一种大众化的自由主义呼声，它是人民同未经改革的下院之间一场持续的斗争；这场斗争把一个又一个的问题推到了人的面前。在这场斗争中产生了（也许应该说科贝特创造了）一部激进主义的殉道者传，而尤其是产生了一部魔鬼列传，在其中，摄政王、卡斯尔雷、西德默思；奸细奥利弗、卡斯尔和爱德华兹和曼彻斯特义勇队、皮尔及纸币；还有像布鲁厄姆这一类三心二意模棱两可的改革者，都扮演了其既定的角色。有时候其他人的声音会比科贝特或亨特更有影响，例如T.F.伍勒及《黑矮人报》，威廉·霍恩的讽刺文章，卡莱尔及《共和报》等等。不过这种大众化的激进的争鸣囊括了所有这些人，并在战争刚结束的那几年中从其最老成的喉舌——拜伦以及黑兹利特、亨利·怀特的《独立辉格党报》、约翰·亨特和利·亨特的《观察家报》一直扩展到最极端的激进主义期刊，如《美杜莎》和《自由帽》。

这种呼声反映了伦敦和其他城市以及工业区群众的激进主义倾向，并得到其支持。伦敦民众有一种几乎从未中断的反专制主义意向，从威尔克斯事件到1795年伦敦通讯会召集的大规模的示威活动，再到支持“伯德特，反对巴士底”的民众鼓动，进而到战后激进主义的大规模集会等等都是这种意向的表现。即

① 《观察家报》，1816年11月17日。

便是在1802至1803年间我们也能看到这种倾向，它不仅表现为同情德斯帕德，而且还表现为伴随着要塞司令沃尔赴死刑时发出的咒骂声，因为他犯有命令鞭挞一个无辜士兵致死的罪行。② 十年之后，当伊顿这位信仰自然神论的老出版商因以《理性时代》的“第三部分”为题出版了潘恩的一本小册子而遭受披枷示众的惩罚时，这种倾向甚至表现得更为明显。科贝特在几 605
年之后曾回忆说：

> 我目睹了伊顿先生披枷受辱的过程。就在前一天的同一地点，有个人曾因伪证罪披枷示众，人们向他投掷臭鸡蛋，并把从屠宰场弄来的污血和内脏劈头盖脸地泼在他身上，差点把他给闷死了。伊顿先生的境遇则大不相同！在整个受罚期间，黑压压的人群向他欢呼，有些人拿出饼干，似乎要送给他吃，另一些人向他举起葡萄酒，还有的人拿着表示胜利的小旗和花束。相反，行刑者和司法官员遭到了嘲骂。**这才是后来不得不终止披枷示众之惩罚的真正原因！**

科贝特说，这群人是“伦敦人的缩影”，这当中有“绅士、商人、各种小商贩、工匠和劳工以及相当数量的女性”：

> 他们不是不知道伊顿先生披枷受辱的原因……但他们不能赞成为观点问题而受惩罚。③

因此可以说，伦敦民众的激进主义并非是一种新现象，但在战后年代它采取了更有意识、更有组织、而且也更成熟的斗争形

② 载科贝特：《政治纪事报》，1806年2月6日。鞭挞也许在过去的英格兰是仅次于抓壮丁的最令人憎恨的制度。科贝特曾因于1810年谴责这一恶习而被捕入狱，从此他便在普通人中名声大振。关于沃尔，还可参见萨瑟的《英格兰来信》的第9部分。

③ 同上，1820年1月27日。

式。较新的情况是战争期间外地尤其是中西部地区和北部地区民众的准政治态度发生了转变。在18世纪90年代，官方只把诺里奇和设菲尔德视为难以制服的雅各宾派中心，到19世纪初，诺丁汉、考文垂和博尔顿也被视为此类地区了；到卢德运动时期，兰开郡和约克西区的大部分城镇，以及中部地区的许多其他市镇都出现了不满。战争结束时，从卡莱尔到科尔切斯特，从纽卡斯尔到布里斯托尔，“暴民”都倾向激进主义了。反过来看，我们还可以从战时修建大量兵营的计划中找到这方面的证据：1792至1815年共修建了155个兵营，其中许多都是有意建在中西部和北部的“不满”地区的。[4] 早在1792年，英格兰就已经是靠惟命是从再加上绞刑和“教会与国王”派的暴徒的补充来统治了。到1816年，英国人民已被暴力捆住了手脚。

606 因此，经常的情况是：战后激进主义与其说是少数人有组织的运动，还不如说它是整个社会的反响。我们可以看看1817年发生的两件事。其一是处死一个名叫卡什曼的水兵，他是因为在1816年12月2日矿泉地集会之后参与袭击一家枪械商店而被处死的。[5] 卡什曼是爱尔兰渔夫，曾在海军中服役多年，9次受伤。按他自己的说法，海军部欠他5年以上的薪水及相当数量的奖金。他签约约定每月划给他在爱尔兰的贫困不堪的母亲的1英镑，也从来未曾支付过。战争结束时，他被遣散而分文不给。为求赔偿损失，他曾在一个个拖拉因循的衙门中被听询问证。暴动那天上午，他再次去了海军部，在回来的路上遇见“一个当下士的水兵弟兄”，此人劝他参加矿泉地集会，还请他在路

④ 哈勒维：《1815年的英国》（企鹅书社）第1卷，第104页；哈蒙德夫妇：《城镇工人》，第85页。

⑤ 见下文第633—635页。

上喝了烈酒和啤酒。他弄不清这次集会的目的,并且,或许也回忆不起来多少事情。

当局几乎找不出另一个比卡什曼更得人心的牺牲者,而且也找不到一个比他更能引发伦敦民众的全部同情心和潜伏的激进主义情绪的人物了。不列颠水兵(其中许多人参加过矿泉地集会)以其喜爱闹事而著称:“他们总爱打头阵,……无论是打仗、喝酒、跳舞或吵闹都这样”。他们是无数有关战争的民谣小调中受人欢迎的英雄,而水兵们所受卑劣待遇同冗职闲员、大臣亲属以及指挥官们所得到的丰厚津贴又形成令人愤恨的对照,威灵顿就曾得到40万英镑拨款为其购买一份宅第和地产(外加其他津贴),甚至那些不在位的港口测量和海军部的职员也得到补助金。卡什曼本人主要是对他所受到的不公正待遇、对他“像一个普通强盗那样”被装在车上拉过长街感到义愤,他高声喊道:

> 这不是因为我胆小怯懦,我被带到这里不是因为犯了抢劫罪……。如果在战场上,我会死在烈火中而不是死在烟尘里,我从来不反对国王和国家,相反,我为他们打过仗。

行刑过程中出现大规模群众示威,绞架四周不得不架起栅栏并由“大量”巡捕加以保护:

> 当郡长走上前时,民众表现出来最强烈的义愤情绪。607
> 四处发出叹息声和嘘声,人们数次向前推拥……卡什曼……似乎受了民众情绪的感染,也以极响亮的声音同人们一起呼喊……“水兵弟兄们,万岁!胜利了!鼓足劲!”

在绞架前,两个英国教会牧师像幽灵一样拉卡什曼作忏悔,被他拒绝了:“别打扰我,这没用,除上帝之外我不需要任何的人怜悯。”随后他对民众说:“你们这些蠢货,我的脚一悬空,就为我三呼万岁”;接着又对刽子手说,“抽掉桅杆吧”。就在卡什曼“脚下那块致命的踏板落下的一瞬间,他发出了一声欢呼”。经过几分钟死一般的沉寂之后,大众“又开始咒骂和谴责每个参与这场可怕的表演的人”,他们高喊“谋杀!”、“可耻!”。一直持续了好几个小时,人们才散去。⑥

另一事例发生在同一个月,是在兰开郡。塞缪尔·班福德,这位米德尔顿的织工同时兼当地汉普登俱乐部的书记,在本村被约瑟夫·纳丁及一队士兵逮捕。这时当即有一大群人围住纳丁和他的士兵,并威胁要实施营救。逮捕班福德的人把他塞进一辆马车,在一队龙骑兵的护送下通过查德顿,想继续逮捕另一些人,班福德后来回忆说:

> 在前往查德顿市政厅的路上,我劝指挥官停住车,然后回到曼彻斯特去,我向他保证那天抓不住我的任何同伴了。为了证实我的话,我指给他看查德顿高地和附近农村中几十个人正像猎人一样在奔跑,似乎要在罗伊顿附近截住马车。我说整个地区都动了起来了,他所要抓的每个人都知道他要来了。他大骂一声,说他从未见过这种事。那个骑马走在马车门旁的龙骑兵军官评论说:他在爱尔兰曾见过类似的事,但从来没有在别的地方见过。⑦

2.领导权问题

汉普登俱乐部1812年建立于伦敦,就其本身而言并不是一

⑥ 《快报》,1817年3月12日;科贝特:《每周政治手册》,1817年3月15日;《黑矮人报》,1817年3月19日。

⑦ S.班福德:《一个激进派的一生》(1893),第77页。

个重要团体:他们是一群有选择的辉格党改革派,每个成员都有每年 300 镑以上的地产收入。然而,它却为卡特莱特少校提供 608
发表演说的讲坛,也为他在英格兰中部和北方作宣传议会改革的旅行提供了基础。他曾这样回答那些对他的宣传提出批评的人:“英国绅士一年四季都在旅行,有些人去观山看水,为什么就不允许别人去看看忍饥挨饿的人民的实际状况呢?”⑧

很难把卡特莱特在 1812 年、1813 年和 1815 年所作的福音宣传旅行的重要性说过了头。15 年来,全国各地的议会改革者从未有过全国性领导核心及斗争策略,而只有伯德特和威斯敏斯特委员会及科贝特的《纪事报》所提供的那种除外。卡特莱特和科贝特都把卢德运动的造反局面看做是可恶的、徒劳的,但他们又都重新对北方和中部地区感到关注,那里正在增长着骚动。科贝特在 1816 年才引人注目地转向“工匠和工人”;而不屈不挠的卡特莱特少校则决定进入卢德运动地区,当时他已年过七旬了。

卡特莱特并不打算造成一次“工人阶级”的激进运动,事实上他认为他有责任反对——

> 任何旨在发动穷人起来侵犯富人财产的企图。侵犯富人财产并不能改善穷人的状况,只有靠……公平的法律……。

改革的压力只有“最大程度地经过中等阶级”才可能获得最佳效

⑧ F. D. 卡特莱特:《卡特莱特上校生平与书集》(1826),第 2 卷,第 45 页;E. 哈勒维:《自由主义的觉醒》(1949),第 11 页以始。

果，他希望把造反的不满情绪转移到合法的轨道上来，[9] 并为继续开展全国性的议会请愿运动奠定基础。在伦敦的汉普登俱乐部里，不得不把自己关于男子普选权和年度议会的主张收藏起来，并同要求纳税人选举权的主张妥协。即便如此，贵族改革家们还是报怨他的意见太过头，甚至不去出席俱乐部的年度聚
609 餐。卡特莱特看不起怯懦的辉格改革派。他仍然主张对“数量不受限制的成员”进行宣传，他更看重的是共事者们的原则，而不是他们的收入和职业。

在这方面他显示出了勇气。他于 1812 年 5 月写道：“我近来一直同那些与骚动地区有联系的人保持往来，为了把不满情绪引上有利于议会改革的合法轨道，他们急于要得到我们协会的忠告和支持”。早在 1812 年 1 月，他就去过德比和莱斯特，并在卢德运动进入高潮时试图在诺丁汉召开一次群众改革大会。他曾在《诺丁汉评论》上以公开信的形式劝告那些不支持他的绅士改革派人士不要胆怯：“先生们，当商业萧条、工人买不起面包时，不就是集会的合适时候吗？”1812 年夏，当约翰·奈特和“38 人”被监禁于曼彻斯特时，卡特莱特立即写信鼓励他们，并在辩护方面为他们提供帮助。到了秋季，他再次决定去“骚乱地区”。

在 1812 年的巡回旅行中，他曾在莱斯特、拉夫巴勒召集会议（出席者 600 人），也在曼彻斯特、设菲尔德、哈里法克斯、利物浦和诺丁汉等地召集过会议。他在 1813 年的 1 月和 2 月又作了第二次巡回旅行，在不到 30 天的时间里，在中部、北部和西部

---

[9] 1801 年 1 月 5 日卡特莱特致信托马斯·哈迪说：“我不赞成许多人的观点，他们认为现在要想平息公众的情绪并使之保持在要求改革的范围之内而不是把它引向革命，已经为时太晚……。法国的先例肯定会起作用，促使我们不再考虑在全新的基础上解决问题。”F. D. 卡特莱特前引书，第 1 卷，第 292—293 页。

的35个地方召开会议。[10] 这次巡游——以及1817年奥利弗的巡游——提醒我们对于铁路出现之前的交通困难强调得过度了。在所有的这些地方都有一批改革派核心人物在为大会作安排，卡特莱特随请随到，而不管邀请者是绅士、小商贩、工匠还是织工；并且他还恰好处处地对那些不冷不热的上等人以及辉格派大雇主冷眼相待，这些人对他所交往的下层人民不屑一顾，就连他的老伙伴怀维尔也曾在一篇匿名文章中指责他鼓励卢德派分子和纵火犯。有一次设菲尔德"议会改革之友会"为他设宴以示敬意，一个自认为是改革派的工厂主竟大发雷霆，因为"餐票 610
价格太低，以致一同就餐的人中除少数例外几乎全都是最低等级的人"；"年度议会和普权派"事前就占了上风，主席位置被"我们的一个激烈分子"所占据。[11]

卡特莱特宣称他在这些巡游中带回了20万人要求改革的签名。(1815年他又到苏格兰去巡游。)集会并不是不受干扰的。1813年1月22日(仅在14个卢德派分子被处死的一周之后)，他在哈德斯菲尔德举行的集会就遭到军方干涉，文件和请愿书均被查获，卡特莱特和当地改革者(主要是"技工")都被逮捕，只因他熟悉法律才未受到进一步迫害。在博尔顿、罗奇代尔和索尔福德，那些为他的请愿书征集签名的改革派也遭到监禁或迫害。可以想象，当卡特莱特匆匆往来于各市镇时，他留在身

---

[10] 拉特沃思、欣克利、莱斯特、拉夫巴勒、切斯特菲尔德、设菲尔德、哈德斯菲尔德、布拉德福德、韦克菲尔德、利兹、普雷斯顿、威根、利物浦、博尔顿、曼彻斯特、利斯、斯托克波特、纽卡斯尔、伯明翰、伍斯特、杜克斯伯里、格洛斯特、斯特劳德、巴思、谢普顿、马利特、布里奇沃特、汤顿、威灵顿、布里斯托尔、卡恩、马尔博罗、纽伯里、亨格福德、阿宾顿、雷丁。

[11] F.D.卡特莱特前引书，第1卷，第243页，第2卷，第17、21，31—55，110页；内政部档案，第42.119号；《诺丁汉评论》，1811年12月27日，1812年1月3日和7日；T.A.沃德：《寻找过去》，第119页。

后刚刚建立起来的俱乐部是很难维持的。实际上，这些俱乐部直到1816年才在工业地区扎下根来。[12]

雅各宾主义的根据地一直是在手艺人的聚集区。但到1815年之后就不可能划出如此明确的界限了。在1815至1832年之间的不同时间里，以反对所得税、什一税、谷物法及冗员闲职这类特别的弊端为目标的鼓动涉及了相当多的人。除工匠和工人之外，工厂主、农场主、小乡绅以及自由职业者都要求某种形式的议会改革。然而，推动改革运动的持久力量却来自"勤劳阶级"，即织袜工、手织工、纺纱工、工匠，以及与此有联系的散布在各地的小业主、小商贩、酒馆老板、书商以及自由职业者等等，从这些集团中时而会产生出地方政治团体的领导人。

改革运动的情况因地方不同而呈现出差异，这种差异又影响到运动的战略和侧重点。战争结束之前，亨利·亨特曾是布里
611 斯托尔一次引人注目的宣传鼓动的发言人。在这次运动中表现最突出的就是工匠，特别是皮匠和玻璃匠。[13] 在兰开郡南部大厂主和工人之间的鸿沟最深，因而这里的工人阶级改革运动也最"独立"，它甚至对曼彻斯特活跃的中等阶级改革派也保持着距离。约克郡西区的经济鸿沟不那么深，手织工只是到19世纪20年代后期才陷入危机的最坏阶段。所以在利兹，工匠和中等阶级改革派就有某种程度的合作关系。在伯明翰，社会等级较不明显，工匠们一心指望成为小雇主，在这里有一个天生就蓬蓬勃勃的激进主义运动，它得到许多雇主支持，而且在某种程度上还处于中等阶级的领导之下。

---

⑫ F. D. 卡特莱特前引书，第47—55页；菲茨威廉文件，F. 46(g)；《拉德克利夫手稿》，第126/117号。

⑬ 亨利·亨特：《回忆录》(1822)，第3卷，第7—12页。

曼彻斯特、伯明翰和利兹的激进主义都同各自地区的社会结构直接有关。然而，若要指出真正的伦敦激进主义发源于伦敦的工业结构和社会模式，这就不那么容易了。每一个追求激进主义领导权或希望树立影响的人都在伦敦有自己的追随者——科贝特、伯德特、卡莱尔、西斯尔伍德、边沁派、亨利·亨特和其他许多人都是如此。伦敦出版界不断推出激进主义报刊和书籍，但直到 1832 年前，伦敦都不像是改革性群众团体的全国中心。

造成这一状况的部分原因是，伦敦面积太大，行业也太多。在制造业中心，地方领导人有可能从知名于当地并肯定能得到当地支持的人物中产生出来。而在伦敦，激进势力强大的地区就有好些个，比如贝思纳尔草地、兰伯思、索沃克、芬斯伯里、伊斯灵顿等，从这些地方有时会产生领导人。“斯彭斯派”以及卡图街密谋者都曾相信会得到大众的支持，尤其是得到建筑工人、码头工人以及正在开凿帕丁顿运河的“引水员”们的支持；在大多数情况下，斯皮特菲尔兹的丝织工可指望参加激进的示威活动；倾心于合法斗争的威斯敏斯特改革者则总能在工匠的行业俱乐部那里得到支持。不过事实上的伦敦领袖往往是置身于这种支持之上，而不是直接从这种支持中产生的。同巴恩斯利或拉夫巴勒相比，有才智的工匠在伦敦具有更多的社会流动机会；
在工业村和小城镇，激进领导人可能停留在他的职位上，其职业 612
和社会地位在 20 甚至 40 年中都几乎不变。

伦敦的领导权，有不固定性。突出的全国性人物、雄辩家、幕后人、新闻界人士以及酒馆蛊惑家们都曾相继受欢迎，而在群众眼中他们又常卷入激烈的自相残杀式的争论中。此外，伦敦激进主义在战争中兴起时就已经相当分裂。领导权明显的觊觎人是老资格的威斯敏斯特委员会，但这个委员会这时已决定向与工匠和中等阶级改革派结成联盟的方向发展了。激进主义热情趋于冷却的伯德特在1816年4月发动了一场运动，要求给交纳直接税的人以选举权。他得到威斯敏斯特委员会的支持，当时该委员会已开始其战后鼓动，提出反对所得税的请愿（实际上是直接向有产阶级尤其是伦敦城区的改革派要求支持，而其代言人是市参事员韦特曼）。科克伦勋爵仍持有威斯敏斯特的另一席位；他具有拜伦式的贵族革命者的风格，但其名誉却因股票交易所的丑闻受到玷污。作为政治领袖，他并没有多少天赋，在他辞去议席之后（为了要成为南美战争中一名民主主义的独立冒险家），他的位置最终被边沁派人士约翰·卡姆·霍布豪斯所取代。这是因为，同主张成年男子选举权的卡特莱特或亨特相比，霍布豪斯是伯德特和普雷斯更中意的人选。[14]

威斯敏斯特的这一变动不是偶然的。弗朗西斯·普雷斯和他的工匠小雇主们（其中有些如亚历山大·盖洛韦已是大雇主了）已经放弃了雅各宾主义的信仰，不再相信男子普选和无限制的群众鼓动。他们鄙视伦敦民众，对他们的骚动造反气质感到惊恐不安。他们与酒馆世界很少接触，而新一代鼓动家正在这个世界内展开活动。普雷斯后来宣称说，科贝特“太无知……竟看不出那些未得到有钱有势的人物支持和鼓励的普通人在这方面（即政治组织方面）的愚蠢无能。”普雷斯自己直接受边沁和詹
613 姆斯·穆勒的影响，他蔑视缺乏效率和理性的贵族政府，也对谷物法和任何压迫性的立法感到义愤，在这方面他无疑是个激进主义者。但他却对任何公开发动和组织群众的策略怀有深深的敌意。1817年1月30日，汉普登俱乐部的代表在伦敦开会时，

---

⑭ 几乎每一个进步的激进主义者都反对这项选择。参阅沃拉斯前引书，第138页。

普雷斯为霍恩的《改革纪事》草拟了一份宣言，其意图很明显：即要求把改革运动从男子普选权纲领的影响下解救出来。宣言说“现在如同像其他时候一样必须把所有对英国人来说十分宝贵的一切都委托给中等阶级，让他们去拯救……。必须从这个阶级那里……去取得可能得到的一切好东西”。[15]

到1817年，科贝特已把威斯敏斯特委员会叫做“残余委员会”了，而到1820年，他便开始谴责它是个“干涉威斯敏特政治大事的小集团”，“一个小巧玲珑安乐舒服的团体，曾经仁慈地承担起为伦敦挑选议员的责任”，而且就像一个“卑鄙的私党……它为了种种实际的目的，已把威斯敏斯特变成了像加顿和老萨勒姆一样腐败的选区”。[16] 若在此处搜罗伯德特、普雷斯与科贝特、亨特之间这些年来互相抹黑的言词，并无多大意义，真正重要并需要注意的是，在1816年，伦敦激进分子中组织最好的团体其策略是使用国内的运动脱离亨特和科贝特的影响，并引导工人阶级去追随一个新的议会领导集团，它的新星人物是休姆、霍布豪斯和布鲁厄姆。

这种策略对于那些囿于雅各宾主义传统而更为坚定的改革者几乎没有什么吸引力，对伦敦民众中大多数激进分子也没有吸引力。但在1816年，惟一可能替代威斯敏斯特委员会领导权的只有一个小小的“斯彭斯博爱主义者协会”。托马斯·斯彭斯
本人在1814年9月就已去世，当时由“约40个信徒”“以某种盛 614
大的仪式安葬了”他，而协会也就是由这些人组成的。协会领导

[15] 附加手人稿，第27809号，第16、17、51帧。应该说明，霍恩实际上并没有听从普雷斯的编辑指导。

[16] 《政治纪事报》，1820年12月9日、16日。

人据说包括沃森父子[17]、阿瑟·西斯尔伍德、托马斯·普雷斯顿、艾伦·达文波特以及埃文斯父子等。由于普雷斯回忆录的影响，大多数历史都把这些人描写成怪癖和不足取的人物：老沃森"生性不羁，……穷困邋遢"；他的儿子是"无法无天的淫逸之徒"；协会图书管理员埃文斯是一个怪人，他"腋下夹着本破旧的圣经，从家里步行到……协会碰头的酒店"。[18]

普雷斯认为斯彭斯派都"不值一提"，他们"无害而天真"。不过，他们既然是1816至1817年同普雷斯和威斯敏斯特委员会争夺伦敦激进运动领导权的主要对手，普雷斯在这方面就不是一个无动于衷的见证人了。作为功利主义者，他会认为托马斯·埃文斯的《拯救帝国的基督教纲领》(1816)是愚蠢的，但人们也许会说，埃文斯的农业社会主义比边沁的幸福计算法更符合理性，并更有根基一些。斯彭斯派的鼓动家在行业俱乐部，尤其是在鞋匠中赢得了许多支持者，他们的纲领——"废除国家的封建制度和领主制，宣布土地为人民共有"——为工匠们日后接受欧文的《新社会观》作好了思想准备。[19]

如果说斯彭斯派还不只是"天真"，那么他们在1816年就也还有一些影响了。在普雷斯的术语中，"不值一提"的意思是他们在议会和有势力的中等阶级圈子中无计可施。不过，普雷斯顿和西斯尔伍德显然比普雷斯更了解伦敦的酒吧社会。在整个战争期间，斯彭斯派一直鼓动在兰贝斯或贝思纳尔草地举行"自由自在"非正式的集会。议会秘密委员会曾在1817年2月报告说，战争一结束，期彭斯派团体在技工和制造商、退役士兵和水

---

⑰ 切不可把她们同詹姆斯·沃森相混淆，后者是激进书商，是卡莱尔和赫瑟林顿的合作者。

⑱ 附加手稿，第27809号，第72、99帧。

⑲ 关于埃文斯的《基督教纲领》，参阅前文，第162页。

兵中成倍增长，由此看来这一情况并不像人们通常认为的那样是危言耸听。有证据表明，到1816年斯彭斯派已经在过去伦敦通讯会方案的基础上重新组合为区和分部了。[20]

此外，在"斯彭斯派"的名称上或许也有一些混乱。埃文斯 615
无疑是斯彭斯的信徒，他敢于发表文章主张剥夺土地所有者——这在土地所有者的议会看来不啻是罪恶之首，为此，他和他的儿子尤其受到当局的追踪迫害。1816至1817年，他和他的小圈子曾发起一次关于农业社会主义的小规模哲学宣传运动。[21] 不过，伦敦更有影响的政治领袖——詹姆斯·沃森医生、阿瑟·西斯尔伍德和托马斯·普雷斯顿也许更应该称作是共和派，是继承了老传统的雅各宾主义者。他们在充满失业的战后年代也曾赞成恢复小农场和"锄头耕作"制，以此作为解决饥饿问题的途径。[22] 关于沃森医生我们所知不多，1816年他大概50岁，审讯时被说成是"医护人员和药剂师"，他很穷，参加地下政治活动也许已有好多年了。[23] 他是另一个雅各宾派外科医生约翰·盖尔·琼斯的朋友，琼斯曾在沃森任主席的好几次大会上发过言。阿瑟·西斯尔伍德先前是陆军军官和绅士农场主，18世

---

[20] O.D.拉德金：《托马斯·斯彭斯和他的同时代人》，第146—149页；A.W.沃特斯：《斯彭斯及其政治著作》；A.达文波特莉：《斯彭斯的生平、著作与学说原理》；W.M.格尼：《詹姆斯·沃森审判案》(1817)，第1卷，第45页；《斯彭斯博爱主义者宣言》(1816)，第4页。

[21] 见罗伯特·韦德伯恩所编辑的两份小期刊《绝望之希望》和《断根之斧》(都出于1817年)。(一位苏格兰绅士和牙买加女奴所生的儿子)罗伯特·韦德伯恩是有色人种和"弗林特"裁缝。埃文斯父子曾在1817至1818人的人身保护法暂停期间入狱(第二次)，此案引起了人们极大的同情。

[22] 见沃森医生在矿泉地的演说摘要，前文，第230页。

[23] 见托马斯·普雷斯顿1816年12月4日在受伦敦市长审问时说的话："我一直认为沃森父子是英国最勇敢的人……我相信他俩都是外科医生"。财政部司法处档案，第11.203号，亦可见《国家传记辞典》中的有关条目。

纪90年代后期一直在法国(有人说),他曾在革命军队中服过役。普雷斯顿有时被说是鞋匠,但他似乎已是制革业里的一名小雇主。1816年12月,他曾对伦敦市长这样说:

> 我在斯皮特菲尔兹看见过许多苦难,以致我恳求上帝把我吞掉——我见过一个年轻漂亮的女人9个月没在床上睡过觉——我已经破产,我手头1英镑也没有了,我雇了40个工人……。

这些人构成了伦敦极端激进主义的核心,不管他们是斯彭斯派还是承袭了德斯帕德密谋传统的“老雅各”。他们的宣传阵
616 地在行业俱乐部和小酒馆,[24] 塞缪尔·班福德及其来自北方汉普登俱乐部的同伴代表们1817年头几个月在伦敦时就曾好几次出席过这种集会。[25] 这个集团的大多数人都可能继承了德斯帕德的信念:无论是通过骚动而最终形成攻打伦敦塔和各监狱以及议院的总起义,还是通过武装政变的手段,伦敦都必须在英国革命中扮演巴黎的角色。大家不要以为,如果有足够的刺激,1817或1819年的起义连取得至少是暂时的成功也不可能。不过,若是这个集团中有些人确有不幸的机会显露了他们的勇气,他们仍免不了要受到轻举妄动的指责。他们是自我夸张的牺牲品;他们密谋准备了自制手榴弹和长矛,但在伦敦街头他们却连一座防卫路障也不能垒起;他们不止一次地陷入浪漫幻想之中。而西德默思的密探却能轻易地打入到他们虚张声势的酒馆的地下世界中去。就是在这里,密探奥利弗得到了可以接近中部和北部改革派人士的信任证书。而在伦敦发生过的两次真正的图

---

[24] 普雷斯顿说过,自由自在的俱乐部(在斯皮特菲尔兹)是聚众的最好方式。J.威廉森1817年9月24日的供词,财政部司法处档案,第11、197号。

[25] 班福德前引书,第25、26页。

谋暴动中(即矿泉地暴乱和卡图街密谋),人们一直怀疑,它们是否真有一大半是政府自己派出的煽动分子卡斯尔和爱德华兹制造出来的。

因此,伦敦的改革运动一开始就陷入分裂,一方是谨慎小心的合法派,另一方则是密谋者,处于两者之间的是卡特莱特、亨特和科贝特。但要想全面了解激进主义组织及其领导权问题的复杂局面,我们还须把目光投向伦敦之外,看看扰乱治安会社法颁布之后改革者所面临的形势,而当初的各个通讯会就是在这项法制下于 1799 年遭到镇压的。

在这项法律下,任何全国性政治组织皆为非法。此外,组建某个全国性社团的地方分会,或是以通讯和互派代表的方式与某个全国性中心发生联系的地方社团也属非法。(这项法律后来对 1841 年的全国宪章派协会也还是一个障碍。)这样,改革者 617
们仅有的无可争议的权利就只剩下两项了,其一是组建地方性的自立的俱乐部或研讨会;[26] 其二是向议会或国王请愿,并为此目的集会。[27]

非正式俱乐部和酒馆聚会是躲过了 1796 和 1806 年镇压而存留下来的民主进程的一部分,在伦敦及外地都如此。1902 年,《利兹信使报》的一位通讯员曾谈到这类"协会和俱乐部",其中工匠们

> 每夜在酒馆聚会。大市镇的几乎每一条街上都有这种
> 小型议事会。出席会议谈论国事,再斟上一杯黑啤酒,

---

[26] 在某些地方治安官根本不把这看做是"权利",他们自以为有权干涉并驱散集会。利兹的汉普登俱乐部就是因治安官的干涉而解散的。

[27] 即使在镇压最激烈的年代,政府仍在口头上谈论这项"不可侵犯"的权利。可参看 P. 弗雷泽:《公众表愿与 1832 年以前的议会》,载于《历史》,第 46 卷,第 158 期(1961 年 10 月)。

这是自由不列颠人长期所声称拥有的特权，而且得到所有政府的承认。[28]

就是在这类“会社”里，比尤伊克和他那些激进的工匠伙伴们于战争时期在纽卡斯尔聚会。1812年选举期间，布鲁厄姆曾从利物浦写信给格雷勋爵说：

你不会想到利物浦选举的性质……。你得每天晚上都去那些不同的俱乐部、共济会等等，那儿不是开会便是高谈阔论……我每天除在投票结束时作一次演讲外，就有9个晚上去了俱乐部。我在那段时间里作了160多次演说……。[29]

难怪科贝特可以在1817年这样写：

我们有皮特俱乐部、辉格党俱乐部、除恶习俱乐部、查办小偷俱乐部、圣经俱乐部、学校俱乐部、共济会俱乐部、卫斯理宗俱乐部、汉普登俱乐部、斯彭斯派俱乐部、军事俱乐部、海军俱乐部、赌博俱乐部、吃喝俱乐部、饮酒俱乐部、雇主俱乐部、帮工俱乐部以及上千种别的俱乐部和协会。[30]

然而，从非正式的酒吧团体发展到自认不讳的激进俱乐部，如汉普登俱乐部或政治同盟那样，是一个漫长的过程。我们有关于组建兰开郡第一批汉普登俱乐部的有趣的讨论记录。例
618 如，有一份告密者提供的报告，此人曾参加了1816年11月在小博尔顿“狗字号”酒店举行的一次“改革委员会会议”：

约翰·凯一开头就问我们是否已在心里认真掂量过后

㉘ 《利兹信使报》，1802年3月6日。

㉙ 布鲁厄姆：《一生时代》(1871)，第2卷，第62页。

㉚ 科贝特：《每周政治手册》，1817年3月1日。

> 果。他说，你们是否已作好准备为伟大的改革义举而独自忍受对你们个人的迫害？……我们的工作是艰难危险的。你们在座的愿意参加这样一项工作吗？罗伯逊·布雷德利说，我知道我们将成为受难者，实际上，我担心在冬天结束之前就会这样。他说，压迫者把我们逼到这种境地，生命和自由均难保障……。凯说，以改革的方式纠正弊端是合法的，但是议会一旦开会，他们可以宣布集会为非法。看来他们不可能顺从地放弃他们多年享有的闲职和年金。他说，那些恶人宁愿牺牲全国一半的人民也不愿和平地让步。若要他们让步，就得使用武力，而在他们倒下来的时候，他们又会碾碎我们成千上万的人。……

大家同意写信给奈特先生(1812 年受审的 38 人中的奥德姆老改革派)，同时也写到“W. 科贝特先生那里”去，“希望他们告诉我们，如果我们为了支付租金、通讯联络和政治读物等等而在门口收钱，这是否算合法……。”约翰·奈特对这一询问的答复也保存了下来：

> “先生，我刚收到你们的信，现答复如下：你们可以弄一个房间作为讨论政治和其他问题之用(而不须登记该房)，只要你们不收入场费，你们人在里面时也不要锁住外面的大门，以便让人随意出入即可。昨天我收到一来自伦敦的信，信中建议这类集会要公开发广告，要让一位地方官知道。此外最好是不要开秘密会议，还要让尽可能多的人到会——会上使用的语言应当温和并合法，但又要明确而坚定。我们在这里(即曼彻斯特)搞了一个房间能容纳 1000 人。我们本想在下周一将其开放，但为了争取有较多的上层阶级人士(人

们这样称呼他们)也来,我们已同意将其推迟一周开放……。[31]

奈特很可能是从卡特莱特上校或他的助手托马斯·克利里
619 那里得到建议的。兰开郡和莱斯特郡的各个俱乐部在1816—1817年之间的冬季都自由地在郡内互相通信,甚至居然召集人数相当多的代表大会或郡委员会会议。1817年1月6日,莱斯特俱乐部里的一个告密者作出如下报告:

已派出一个代表团去曼彻斯特,是格雷厄姆和沃伯顿去的。格雷厄姆讲述了他们在兰开郡看到的惨状:大部分穷人仅能弄到一点水,一点盐和一点燕麦——有的人每天仅吃一顿饭,有的人3天才吃一顿饭。随后他宣读了一封德比来信,说一个曼彻斯特人在去伯明翰和布里斯托尔的路上要访问莱斯特俱乐部。后来又读了卡特莱特上校的一封信。信上说,他已得到14个不同会社的消息,打算派代表去伦敦参加1月22日的一个委员会……。[32]

在此之前的几周,兰开郡的改革者甚至走得更远。在米德尔顿举行的一次由"切郡、约克郡西区代表"以及兰开郡参加的代表大会上,任命了四个"宣讲员",其中两个途经制陶区去伯明翰,另外两人则在约克郡召开集会。会议甚至决定:"联合王国所有请愿团体都应该派出……一个至多个代表去曼彻斯特……以协助同盟的所有力量形成统一认识"。[33]

因此,在1816年最后几个月里,外地汉普登俱乐部或参加

---

[31] 内政部档案,第40.3号,引自H.W.C.戴维斯:《1816至1817年的兰开郡改革派》(曼彻斯特,1926),第21—22页。

[32] H.W.C.戴维斯:《格雷和皮尔时代》,第181页。

[33] H.W.C.戴维斯:《兰开郡改革派》,第27—28页。

同盟的协会有了很大的发展;[34] 在其建成的几周之内,这些俱乐部都急于要与外界建立区域性和全国性的联系。一时间,曼彻斯特似乎要成为全国的领导了。不过,后来还是卡特莱特和伦敦汉普登俱乐部出面召开由各俱乐部代表参加的代表大会,于 1817 年 1 月底在"王冠与锚"酒馆开幕。这次由 70 名代表参加的会议力图绕过政府法令,它采取群众会议的方式,并宣称它代表"正在请愿的各市、镇及其他社区可能选出的人,他们在此聚会以讨论……实施宪法改革的最佳方式"。会议进程未被当局打断,若把这种境遇同 1793 年爱丁堡的"全英代表大会"相比 620
较,那还算是一个微小的进步。但这次会议同时也强调它与全国性运动不相干。

这次会议召开的直接背景是科贝特日益增大的群众影响,以及 1816 年 1 月和 12 月的矿泉地大规模集会,亨利·亨特曾在会上发表过演讲。关于这一点,班福德的叙述是人所共知的:

> 这时,威廉·科贝特的文章突然权威起来了。在南兰开郡,在莱斯特、德比和诺丁汉,在所有这些工业区,以及许许多多苏格兰的工业城镇中,几乎每一座村舍炉边都在读这些文章……。他给读者指出受苦的真实原因——劣政;指出适当的矫正方法——议会改革。骚乱很快就很少见了……。汉普登俱乐部建立起来……工人们……变得行动审慎而有条不紊……"。[35]

"在周围的穷人中具有任何的政治常识和固定的政治原则是最近的事",一位曼彻斯特改革者在 1820 年写道,他也把这种变化

---

[34] 除兰开郡和莱斯特郡之外,汉普登俱乐部的主要中心还有诺丁汉郡、德比郡、伯明翰、诺里奇以及约克西区的部分地区。

[35] 班福德前引书,第 11—12 页。

归功于“科贝特先生论述本国的财经形势和税收在降低劳动者的生活水平的作用的佳作”：

> 这些便宜出版物流行相当广泛；加之作者的风格强劲有力、清晰明了、简洁精炼、论证性强，使其作品很受读者中那个数量最大的阶级的欢迎……。[36]

由于沉重的印花税，科贝特的《政治纪事》(当时售价一先令半便士)好些年来一直只能在北方发行，[37] 在科贝特发现印花税法的漏洞之后，决定性的变化就在1816年11月发生了。他开始以两便士的售价把他的主要论文以《每周政治手册》的形式(“两便士随笔”)分别出版。第一篇就是著名的《告英国工人大众书》：

> 朋友们、同胞们：
>
> 无论地位、财富和学识会诱使某些人相信什
> 621 么……一个国家真正的力量和所有的资源都来源于而且也必须来源于人民的劳动……。高雅的礼服，华丽的家具，宏伟的建筑，平坦的马路和运河，飞跑的马和马车，许多坚固的航船，堆满货物的仓库，所有这些……都是民族财富和资源的众多表现形式。然而这一切都源于劳动。如果没有工匠和工人，这一切都将不存在……

“傲慢的雇员称你们是暴徒、贱民、渣滓，是一大群猪猡，还说你们的意见等于零，公共集会不干你们的事……”。科贝特用简洁的语言论证了间接税给人民造成的沉重负担，指责“闲职冗员和

[36] J.E.泰勒：《对有关国内形势的文件……的注释和评论》(1820)；还可参见前文，第424页。

[37] T.A.沃德引前书，第163页。早在1810年，设菲尔德就有“订阅科贝特的《政治纪事报》的俱乐部”，称“科贝特俱乐部”。

年金领取者”的高额费用，并阐明了税收和代表权在本质上的关系。他抨击马尔萨斯的论调，即穷人受的苦是早婚和多子女的缘故（“那么，一个小伙子手挽着一个如花似玉的姑娘必定就是恶水啰！”）和补救失业的惟一办法就是向外移民。科贝特认为：“你们用你们所交的税维持了他们，你们和他们一样有留在本国的权利！你们同他们一样都有父母兄弟姐妹，有孩子有朋友……”。惟一正确的解决办法是经过改革的议会：“我们必须先有议会改革，否则将一无所有。”

> 我劝你们以和平合法的行动，但同时又要有热情和决心去行动，去争取这个目标。如果那些缩头乌龟不参加，如果那些“坐在炉边的体面绅士”对此敬而远之，你们就自己干。任何人都可以起草一份请愿书送到伦敦去……。[38]

到1816年11月底，这篇讲话已售出44000份，——“如果她有能力的话，就让腐败当局去把它抹掉吧。”而到1817年底，这份公开信据称已卖出20万份。[39] 自《人权》以来，还没有哪一份作品获得过如此广泛的影响。从此以后又以信件的形式发表许多每周一期的小册子，标题为：《致汉普郡善良真诚的人们》、《致所有真诚的英国人》、以及《致个别政治家》等等，每种小册子的销量也相当大。然而，当改革运动就要跨入有组织的阶段时，622
科贝特却停步不前了。虽然科贝特的作品促成了汉普登俱乐部的建立，但这并非他的本意。1816年11月5日、12月2日以及12月10日发生在伦敦矿泉地的规模巨大的改革示威，是在极

---

[38] G. D. H. 和 M. 科尔：《威廉·科贝特的主张》（1944），第207—217页，这篇讲话的大部分已由此书转录。

[39] 见 W. H. 威克沃：《为出版自由而斗争，1819—1832年》（1928），第52—54页。

有影响的“斯彭斯派”(沃森医生、西斯尔伍德、普雷斯顿、胡珀)领导的一个委员会的首倡下举行的。科贝特一开始就拒绝了约他在大会上首先发表演讲的邀请。结果三次集会的主要演讲人都是亨利·亨特。

亨特是个富有的绅士农场主,10年来他一直是具有科贝特倾向的改革者。在1812年的布里斯托尔选举中,他作为激进主义者赢得了引人注目的成功,从此便蜚声全国。班福德曾凭记忆描述过1817年的亨特:他是一个五官端正的人,“风度和服饰都像绅士,身高在6英尺以上”:

> 他的嘴唇较薄,优美地弯向两边……。他的眸子呈蓝色或微泛灰色——不太清沏也不太机敏,但相当凝重;正如我后来有机会观察到的那样,他的眼睛只有在他说话激动时才会改变;每到这个时刻他的眼睛就会显得深邃而有神;如果他劳累过度……他的双眼就布满血丝,而且就像要从眼眶里蹦出来似的。他嘴唇的表情是可以观察到的:善意的微笑会化作轻蔑的一抿或是义愤的诅咒。他的嗓音响亮,脸庞涨红,他手掌紧握,似乎要把什么东西碾碎,他的整个风格都象征着一种竭力想表达出来的痛苦的力量。

亨特的自负同自尊心一样大的米德尔顿织工班福德不太相投,班福德对亨特的最后评价是苛刻的。但班福德也对亨特作出了重要的评定:亨特“总是……把自己置于最艰难的境地……。他总是在同自己或别人制造的风暴相斗争。因此,同其他处于他那种地位和时代的人相比,他要忍受更多的东西,人们应该据此来评价他。”[40] 这种说法是正确的。除了19世纪20

---

[40] 班福德前引书,第19、20页。

年代中期的几年之外，亨特从战争结束到改革法案的通过，一直都是改革运动最主要的雄辩者。1816年他曾在矿泉地演讲，1817年人身保护法中止期间，科贝特认为隐居美国更明智，而亨特却继续他的活动。在彼得卢的集会上他是主要演讲人，并为此遭到监禁。1830年，他在普雷斯顿这个“纳税”选区当选为 623
议员，成为未经改革的下院中惟一支持工人阶级改革运动的人。从1830至1832年，他仍然坚持成年男子普选权，而且还批评1832年法案出卖了平民改革者。他的一贯性和战斗性使他成了人们争论的中心和流言蜚语攻击的目标。

然而，流言蜚语并非毫无根据，因为亨特既有一个鼓动家的美德又有其弱点。此外这些特点在那个时代的众多领袖人物身上都能发现，因此我们必须把这些特点看做是那个时代运动的特点。首先，威尔克斯的老传统只能逐渐消亡，这样，即使是民主运动也还是期待着贵族或绅士出来领导。因为只有像伯德特、科克伦、亨特、费格斯·奥康诺这类绅士才懂得高层政治的形式和语言，而且可以在竞选讲坛上尽显英雄形象，或是用大臣的腔调把大臣们痛骂一顿。尽管改革运动可以利用平等的言词，但人们所崇尚的仍然是旧有的东西，甚至在狂欢的人群中也是如此。即使是在改革运动中，每当一个工人似乎就要“出人头地”时，他立即会遭到他本阶级中许多人的妒嫉。其次，在一个被排斥于权力之外或者连权力的希望都没有的人民运动中，不可避免地存在着某种蛊惑因素，这种情况助长了毫无建设性的批判和攻击。除了运动的牺牲者和无所畏惧的自愿者之外，激进运动中还包括了醉汉、携款私逃的司库以及反复无常吵吵闹闹的新闻记者，这些人说起话来总是夸夸其谈，华而不实。鼓动成千上万软弱无力的人去敌视武装的现存制度，这样一种人民运动的真正困窘却用夸张的言词表达出来。作为重大改革集会的演讲人，亨特知道怎样去打动听众。他的演讲的风格正是他的听众遭遇到的困境促成的。

当然还有其他许多因素导致了这位鼓动家的崛起。就全国而言，激进主义政治组织从来就不知道自律约束。既然任何政党或通讯中心均为非法，既然不存在经过选举产生的执行机构来决定政策和策略，那么领导责任就不可避免地落到了单个的演说家和新闻记者身上。策略上的真正不同意见也就演变成为
624 个人间的妒忌；反之，如果哪位领导人的策略在群众的欢呼声中得到批准，他就可以从中找到自负的资本。鼓动工作中的这种情形使各种问题都同个人因素联系起来了。大规模群众集会需要有特色的头面人物。头戴白色大礼帽的亨特欢喜别人知道他是“自由的拥护者”或是（在彼得卢事件的监禁期间）“伊尔切斯特的圣亨利”，正如奥斯特勒后来把自己描写成“童工之王”、奥康诺则把自己说成是“自由之狮”一样。

此外，持续了半个世纪的大众激进主义和宪章运动一直都处于困境之中，但却从中产生了瑟尔沃尔、盖尔·琼斯以及 18 世纪 90 年代的雅各宾“保民官”之类的人物。改革者中“道义派”和“实力派”之间的冲突有时被人们说得过于激烈，似乎可以在沃森医生和西斯尔伍德这类坚定的密谋者与普雷斯或班福德这类纯正的宪政主义者之间划出一条清晰的界线。事实上，激进主义和宪章主义都界于这两个极端之间。1839 年之前，几乎没有几个改革者认真准备过武装起义，但更少的人打算完全否认人民在面临暴政时有反抗的最终权利。宪章派的口号“可能则和，必须则战”，同样也表达了 1816 至 1820 年以及 1830 至 1832 年的激进主义者的共同信念。卡特莱特少校坚持认为公民有携带武器的权利，温和的《独立辉格党人报》编辑亨利·怀特是许多激进主义新闻记者中惟一提醒读者注意 1688 年“光荣革

命"先例的人：

> 他们把至今仍然被准许享有的每一份公民自由权和宗教自由权都归功于一次革命……而且，如果纠正时弊的所有合法手段都被否决，他们将最终被迫诉诸革命。[41]

汉普登俱乐部的名称本身就会使人想到一个更为激烈的先例。科贝特就曾煞费苦心地强调说光荣革命是善良的辉格党人的信念。他写道，以武力反抗压迫的权利"是英国的法律和惯例所明确宣称并规定的"：

> 我并不是说现在就应该实施这项权利……我要讨论的 625
> 是布莱克斯通法官所指出的一点，即反抗压迫的权利总是存在的，但又必须让构成这个民族的那些人在任何成熟的时候自己去决定压迫达到什么程度时行使这项权利才是正当的。

除此之外，科贝特还曾有意出来为彭特里奇起义辩护，他说："布兰德雷思做的什么事超过了辉格党人在光荣革命中的所作所为呢？"[42]

科贝特审慎地选择了这样一种含糊不清的表述：人民有反叛的权利，但只是在压迫超过了某种无法界定的界限之后才如此。伍勒在《黑矮人报》上也采取了同一说法："人民反抗压迫的权利总是存在的，而且……干这事的必然权力总是取决于人民的共同意志"。[43] 卡莱尔在彼得卢事件之后走得更远，在《共和报》上鼓吹诛戮暴君。[44] 每份大众激进主义的报刊杂志以及每

---

[41] 《独立辉格党人报》，1817 年 7 月 27 日。

[42] 《政治纪事报》，1818 年 4 月 4 日，6 月 6 日，20 日，12 月 26 日。

[43] 《黑矮人报》，1818 年 12 月 30 日。

[44] 见下文，第 764 页，还可参见舍温的《政治纪事》(1818 年 5 月 23 日)。

个演说家都曾间接或直接地提到反叛的权利。运动的壮言的实质部分几乎不提通过参政权合法地纠正弊端的途径,而是暗示、告诫甚至大喊大叫人民要最终诉诸实力。当亨利·亨特在第一次矿泉地大会(1816 年 11 月 15 日)上演说时,并不比其他几十个演说家走得更远:

> 他知道道义力量比实力优越,除非他发现前者无效,他是不会求助于后者的。在使用实力之前,他们的责任是请愿、劝谏并为适时的改革大声疾呼。那些对抗人民的正当要求的人才真是混乱流血的助长者……然而,如果生死攸关的日子注定要到来,他会向人保证说,如果他还了解自己,他是不会躲在柜台后面或是藏在后方的。[45]

谈到"生死攸关的日子"或"算总账的那一天"是会赢得民众最热烈的喝彩声的。我们决不应该掩饰这种说话方式所带来的种种弊端。它助长了酒馆蛊惑家这类激进主义往往存有较多水份的人;它甚至还会助长那些靠巡回演说挣钱的人(班福德极不赞成这些人),"这些人做着高谈阔论的生意",他们互相竞争,肆无忌惮地用最疯狂最放肆的言谈来博得民众的喝彩。[46] 全国性
626 的领袖人物如拿笔的科贝特和伍勒、动嘴的亨特等等知道怎样巧妙地使自己的言词刚好不致于犯叛国罪,虽然他们避免参与非法活动。但他们(之后是奥斯特勒和奥康诺)还是免不了被指控为鼓动他人从事非法和叛国活动,而自己则从其后果中逃避出来。

这只是激进主义领导人争吵不休的一个原因,他们内部长

---

[45] 《观察家报》,1816 年 11 月 16 日。

[46] 班福德前引书,第 36 页。

期不和的另一个原因则是经费问题。充当激进主义领袖是一桩费钱的差事，科贝特和亨特都知道这个道理。除了演讲、出版、旅行和通讯需要花钱之外，请辩护律师以及参加竞选还需很大开销。科贝特，尤其是亨特，在他们爱好的方面都算是挥霍浪费者——科贝特是在农业投机方面，亨特是在生活的总体风格方面。他们两个人在财务上都有些漫不经心。缺乏统一性的激进主义运动，由于没有经选举产生的执行委员会和委任的司库，始终只得靠一些特别委员会出面呼吁这样或那样的应急基金援助。科贝特靠出版赢利弥补了个人损失，而亨特为了使自己的宣讲有利可图则出售"激进早餐饮料"（一种用烤谷子制作的代替茶和咖啡的混合物，亨特把它推荐给激进主义者以抵制某种征税商品）。由于私人的营业收入与运动的资金之间并无明显的界线，激进运动的基金的使用和托管问题，以及公私利益的混淆都成了公众指控的丑闻。这类事情后来对奥康诺和欧内斯特·琼斯也是同样的。[47]

然而，激进运动内部不和的最大原因纯粹是虚荣心。由于他们经常为此发生纠纷，因此，与其把虚荣看做是他们争吵的原因，不如把它看做是激进运动普遍缺乏统一组织的一种症状。几乎所有的改革领导人在不同意见刚一出现就立刻尖锐地指责其他领导人的动机。当挑唆分子卡斯尔、奥利弗和爱德华兹的真实面目被揭露出来之后，这种互相怀疑进一步加剧了。从 627
1817年起，由于人们互相指控对方为"密探"，由此产生的怨恨

---

[47] 例如，彼得卢事件之后，亨特陷入了一场同自己的改革派同事——曼彻斯特的约瑟夫·约翰逊——的旷日持久的争吵。这场暴吵把他同别人互相请客所花的费用、洗衣店的帐单，他的马吃的燕麦数量，以及在旅店给某位女仆的小费（也可能还不是给的）统统公开出来了。参见约瑟夫·约翰逊：《给亨利·亨特的一封信》（曼彻斯特，1822）。

使怀疑的气氛变得浓厚起来。

由于缺乏民主的政治组织,激进主义政治打上了个人烙印。1816 年之后的运动具有 18 世纪 90 年代运动的许多优点,但没有它那种平等的特色。科贝特是树立一代风气的人物,因此在这一点上批评他是没有多少道理的。独立的激进主义出版物在战后的兴起很大程度上是他个人的成功。他自己对这一成就的解释(写于 1817 年和 1819 年)是接近真实的:

> 多年以前……我作为某种自立的政治家开始了自己的生涯。我有自己的见解,我反对一切偏见,瞧不起人云亦云之辈。在我之前,每位有才华的作家总把自己归附于某个党派,某位大臣,或是其他什么的。我同所有这些都毫不相干……。因此多年来,我一直是那些当权人物和追逐权力的人的仇视的目标……。

到战争结束,他已成为(用黑兹利特的话来说)“国家政治中的第四等级”,[48]而且“无疑是当代最有势力的政治作家”。“当他还是托利党时,改革者读他的作品;他现在成为改革者,托利党人倒要读他的书”。连续几道旨在征收报刊杂志税以及加紧实施煽动性诽谤罪的法令大都是针对科贝特本人的。科贝特曾声明说:“我说这话并无自我中心的意味”,不过他的结论却富有个人色彩:

> 一个人不能因狂妄自大而获罪。阻止他写文章,就是在这个伟大王国的法律上造成全面的革命。这样一个人必定会成为人们谈论和记载的一大对象。他所有的行为、方式、生活习惯乃至他的身材、头发的颜色也会

---

[48] 法国的人口在大革命之前分成三个等级:第一等级由僧侣组成;第二等级是贵族;第三等级是平民。第四等级是新闻记者自嘲之喻。——译注

成为那个王国的人民感兴趣的东西。

科贝特最喜欢的题目当然是博特利的威廉·科贝特。他的《纪事》连篇累牍地刊登了他自己的事迹、自我辩护、主张、感伤、一时印象以及他的遭遇等等。结果,改革事业被说成是个人的事,变成了威廉·科贝特和腐败的旧制度之间的斗争;卡斯尔雷,“博尔顿的弗莱彻”、威尔伯福斯、马尔萨布鲁厄姆、伯德特等人都是或变成了他个人的敌人。科贝特这种变化无常的热情常常使他的改革派同事心神不安。黑兹利特的见解是比较公允:“一 628
旦他自己的作品使他自己创造的人物出了点小风头,进而锒铛入狱之后,他就同他们争吵”。

我们不得不把科贝特的缺点作为他的天才的阴暗面来理解,他的天才使他能在英国历史上的 30 年间(一周复一周地)比任何新闻记者发挥的影响都更大。只是在对他的天才视而不见的情况下,他的那些缺点才是令人太厌恶的。科贝特树立的风格不可避免地为他的同事和竞争者所仿效;亨特在伊尔切斯特监狱分期发表的《回忆录》中以及卡莱尔在《共和报》中都模仿了这种风格,还有 12 个名气较小的人物也是如此。从战争结束到改革法案通过这段时期是“自立政治家”的时代,每一个激进主义者都是政治上的抗议者;每一位领袖人物都声明自己是独立的,只相信自己的判断和良心,不崇尚任何权威。黑兹利特在 1819 年写道:

> 改革者常常为一种矛盾的精神所支配,他是一个不好使的工具,是机器中一个不合拍的部件,他不可能被训练成守纪律的人,因为……他头脑中的第一原则是至高无上的良心和自我判断的独立权利……他的条件必须得到满足,不然他就寸步不让。他绝对不会为某个党派放弃原则。他宁要奴役也不要自由,除非这种自

由正好符合他的方式……。

黑兹利特还说："一位改革领导人常与同一条战壕的所有人争吵……并认为他为事业作出了一份有益的贡献，他放纵他的坏脾气和个人意志，并把这些误以为是对自由的热爱和真理的热诚！"

其他人……则进入了各种委员会……并自认为是与另一党派相对立的某一党派的首脑人物，相互咒骂、诽谤、揭露、陷害、抵制、拆台，并把成功的机会抛到共同的敌人手中……。[49]

这种顽固的个人主义的长处在卡莱尔与当局的长期斗争中显示出来。[50] 然而，无论是亨特还是卡莱尔，其缺点都是令人不快的，并且整个危及到改革运动。在澎湃汹涌的人民骚动中，大小领袖人物的虚荣心像水蒸气一样冒了出来。普雷斯把除他自
629 己和几个功利主义者之外的所有人都看做是可操纵的傻瓜，班福德常显出一个自我成才者的满足和自尊，他的原则可以经得起迫害，但却经不起西德默思爵士的甜言或者某个绅士对他的诗文的恭维。卡莱尔终究是个人主义者，他对自己的判断相当自信，甚至不承认政治协商或组织这类概念。亨特(如果我们仅仅是相信他的某些同事如班福德和约翰逊对他的一部分的指责)的虚荣心方面有时表现得很无聊。彼得卢事件之后，亨特的几个同他一起被控告的同事在候审期间在兰开郡的棉业城镇作了一次公开巡行。班福德回忆说："我对身边不断发生的事除了感到有点羞耻之外还感到可笑"：

亨特坐在马车夫旁边的位子上……穆尔豪斯则站在马

[49] W. 黑兹利特：《政治论文序》(1819)，《全集》，第 7 卷，第 13—17 页。

[50] 见下文，第 720—728 页。

车顶上，手里抓住一根两边拴在铁攀子上的绳子。从博尔顿出发他就一直保持这个姿态……亨特不时地脱下帽子，拿在手里慢慢转动，并优雅地向人们点头致意，不时还要说几句好听的话；但如果5分钟或10分钟过去了还没有一两声欢呼声，或是更令亨特满意的"亨特永远健康"的呼喊声……他就会从座位上站起来，转过身劈头盖脸地责骂可怜的穆尔豪斯说："你为什么不喊？为什么不喊？给他们打打气，你没见他们疲倦了吗？"[51]

当我们估量亨特、伯德特、奥斯特勒或是奥康诺的影响时，必须记住，他们的巡行简直就像深得人心的国王，而他们的出场又像挂头牌的明星来了。1819年亨特曾在兰开郡的一个村里受到热烈欢迎，他走过的路上铺满鲜花，人们高喊"要伯德特，不要巴士底狱！"、"亨特！自由！"，同时还唱着歌：

跟着亨利·亨特我们向前走，
跟着亨利·亨特我们向前走；
扬起自由帽，不顾纳丁·乔。[52]

在曼彻斯特激进派主日学校里，学生班长们脖子上佩戴的不是耶稣受难像而是亨特的盒像。[53] 再如，每当群众集会结束时，人们总要卸下主讲人的马车，然后拉着坐着扬扬得意的主讲人的车穿过一条条街道。盛大的示威活动都有礼仪式的特点， 630
演讲人以口若悬河的雄辩、措辞考究的提问来打动听众，以期获

---

[51] 上引书，第200页。

[52] J.哈兰：《兰开郡的民谣与歌谣》，第262页。

[53] D.里德：《彼得卢》(曼彻斯特，1957)，第54页。

得预期的喧嚣效果。[54] 因此，有特色的演说家都是那些善于为自己制造戏剧性效果的人，20000 人震耳欲聋的欢呼使大多数人自我膨胀起来。随着虚荣心的增长，演说家开始沉湎于台下人山人海喝彩欢呼的景象。普伦蒂斯写道："亨特的胃口吊高了"。他开始嫉妒自己的竞争者，经常注意寻找机会树立一种戏剧性形象，并开始对自己那些不重要的同事漫不经心敷衍了事。反过来，这些人因民众的忽视而感到虚荣心受到损害——为什么就不能喊"约翰逊！自由！"或者"班福德！自由！"呢？

鼓动家是有害亦有益的领袖人物。亨特的言论的既不是自由主义的原则，甚至也不是系统周密的激进主义策略，而只是运动的情绪。他总是拼命去说那些能激起最热烈欢呼的话，他不是领袖，而是成了民众中最不安分的那部分人的俘虏。据普雷斯说：

> 亨特说过他的行动方式就是蜻蜓点水地触及好的观点，而对这些观点一点也不多嘴；他不同任何委员会或党派搅在一起；他愿意自己行动；他不想冒犯任何人；但也不怕得罪什么人。

彼得卢事件之后，亨特的声望达到顶峰，并在伦敦受到了凯旋式的欢迎，普雷斯（在致霍布豪斯的信中）也曾用比较宽容的措词描写亨特：

> 是啊，这也是他应得的（即伦敦的欢迎），而且还应该更多一些。如果人民——我指的是工人——只有一个人为他们说话，他们至少会，也应该会用他们的喊声去支

[54] 例如，萨克斯顿就曾在罗奇代尔说过："全国人民只有团结起来……要求他们的权利，正如人们决心要获得自由，否则他们将在斗争中高尚地死去（热烈的喝彩声）。"见舍温的《每周政治纪事》，1819 年 8 月 7 日。

持这个人。他们愿意同他一起战斗，或是为他而战，这种情况也是很多很多的。没有更好的人能像他那样与人民打成一片，这又怨谁呢？这不是他们的错，他们愿意同一个与他们有着共同事业的人、一个最好的人连在一起。我记得我当工人时的那种感觉……。如果除了亨特就再没有人出来为工人说话，亨特自然就是他们的。[55]

3. 汉普登俱乐部 631

如果我们不考虑战后激进主义运动领导人的个性和领导权问题，我们就不可能理解这一极端混乱的运动。这是大众激进主义的英雄时代，然而，纵观全国，很难发现哪位领袖人物看起来像是英雄，相反，他们有时还显得滑稽可笑。从 1815 年到宪章运动期间，激进运动一直是相当活跃，持久不衰，从根本上说也是健康的，尤其是在巴恩斯利、哈里法克斯、拉夫巴勒和罗奇代尔这些地方中心。运动的真正英雄是地方上的书商、报纸经销人、行业工会的组织者，汉普登俱乐部和政治联盟的书记和发言人——这些人后来都遭到监禁，却并不指望为此得到终身酬报；他们在多数情况下仅仅是无名小卒，最多只在当地报纸和内政部的文件上留下少数几份有关其活动的记载。他们为那些喜好争论和提出异议的领袖人物提供了讲坛，不然，那些领袖们肯定无能为力了；不过他们经常沮丧地注视着领导人之间的争吵。

1816 至 1817 年冬春所发生的混乱无序的事件表明，日益发展的全国性运动缺乏一个全国性的中心。1817 年 1 月，在卡特莱特少校的倡议下，来自各地的汉普登俱乐部代表在“王冠与

---

[55] 沃拉斯前引书，第 120、146 页。

锚”的大厅集会，这是全国性请愿运动的高潮。从多方面估计，这次呈交的改革请愿书(多数是主张年度议会、成年男子普选权、无记名投票)所征集到的签名总数在 50 万到 150 万之间。

但是，从卡特莱特发出要求召开会议的传阅信件(1816 年 9 月)到会议召开期间，12 月 2 日第二次矿泉地大会引起的骚动事件已经出现了。这些骚动的起因和意义则不清楚。早在 1816 年 3 月，伦敦就已出现旨在反对监禁债务人的极端雅各宾主义骚动。当局曾截获一封致“我们受到监禁的同胞”的信。该信大概出自“三色委员会”之手，它宣布要在 3 月 2 日举起“三色
632 旗”，到那天“牢门将被打开，……高高在上的各类巴士底狱将化为灰烬”：

> 你们要设法使伦敦的每一个监狱——王府法庭、舰队街、海事法庭、卖马人巷等等——都知道我们的计划，这样你们就可以同时行动。[56]

这样的骚动并非完全不可能发生。伦敦和伯明翰在战争时从事定货生产的小雇主们是战后经济萧条的最大受害者，他们当中许多人破了产。战争期间，这些小雇主有许多一直是为大代理商从事转包合同生产的，后者从中获得较大份额的利润。小雇主发现他们的劳动只是养肥了这些中间人，而自己反倒要负担沉重税收和穷困地区的贫穷救济金。[57] 这样的境遇迫使他

---

[56] 财政部司法处档案，第 11.203 号；内政部档案，第 40.7/8 号。

[57] 伦敦东区的小雇主和工匠对征收济贫税一直不满。在不景气的年代里(18 世纪 90 年代)，伦敦斯皮特菲尔兹以及迈尔恩德等地的济贫税在每镑收入缴纳 5 至 10 先令之间，而在西区仅缴纳 2 先令 6 便士。参见《一位长官关于伦敦地区肉与汤的施舍的记叙》(1797)；W. 黑尔：《就斯皮特菲尔兹地区穷人的苦难问题给 S. 惠特布雷德的信》(1806)；T. F. 巴克斯顿：《斯皮特菲尔兹的穷困》(1816)；《行业报》，1826 年 10 月 15 日。

们转向了极端激进主义，而伦敦通讯会和威斯敏斯特接连几次的议会选举的长期宣传则早就为这种转变做好了准备。如果说关押负债者的监狱有时可能是招募密探的地方，那么，从更重要的程度上说，监狱也是激进主义者的进修学校。在这里，那些遭到债务法严厉惩罚、内心极度痛苦的受害者们不仅能够读书、讨论而且还能结识更多的朋友。[58]

1816 年 3 月的那封威胁信并没有产生任何结果，但攻打监狱的说法在 12 月的矿泉地事件中又出现了。关于这事至少有三种不同的说法，我们必须对此作一番谨慎的考察。第一种说法出自审讯詹姆斯·沃森医生时的起诉书；第二种说法出自亨利·亨特 1822 年的《回忆录》；第三种说法则出自沃森医生的辩护律师的答辩词或他自己的辩词。但这些说法都不可靠。首先，政府的说法主要出自一名政府帮凶约翰·卡斯尔的证词。他早已是个挑拨离间之徒，后来又被证明是声名狼藉的证人、伪誓者、妓院“老鸨”的保护人；[59] 其次，亨特的《回忆录》是在卡图街 633
密谋事件之后在伊尔切斯特监狱中写的，在这之前他就同沃森发生根本性的争吵，他当然有意把自己同此事的关系缩小到最低程度；而沃森则于 1819 年秋在报上同亨特进行论战，他不肯把他这方面的事公布出来，理由是时机尚未成熟。

事情的真相也许是这样。1816 年秋是一个极端困难、充满失业的时期，兰开郡、约克郡、伯明翰各行业以及伦敦都受到了影响。首都的两大工业——钟表业和丝绸业——同时陷入了萧

---

[58] 虽然《破产法》于 1797 年和 1801 年得以通过，但还是救不了小债务人，因为他们被迫呆在监狱里，而监禁的费用还得加在债务上。参见 J. 尼尔德：《小债务人救济协会记叙》(1802)，第 301、335—337 页。在内政部 1816 和 1817 年的文件中就有许多债务人的凄惨请愿书。

[59] 见下文，第 489、492 页。

条。仅在斯皮特菲尔兹一地，据说就有45000人缺乏食物，而且吵着要在11月进入济贫院。[60] 同时，伦敦还有一大群退役士兵和水手。很清楚，在这种情况下威斯敏斯特委员会退缩了，拒绝在伦敦民众中进行任何鼓动。除了威斯敏斯特竞选场合（以及伦敦城选举，此时有大量人群聚集在市政厅前）以外，自1795年以来，伦敦就再没出现过激进主义性质的、完全“不限人数”的示威活动。这样，一个小型的极端雅各宾主义的（或称斯彭斯主义的）委员会形成了，其中最活跃的成员是沃森父子、普雷斯顿、西斯尔伍德、胡珀和密探卡斯尔。该委员会于1816年11月15日在矿泉地举行示威活动，并发信邀请几位主要的激进主义者出席。科贝特同此事保持着距离，仅有亨特同意到会演讲。大会前夜，亨特把该委员会提出的大会决议案作了修改，使之比较温和，而直到这时他才见到大会的组织者们。大会的准备工作很不充分，甚至连一个像样的讲台都没有。然而到会的人都相当多，完全出乎大会组织者的预料，结果，亨特只得站在一个能够俯瞰会场的窗口前演说。

大会“延期”到12月2日。用亨特的话说，大会组织者们因成功而洋洋得意，一起陪他回到旅店，并在晚餐桌上高声侈谈革
634 命。在这当中，正是卡斯尔说出了这句祝酒辞：“愿最后一个国王被最后一个教士的肠子勒死。”（沃森和西斯尔伍德第二天拜访了亨特，并为卡斯尔的行为向亨特表示歉意！）大约在同一时候，某种“行业委员会”在伦敦成立了，普雷斯顿积极参与了其活动，而另一个密探（T. 托马斯）成功地当选为主席。据托马斯说，普雷斯顿成功地把斯皮特菲尔兹的织工组织起来，并在私下

[60] 尤见《人民报》，1817年4月19日；T. F. 巴克斯顿：《斯皮特菲在尔兹的穷困》（1816年）。

曾说出要清除所有的土地所有者和公债持有人，还提出举行起义，攻打英格兰银行、伦敦塔和各监狱。卡斯尔积极支持这些建议，而且真的在12月2日把一些武器装到一辆车上运到矿泉地。这次到会的民众比前一次多得多，其中还有许多士兵和水兵。事先也有谣传说会上要“出事”，这一谣传甚至远远传到了英格兰北部。[61] 在普雷斯顿看来，军队即将哗变，这不仅是因为士兵心怀不满，而且也因为普遍同情人民。[62] 会场上展开的一面横幅上也这样说：“英勇的士兵是我们的朋友，善待他们。”

“……腹中空空使人热血沸腾……”。这是为军队草拟的一份传单底稿上的一句话，据说这份底稿是矿泉地大会之后在沃森的家中发现的。但是12月2日头脑发热最厉害的似乎不是士兵，而是沃森医生的儿子。沃森父子俩（普雷斯顿说）会前一 635
直在喝酒，小沃森已经是酩酊大醉了。他老早站在一辆马车上对着一部分群众高谈阔论，这一部分人中的许多人（像卡什曼）同他一样，似乎也是醉醺醺的。随后，他跳下马车，走入人群中，一些人朝伦敦塔方向走去，剩下的人则向不同方向涌去。好些个枪械店遭到抢劫。一些暴动者到了伦敦塔，其中一人（也许是普雷斯顿或西斯尔伍德）爬上围墙，号召军队加入人民的行列。在铸币厂也发生过好几次的暴动，其规模使人想起戈登暴动，结束时有一个骑在马上的人率领这群暴民（无论是当局还是密探都不知道他的身份）。政府曾事先得到暴乱要爆发的警报，并采取了防范措施，而亨特也曾吃惊地发现在冷浴地监狱门前配置

---

[61] 12日3日，曼彻斯特曾有一群群来自附近的汉普登俱乐部的代表在等待伦敦的邮件。设菲尔德也出现了这种情况。

[62] 普雷斯顿称：“他们的境况比技工好些，但他们的朋友和亲戚的悲惨状况会使他们烦恼”。（财政部司法处档案，第11.203号。）事实上，在派兵平息1815年的谷物法骚乱时，部队就已明显地缺乏热情，见哈蒙德夫妇的《城市工人》，第86页。

了“大批巡捕和警官”。不过,只有一小部分卷入了暴动,更多的人则留在原地听亨特演讲。[63] 他们同意再次把大会“延期”到 12 月 9 日之后,便和平地散开了。

出席第三次矿泉地大会的人数实际上比第二次还要多。[64] 要对所有这些混乱事件做出一种解释是不容易的,这些暴动并非简单的酗酒闹事,也不是精心策划的挑衅行为,同时也没有明显的模仿攻陷巴士底狱的意图。然而,这些暴动在某种程度上却具有三方面的性质。沃森医生或许并不想看到示威活动本身以外的一些后果,不过西斯尔伍德和小沃森(在卡斯尔的鼓动下)倒有可能多多少少想要引发一次“自发的”暴动并以此打开全民武装政变的道路。小沃森后来就销声匿迹了,几个月后他化装成一个教友派教徒(用腐蚀剂毁容),偷偷登上了泰晤士河边一艘去美国的轮船。[65] 亨特当然同暴动阴谋无关,不过在开庭审讯沃森时,他还是愿意出庭作证并为沃森辩护,同时来证明自己的温和影响,[66] 并且在此后他还与沃森共事了两年。

636 普雷斯把矿泉地的暴动者称为“一伙卑鄙的傻瓜和歹徒”,但我们没有理由就此认为大多数伦敦人也持这种看法。如果说

---

[63] 沃森医生声称他也留下来了,而且还劝民众保持安静。见《独立辉格党人报》,1817 年 8 月 3 日。

[64] 计划在 1817 年 2 月和 3 月(两项法案和终止人身保护之后)再次在矿泉地举行示威活动的几次努力均告失败。以上说明主要取自 W. M. 格尼的《詹姆斯·沃森审判》(1817)一书,尤其是第 1 卷,第 45—51、51—61、73、531 页,以及第 2 卷,第 190 页;《H. 亨特回忆录》(1822),第 3 卷,第 329、344、369—372、447 页;财政部法务处档案,第 11.203 号中伦敦市长对普雷斯顿的审查,1816 年 12 月 4 日和 5 日;内政部档案,第 40.4 号中《T. 托马斯致 N. 克南特先生》(1816 年 11 月 9 日和 27 日);内政部文件,第 40.3 和 7 号;《国家传记词典》。

[65] 《独立辉格党人报》,1817 年 7 月 27 日和 10 月 12 日。

[66] 在庆祝沃森医生无罪释放(他曾经被指控犯了叛国罪)的宴会上,亨特还当了主席。同上,1817 年 8 月 3 日。

暴动者们是那些浅薄外行，并且受到好装腔作势的领导人的摆布，那么，这在一定程度上也是威斯敏斯特委员会没有坚持先前的雅各宾主义原则所产生的后果。矿泉地事件至少产生了三个严重后果，第一，它为当局压制改革派提供了所需要的借口；第二，当战后激进的改革运动刚刚起步时就吓退了温和的中等阶级改革派，并使之推出了大众的激进运动；[67] 第三，它使改革领导人在汉普登俱乐部的代表大会召开前不久陷入了惊慌失措之中。伯德特先前曾代表伦敦汉普登俱乐部在卡特莱特关于召开代表会议的传阅信上署名，他自己却去他在莱斯特的领地而不去"王冠和锚"出席会议。而科贝特，照他自己的解释，直到大会前仍犹豫不决，他认为"在这样的紧急时刻开这样的会，将会为腐败政府提供他们需要的靶子"，而且代表们会暴露身份，即使不遭逮捕，至少也会引起政府密探的注意。[68]他以比大多数改革者更加敏锐的洞察力看透了政府的挑衅手段和用激将法激励极端激进分子进行流产的暴动，以便分裂运动。他在 1816 年 12 月写道："他们全靠阴谋诡计，哦，他们太靠阴谋了！他们挖空心思，用尽手段，焦躁不安，浑身是汗，完全不能自拔，他们搞阴谋都快搞到死的地步！"[69]

直到最后一分钟，科贝特才同意（作为威斯敏斯特的"代表"）同亨特（作为布里斯托尔和巴思的代表）一起参加会议。卡特莱特少校以其沉稳的风度坐上了主席的交椅，他"身着棕色长

---

[67] 见哈勒维前引书，第 18—22 页。

[68] 《政治纪事报》，1818 年 4 月 11 日，亦见该报 18 日："我总是（对伯德特）说这样做的结果将会把一群毫无防护的人暴露在腐败政府的毒牙面前。"

[69] 《政治纪事报》，1816 年 12 月 14 日，还可参见科了著《科贝特传》，第 216 页。

礼服，头戴褐色假发，步入房间，平静地坐上第一把交椅”。[70] 然而来自兰开郡和莱斯特郡那些充满活力的俱乐部的代表很快就会看到大会陷入争吵之中，他们为此感到沮丧。（在科贝特的支持下）会上曾有人企图按照未列会的伯德特的愿望把改革者的
637 要求限制在房产持有人选举权上。亨特则支持成年男子选举权，他的主张得到了外省代表的支持。后来，科贝特出于纯粹的实用主义考虑又宣布自己改变了主意，他解释说，他以前支持房产持有选举权仅仅是因为他不相信“那些没有固定的看得见的住所、因而对安全不感兴趣的人们……正确地投出选票”：

> 我想象不出如何才能阻止那么从一个教区步行到另一个教区，一天之内投两次或三次票而且是为 5 个或 6 个候选人投票。

最后，一个“非常聪慧、谦逊的人，很抱歉我忘了他的名字，不过他来自兰开郡米德尔顿”，就他提出的异议作出了答复，指出，由于实行民兵法，每个教区都有成年男性居民的名册，这种名册同样可用作投票人名册。“于是我全明白了，以前我是根本想不到这种事……。”[71]

那位“聪慧、谦逊、来自米德尔顿的人”就是织工塞缪尔·班福德，不论人们对他作出什么样的批评，他依然是 19 世纪早期激进主义运动最伟大的编年史家。真实的情况可能是这样，像班福德这样的人给科贝特留下的良好印象比起他谈到民兵名册更能使科贝特转变到拥护成年男子选举权的事业上来。实际上，主张房产持有人选举权还是主张成年男子选举权多年来一直是中等阶级改革运动和工人阶级改革运动的分水岭，科贝特

---

[70] 班福德前引书，第 20 页。

[71] 科贝特：《每周政治纪事》，1817 年 2 月 22 日。

加入后者是具有重要意义的。然而，他的加入仍没有解决各汉普登俱乐部所面临的统一组织和领导的问题。科贝特既厌恶伯德特和威斯敏斯特委员会的“尾巴”的妥协政策，又厌恶伦敦酒馆俱乐部的秘密地下活动。对于改换宣传鼓动的方式，科贝特之所以给予正式的支持，是出于年迈的卡特莱特少校的建议。但卡特莱特的想法在许多方面仍然属于怀威尔以及小绅士改革派的郡联合会那个时代。如果乡绅们退缩不前，卡特莱特会乐于同工匠和小雇主联手。不过他依旧相信旧的行动方式，即请愿和召开郡会议。秘密委员会可以时有时无，人身保护法可以中止又中止，但卡特莱特少校却岿然不动，准备当局把他送进监 638
狱，他发表宣言，寻求古代宪法先例（因为他仍生活在盎格鲁—撒克逊的时代），在不合法手段的模糊界限上寻找可行方法。坎宁曾带有敌意地说卡特莱特是“伦敦的老心脏，全国的动乱情绪从此得到支持”[72]。而班福德从一个乡村激进主义者的立场出发所作的赞扬就比较准确。他写道：“在 1817 年人身保护法中止期间，德高望重的少校岿然不动，他英勇如雄狮，平静如处子；在那个纷乱不宁的时期竟几乎未被人们注意”。[73]

卡特莱特做得够多了，科贝特在 1817 年接过卡特莱特有关组织的过时观念时，只在其中增加了对自己作品力量的无限信赖。他一生中都对雅各宾团体感到踌躇不安，他对任何脱离自己影响的运动都感到不快。他夸大了印刷品对“公众”的影响力，轻视组织的重要性，不知道公众舆论必须通过组织的媒介才能产生效力。而且，从 1817 年开始，他就因公众和个人原因表现得十分谨慎。这是因为战争期间的铁窗生活曾使他受尽迫

---

[72] 见 R.J. 怀特：《从滑铁卢到彼得卢》，第 134 页。

[73] 班福德前引书，第 44 页。

害，这时他又一次陷入了周期性的经济窘迫之中，因此他私下决定避免引起当局的再次注意。

所有这些因素，包括个人的和观念的，都有助于我们理解为什么在1817年1月底伦敦召开汉普登俱乐部代表大会结束还不到一周的时间里，激进主义运动就陷入了四分五裂、一片混乱之中。这次大会本来就没有作出任何严肃的组织决定，在周末一两天的争论之后就散会了，只是从科克伦那里得到了一道呈交请愿书的诺言。摄政王在1月28日出席议会开幕式之后的回家路上受到民众围堵，他的马车窗户被砸坏了。政府立即发动从皮特政府以及1795年事件中承袭下来的“警报”手段，而且还任命了“秘密委员会”。当这些人还在从律师的文件箱中仔细
639 筛选他们想象的叛国罪证据之时，一大群改革示威者已经用椅子把怀抱着一卷“约像琵琶桶一样大小的”请愿书（来自布里斯托尔）的科克伦勋爵抬到了下院。上院委员会在2月中旬的一份报告中用最阴沉的言辞叙述了斯彭斯主义者、矿泉地暴动者以及汉普登俱乐部的活动。报告中提出的证据表明：

> ……以总暴动的手段，旨在推翻既定政府、法律以及王国宪法并实现对财产的全面掠夺和分配的叛逆阴谋已在首都形成……而且计划……还扩大到某些人口最密集的工业地区。[74]

2月末和3月，议会采取了一系列对付改革者的措施，以最严厉的方式重新颁布了18世纪90年代的镇压法，人身保护法被中止到1817年7月1日，扰乱治安集会法（一直生效到1818

---

[74] 关于上院委员会的报告可见《汉萨议会记录》，第35卷，第411页。西德默思把汉普登俱乐部看做是“打着议会改革旗号意在制造公共混乱和革命”。见《西德默思致菲茨威廉信（1816年12月10日）》，菲茨威廉文件，F.45(g)。

年7月24日)的用意是要把所有的改革"社团和俱乐部……作为非法组织和结社加以彻底镇压和禁止"。50人以上的集会必须事先通知地方长官后方能举行,而地方长官则有权解散任何(照他们自己的判断)具有扰乱治安倾向的集会。与此同时,西德默思还从内政部发出通函,提请地方长官的注意:他们有权逮捕那些涉嫌传播扰乱治安的诽谤性言论的人。

此时,科贝特变节了。他的变节有两层含义。首行他选择了当局正在打击汉普登俱乐部的时刻发表了他自己全面否定所有改革团体的言论:

> 我劝告同胞们不要同任何政治俱乐部、任何秘密集团、任何通讯会发生联系,而要靠个人的努力和公开集会……。这些俱乐部中固然有非常高尚非常热诚的 640
> 人,但我很难相信他们是以最佳最有效的办法在工作。

科贝特是在2月中旬说这番话的,两周以后,他对改革团体作出了更强烈的否定:

> 我一直非常真诚地试图说服公众:各种各样的俱乐部总的说来都具有有害倾向,而且根本就不可能产生好处。我曾说过……如果目标不是通过公众思想的普遍、自由、未加装饰、没有偏见的表达和影响去实现的话,这个目标就不可能,而且也绝对不应该实现的。[75]

科贝特全面否定民众组织的言论正好在中止人身保护法那一周发表。伍勒被激怒了,他在《黑矮人报》上规劝科贝特说:"先生,看在上帝的面上,别说只会造成危害的话,别把我们出卖给敌人":

> 我们的敌人在我们周围全面组织起来。那些军事俱乐

[75] 《每周政治纪事》,1817年2月15日和3月1日。

部、海军俱乐部、选区贩子俱乐部不在为腐败的事业效劳吗?……我一直认为各种俱乐部都是收集和提炼普遍的、自由的、不加装饰和没有偏见的公众意见的最重要的方式,而你说这正是问题的关键……。先生,你把最有损于改革事业的言论送给了改革的敌人,你是在用十分有害的方式玩弄改革事业……。分裂国民的人实际上是在摧毁民意。[76]

3月底,科贝特又一次变节。他自愿流放美国,还辩解说这是因为国内政府的镇压法令是特地针对他的。[77] 此后,其他许多种刊物很快填补了科贝特的《纪事》留下的空白,主要是《黑矮人报》、霍恩的《改革家纪事》以及舍温的《政治纪事》。这些刊物成功地顶住了迫害,从而使科贝特的变节黯然失色。不过,他的出走还是直接导致改革派的心情沮丧和士气低落;而且在随之而来的混乱之中,改革运动的全国中心也就不复存在了。

641 在迫害和混乱发生的同时,出现了"背毯进军"、"阿德威克密谋"和"彭特里奇起义"这些互相牵连的事件。在英格兰中部和北方的许多地区,地方改革运动仍然是强大有力的。1816年秋季和冬季就曾出现过引人注目的公众集会。[78] 与春季出现的政治危机伴随的是出现了极度的经济困难,纺织业和制铁业地

---

[76] 《黑矮人报》,1817年3月5日。

[77] 科贝特是在1819年底才回到英国的。但是在沉默一段时间后,他又重新开始出版他的《纪事》,从远处评论在英国发生的事件,通常是在事件发生5或6个月之后。因此,他对"德比处决"一事(1817年11月7日)的评论直到1818年4月才出现在《纪事》上。由于他同英国的同事仍然有通讯来往,而且也从流亡到美国的改革者那里得到一些报告,因此他的评论从总体上看是很准确的。

[78] 例如,1816年9月和10月,诺丁汉、博尔顿和设菲尔德(到会者有8000人)就出现过改革集会,此外还有伯明翰(1817年1月)。参见《诺丁汉评论》,1816年9月27日、10月4日和11日;朗福德:《伯明翰100年》,第2卷,第414—416页。

区的失业和价格飞涨。这一切一直持续到1817年的夏季末。在1816至1817年间的冬季，政治集会、读书讨论的风气已经蔓延到大多数工业地区。从诸如莱斯特、曼彻斯特、诺丁汉、德比、设菲尔德和伯明翰这类中心向外扩散，在周围工业村庄中出现了与改革团体相联系的网络。在一些产生了中心组织的较大市镇，改革派通常包括一些工匠、小商贩、少数劳工以及中等阶级中的某些极端的“亨特分子”。这些人不仅在自己的城镇，而且还能够从周围地区的工匠或手工工人中得到支持。一旦改革事业在针织业、制陶业、制钉业或是手工织造业发达的村庄打下根基，几乎完全具有无产阶级性质的镇或村的俱乐部也就形成了，而且能像卢德分子那样控制地方社区的同情。

关于莱斯特和兰开郡两地的运动情况，我们了解得相当充分。莱斯特俱乐部建立于1816年10月，其主席是个染色匠兼木材商，副主席是个鞋匠，最积极的成员有一个排字工、一个针织机制造工以及当地针织工的领导人。在一个月的时间内，这种俱乐部的成员(每周交1便士会费)就增加到500多。一个奸细曾报告过1816年11月底的一次大会的情况，到会的有200多人，一个多小时花在喝酒谈天收会费。然后威廉·斯科特，一个当地针织机制造工的首领，18世纪90年代的老资格的潘恩信徒当选为当晚的主席。他向大会致词，介绍大家看一本宫廷纪事的抄件，并宣读一份年金领取者的名单。他的讲话引来了听众的嘘声和评论： 642

> 有人说，我们开会的目的就是要把这些家伙关起来……另一个回答说，“让他们死在他们的吊袜带上”，还有一个人说：“把他们关进伦敦塔”，另个又说：“只需等两年”……他们高声谴责常备军……。一个名叫利的人提议每周买100本科贝特的《纪事》……。这项提

> 议经举手表决后得到通过。

在通过感谢主席的表决之后，斯科特唱了一首歌以示谢意：

> 他说他现在唱歌就跟18年前暴徒闯入“三王冠”酒店的情形差不多，他还说：“人民大众要自由！”听众热烈鼓掌。他唱了一首革命歌曲。

到1816年底，据说在莱斯特的村镇已有30多个汉普登俱乐部。有迹象表明，这些俱乐部的是同针织工人的工会组织同步发展的。有些地区的地方长官惊恐不安地把这些俱乐部看成是一种“旨在把议会改革运动纳入卢德运动轨道的尝试”。当局忧心忡忡地注视着政治激进主义渗入农村，并断定织袜工“完全是受了革命即目的这一信念的影响，他们感兴趣的只是作好准备以便在必要时参与战斗”。人身保护法中止之后，莱斯特各汉普登俱乐部的公开活动随即停止，正是这同一个政府当局推断（不无道理）：这是改革派退隐至秘密形式的组织中去的证明，因为卢德运动的经历已为他们作好了准备。[79]

兰开郡的情形大致也差不多。尽管一些较大的市镇如奥德姆、斯托克波特、博尔顿、罗奇代尔不时也能成为改革运动的典范，而且在曼彻斯特的改革派陷入争吵之际也能起到稳定运动的作用，然而，曼彻斯特仍然是改革运动的中心城市。班福德的回忆录一开头就列出一份1816年底“兰开郡的主要改革者”的名单：

> 这些人当中有曼彻斯特的约翰·奈特（纺织厂厂主）、威廉·奥格登（版印刷匠）……威廉·本波（鞋匠）、布雷德
> 643 伯里（石头切割匠）、艾什顿的查尔斯·沃克（织工）、莫

[79] 内政部档案，第40.3号；A.T.帕特森：《激进的莱斯特》，第107页及以后数页；H.W.戴维斯：《格雷与皮尔时代》，第180—183页。

斯利的约瑟夫·沃森(木鞋匠)、约瑟夫·拉姆斯登(毛织工);利斯的威廉·尼科尔森(活版印刷工人);奥德姆的约翰·黑(丝织工)、约瑟夫·泰勒(帽制工);罗伊的约翰·凯(织厂厂主)、威廉·菲顿(外科医学学生);伯里的罗伯特·皮尔金顿(棉织工);米德尔顿的阿莫斯·奥格登(丝织工),凯莱布·约翰逊(棉织工)以及塞缪尔·班福德(丝织工)。不久,我们当中又增加了曼彻斯特的约翰·约翰斯顿(裁缝)和利物浦的约瑟夫·米切尔(绸布商)。

我们还可以补充另外一些1816至1819年间杰出人物的名字,奥德姆的约翰·布劳(机品制造工,卫斯理宗一神教的俗人传教士);班福德的滑稽朋友,约瑟夫·希利(理发师,"庸"医);约翰·巴古利(仆人);斯托克波特的塞缪尔·德拉蒙德("背毯进军"的主要组织者);曼彻斯特的约瑟夫·约翰逊(小制刷业主),以及聚集在激进的《曼彻斯特观察家报》(创办于1819年初)周围的一群人,其中有名的是沃德尔、詹姆斯·罗以及J. T. 萨克斯顿。此外,因涉嫌参与阿德威克密谋而被扣留的人,包括一个磨刀匠,一个箍桶匠和一个漂布业者。

兰开郡运动头几个月的情况有一种描述,出自印刷匠约瑟夫·米切尔之手,他的说法并不那么可信。早在1816年他就是"利物浦一心会"的成员。这是一个主要由中产阶级组成的协会,由于它拒绝从事公众宣传,米切尔对此感到反感:

他们总是喝酒、唱歌、祝酒、说俏皮话、高谈阔论,推杯换盏时是如此,饱餐之后还是如此。他们对于布鲁厄姆这样的人以及类似人物也嗤之以鼻……但就不愿做一件有利于人民事业的事。[80]

为了寻求工作米切尔到了兰开郡南部，他碰见许多“信誓旦旦”但行动消极的改革者，并决心“深入民众传播道德和政治知识”。他成了第一个自封的政治传教士，从一个镇走到另一个镇，靠销售卡特莱特的小册子与他自己的《致人民书或政治入门》维持生活。1816 年 11 月初在他伦敦拜访了卡特莱特，并同科贝特见了面。科贝特把《政治纪事报》的兰开郡经销处交给了他（他似
644 乎是同本波一同分担这一职位），从此他便同汉普登俱乐部结下了不解之缘。[81]

虽说有少数小厂主和职业人士积极参加了兰开郡的运动，但这些人同曼斯特那一小群中等阶级改革派却有着明显的差别。那些人有自己的出版物，而且明显地信仰边沁的思想体系，他们竭力同追随亨特的改革者保持距离，即使是在他们共同参加的运动或是在（如彼得卢事件之后）他们大力支持后者的时刻。[82] 奇怪的是在地方的激进主义领导层中却没有纺纱工人和工厂工人。纺纱工人的激进主义倾向是毋庸置疑的，曼彻斯特当局曾在 1817 年 2 月注意到“当附近的纺纱厂停工之时，参加改革集会的人数就大大增加了。这证明不满情绪并不是只有贫穷不幸的人们才有，纺纱工人的状况相对而言还是比较好的。但这个群体近来也在捐款支持改革者。”[83] 这些年来，纺纱工人

---

[80] 关于“一心会”，可参见 B. 惠延厄姆—琼斯：《利物浦的政治俱乐部》，载于《兰开郡和切郡历史协会公报》(1959)，第 129 页。

[81] 《毯进军者报》，1819 年 11 月 27 日，《致人民书》(1816)，载内政部档案，第 40.9 号。

[82] 关于中等阶级改革者的情况，可参见 A. 普伦蒂斯前引书，第 73—74 页；D. 里德：《彼得卢》，第 5 章。

[83] H. W. C. 戴维斯：《兰开郡的改革者》，第 30 页。

的境况日渐衰落,他们进入了第一次工会运动的高峰。1818年发生了纺纱工人大罢工,并出现了组织“总工会”的初步尝试。罢工期间,在地方长官致财政部的信函中,就曾有许多报怨巴古利和德拉蒙德这类激进主义鼓动家的话,原因是他们不仅影响了织工而且还影响了纺纱工。[84]

确实,处于北方工会运动中心的兰开郡纺纱工人正在开创全国规模的新的组织形式。那么为什么在他们当中没有产生著名的改革领袖呢?其部分在于环境,而另一部分则在于政治和意识形态。纺纱工会(在《结社法》控制下)是一种准合法团体。多年来,纺纱工人已经习惯于把他们有经验的领袖藏在幕后。此外,同织工或工匠相比,纺纱工更容易受到雇主的伤害,而且 645
兰开郡的纺纱厂老板还惯于把政治的鼓动家列入黑名单。[85] 从这个意义上说,工厂工人比手织工更不“独立”,即便后者已经濒临饥饿的边缘也是如此。此外,我们必须记住在纺纱厂里工作的时间是很长的。班福德根据在骚动的高峰时期半就业的织工和工匠可以利用没有工作的时间走许多英里路去参加代表会议或参加改革者们高谈阔论的集会而描写的生活方式,是不易被老成的棉纺工人接受的。

不过要进一步举出纺纱工不愿进入改革领导层的原因也并不困难。科贝特和亨特鼓吹的激进主义强调的是经济独立的价

---

[84] 参见哈蒙德夫妇:《技术工人》,第5章;阿斯皮诺尔:《英国早期工会》,第7章;科尔:《建立总工会的尝试》,第2章。关于《黑矮人报》1818年发表的一位纺纱工写的感人信件,见上文,第199—202页。

[85] 19世纪早期曾有人鼓励兰开郡的纺纱厂老板开除雅各宾嫌疑分子(见阿斯皮诺尔前引书,前言,第23页)。1816年10月,“暴君有产者”也曾解雇过参加激进运动的工人(见内政部档案第40.9号)。19世纪30年代还发生过清洗欧文派工厂工人的事。见G.西斯著《工人阶级》(1849),第70页。

值，它在感情上敌视工厂制度，把人们过去的互相联系和经济互惠当做理想，并以此来批判现在，这种激进主义当然不能指明工厂工人的困境。直至19世纪20年代欧文主义和工联主义开始合流之时，也很难从纺纱工人自身经历中产生出激进主义；不过，也有某些证据表明，有一些地区的纺纱工人更喜欢伍勒和卡莱尔宣传的那种更严格、更功利主义的东西，而不喜欢科贝特《纪事》中的道德说教。亨特的激进主义既没有涉及到工厂改革，也没有从总体上谈到社会问题，这样，在1816至1820年间，工厂工人的能量就主要是通过了组织自己的工会来表达了。这里产生的后果是直接的，问题也是明显的。大多数纺纱工人是激进主义者，但当局既不害怕纺纱工人起义，也不担心他们会进军伦敦。

此外，我们还可以说，曼彻斯特作为一个大都市除有一些长处之外也有某些弱点。这个城市的面积很大，行业众多，贫民区遍布。外地人的不断出入，使这个城市形成了很多个镇区，内聚力因此减弱，不如那些内地的小城镇。人口最多的爱尔兰人虽然同情1816至1820的骚动，但他们并不卷入。并且，如果说某些棉业城镇（尤其是博尔顿）有狂热的“效忠国王”的地方长官，
646 那么，许多较小的城镇几乎完全是无产阶级性质的，有时连一个警察也没有。[86] 曼彻斯特有一个常驻警监约瑟夫·纳丁，他在卢德运动时期追捕过激进分子，并从中获得了经验。著名的激进主义领袖全被盯住了，而且密探们还不断渗入“曼彻斯特宪法知识会”或“政治同盟”。在1817和1819年，纳丁手下的人和改革

[86] 在读到莱斯特郡的情况时，A. T. 帕特森也提到这一点，他说当时拉夫巴勒仅有一个常驻的治安法官；此外，他还（通过比较）把莱斯特郡北部村庄的“实力派”传统同莱斯特自身具有的守法特点区别开来。见《莱斯特郡的卢德运动、汉普登俱乐部以及工会》，载于《英国历史评论》（1948），第63期，第172页。

派领袖还在曼彻斯特街上互相发生多次争吵，有时甚至还停下来互相嘲笑或威胁。1817年月3曾被逮捕的威廉·奥格登证实说："声名狼藉的J.纳丁早在6个星期以前就多次向我宣称，如果我不停止参加公众集会，他就要逮捕我。"[87] 纳丁有一次曾这样鼓励一个囚徒：开头的日子不会很长，但在回里顿之前就难熬了，我想你会被绞死的。[88] 不过，"乡下人"只是偶尔才会受到纳丁的令人不快的注意。

于是，"乡村爱国者"就成了这些年改革运动的中坚，他们自己也感觉到了这一点。在参加1816年10月底曼彻斯特的一次公开集会之后，一个告密者曾同"一群弗尔斯沃思的改革者"一道回家：

> 他们用最刻薄的语言诅咒和谴责曼彻斯特人，但他们主要是针对上层阶级。他们安慰自己说，曼彻斯特人不到会是受到了雇主的威胁……告密者认为参加大会的人有一半来自农村。[89]

大多数带着请愿书和毛毯从曼彻斯特出发进军伦敦（1817年3月）的人是乡村织工。[90]

在可敬的约瑟夫·哈里森牧师（卫斯理宗教士，后来成为激进主义的雄辩家，小学校长）领导下，斯托克波特曾在1818年成为城市改革活动中作风大不一样的重要的典型；但是"乡下人" 647

---

[87] 科贝特：《政治纪事报》，1818年5月16日。

[88] 班福德前引书（第3版，海伍德），第174页。

[89] H.W.C.戴维斯：《兰开郡的改革者》，第24页。应该指出，这次大会曾多次请求曼彻斯特的中等阶级改革者出任主席，但曾多遭到拒绝。

[90] 被捕者的名单（见内政部档案第42.172号）表明他们大多是织工。在一批有48人的被扣留者中就有29名织工、2名纺纱工、2名劳工，家具工、锯木工、钉书工、细木要、机器制造匠、脂烛匠、染芹、鞋匠、绳工、年历匠"各一名。在另173人的被扣者中，纺纱工、梳毛工、漂白工、修补工稍多一些，但大多数仍是织工。

再一次是1819年的主要因素。正是这些人，他们的夜间操练（班福德对此曾有生动逼真和过分天真的描写）是彼得卢事件的前兆（曼彻斯特的纺纱工既无时间作此准备亦无在静静旷野进行操练）。也是这些人，他们那非常整齐的队伍（来自利斯、萨德尔沃思、米德顿、罗代尔、奥德姆和伯里等地）在1819年8月16日占满了很大一部分圣彼得广场。正当外地极端的"实力派"在等待伦敦发信号时，相当多的山地织工却在期待着曼彻斯特发生起义，他们已经等得不耐烦了。他们的愤怒不仅仅针对当局，而且（人们怀疑）也针对冷酷无情的工厂制度，从而在1817年和1819曾两度助长了这一谣传：变"曼彻斯特为莫斯科"，发动一次起义。1819年底，当曼彻斯特的运动因个人争吵和派系纷争开始解体之际，由一个奸细报告了曼彻斯特联盟的一次充满可怕忿恨且又杂乱无章的会议，报告的最后部分是令人感兴趣的：

> ……此时有两个乡下人也来开会，其中一个站起来说，他想知道这是否就是联盟——在场的人一时沉默了——终于有人回答说这应该是——那位陌生人接着说他从弗利克斯顿来，想看看改革的进展如何——有人喊道："你是赖特法官派来吗？"那个老头子不理他，反而接着说，在他们农村，每天都有数百人加入联盟的地方组织，如果他把这晚所见的事告诉他们，他们就再不会信任曼彻斯特联盟了。——好几个领导人来到两个陌生人的身旁，并在劝他们回去后不要提起那晚他们所见之事。[91]

这些人当然主要是手织工，关于他们的问题和生活方式我们已在前面章节作了探讨。到1819年，整个兰开郡地区的织工

---

[91] 内政部档案，第42.198号，全文。D.里德前引书，附录B，第221页，转录。

都已投入改革事业,而且从此时直到宪章运动末期,织工和织袜工一直都是改革事业最坚定最彻底的拥护者。要求议会保护的 648 运动接二连三地失败,直接导致改革或推翻政府本身的问题。他们不能单单指望通过工会运动来改善他们的地位;他们曾希望 1818 年的织工大罢工给他们带来持久的利益,但这次大罢工的失败却给他们留下了深刻的教训。如果科贝特和亨特所鼓吹的经济"独立"和不屈不挠的政治个人主义与工厂工人的经历并不相吻合的话,这种意识却正好适合织工的需要。科贝特厌恶工厂的喧嚣和压迫,他强调每个人都有权以自己的汗水获得一份充足的食物、一件体面的外衣以及物质的福利;他怀疑伦敦、怀疑纸币以及"那个东西";他喜欢道德的,而不是功利主义的说教;他还对正在逝去的乡村生活价值念念不忘,他的这一切都为织工拥护欢迎。说实在话,织工们除了对他不赞成政治结社和俱乐部的言论反应冷淡外,他们迫不及待地响应了科贝特 1817 年的大部分主张。

因此可以说,极端改革者的力量隐藏在英格兰中部和北部的手工工人的村庄中。我们不认为那些从事工业生产的村民就是"乡下佬"或"庄稼汉",是人民中最"落后的"一部分人。虽然城里的工匠据点——如在伦敦、伯明翰、诺里季、设菲尔德、纽卡斯尔中——为卡莱尔的自然神论以及欧文的社会主义学说提供了最早的追随者,但是手工工人在知识和读写方面也许仅次于他们。如果同其他从事工业的集团(如冶铁工人、矿工、城市贫民、体力劳动者和许多纺纱厂工人)相比,他们还优越一些。[92]

---

[92] 参见 P.K. 韦伯:《早期维多利亚英国的工人阶级读者》,载于《英国历史评论》,(1950)第 65 期,第 333 页。该文证明,1840 年手织工的识字水平优于其他集团(尽管不断抱怨织工的状况日趋恶化)。

早期工业革命时期由于机器的大量生产而出现的相对富裕，不仅带来了物质的丰富，也带来了文化价值的上升。正是因为这种手工行业生活方式遭到了破坏，他们的反抗才格外有力。如果激进主义的“密谋”中心30年来都在彭特里奇、拉夫巴勒和巴恩斯利这类地区，如果讨论阴谋计划的地点是在米德尔顿的某个教堂里，在桑希尔利斯的某个酒馆或赫克蒙德威的某个砂石坑，这并不是因为这些地方偏僻边远，而是这些城镇和村庄的人民处在无计划的经济个人主义与一种旧的生活方式相互冲突的
649 中心。手织工和织袜工是自由放任主义最惨烈的受害者，因此他们引起了西德默思爵士和奥利弗的密切注意。织工们并非后进，而是工业革命在这一阶段中最典型的工人。

4. 布兰德雷思和奥利弗

手工业工人大量集中的地区全都离伦敦有100至200英里。如果纺织业中心是在埃塞克斯，制针业的村庄是在苏塞克斯——如果织工们把他们的旗帜插到矿泉地，而不是圣彼得广场——那么，英国历史的进程也就改变了。实际上，每当反叛情绪还在彭宁山脉或沃里克郡酝酿时，它并没有明显的近期目标。到1817年，卢德运动已基本上不为人取。如何让政府感到外省感情的压力呢？“背毯进军”（也许在其准备的初期阶段，卡特莱特和科贝特已经知道并予以鼓励）是施加压力的一种尝试。兰开郡人带上请愿书和平地向伦敦进军，他们在路上还召集大会以期获得人们的支持。他们指望得到来自约克郡和英格兰中部的其他进军者的支持。据报道，有一位曼彻斯特的领袖讲过这样的话：“如果我们能使你们到达伯明翰，那就一切都好办了，因

为我确信你们的人数将会达到10万。”[93] 至于他们打算在伦敦干什么，那就有各种各样的说法。组织者宣称他们的目的仅仅是向摄政王呈交请愿书。然而，伦敦民众可能会以喧嚣的方式欢迎他们，并且进军者们可能会被期望担当马赛人曾在1792年的巴黎所扮演的角色。

我们必须再问一个问题。不仅仅是打算做什么事，而且是谁打算做？手工工人所处的地理位置不仅使他们远离权力中心，而且也在通信联络和组织方面给他们造成极为严重的弱点。我们已经注意到较小工业社区所具有的内部凝聚力以及在面临当局追究时所表现出的能力。但是它们同地方中心缺乏联系，650 尤其是地方中心同伦敦缺乏联系，则始终是它们在组织方面的弱点。因此对当局来说，要派奸细打入曼彻斯特，甚至打入设菲尔德和诺丁汉的组织都是比较容易的事，而且这些奸细往往凭自己的积极热心和空闲无事被选入地区委员会。在伦敦酒馆的极端分子之中安插奸细则是最容易的事情。

关于1817年春夏之事有一种广为接受的说法：

> 地方官们在3月和6月突然袭击了各地工人阶级的代表大会，并逮捕了所有代表，他们认为这些代表是在制定总暴动的计划，但除了那些拿薪水的奸细和告密者提供的证据之外，并没有任何证据表明有这回事，这些狂热的言论无疑是有的，但没有清晰的证据证明存在着有组织的密谋。[94]

这就是辉格派对1817年事件的标准解释，也是那个时代的改革

---

[93] H.W.C.戴维斯：《兰开郡的改革者》，第31页。斯塔福德的矿工在1816年第一次未遂的“饥饿进军”中留下了先例。“背毯进军”实际上被军队阻止了，有200多人被捕，几乎没有几个人走过利克。

[94] 科尔和波斯特盖特：《平民百姓》，第217页。

者所使用的辩护辞。此外，这种解释还得到了哈蒙德夫妇在学术上的支持，他们的《技术工人》(第 12 章)一书对臭名昭著的奥利弗的生涯作出了最具威权的重新说明。[95]

不过辉格派的解释实实在在是太简单了。我们没有必要再讨论何为“清晰的”证据这一问题，但是我们有充分的理由认为在 1817 年确有某种“实力派”密谋在酝酿之中，而且还同政府挑拨分子的反密谋活动交织在一起。早在 1816 年 12 月，伦敦的“雅各宾派”就同地方的极端派建立了松散的联系。至少有两名由兰开郡代表会议在这个月任命的特使接受指示去约克郡和英格兰中部，这两人——威廉·本波和约瑟夫·米切尔——均属“实
651 力派”。从此米切尔(一位消息灵通的地方官曾把他说成是“这一地区相当于首脑的人物”[96])便频繁来往于伦敦、英格兰中部和北方之间。当班福德于 1817 年 1 月出席汉普登俱乐部的“代表会议”时，米切尔和本波已在伦敦建立了许多联系。本波扮演着“几乎是掌礼官的角色”，而米切尔则陪同班福德访问了一些兵营(据班福德不巧妙的说法，这是偶然的)，并在营中分发了激进的小册子。由于卡特莱特、科贝特及亨特不愿在组织上充当认真的领袖人物，一些地方代表就去找了沃森医生及他那帮人，并且还在格拉夫顿街的“雄鸡酒店”同他们会晤，其间讨论了建立全国性的通信联络以及(也许)秘密组织的计划。[97]

因此，当人身保护法在 3 月份第一星期中止时，就已经存在

---

[95] R.J. 怀特在新近评述彭特里奇起义时(见《从滑铁卢到彼得卢》，第 13 章)所凭借的材料大多来自 A.F. 弗里曼特尔的文章《奸细奥利弗的真相》[载于《英国历史评论》(1932)，第 47 期，第 601 页]。但这两种描述都不如哈蒙德夫妇的描述。

[96] H.W. 戴维斯：《兰开郡的改革者》，第 28 页。

[97] 班福德前引书(1893)，第 21，32—33 页；H. 亨特：《律师档案袋阴谋》，第 9 页。

建立全国性组织的初步计划。当局曾断言当时有四个由“秘密委员会”控制的组织中心：1. 诺丁汉、德比以及莱斯特；2. 伯明翰周围地区；3. 兰开郡，4. 约克郡。毫无疑问，这些地区的激进派代表之间的交往和通信联系是相当多的。米切尔对这几个月作了记载，当时，他同本波以及奈特为躲避当局“几乎很少在一个地方逗留两夜”。[98] 班福德也曾描述过同希利一起“东奔西藏”的日子。当时某些兰开郡的改革者白天不敢露面，“只能像猫头鹰一样在夜幕降临时出来”，其他人也只能“以各种不同的借口聚会”：

> 有时他们把这些聚会称为“互济会”，有时又称“植物学会议”、“救济被监禁的改革者家属会议”或是“救济逃离英国者会议”；但是他们的真实意图（仅对参与者透露）是要实施夜间进攻曼彻斯特的计划……。

一个参加了 3 月在查德顿召开的一次这类会议的告密者曾用人们从卢德运动到宪章运动都熟悉的语言报告说：

> 一个查德顿人说，大多数人已武装起来了。他说，他认为他们将收集到 70 支燧发枪……”[99]
> 大家同意星期五下午 3 时来曼彻斯特，并在阿德威克桥的王家橡树酒店集会，听听来自伯明翰、设菲尔德和其他地方的消息，从中得到他们所期待的信息。那个查德顿人说他见过伯里的代表，还去过哈德斯菲尔德和利兹，他确信人民随时都可以起事，因为他们已在整 652
> 理卢德运动之后收藏的一批武器。[100]

---

[98] 《背毯进军者报》，1819 年 10 月 23 日。

[99] 在前面装弹药，在后面用火点着引火线发射的枪，俗称土枪。——译注

[100] 班福德前引书，第 44 页；H. W. C. 戴维斯前引书，第 35 页。

“他们看见狼烟就会前进……”。类似这样的话在内政部1839年和1845年的文件中都能找到。实力派一直等待着“听听来自”伯明翰……或伦敦……或新港的“消息”。从某种定义上说，情况是可悲的。“阿德威克密谋”是用五六次上面提到的那种集会为素材于3月底被人制造出来，并以此为借口逮捕了积极的曼彻斯特领导人的。从另一方面说，情况更加严重。男人们曾几十次分别在十几个地方带着一些枪支和自制武器在英格兰中部和北方的村庄聚会，但他们在行动上优柔寡断。这倒不是因为胆怯，而是担心会被出卖。另一个原因是他们有一种地理上的孤立感。只要在危机时刻有“消息”传来，只要某个中心城市被革命者“夺取”，暴动就会迅速波及到其他地区。到了5月，革命情绪仍然在好些地区高涨，而且这些地区之间还不时有联系，但当时却没有可靠的组织中心。全国都期待着伦敦，然而那些已同乡下人建立初步联系的伦敦人却不愿发动一场暴动，在这方面他们还不如乡下人。诺丁汉的制针匠威廉·史蒂文斯曾积极参加过密谋活动，后来逃到美国。他证实，人身保护法中止之后，“他认为成千上万的人都在说……现在是反抗的时候了”：

> ……这就是他所在的城市里大多数人在1817年3月、4月和5月考虑问题的方式……。

“虽然人们迫切希望找到反抗的方式”……但“直到5月的某个时候反抗的计划才得以形成”。第一次提出这一方案是在4月，“米切尔先生途经诺丁汉……在去伦敦的路上”。[101]

班福德说，米切尔“在他自己的圈子里活动，这个圈子有多大范围除了他之外无人知晓。4月，他在伦敦拜访德斯帕德从

---

[101] 证言载于科贝特的《政治纪事报》，1818年5月16日。

前的一个朋友,即雅各宾派的鞋匠查尔斯·彭德里尔,当时他正准备出走美国。彭德里尔帮助一个叫做威廉·奥利弗的人从债 653
务监狱里出来:出狱后不久,奥利弗就"开始表现得像一个激烈的爱国者,而且异乎寻常地急于知道是否有他可以参加的任何政治协会"。[102] 奥利弗的表白被人相信了,到 3 月他已进入到伦敦改革者的内层圈。3 月 28 日他求见了西德默思勋爵。4 月,经彭德里尔和其他改革者的介绍而与米切尔见面。米切尔对他房中壁炉台上的"拿破仑全身铜像"以及伯德特、科贝特、霍恩·图克、福克斯等人的肖像印象很深:

> 他告诉我说,同乡下的朋友建立联系是伦敦朋友们的愿望。我说,……这也是乡下非常需要的。

但是,当米切尔正式提出要同伦敦委员会见面时,奥利弗又肯定地对他说同时召集他们太危险了。[103]

奥利弗要米切尔同意让他在下一次各地旅行时陪同米切尔,米切尔被说服了。这两人是在 4 月 23 日动身的,由于奥利弗的缘故,这次旅行持续了 23 天,并使他得以见到英格兰中部和北部一些主要中心的改革派领袖。[104] 这是一次绝妙的侦察行

---

[102] 彭德里尔的证言载于科贝特的《政治纪事报》,1818 年 5 月 16 日。彭德里尔从 1811 年起就认识奥利弗,那时他是个木匠领班。奥利弗被人描述成是建筑工、木匠或会计员,但实际上,他是一个高级职员,或簿记丈量员之类。

[103] 《背毯进军者》,1819 年 10 月 23 日。

[104] 奥利弗 4 月 24 日离开伦敦;25 日到伯明翰;26 日经德比到达设菲尔德;27 日、28 日到威克菲尔德、杜斯伯里;29 日,到利兹;30 日,到曼彻斯特;5 月 1 日、2 日到利物浦;3 日到曼彻斯特;5 日到威克菲尔德;6 日到哈德斯菲尔德;7 日,到威克菲尔德;8 日到哈德斯菲尔德;9 日,到巴恩斯利;10 日,到奥西特;11 日,到斯彭河谷;12 日,到布雷德福;13 日,到利兹;15 日,到伦敦。在伯明翰至利兹的途中,米切尔利用"换马的时间"把奥利弗介绍给了德比的一位改革派领袖。参见 H. 亨特:《律师阴谋》;亦见财政部司法处档案,第 11.351 号题为《奥利弗的旅行》的文件;奥利弗的《记录》(内政部档案,第 40.9 号文件)以及信件(内政部档案,第 40.10 号)。

动，就连西德默思也对奥利弗的报告极为满意。5月5日奥利弗报告了在威克菲尔德参加了一次中心代表会议，与会者是来自伯明翰、设菲尔德、哈德斯菲尔德、巴恩斯利和利兹的代表，另外还有代表英格兰中部靠近北方的托马斯·培根。他们也向每地行将起义的众人作了约定。起义日期定在5月25日，而奥利弗
654 弗则许诺伦敦“也将会作好准备”，他私下报告说这是“一个软弱无力不切实际的计划，如果被耽搁，它就会自行破灭”。[105]

然而（也许是因为一次错认），米切尔在5月4号就被捕，此后，奥利弗便作为“伦敦的代表”独自前行。[106] 这样就出现了一种非同寻常的状况：暴动的准备在好几个地区进行，但惟一能被人确认的伦敦联络员却是个政府特务。在伦敦，沃森、西斯尔伍德、普雷斯顿和胡珀等人因叛国罪（参与矿泉地事件）正在等候审讯，他们大概会被判有罪；有些改革派领袖藏了起来，而另一些则跟随科贝特去了美国；还有一些已被监禁。到这时为止，问题似乎是相当清楚的，但各方对以后所作的解释却充满了党派偏见。改革派以及批评政府的辉格党人（诸如下院的贝内特和《利兹信使报》的贝恩斯）煞费苦心地举出各种证据说明奥利弗是6月9日事件的主要煽动者和组织者；在另一方面，当局则断言奥利弗仅起到一个告密者的作用；如果他干涉了革命计划，计划就只会被推迟或瓦解；只是由于他们的警惕，才使得危险的暴动得以避免。

真实的情况也许比这两种解释更复杂。奥利弗并非是打入秘密组织中的惟一奸细。兰开郡和诺丁汉的地方官经常能得到

[105] 亨特前引书，史蒂文斯的证言。

[106] 有一种说法，当时米切尔是化名旅行的，他“穿戴像个织工，身着粗柳条布衣，腰间还围有围腰”。参见菲茨威廉文件，F. 52(C)中《T. W. 塔蒂致茨威廉信》(1820年1月22日)。

当地告密者的报告，另外，煽动革命的人也不仅仅就是奸细。5月在米德尔顿拜访班福德的人并非是奥利弗，而是德比的代表——托马斯·培根和特纳，这两人后来都参与了彭特里奇起义。威廉·史蒂文斯证实说，当托马斯·培根从5月5日的威克菲尔德会议上带回给英格兰中部靠近北方地区委员会的报告时，

> 布兰德雷斯、特纳以及勒德拉姆均在场，此外还有许多其他人……。5月26日前约5天或6天，设菲尔德的朋友们的一封信到了诺丁汉，通知我们，由于奥利弗的劝告，起义已推迟到6月9日……因为到那时夜色会更浓，而且全国也将进入更成熟的起义状态……。结 655
> 果，诺丁汉和周围地区的准备工作一直进行到了起义那天。

在这期间，奥利弗返回伦敦向其主子作了汇报，但他并没有忘记到冷浴地监狱看望他的老同事米切尔（为此米切尔长期被怀疑是奸细）。[107] 5月23日（按照官方说法），英格兰中部和北方的地方长官曾通知西德默思无论暴动能否得到伦敦的支持，它

---

[107] 曾在《利兹信使报》上揭露过奥利弗的贝恩斯同时也带头抨击米切尔。米切尔是个浅薄愚蠢的告密者，但他并不是奸细。由琼斯·伯德特为首的一个正式的激进派调查委员会曾为他洗清了污名。班福德曾用了一章的篇幅为米切尔辩护，他的结论是大写的：“如果他是密探，他早就把那些从未被出卖过的人出卖了”，这就承认了关于密谋的计划还有更多的内容是奥利弗所不知道的。米切尔获释后并不接受卡特莱特少校的劝告：若是个诚实的人，他就应该退出公共生活。他重新参与了激进的政治活动；在他的《背毯进军者报》上驳斥贝恩斯的指责以维护自己的声誉；后来他遭到石头袭击，被人们扔进利兹运河；1820年因煽动性诽谤罪入狱。参见班福德前引书，第12和26章；《爱德华·贝恩斯的一生》，第109页；《背毯进军者报》1819年10月23日和11月20日；菲茨威廉文件，F. 52(C)；L. T. 里德：《19世纪的约克堡》，第630页。

也将于6月9日发生。“他就通知奥利弗搭邮车进入这一地区。”[108]

然而，在第二次旅行中，奥利弗却像一个接受了完全不同的指令的人，他的言谈中满是诺言和保证。先前他还时常说自己是伯德特、科克伦、亨特或是卡特莱特少校“委派的人”。[109] 这次他却谈起了沃尔弗汉普顿的改革者占领威登兵营的计划；他说《黑矮人报》的编辑伍勒“此时正在伦敦印制即将由临时政府发布的公告”；每个地方的准备工作都比他正在的地方做得更深入，他的注意力尤其集中在西区和诺丁汉两地。[110]

656 奥利弗把注意力集中在这两个地区是大有讲究的，因为卢德运动的秘密组织曾在这两个地区最为强大。而且，它们还是具有更老的革命传统的中心地区，舍温曾写道：“诺丁汉从未具有……憎恨压迫的习惯性心理，这是世界上任何一个城镇都不能达到的。”[111] 早在1816年12月，本波就曾在彭特里奇召集会议，这一地区的改革领导人托马斯·培根大约有40多岁，是一位

---

[108] 参见H.亨特前引书。

[109] 可以参见斯科尔斯的证词，载于《利兹信使报》，1817年6月21日；W.克利夫（德比）的证词，载于《达基特快报》，1818年9月9日。

[110] 题为《奥利弗的旅行》的文件，财政部司法处档案，第11.351号，其中列有以下日程表：5月23日离开伦敦；24日，伯明翰；25日，德比；26日，德比；27日，诺丁汉；28日，诺丁汉附近的村庄；29日，从设菲尔德到威克菲尔德；30日，布雷德福和哈里法克斯；31日，曼彻斯特；6月1日，利物浦；2日，从曼彻斯特到威克菲尔德；3日，威克菲尔德；4日，在此地军营（宾将军在威克菲尔德附近的司令部）；5日，利兹；6日，桑西尔利斯、杜斯伯里附近：留下信件去诺丁汉；7日，诺丁汉：搭伦敦邮车离开。根据班福德和普伦蒂斯说，在兰开郡，中等阶级改革派和工人阶级改革派都已怀疑奥利弗，并告诫人们提防他的诡计。参见舍温：《政治纪事》，1817年12月15日和1818年2月14日；奥利弗的“纪事”及信件，见内政部档案，第40.9/10号；布雷德利和狄金森的证词，内政部档案，第42.165和167号。

[111] 舍温：《政治纪事》，1817年6月21日。

“老杰克”。他曾在巴特利铁工厂干过几年铸铁工或修整工。(因参加政治活动受到迫害,1817 年不得不又从事针织行业。)政府方面曾准备过一份针对他的简报(但后来从未使用过),根据这份材料,他从 1791 年起就是“自由平等学说的积极拥护者,同时也是托马斯·潘恩的狂热信徒”。他主张财产应该“平等”,地产应该分割,每个男子都应分得 8 英亩土地。在培根看来,科贝特的《纪事》以及汉普登俱乐部“还走得不够远”。[112]

在另一个革命中心——西区,情况就比较复杂了,因为菲茨威廉的辉格派地方当局常同西德默思勋爵发生矛盾(这位郡守自己很可能还不知道奥利弗的身份和任务)。在 5 月的最后一周,行动积极的设菲尔德地方官们依靠自己的情报来源,半夜突然袭击了在“钱德勒先生的磨坊里”举行的一次“10 人队领袖”会议。“与会人员大吃一惊,纷纷夺门越窗而逃,钻入了密林之中”。当地的领袖之一沃斯顿霍姆和另外 3 人被捕。从此设菲尔德的运动就陷入混乱之中。

我们可以比较两份来自当年诺丁汉的独立的材料,这两份材料可能会存在相对立的见解。第一份材料是一个当地的告密者(他并不知道奥利弗的真实身份)给当地官员的报告:

> 我……去杰里·布兰德雷思家是今晚 6 至 7 点之间……。我们离开他家……在监狱对面遇见了(史蒂文斯)。我们沿桑迪巷走……史蒂文斯说我应该在星期一晚上在这里……。他说,有一个伦敦的代表报告说
> 伦敦约有 7 万人准备同我们一道行动;伯明翰已经完 657
> 全准备好了……。他没说这人住在哪里,只说他是一位忠实的朋友,而且……他星期一或星期四还要到这

[112] 国王对托马斯·培根案;其摘要可参见财政部司法处档案,第 11.35 号。

里来,并要把决定好的暴动时间通知我们。[113]

第二份材料是史蒂文斯在约一年之后自己作的解释:

……6月1日或2日,奥利弗来到诺丁汉……到了这位证人的家里。他说伦敦方面将为6月9日作好一切准备……奥利弗当时就同我们开了会,到会的有布兰德雷恩和特纳以及其他许多人。在会上他把一份他称为"战役计划"的文件放在我们面前……

当奥利弗和我们一起把每一件事都定好之后,他又准备前去筹办约克郡的事宜,这样,一旦伦敦发生起义,全国都能作好行动的准备。他说伦敦已有5万人准备好了武器,还说他们要占领伦敦塔……。

为了作好最后的安排,将于6月7日在设菲尔德召开北方代表的"代表大会":

会后,代表们将分头去许多大城镇;他们不是去自己所在的城镇,而是去别的地方,这样可以建立互相信任,也可以使真实的信息得以相互交流……

史蒂文斯确实于6月7日动身去设菲尔德,但"被一个骑马的小伙子追上了",结果他回到了诺丁汉:

他在自己家里见到奥利弗。他说在约克郡发生了一些叛变;不过,既然伦敦已作好一切准备,只要诺丁汉和德比的人坚持他们的承诺,那一切都会顺利进行的。我们当即开了会,奥利弗也参加了……。

会后,奥利弗立即乘邮车去了伦敦。他解释说他必须"给伦敦的

---

[113] 告密者(布尔韦尔的H.桑普森?)于1817年6月1日在恩菲尔德致西德默思信,见内政部档案,第40.6号。

起义者一个保证，即全国各地会衷心合作”。[114]

奥利弗6月2日至6日在约克郡的活动大致是清楚的。为 658
准备6月6日在桑希尔利斯（杜斯伯里附近）召开一次代表大会，他飞快地奔走于各镇之间。开会前两天，他悄悄地与指挥北方部队的约翰·宾少将见面。此后，桑希尔利斯会议就被宾将军指挥下的部队包围，代表全部被捕。[115] 部队虽让奥利弗“逃走”，但几个小时之后，一个改革者就在“威克菲尔德旅馆里看见他（他刚要乘去设菲尔德的驿车离开）正在同宾将军的一个仆人谈话。事情的真相就这样暴露。当奥利弗7日晚到达诺丁汉时有人叛变的传闻就已经在这个城镇里出现了。史蒂文斯描述的最后一次会议上，人们措辞激烈地反复盘问了密探奥利弗，他能瞒过去算是幸运。一个高个子说（奥利弗报告）“他们并不想在诺丁汉白白地被绞死，就像在兰开郡那样，如果我不在乎，他还不知道该如何看待我”。[116]

然而，“杰里”[117]布兰德雷思却没有参加这最后一次会议。早在6月5日，诺丁汉镇公所的书记长就从告密者手中得到报告：

> 我看见杰里在家里……我问他，除那个伦敦代表之外，他们是否还同其他人有联系。他说他们没有，但有些

---

[114] 威廉·史蒂文斯的证言，载于科贝特的《政治纪事报》，1818年5月16日。这两份证言材料否定了A.F.弗里曼特尔和R.J.怀特的说法，即奥利弗同布兰德雷思之间从没有任何联系。亦见《诺丁汉评论》，1817年11月7日。

[115] 这些逮捕是由一个狂热的地方官强制实行的，并不是西德默思或宾本意所在，见哈蒙德夫妇前引书，第358页。

[116] 关于这几天的情况，见内政部档案，第40.9号，以及《利兹信使报》，1817年6月21日。

[117] ”Jerry”在英文中意为“草率的”，这正好是布兰德雷思名字的昵称。——译注

家伙有……。他说他去彭特里奇后就不回家了，他要去指挥在那里起义的人，而且还要把他们带到这里……还要在他们经过的每一个城镇里募捐……

那天稍后，那个告密者又从布兰德雷思的妻子口中得知他已经走了："她认为他要到那事开始才会回来"。[118] 西德默思勋爵知道发生的一切。从6月7日起，政府、军队和地方治安官就作好了准备，单等彭特里奇的暴动。7日那天，那位诺丁汉镇公所的书记长整天都在同治安官们开会讨论"如何制止和镇压这个市镇及周围地区期待着的暴动"。9日，那位书记长写道："我的心腹人员正在注意彭特里奇附近地区，监视老培根曾威胁要采取的那些行动……。我们坐在镇议会里等了一夜。"[119]

659 "奥利弗去了伦敦，他接二连三地把他的牺牲品们抛入了他为其准备的陷阱之中……。奥利弗的老板们本可以在一个小时之内制止那些暴动准备并把它们公布出来……。但(他们)却不想制止，反而要把它们制造出来……，"[120] 这就是科贝特的解释，我们很难看出还有什么别的解释可以说明以上证据。最近有人认为奥利弗并不是一个煽动分子，即使他是，他的行为已经超出西德默思的指令。[121] 这种说法是站不住脚的。我们也没有理由认为利物浦行政当局的成员一看到流血就会呕吐，或者真有什么犯罪感。利物浦勋爵在拒绝为典礼官奈伊被处死一事说情时曾亲笔写道："人们决不能以为国王不处死叛逆者其地位也

[118] 内政部档案，第40.6号。

[119] D.格雷：《诺丁汉500年》(诺丁汉，1960)，第169页；S.麦科比前引书，第352页。

[120] 科贝特：《政治纪事报》，1818年5月16日。

[121] 参见A.F.弗里曼特尔和R.J.怀特：上引书。

能稳固”。[122] 卡斯尔雷是靠镇压爱尔兰起义起家的。财政大臣埃尔登勋爵在为死刑作辩护时，就要同罗米利以及刑法改革者进行战斗。[123] 当时的政府不仅准备对沃森医生及其同事处以叛国罪，而且也准备对设菲尔德和格拉斯哥改革团体这样做。[124]《混乱的假面戏》揭示的并非雪莱判断中的那种“无知的不法行为”，[125] 而是雪莱的大多数同胞所具有的判断。政府需要的是流血，而不是大屠杀；但也要足以让其他人害怕。

彭特里奇事件很快就说明了这一点，布兰德雷斯，这位“诺丁汉首领”，扮演了他所应承担的角色。6 月 9 日前两三天，他就在做公开准备了，在彭特里奇的旅馆里招募人员，召集会议。
9 日夜，来自各村的 200 至多达 300 人聚集起来，他们来自德比 660
峰山脚下的村庄——彭特里奇、南温菲尔德和里普利等。他们当中有织袜工、采石工、制铁工(来自巴特利铁工厂)以及农业工人。他们的枪支不多，更多的人拿着长矛、大镰刀和大头棒。他们当中许多人姓勒德拉姆、韦特曼或特纳，互相之间都有亲戚关系。他们冒着雨朝诺丁汉方向走了 14 英里，路上还去了一些农场和住宅，并在那里寻求武器和支持。就在其中的一个农场里发生了起义中惟一的一次流血事件。布兰德雷思专横地命令进入一幢据信有一枝枪的房子，他朝窗口开了枪，打死了一个农场

---

[122] 参见 R.J.怀特前引书，第 95 页，E.P.汤普森作《上帝、国王、法律》，载《新思考者》(1957—1958)，第 3 期。

[123] 例如，1813 年，他曾主张保留中世纪对叛国罪的刑罚。参见 L.拉齐诺维奇前引书，第 1 卷，第 519—520 页。

[124] 5 月底被捕的 6 个设菲尔德工人被指控犯叛国罪，但一直未受审讯——部分原因是奥利弗暴露之后，整个约克郡(包括许多的乡绅)的舆论都发生了改变。2 月曾有一些格拉斯哥改革者被捕，但由于一位主要检举人的勇气，他们在 7 月底就被释放了。

[125] R.J.怀特前引书，第 70 页。

帮工。布兰德雷思怀着不屈不挠的决心，带领着一队士气逐渐低落(人数逐渐减少)的人马。他反复吟诵一些诗句，这些诗句正好切合那一夜的情绪：

> 大家人人施展身手武艺，
> 出兵上阵，不得逃避；
> 要想吃饭就得战斗，
> 莫怕军队凶残如兽。
> 你们都清楚地看到，
> 反抗政府的时机已到。

他的一个副手向一个跟随者保证说：

> 人们期望的全国起义时间已经确定了，也就是在这周星期三、四之前。他相信成千上万的人会拿起武器……全国上下都作好了准备。……

此刻，布兰德雷思还说了一些激励士气或者说是适合于他的听众口味的话："在他们到达之前诺丁汉就会投降"，"他们将从诺丁汉出发进军伦敦，还要取消国债"，大队人马"一大早就会像潮水一样从约克郡涌出"，而且：

> ……从他昨天见到的一封信来自伦敦的信中得知，伦敦塔的钥匙会交给汉普登俱乐部的人，如果还没有交出的话。

布兰德雷思向某些犹豫不决的参加者保证说，将有"烤牛排和淡啤酒"以及甜酒，甚至还会有特伦特河上愉快的旅行。"临时政府"将组成，还将拉齐全国起义者的妻室儿女。他总是保证说，
661 "北方的大队人马"会到来，"北方的人会……扫除他们前面的一切障碍，拒绝的人将被就地枪决"。整个夜晚沿途各村庄都被"枪声、号角声、喊声和各种不同的吵闹声"搅得鸡犬不宁。第二天，这支队伍接近了诺丁汉，未见有任何支援队伍的接应，便更

加垂头丧气，并开始偷偷逃跑。此时的布兰德雷思也更专横，并威胁说要枪毙逃兵。最后，他们看见了一小队轻骑兵向他们开过来，于是就立即丢下武器，四处躲藏，军队则在后面追捕，没用几天他们全被抓住了。暴动就在这样的恐慌中结束了。[126]

彭特里奇并非是在6月8日至9日夜间发生起义的惟一村庄。虽然约克郡的代表在桑希尔利斯被捕了，[127] 但几百名受蒙蔽的工人（主要来自霍尔姆福斯河谷）在一位领袖的率领下攻进了哈德斯菲尔德。那位领袖对他们说："小伙子们，整个英国都拿起了武器——我们的自由有望了——富人将受穷，穷人将致富"。既然奥利弗叛变之事已经为人们所知，那么为什么还要发生这次袭击事件呢？两名暴动者的口供对此作了解释。一份口供说，一位当地领导人宣读了《利兹信使报》之后说："一切都完了，因为计划已全被探知，他还说现在就必须干，否则我们都将被绞死……"。另一份口供讲，一位领导人说："小伙子们，我们必须去，左顾右盼将会一事无成，今晚就必须动身，"——"他认为我们应为自由而战……"。这次事件的许多细节都再现了彭特里奇起义，然而，参加"弗利会堂"起义的暴动者要比德比郡的暴动者幸运得多。他们和一小队士兵相互打了几枪，但无人丧生。当军队的增援部队到来之后，暴动者（也许是因为发现哈德斯菲尔德并没有被革命者所控制而感到垂头丧气）就在黑夜中

---

[126] W.B.格尼：《杰里迈亚·布兰德雷思审判案》（1817），第1卷，第87、152页，第2卷，第398、420、443、450页。暴动者路过的村庄包括伊斯特伍德，见D.H.劳伦斯的《古老狂暴的英格兰》。

[127] 这些代表来自利兹、威克菲尔德、纽斯伯里、霍尔姆福斯、哈德斯菲尔德以及斯彭河谷，他们很可能都是被奥利弗引诱并非前来开会的工人阶级改革者。但他们当中至少有一个人，即詹姆斯·曼，利兹的剪绒工，是当地的改革派领袖，他后来成了利兹主要的激进派书商。他们很有可能在事实上是某种意义上的"代表"。见《利兹信使报》，1817年6月14日及21日。

662 撤离了。有两个领导人藏了起来。《利兹信使报》揭露了奥利弗之后人们的感情发生了急剧的变化，那些被捕者也从中得到了好处，当他们在 7 月被提交审讯时陪审团拒绝给他们定罪。[128]

我们详细叙述奥利弗的事件，因为这是英国历史上的一件重要事件，而且是有几分神秘性质。奥利弗是激进派当中典型的犹大，他所扮演的传奇般的角色将对整个 19 世纪的历史发挥影响。我们来分别谈谈直接的和较长期的影响。在卢德运动时期，较大工业城镇的地方官实际上已经常雇佣告密者，自 18 世纪 90 年代起，政府的一部分经费就已被用于这种秘密目的。然而，公众舆论普遍认为这种做法完全不符合英国的法律精神。“出于预防目的”的警察行动这一概念甚至在刑事案件中也是令人震惊的，当这一概念延伸到“国内的”政治观念领域时，这就同生而自由的英国人的各种成见发生了冲突。《利兹信使报》揭露了有特殊使命的煽动分子——奥利弗的真实面目后，公众舆论简直一片哗然。当今的历史学家在读到内政部文件中奥利弗的那些报告时也许不会感到惊讶，只会把他看做是密探部队中最勤奋最大胆的一员，但在 1817 年，成千上万的零售商、乡绅、非国教派牧师以及专业人员都不会想到英国还会发生这类事情。

奥利弗在起义之后不到一周的时间里就被《利兹信使报》揭露，政府声誉为此受到极大损害。就在彭特里奇事件发生的那个星期，沃森医生因叛国罪正受到审讯，被告一方把主要原告人卡斯尔驳得体无完肤，陪审团在作出裁决之前刚好有时间听到有关奥利弗真相的第一批材料，结果，他被判定“无罪”。这还仅

---

[128] 《利兹信使报》，1817 年 7 月 19 日、26 日；D. F. E. 赛克斯：《哈德斯菲尔德史》(1908)，第 292—294 页；菲茨威廉文件，F. 45(K)中约翰·巴克利以及约翰·兰利的供词；财政部司法处档案，第 11.3336 以及 4124(2)号。

是一系列法庭败诉中的一例。此外还有格拉斯哥的弗利会堂的“密谋者”以及被指控犯有煽动性诽谤罪的伍勒和霍恩(12 月)等人被宣布无罪释放。由于人身保护法的中止,在整个 1817 年有许多改革者被投入狱,然而,在反对“大陆密探制度”的呼声却 663
日益高涨起来。“实力派”改革者没有被孤立,在反对奥利弗的行动中,极端派与温和派反倒携起手来了。约翰·韦德曾在《女怪》中把奥利弗事件说成是“历史上所记载的最可鄙的做法”,10 年之后,弗朗西斯·普雷斯写道:“我简直无法用适当的语言来表达我对这种卑鄙至极的无耻小人的行为的感想,这无异于卑鄙的谋杀行为”:

> 那些在 1817 年通过“封口令”[129]以及 1819 年通过“六项法令”的人是一群恶棍,在一个治理有方的社会里他们若这样干的话,他们就会被绞死……[130]

科贝特(在美国)作出的反应不可避免地滞后了;不过人们只要是读过他在 1818 年所作的第一批评论,就不会忘记布兰德雷思和奥利弗的名字。政府的做法不仅凌辱了改革者,而且也凌辱了所有那些看重古老的自由主义立宪制度的人,因为这些人认为政府的惟一目标应该是保护个人的权利。

感情上的这种疏远后来又因审讯并处死德比暴动的参加者而变得更加长久了。既然布兰德雷思的案子已有了预定结局(因为他已杀了人),他的下属也就可以只被指控犯骚乱罪。但行政当局却非要让更多的人流血,他们指控 35 人犯有叛国罪,并格外精心地挑选了最温顺的陪审团。[131] 原告方由 10 名律师

---

[129] 指“两项法案”——译注

[130] 《女怪》,1818 年 6 月 27 日;沃拉斯前引书,第 123 页。

[131] 参见哈蒙德夫妇前引书,第 366—368 页。

担任，以便对付两名指定的被告的辩护律师。被延期到10月的审讯是在恐怖气氛中进行的。被告们几周以来只靠面包和水生存，他们也不得会客。(在德比的万圣堂教堂的墙上用石灰浆书写着：“绞死所有的雅各宾分子”。)审讯的过程也有些奇怪。当时整个国家都有谈论奥利弗，而且人们还满怀信心地希望被告律师会设法证明奥利弗所起的煽动作用。然而，律师连这个奸细的名字也未曾提及。原告方(他们用假名把奥利弗藏在德比)则依据被告所从事的公开活动来断案。为布兰德雷思辩护的“克罗斯律师”声称，被告并非是受了奥利弗而是受了科贝特以
664 及狡猾阴险的激进主义出版物的挑唆和欺骗：

> 我不能不提到……迄今发行的英国出版物中的一篇最恶毒最凶暴的文章……，它的标题是：《告英国工人大众书……》。

这些都是“迄今为止传到人类手中的最有害的出版物”。[132] 布兰德雷尼被定罪之后，那个辩护律师又改变了他所强调的重点，他说，布兰德雷思的同伙是被他们那位能呼风唤雨的领袖所迷惑的。登曼把那位诺丁汉首领比做拜伦笔下的海盗：

> 面对他锐利的目光，
> 无人敬露出不恭的表示；
> 他的嘲笑犹如魔鬼，
> 令人愤怒又使人惊悸。

无论这种辩解会使登曼在法庭的声誉提高多少，似乎也不足以平息德比陪审团中那些农场主的怨气。特纳、勒德拉姆以及韦特曼均被认定有罪并被判处死刑；在此基础上则让剩下的被告，包括老资格的改革者托马斯·培根以免除一死为条件认了罪，奥

[132] W. B. 格尼：《审判集》，第1卷，第198—200页。

利弗所起的作用就这样“被遮掩了”。[133]

这是一件非同寻常的事:全国各地竟有一些改革者甚至冒着自陷法网的风险,也要自愿到德比去证实奥利弗的所作所为。[134] 我们不能同意这种解释,即辩护律师没有传讯奥利弗是因为奥利弗事实上同布兰德雷思没有关系。首先,我们知道他同布兰德雷思有关系。其次,登曼知道此事。在审讯之前他曾写信给一个朋友说,他有理由认为奥利弗是“整个事件”的主要人物。1820 年他在下院为自己的行为辩护时说:“作为被告们的法律顾问,他当时知道的一些事,以及后来弄清的另一些事……”都使他“非常肯定”那次起义就是奥利弗煽动的。不过他认为叫密探来做被告方的证人是不明智的,因为按照诉讼程序的规则,他不能盘诘他自己的证人:“由于这种盘诘难以进行, 665
他们就可能把所有的证据都指向被告”。而且这里还有一个(也许是更重要的)考虑:如果让奥利弗出来“说说他与布兰德雷思之间的谈话,那只会证明暴动计划实际上要比犯人们自己所主张的那个计划更深入一些。我们现已确实知道在被告律师的答辩要点上有人批了一短语,说如果想证明奥利弗的煽动作用“是不能允许的,如果允许了,犯人的邪恶并不会减少……。”[135]

这似乎是一种有理的解释。但我们很难相信不能找到某种程序手段,来把那如此罪大恶极的煽动案揭露出来。虽说奥利弗从事煽动的证据不一定能构成被告方的法律依据,但伦敦和约克郡的陪审团实际上已经表明,人们的怀疑可以产生多么大

---

[133] 韦特曼的死刑是缓期执行的,他同另外 13 人一起被流放了。

[134] 见舍温:《政治纪事报》,1817 年 11 月 15 日。

[135] J.阿诺德:《登曼勋爵……回忆录》(1873),第 1 卷,第 116 页,《汉萨议会记录》(新版),第 1 卷,第 267 页;R.J.怀特前引书,第 173 页,亦见《诺丁汉评论》,1817 年 8 月 8 日。

的影响。还有另外一些可能的解释,即当局急于要给被告定罪。(西德默思勋爵10月份一直在生病,“德比审讯的结果比医生给他开的任何药方对他的身体都更为有益”。)他们也愿意采取非同寻常的措施防止人们提出奥利弗的问题。从财政部司法务文件中的答辩要点上可以清楚地看出,政府方面起初是打算第一个以叛国罪和暴乱罪审讯托马斯·培根的(他实际上并未参与起义)。但是(该答辩要点表明),既然要给培根定罪就不能不提出奥利弗的证词,那么,这个老资格的改革派就肯定会以某种方式提出反驳,甚至还会为自己辩护。于是,政府在最后一刻改变了策略:“我们决定不提出任何可能使奥利弗的名字被人提出的起诉”。把布兰德雷思作为主要被告就可能把指控局限于公开的暴乱活动这个范围内了。

此外,被告们直到审讯前一直同外界没有接触,很可能并不了解奥利弗的全部真相。他们的亲属为了给被告筹资曾卖掉了家中的一切,包括床铺。但只是到了秋季,一个名叫韦斯特的伦敦激进的金属线工组织了一个被告委员会之时(最后还在德比
666 说服了亨特参加这个委员会),他们才得到了全国的援救。实际上,政府对辩护律师施加某些压力是完全可能的,他们甚至在绞架上也要千方百计地阻止被害者行使“临终留言”的传统权利,即让一名牧师挡在死刑者与民众之间。激进主义报刊曾渲染说,原告方同被告方之间早已有默契,把最坏的动机归咎于“克罗斯律师”。布兰德雷思的案子是没有救的,但政府方面会不会暗示:如果被告律师不提到奥利弗所起的作用,就有可能不处死布兰德雷思的部分或全部同伙?或者,如果奥利弗的证言被提

了出来，原告会不会威胁要把更多的改革派株连入案？[136]

但这种考虑容易把那些被告抛在脑后。杰里迈亚·布兰德雷思是何种人呢？哈蒙德夫妇的描述有其自己的特点。他们笔下的布兰德雷思是“一个半饥半饱、未受教育而且没有工作的针织工”，“随时可能……提出不知多么狂妄的建议”。这是轻蔑性的描写。我们知道布兰德雷思并非是文盲，如果说他半饥半饱失去工作，那么成百上千同他一起的织袜工也是如此，尤其是在他曾受雇的“德比郡的支柱”行业。我们知道他在诺丁汉有一幢房子，而且在他被捕之后，他妻子作为贫民被送到她在阿什菲尔德的萨顿的居留地。一听到她丈夫被判决的消息后，她就从那里写信给他：

> ……如果你是(人们都这么说)受了那个卑鄙无耻的奥利弗的欺骗，你就宽恕他，让上帝和他的良心去惩罚他。上帝会把报应给予每一个人的，不过，我把他称为人时，我心里几乎也不这么想了(虽然他有人的外形)。啊，但愿我能补救一切并救你的命。

(这封信甚至也被监狱看守扣压了。)身无分文的安·布兰德雷思后来为了向丈夫道别，从萨顿步行到了德比。布兰德雷思给她的最后一封信是“清晰、平易而坚定的”：

> 我将在死亡的阴影中毫无惧色地通往永生；为此我希望你像我一样对着自己的灵魂向上帝发誓：我们将会
> 在天堂里相聚……。亲爱的……这里我给你留下几件 667
> 物品——一个工作包，两只毛线球，一只棉球，一条手

[136] 财政部司法处档案，第 11.351 号；H. 亨特：《回忆录》，第 3 卷，第 499—502 页；《黑矮人报》，1817 年 11 月 12 日；科贝特：《政治纪事报》，1818 年 4 月 25 日；哈蒙前引书，第 368 页；R.J. 怀特前引书，第 172 页；E.P. 汤普森前引书，第 73—74 页。

帕，一双旧长袜和一件衬衫，以及我心爱的姐姐留给我的信……。[137]

我们必须根据审讯中的材料以及这些细节来重新塑造布兰德雷思的形象，这也是一件有意义的工作。他直到最后仍拒绝“说出他何处出身，一生中曾从事过哪些不同的职业以及任何涉及他家系的特殊之事”。人们传闻他曾有过不同的行业而且生于埃克塞特。他在监狱里声称自己是“浸礼会信徒”。登曼曾对一个朋友讲，“很多人都谈论他性格中那种坚定和不屈不挠的爱国主义”。在监狱里他曾“滔滔不绝地痛骂和挖苦”一个企图要他自首的地方官，但在其他时候他却格外地沉默坚定。[138]

事实上，这些密谋者并不全是某些历史学家所想象的是目不识丁的庄稼汉。[139] 我们不能因他们的追随者中有一个人以为“临时政府”同“粮食”[140]有关就认为他们都是乡巴佬，他们当中有些人还是曾在很多地方见过世面的退伍士兵。布兰德雷思的伙伴之一，47岁的石匠威廉·特纳就曾在埃及和其他地方服过役。[141] 韦特曼是锯木工，“很有教养而且正派”，是“一个头脑清醒，性情温和的人”。艾萨克·勒德拉姆“是一个有少量财产的人”，“他同别人在德比附近合伙开了一个采石场，在方圆数英里

[137] 哈蒙德夫妇前引书，第358页；阿诺德前引书，第116页；科贝特：《政治纪事报》，1818年4月25日。

[138] 《利兹信使报》，1817年11月8日，15日；阿诺德前引书，第115页。

[139] 在德比受审的35人中，有13名针织工，7名劳工，5名煤矿工人，2名石工，2名农场主，1名石匠，1名翻砂工，1名铁匠，1名技师，1名裁缝。见财政部司法处档案，第11.351号。

[140] 在英文中，临时政府为provisional，粮食为provisions。——译注

[141] 《独立辉格党人报》，1817年10月23日。

的范围内他还是个很有名的卫斯理宗传道士”。[142] 在监狱里他读的是巴克斯特的《召唤不信教的人》,以此安慰自己。那些被捕的约克郡代表大都是高级工匠,[143] 而弗利会党起义之后被指控有罪的24人中也有9人是剪绒工。

以上情况表明我们应该用另外一种眼光来看待这些暴动者。不断有传闻说布兰德雷思本人曾是卢德分子,或许甚至是一个卢德派“首领”。[144] 弗利会堂的暴动者是从霍尔姆福思河谷 668
出发的,这个地区常会使人联想到1812年卢德分子的起誓活动。至少有一名暴动者拥有“一支据他说是在卢德时期曾合作过的旧戟”。一个军官曾在笔记中写道,袭击是伴随着山上的烽火以及表示信号的枪声而来:“这种方式同卢德时期的方式完全一样”。利兹剪绒工詹姆斯·曼很可能曾是利兹地区卢德运动的一名领袖;另一名在桑希尔利斯被捕的代表(斯莫勒)据说曾是“1812年臭名昭著的偷窃武器的人”。一名利兹的治安官报告说,“在暴动前两三周,剪绒工场的人已经在纷纷谈论8日或9

---

[142] 《利兹信使报》,1817年10月23日。这一点在下一周的报纸上因“请求”而被更正了。不过勒德拉姆很可能属于某个分离派卫斯理宗小团体,即新教团或原教旨派。亦见于B.格雷戈里的证词,见上文,第394页。

[143] 2名剪绒工,3名呢绒匠,1名鞋匠,1名木匠,1名织工,1名制刷匠以及1名酒店老板。见《利兹信使报》,1817年6月14日。

[144] 见1818年3月1日的《立法者》及菲茨威廉文件F.45(k)中《1817年8月25日G.卡文迪什勋爵致菲茨威廉》。更值得注意的是,处死德斯帕德时布兰德雷思也在场。当有人问他对叛国罪的惩罚有何看法时,他说这是可以饶恕的,他说这话是在目睹了德斯帕德的案例之后(见《独立辉格党人报》,1817年11月9日)。另外两还有名密谋者当时曾卷入德斯帕德事件,这两人是彭德里尔以及威克菲尔德的斯科尔斯。亦见奥利弗的证词,见上文,前一章注242。

日的暴动了”。[145]

因此，有理由认为有些参与起义的人并不是容易受骗的人，而是有经验的革命者。布兰德雷思的长期沉默包含着一种英雄义气，这是人们所不理解的。他对奥利弗的事守口如瓶，很可能是想以自己的死来减轻他的同伴们的罪过，同时也避免牵连别的改革者。有一份材料表明，“据说布兰德雷思曾公开说，他是应该死的。因为他已经杀了人，但他希望他是惟一的牺牲者”。但同时他对自己犯的杀人罪“并不感到悔恨”。虽然他“愿意参加任何宗教活动”，但他“无所谓悔悟，而且对任何恐惧都能经受得住”。他写信给妻子说，“上帝使我极度坚韧，使我能在受审时保持自己的灵魂。”[146]

我们可以把彭特里奇起义看做是历史上最早的、没有中等阶级支持的、完全无产阶级性质的起义之一。这次革命运动的目标也许用贝尔珀街头歌曲的歌词最能加以概括——“革命开
669 始了……”。[147] 这次起义为在战争期间陷于极端孤立境地的北方和英格兰中部的工人投下了一线光明，卢德运动也从此开始转为 1818 至 1820 年以及 1830 至 1832 年“民众的”激进运动。即便没有奥利弗的巧妙煽动，某种形式的暴动也可能发生，而且成功的机会也许会多一些。[148] 实际上，在政府的心目中，暴动的

---

[145] 《伍德致菲茨威廉》，1817 年 6 月 6—7 日、9 日；约翰·巴克利的口供；《J. 阿米塔奇上尉致菲茨威廉》；以上条款均见于菲茨威廉文件，F. 45(i)及(k)。关于曼，见上文，第 590 页。

[146] 《独立辉格党人报》，1817 年 11 月 9 日；《诺丁汉评论》，1817 年 10 月 24 日。

[147] B. 格雷戈里：《自传回忆录》，第 129 页。彭特里奇起义者自称是“复兴者”。

[148] 参见詹姆斯·伯金的口供（他是深知暴动内情的人物之一），他相信，如果没有奥利弗的插手，暴动也会在“诺丁汉、约克郡、兰开郡以及斯塔福德郡的多个地区”爆发（内政部档案，第 42.172 号）。

主要唆使者既不是奥利弗，也不是米切尔，而是那个曾在诺丁汉、德比、约克郡、兰开郡和伯明翰等地四处奔走的托马斯·培根。[149]

用现实政治学的术语来说，这一情况为西德默思以及政府的行动提供了一点点正当理由。由于相信某个暴动不可避免，他们便决定以某种特殊方式来解决问题，即强行制造出一个恐怖和刑惩的典型，并以此一劳永逸地平息“下层阶级”可怕的骚动。这并非是说在1817年的情形下工人阶级的起义会有成功的希望。起义的每一个细节都能显示出革命者在组织方面的弱点，他们缺乏有经验的领导集团。那位诺丁汉的告密者显然也是一个受雇的煽动分子（诺丁汉镇公所书记长和西德默思都知道），他的证词揭示了上百个工业村庄中改革者所面临的处境。6月6日，他去阿诺德（以前曾是卢德运动著名的中心）见了查尔斯·史密斯，“并同他谈起了那件事，还问他是否已让所有人都作好准备了”：

> 他说全镇都准备好了，即使有成功的可能性，他也不认为有那种机会：他说，除非组织得当，而且有一位好领袖，不然什么也干不了。他还劝我要小心不要落到治安官手里，因为这事只会让许多人走上绞架……。[150]

5. 彼得卢

成千上万像查尔斯·史密斯这样的人在其后的几个月时间

---

[149] 财政部法务处档案，第11.351号；国王对托马斯·培根案，摘要见菲茨威廉文件，F.45(k)中《G.卡迪文什勋爵致菲茨威廉》，1817年8月25日。

[150] 内政部档案，第40.6号。在前一周，史密斯同告密者谈话：“他已经读了许多关于革命的书，没有一次革命是在缺乏伟大人物合作的情况下取得成功的，而且他认为当前的行动就缺乏帮助。”

里一直为布兰德雷思感到悲伤。除卡什曼而外，他是双方对抗
670 中的第一个牺牲者。此事造成的心理影响是深刻的，从此之后的政府和改革者双方都意识到这纯粹是一种力量的较量。然而，奥利弗事件所造成的较长期的影响却增强了改革运动中与革命相对的合法主义的力量，一个没有奥利弗的起义有可能把惊慌失措的中等阶级推到了行动当局一边；而一个有奥利弗参与其中的起义却使得辉格党人和中等阶级改革者警觉起来。3年来，中等阶级一直把公民自由和出版权利作为决定性的政治论战的核心，他们为这些权利辩护而且对此非常敏感。奥利弗事件使1817年以后的工人阶级改革运动变得毅然但又有合法主义的特征。“和平方式”从此压倒了“暴动方式”。伍勒、霍恩以及弗利会堂的暴动者被无罪释放，以及菲茨威廉伯爵和诺福克的科克这类人（还有出版界的许多人）对“密探手段”的抗议都强调了日益萎缩的权利和合法主义传统的重要性。彭特里奇起义的失败使人们清楚地看到了密谋活动的极端危险性，只有彼得卢的突然打击（1819年8月），才把一部分人重新推回到革命道路上去。但卡图街密谋事件（1820年2月）又再次强调了奥利弗事件和彭特里奇起义的教训。从1817年直到宪章运动时期工人阶级的主要斗争方式是利用各种手段进行宣传鼓动和抗议，他们不再积极从事暴动准备了。

温和的改革派和辉格党人也不失时机地抓住奥利弗事件的教训为自己服务。事实上，《利兹信使报》对奥利弗的揭露已总结出这样一个教训，工人阶级必须使自己置身于辉格党人和中等阶级改革者的指导和保护之下。该报就德比审讯发表的社论曾劝告改革者：

> ……要像避开敌人那样避开任何一个企图把致命的暴动种子移植到人们头脑中去的政治传道士。……那些

> 谈论各种“力量”而不谈论理性的力量……的人都应该被怀疑是密探或告密者,要不就是煽动分子……。[151]

在伦敦,伯德特派的《独立辉格党人报》也得出了大致相同的教训:在德比审讯中,有一个牺牲者在1817年早些时候取消了订阅的《独立辉格党人报》,而且还宣称打算订阅《政治纪事报》,从这次起义中就可以看出宣传科贝特的“有害教条”的后果。[152] 而在科贝特看来,他的警告是要人们提防各种方式的“俱乐部和通讯会”,这是可信的,而亨特为了平息沃森、克利里和西斯尔伍德 671
这类人的批评,在后来则不止一次在大声疾呼警惕“奥利弗”。40多年来奥利弗的名字就像丧钟一样在实力派改革者和宪章运动人士的记忆中鸣响,他们每一次的暴动准备都因优柔寡断而化为了泡影。

彭特里奇起义直接地、而且是不可避免地导致了彼得卢事件,这是有其道理的。因为它是格外强大、格外坚决的“合法主义的”宣传运动(大体上是工人阶级性质的)在潜在的革命气氛中发展的结果。人们在1819年所看到并不是英国传统体制的力量,而是它的逐渐衰落。由于内部分裂和恐怖统治,加上许多地方领导人被捕,改革运动在1818的大部分时间里几乎没有表现出有组织的迹象。然而,奇怪的是,当局也是软弱无力的。政府在伦敦遇到了反对势力,陪审团拒绝给伍勒和霍恩定罪,怪模怪样的印刷品和讽刺诗文出现在窗户上;在当局看来是煽动犯罪的出版物大模大样地到处流传。他们被迫一个接一个地释放1817年因涉嫌犯罪而被捕的改革派——托马斯·埃文斯、格雷夫纳·亨森、奈特、班福德、约翰逊、巴古利、米切尔以及其他许多

---

[151] 《利兹信使报》,1817年10月30日。

[152] 《独立辉格党人报》,1817年10月23日。

人。这些人出狱之后到处演讲，参加向他们表示敬意的晚宴，而且还试图控告政府非法拘捕。此外，在兰开郡和英格兰中部还爆发了大罢工，其间据说是非法的工会居然组织上街游行。90年代的镇压不仅得到了土地所有者和许多雇主的赞同，而且在舆论上也得到了相当数量的中等阶级和工人阶级的支持，从而使雅各宾派不再吭声；然而，1817年的镇压反倒增强了激进改革者的力量，而大部分中等阶级则对政府抱着一种敬而远之的态度。1795年，皮特还能以保卫宪法、反对法国标新立异的面目出现在公众面前；但在1819年，利物浦、西德默思、埃尔登和卡斯尔雷则被人们视为一心要以专制的“大陆式的”统治来取代宪法权利的人物了。

1819年是1832年的预演。这两个时期都可能发生革命（而且第二个时期离革命非常近），因为政府陷于孤立，而且统治阶级内部分歧很大。在1819年，改革者具备了合法主义者的角
672 色，因此比以前任何时候都更强大。他们对权利提出了要求，其中有一些是按法律角度难以拒绝的，而统治阶级从不打算把这种权利扩大到“下层阶级”。但是如果下层阶级得到了这些权利，那么迟早都会导致旧制度的灭亡。许多地方官在给内政部的报告中都用几乎相同的字眼写道：如果集会、结社以及煽动性的小册子不被禁止，这事还能有完结吗？没有人认为权力的结构只是靠皮特的军营就能得以维持。权力的表层，在农村和自治城镇，是由服从与畏惧所构成的，即使骚动和罢工不可避免，但只要某一个暴动首领遭到惩罚，这两个因素仍然足以使那些犯上作乱的人为之慑服。

在1817年，这个旧世界正在逝去，而到1819年，它就已经从英国的各个地区消失了。服从的防线早已被非国教徒和卫斯理教派（不管它自身如何）削弱，后来又进一步受到卢德运动和

汉普登俱乐部的挑战。1817 年 5 月，舍温在瑟尔沃尔观察的基础上进一步指出制造业对工人的影响。“他们的职业性质促使他们组成了社团。”制造业地区的工人以收集会费的方式组织起来了，因此，政治讨论也就成了不可避免的事。人数众多就导致了服从的丧失：

> 如果一个贵族在街上遇到一个织工而后者不向他脱帽致敬，那个要人对此也毫无办法。人们对那些趾高气扬而且有专制主义思想的人的轻蔑不断增加，这种情况是我们在所有工业市镇都能观察得到的，而且从这种轻蔑中还产生了……一种露骨的、根深蒂固的仇恨，每当我们听到一个具有贵族思想的人谈到那些工业繁荣、政治思想活跃的地区时，就能知道这一点……。[153]

1819 年，改革者要求的权利是政治组织、出版自由和公共集会自由，除此之外，他们还要求选举权。我们可以依次谈谈这些权利。首先，英国的工人阶级早已成为(一百年来一直是如此)欧洲工人阶级中最“喜欢组织俱乐部的一个阶级”。英国工人在 19 世纪早期组织社团的爱好是相当惊人的。卫斯理宗和非国教派教堂的影响，互助会和工会的长期经验，议会立宪制度 673
的形式(这既能从议会选举过程观察到，又能从中等阶级及自学成才的改革者向工人阶级运动所传达的思想中得知)，所有这些影响都容易使人热衷于立宪主义的组织形式和规范。据说常有这种情况，只要有 6 个工人住在同一间屋中，他们就要任命一个主席，并提出议程，或动议先决问题：

> ……有人提议，“除小组领导人之外，谁也不应有选举权”——有位绅士站起来说了这样一番话，主席先生！

---

[153] 舍温：《政治纪事报》，1817 年 5 月 24 日。

主席先生!! 主席先生!!! 我要你尽到维持秩序的责任。他重复了这么多遍,竟使我为他的肺而担心。那位主席大声叫喊秩序! 秩序!! 他的嗓门太大,让我感到阵阵战栗。那位绅士接着说:主席先生,我想我们都是到这里来处理改革事宜的议员,这事应该照议会的方式(我把这里比做议会)来办……。他刚坐下就有另外两三个人说话了……其中一个说他有几句话要反驳那位绅士,因为他把此地竟比做了下院——腐败和小偷的巢穴,如科贝特恰如其分所说的那样;如果他非要把在坐的比做那帮人,他决不再到这里来……。[154]

这份报告发自曼彻斯特。如果另一份告密者的报告是可信的,我们就可以证明当卡图街密谋者在一间阁楼里策划刺杀内阁成员时,确实发现有必要任命他们当中一员为主席(以此作为这一职位的象征),他们讨论了把卡斯尔雷斩首以及用适当方式烧毁伦敦的问题,并用投票方式对提议进行了表决。

像这样模仿议会只是那种组织传统所表现出的可笑一面。织工和煤矿工人这类人在面临剥削和压迫时所作出的本能反应几乎都是寻求联合,他们已经逐渐意识到只有组织起来,他们才可能由一群暴民转变为一种政治势力。此外,虽然皮特提出的禁止选举全国代表和组织通讯会社的立法还保留在案,但是,当"封口令"在1818年终止生效后,官方就很难从法律上对组织地
674 方会社的权利提出异议了。在1818年的最后几个月和1819年初出现一些新形式的地方改革会社:"斯托克波特政治联盟"、"赫尔政治抗议协会"以及伦敦的"全英论坛"。同各类通讯会社和汉普登俱乐部相比,这些会社都具有公开的特点。最重要的

---

[154] 内政部档案,第42.198号,全文载D.里德前引书,第219—220页。

是，它们都是辩论和政治讲座的中心（在纽卡斯尔，这类社团被叫做“政治读书会”），同时还销售激进主义出版物。这样，这类会社反不易受到奸细的挑唆。奸细们可以混入这类会社，但除此之外他们还能干什么呢？[155]

在缺乏全国性组织的情况下，地方会社便从激进主义刊物中寻求指导。正是这类刊物为运动提供了思想联系，否则运动就会四分五裂，因此，要求最充分的出版自由便成为激进运动的主要目标之一。尤其是在1816至1820年，大众激进主义运动从手工印刷品和周刊中形成了自己的风格。这种宣传手段尚完全处于平等的阶段，因为蒸汽印刷机几乎还没有使用（其使用始于1814年《泰晤士报》），而且下层改革团体同教会或国王一样有条件使用手摇印刷机。由于运输太缓慢，全国性的（或伦敦的）报纸并不能削弱地方报纸的阵地；但却有足够时间使每周一次的《政治纪事报》或《黑矮人报》保持每期登出新闻评述，印刷费用也比较便宜，即使没有基金和广告收入也能大获其利。成功的激进主义刊物不仅为编辑而且也为地方代理商、书商以及流动报贩提供了生计。激进主义第一次成为一种可以供养专业鼓动家的职业。科贝特、卡莱尔、伍勒和韦德等人主编的报刊，在有利的条件下销量可以同大多数官方报刊相匹敌或压倒它们。[156]

科贝特变节后，《黑矮人报》便成了激进读者人数最多的报刊。该报编辑T. J. 伍勒（1786—1853）是位出生于约克郡的印刷工。他曾在肖尔迪奇做过学徒，他早期的政治活动是参加一

---

[155] 关于引人注意的“斯托克波特政治联盟”的情况，可以参见本书的717页；关于“政治抗议者协会”，可以参见韦尔默思前引书，第88页以及哈维勒前引书，第59—60页。

[156] 关于这方面的所有细节，参见下文，第718页。

675 些小型辩论会(例如常在哈克尼的"人鱼酒馆"聚会的苏格拉底同盟),战争期间在一些杂志社中工作。[157] 1815 年,他创办了《剧坛》,这份刊物的辛辣讽刺和自由主义的倾向后来成了《黑矮人报》的风格。他得到了卡特莱特少校在精神上(或许还有津贴方面)的支持。他既是一个口若悬河的演说家,又是一个文笔流畅的作家,他甚至好几次直接把文章写在石印石上。[158]他始终不渝地主张以公开的符合宪法的方式来组织激进派:

> 那些谴责俱乐部的人或是不知道他们能做些什么,要不就是希望什么都不做……。且让我们看看,然后再学学教友派的坚韧决心。他们获胜不是靠武力,也不靠暴力和恐吓。他们是靠联合制胜的。

在他看来,"政治抗议者协会"(他们的第一个俱乐部于 1818 年 7 月在赫尔成立)就提供了一种恰当的组织形式,这类组织内部分成许多小组,每组人数不超过 20 人,每周交纳一便士会费,主要任务是销售和讨论激进出版物。"较大的集会不那么适合于这类讨论"。按照规则,所有"秘密活动"均须予以拒绝;提出此类建议的人应受谴责或是被开除。"我们的书籍和帐目……随时可以让地方官检查"。有了这些措施,(他宣布说)"密探就不起作用了",而且(以他自己颇具个性的夸张笔调写道)"西德默思和卡斯尔雷之流的特务们就像被伊瑟利尔天使点触过的那个瞪眼恶魔一样无害,而且在听到夏娃的名字时也会吓一跳"。[159]

伍勒有许多竞争者。在伦敦有亨利·怀特的《独立辉格党人报》,该报纸每周一期,内容丰富,其新闻报道相当出色,但(出于

---

[157] 见《国家传记词典》的有关条目。

[158] 石印石是石版印刷用的石版。——译注

[159] 《黑矮人报》,1818 年 9 月 9 日。

辉格派或伯德特派的政见）对激进组织不感兴趣。还有约翰·亨特的《观察家报》以自己出类拔萃的风格成为激进知识分子的周报，黑兹利特就是该报的定期撰稿人。有约翰·瑟尔沃尔也再次复出，担任了《斗士》的主编。这些刊物全都对平民运动敬而远之。约翰·亨特和亨利·亨特都曾因把他们俩混为一谈而表示愤怒。他们不欢喜下层阶级的"粗俗"。（第一次矿泉地大会之后，《观察家报》曾发表社论宣布同雄辩者断绝关系——"他从没说过一句值得听的话"——这种偏见既无价值又愚蠢。[160]）在众多 676
小册子式的期刊中，舍温的《政治纪事》以及《女怪》最有影响。舍温曾是索斯韦尔—布里奇韦尔猎场的看守人，后因宣称自己是潘恩信徒而被解雇。尽管他还不到18岁，但他的《纪事》（仅次于《女怪》）也许是观点最中肯、文笔最优美的刊物了。由于舍温同理查德·卡莱尔有过交往，他的刊物在激进理论的发展史中还占有一席之地。卡莱尔先是出版《纪事》，后来又控制了其编辑工作，最后把它改为著名的《共和报》。[161] 售价一便士的《女怪》发行量较小，而且仅限于伦敦和曼彻斯特。在约翰·韦德（先前是分毛工）的主编下，《女怪》在说理方面是最严谨最有声望的刊物。韦德同样也是最引人注意的《黑皮书》的作者，该书以充分调查研究后所得出的事实披露了议会腐败、冗员闲职、教会中的多处任职和尸位素餐及英格兰银行和东印度公司重用亲戚、奢侈浪费的现象。它以双周一期的方式发展，每期6便士，售量达到10000册。《女怪》的主要影响在于促成了工人阶级运动理论的形成，起到了连接功利主义和激进工联主义的作用："我们希

---

[160] 《观察家报》，1816年11月24日。

[161] 舍温的《纪事》开初用过这个刊名。关于舍温，参见威克沃著前引书，第69页起；关于卡莱尔，参见下文，第762—768页。

望”(韦德宣布说),“我们这些主张普选权的极端激进改革者要同温和的改革者友好”。[162] 在伍勒和科贝特的旁边还有若干多少有点短命的暴力派刊物,其中寿命最长的是《美杜莎》,或称《一便士政治家》。该刊物的编辑是史密斯菲尔德的书商托马斯·戴维森。《美杜莎》曾刊载过诸如“摧毁现存制度”这类题目的社论,而且还警告批评家们说:

> ……到处都有树、街灯柱和绞索架,如果需要就地正法,就可以在这里惩办一批不思悔改不可救药的恶棍,或大大小小的财富掠夺者,以此作为对他们的警告。[163]

以上这些刊物把激进主义思想从伦敦传播到了各地,与此
677 有关的编辑、出版商、书商、流动小贩,甚至还有张贴广告的人都成为 1817 至 1822 年间为出版自由而斗争的前线战士。[164] 激进主义者的一项主要工作就是增加刊物的销售量,但随着运动的发展,地方中心开始发行自己的出版物。在这些出版物中最引人注目的是《曼彻斯特观察家报》,这更像是一份报纸而不是杂志,其发行量在 1819 年底已接近《黑矮人报》,而且在报道运动方面比其他竞争者更加具有新闻嗅觉。当然,这份报纸深深卷入曼彻斯特政治;地方政治其他中心地区也同样促进了报刊业的发展。乔治·德蒙兹为了确保自己在 1819 年 4 月入选伯明翰救贫局,曾在伯明翰发动了一场猛烈的激进主义运动。他是以一系列的信件来指导这次运动,[165] 而《埃德蒙兹的每周纪事》就

---

[162] 《女怪》,1818 年 7 月 25 日,见本书第 770 页以及威克沃前引书,第 60—61、67 页。

[163] 《美杜莎》,1819 年 5 月 1 日和 29 日;亦见威克沃前引书,第 63—64 页。

[164] 见下文,第 727—732 页。

[165] G.埃德蒙兹:《致伯明翰教区居民的信》(1819)。另见反对埃德蒙兹的系列论文(大英博物馆,8135 cc.6);以及《伯明翰观察员报》(1817)。

是这些信件的产物。在诺里季，曾经在1802年把威廉·史密斯送入议会的雅各宾派与辉格派的联盟仍然存在。正是在这里，1818年的大选产生了《蓝白矮人报》。在考文垂和达德利出现了许多小的传单，其他地区也是如此。

“垃圾工和搬运工都在阅读并讨论政治；劳工、帮工和雇主都在异口同声地表示着不满和反抗”。[166] 逐一复述地方官和大臣们就这一情况发出的惊呼是令人感到乏味的。在一位观察者看来，由于出版物的影响——

> 社会不同等级之间的分界线变得明显了，根深蒂固的憎恶和凶猛残忍的复仇心理也在劳动阶级的心中滋长。[167]

1819年底，正当霍恩和克鲁克香克卓越的讽刺诗文正处在其高峰时节（据说《杰克营造的政治大厦》售量有10万册），埃尔登愤慨地宣称说：

> 他在任职期间（1794年担任首席检查官）从未听说有人驾驶满载煽动性报纸的马车在公路沿线以及各村庄散发，乃至分送到农舍中去……。在王国……几乎每个村庄都有小店专卖亵渎神明、蛊惑人心的读物。[168]

“博尔顿的弗莱彻”写道：“国内几乎每一条街或每一根柱子上都 678
张贴有煽动性的标语口号”。除进行迫害之外，某些接受了津贴的保王派报刊多次想把“科贝特驳倒”。这些报刊是默尔的《白矮人报》、谢杰特《针对科贝特、伍勒、舍温以及其他民主主义的不信教的作家的每周评论》、《曼彻斯特爱国者》，以及伯明翰的

---

[166] R.K.韦伯：《英国工人阶级读者》，第48页及以下。

[167] A.B.里奇蒙：《叙事》，第54页。

[168] 见威克沃前引书，第135页及以下。

“乔布·诺特”等那些下流的小册子作者写的东西。(改革者阵营内部的长期争吵为这些报刊提供了大量的话题)。

我们可以举出这些刊物中的一例以说明1819年底所能见到的恐慌情绪。利兹曾出版过一份伪造的《改革者指南》(旨在以假乱真),洋洋自得的伪作者们为了获得西德默思勋爵的赏识,还寄了一份给他:

> 激进改革即是全面革命。它是建立在共和主义原则基础上的一次政府变革,其目标是修正人权。这就是它的真正性质,而它的特点是掠夺、谋杀和屠杀。

改革者坚持“平等原则”,“如果我们对其他人的财产拥有同等权利……那么,根据同一原理,强暴他人的妻子和女儿也会得到姑息和原谅的”。

> 那些靠你们的蠢行发财的是些什么人?去问问那些政治书商就行了……。起初他们就像有毒的爬虫,藏在阴暗的胡同、洞穴和隐蔽处,不敢爬出来……。

但现在他们却利用人民的老实可欺从中得利:

> 愿上帝怜悯你们,你们既不能堂堂正正地做事,就去做那种心怀不满拉帮结派的人。值得庆幸的是你们是英国人……。读读圣经吧……。别让你们的妻子和女儿出门……。[169]

合法派改革1819年所要求的第三项权利是公共集会和示威自由。从“伦敦通讯会”组织的最后一次示威活动到矿泉地集会之间有20年间歇。在整个这段时期,除了选举期间的集会和当地辉格派当局召集的郡会(由乡绅主持)之外,民众的政治集
679 会大体上都停止了。在各地的保王派乡绅看来,工人参加由其

---

[169] 《改革者指南中白人的权利之再思考》(利兹,1819)。

本阶级主办的集会无异是暴动和反抗行为。1817年初，一个身兼牧师职位的地方官在伯明翰制止一次秩序井然的改革集会时说过这种话："乱七八糟和不体面的程序，受到错误引导的大众，喧嚣和暴力行为，少数野心家的阴谋……恶劣的诡计。"[170] 当第一次公开的改革集会在陶器区(伯斯莱姆，1817年1月)举行时，斯塔福德郡守和塔尔博特伯爵和一群地方官就感到有必要亲自出席，而此时在附近看不见的地方已经布置了军队。[171]

尤为重要的是，宪法派新型的改革示威活动首先在兰开郡发展起来了。早在1816年10月，布莱克本就发生过一次组织很好的公开示威。1817年1月，奥德姆的一次集会游行在前排布置了仪仗队，最后还有由一个教友派药剂师作象征性指挥的乐队演奏。[172] 矿泉地事件以及彭特里奇的教训，促使合法主义者下决心去改变对他们的指责：他们是一群无法无天、衣衫褴褛的乌合之众。班福德在谈到彼得卢集会的准备工作时有一段话是人所共知的：

> 人们认为这次大会应该正正经经、卓有成效，应该表现出前所未有的风貌，这样才是得策的。报刊上过去的常辱骂我们召集的人衣衫褴褛，面孔脏脏……队伍乱七八糟，活像一群群暴民……。

"'整洁'、'稳健'、'秩序'，是委员会发布的第一道命令，后来经亨特先生建议又加上了'和平'这一条"。这就是1819年8月16日之前的每日夜间或清晨操练的主要目标。后来在游行

---

[170] G.埃德蒙兹：《致伯明翰居民的信》(1817)，第15页。

[171] 内政部档案，第40.4号。这次有3000人参加的集会组织得井井有条，给塔尔博特伯爵留下了深刻影响。为此他建议西德默思勋爵镇压汉普登俱乐部(而不是取消集会权利)。

[172] 内政部档案，第40.4号。

前往曼彻斯特的路上便出现纪律严明行列壮观的场面——每一百人有一个领队(帽子上别一枝月桂以示区别),队列中有数个
680 乐队还有几面绣花大旗(妇女联盟以隆重仪式赠送的),打头阵的是一队"我们最标致的姑娘"。[173]

但是班福德把这样一种训练和场面说得过于新奇了,因为激进主义者所采取的那些方式有好些个来源。原教旨卫斯理宗的野营集有某种影响,但这种影响对北方的宪章派野营集会则显得更明显。此外,那些为激进派做训练官的退役老兵也起了某种作用,但改革者们受激进的政治传统以及工会和互助会传统的影响更大。自威尔克斯时代以来,伦敦人每逢重大的政治庆典都要设宴纵酒,即使是饮酒有度的普雷斯的威斯敏斯特委员会,在 1807 年庆祝胜利时所花的钱也比整个选举活动花的钱多。[174] 每一次重大庆祝都由一个特别委员会来计划,该委员会要安排游行队伍的顺序、路线,选择适当的纪念物和口号,准备乐队和旗帜。当亨利·亨特 1819 年 9 月 15 日(在彼得卢事件之后,受审之前)以凯旋的姿态进入伦敦之时,报上用了整整一栏的篇幅来报道那天的欢迎场面:"数百名步行者扛着大枝的橡木、杨木等物";"一名步行者扛着象征团结的叉在草耙上的一捆棍子……";"全体委员携带白色的官杖,身系红色绶带,帽子上还插着月桂枝";"一面绸缎做的绿色绸旗,上面绣着有金字和爱尔兰竖琴",还有"乐队,骑手";"一面顶上和四周都扎有黑纱的白旗",白旗上有用黑字写的致彼得卢事件牺牲者的字;然后是"一面题有'普选权'字样的旧红旗";此外是一辆载着亨特先生的朋友——沃森、西斯尔伍德、普雷斯顿和其他朋友的马车,以

---

[173] 班福德前引书(1893),第 24 和 25 章。

[174] 见上文,第 465 页。

及更多的乐队、旗帜，更多的骑手，亨特先生……等等。甚至连狗也披红戴绿，颈围上还写有“不要狗税”。济慈曾写信对他的兄弟乔治说：“要让我给你详细描述，得花我一整天时间，还得用一摞纸，从伊斯林顿的天使酒家到王冠与锚的道路两旁都挤满了人。”[175]

这种传统显然在北方不那么强，因为那些地方并不存在选举伯德特和威斯敏斯特委员会这类事。那里较有影响的是互助 681
会和工会。我们知道普雷斯顿同业公会和梳毛工都借用中世纪的仪式，而且那些合法的互助会以前大多模仿了这些仪式。[176]越来越多的事实表明，在战后年代里，“非法”工会一直在公开显示他们的力量。1819 年，杜斯伯里的矿工在游行时曾一队一队旗幡飞舞地走过镇区。同年，针织工在诺丁汉举行了秩序井然的示威活动。在 1818 年的大罢工期间，曼彻斯特的纺纱工“星期二沿着皮卡得利街行进，队伍足足走了 23 分半钟”，告密者本特这样说，“艾克店里的一名伙计被选出来，他指挥他们，把他们排成队……他们像军队士兵服从他们的团长那样严格地服从他的指挥，整个队伍就像一个团队，行进中几乎没人讲话。”[177]

宾将军当时曾发表意见说：“成千上万的失业人员采取和平行动，这并不是自然而然的事。”这句话是值得深思的。那些曾把改革者诬蔑为暴民的乡绅在发现他们并非如此之后都感到心惊肉跳，有些人甚至会惊恐万分。

当他们眼见这些人穿着“激进派的破衣衫”

---

[175] 《自由帽》，1819 年 9 月 15 日；《独立辉格党人报》，1819 年 9 月 19 日；约翰·济慈：《全集》（格拉斯哥，1911），第 5 卷，第 108 页。

[176] 见上文，第 425—427 页。

[177] 杜斯伯里，见阿斯皮诺尔上引书，第 341 页；诺丁汉，见阿斯皮诺尔前引书，第 320 页；曼彻斯特，见《技术工人》，第 100 页。

和平地向前行进，举着旗和幡，
……正是他们以前夸奖的这个等级，
而今却使他们万般痛恨苦恼之极。[178]

宾将军在纽卡斯尔说的那番话对于曼彻斯特的情形具有双重意义。审判长诺里斯在彼得卢事件之后提审亨特时曾谈到(也许他还说得轻了)一次会议，

集会是在这样一种场面和气氛下召开的：会场上一面黑旗和一把带血的匕首，还有“没有平等的代表权毋宁死”的标语……。人们以咄咄逼人的姿态进入会场——他们聚集在死亡的旗帜下，这表明他们要推翻政府。[179]

班福德证实，利斯和萨德尔沃思联合会的漆黑大旗上有用白颜料写的“爱”字，上面还画有两只连在一起的手以及一颗心，它是“人们可能设计的最阴沉的景物之一”。然而，引起那无比
682 惊慌的主要还不是那些旗子，而是聚集在圣彼得广场的6万或10万大众遵守纪律的景象。在这次集会前的数周里，一些参加过滑铁卢战役的老兵有时也参加了操练，在有机会的时候他们便把木棒扛在肩上代替滑膛枪，或以击掌代替射击，这就为那些原告证人所说的“军事队列”提供了证据。(亨特自己曾反对过这种“学习当兵的把戏”。)从对这一偶然事情的反应中我们可以看出暴乱转变成为有纪律的阶级这一事实给统治阶级内心造成的恐惧。

甚至连中等阶级改革者也惊慌不安地注视着这一发展：“喧嚣混乱、冗长费时”而“持续不断的会议”，“措辞激烈的决议”以

---

[178] 《愚人村的震动》，见《激进的星期一》(纽卡斯尔，1821)，第4页。
[179] 一位观察者：《彼得卢大屠杀》(曼彻斯特，1819)，第46页。

及“狂妄的演说”只会造成“无穷无尽的灾难,从而使温和人士完全不希望他们成功”。[180] 在保王派当局看来,他们似乎面临着这样一种挑战:是维持秩序还是让所有道义,甚至武力和权威丧失。一位约克郡的保王派人士写道:“先生,无论他们是武装的还是非武装的”,

> 我把这类集会,例如在曼彻斯特发生的那一次,只看做是人民在造反;我相信,如果让其继续发展,人民的这些造反活动最终会酿造成公开叛乱……。[181]

每次持续的示威游行活动自然影响了改革者们的士气。随着服从的堤坝一次又一次地被破坏,反抗的洪水便一涌而出了。单个的织工或鞋匠因为人多势众、行列壮观以及豪言壮语而不再害怕了,他们的士气更加高涨。如果像这样继续公开地组织人民,统治阶级就不可能进行统治。彼得卢事件前数周,在各个地区中心曾出现了几十次小型集会活动以及(一周接一周的)较引人注目的示威游行:6 月在曼彻斯特和斯托克波特;7 月在伯明翰、利兹和伦敦。[182] 采取公开的合法运动实际上证明比采取密谋和暴动手段更加具有革命意味。伍勒和亨特无需任何秘密“通讯会”或秘密代表制就获得了一种地位,由此他们能够发动一场全国性运动。查尔斯·沃尔斯利先生(7 月在伯明翰)为无代表权人民的“立法代理人”,更意味着一种危险的发展趋势:由 683
激进选举权产生的同议会分庭抗礼的全国代表大会。面对这一日益壮大的势力,腐败的旧制度只有两种选择,要么对改革者实行镇压,要么作出让步。然而,在 1819 年让步就意味着向基本

---

[180] 《曼彻斯特公报》,载 D. 里德前引书,第 71 页。

[181] 一位约克郡的自由持有农:《一封致 S. W. 尼科尔乡绅的信》(1819),第 8 页。

[182] 见哈勒维前引书,第 62—63 页。

上是工人阶级的改革运动让步,这是因为中等阶级改革者还不够强大(不像他们在1832年那样),还不能提出一个较温和的前进方向。这便是彼得卢事件发生的原因。

必须再次说明,最近有人提出彼得卢事件在一定程度上是无预谋的,它部分起因是曼彻斯特已经恶化的社会关系,但在任何意义上都同政府所考虑的镇压政策无关。唐纳德·里德先生在《彼得卢》一书中着力把这一事件放到当地背景中去研究,他认为:

> 来自内政部的证据显示,彼得卢事件绝对不是利物浦内政部为制服下层阶级所希望采取或促成的一次流血镇压行动。如果曼彻斯特的地方官们遵循了内政部的政策精神,就绝不会发生"大屠杀了"。

我们也许根本就无法确定利物浦和西德默思是否参与了以暴力驱散集会的决定。[183] 不过,我们如果只依据曼彻斯特当地政见是不能理解彼得卢事件的深远意义的,这正像我们只根据战场和那一天的兵力部署,对滑铁卢战役的战略之重要性也是不可

---

[183] 里德前引书,第207页。里德先生非常重视西德默思在彼得卢事件前12天写的一封信,该信曾告诫曼彻斯特的地方官"不要采取任何行动驱散暴民"。然而,如果西德默思和地方官确实作出了任何有关"彼得卢事件的决定",那么,这一决定很可能已经在集会前的那一周内被秘密送到,而且极不可能在正式的内政部的档案中留下任何记录以备以后查阅。在霍布豪斯、宾以及诺里斯之间的"私下和秘密的"通信(载内政部档案,第79.3号)中也有一些令人奇怪的含糊之词。好几封信(摆出一副"以供记录"的样子)都反对对民众采取"轻率的"或暴力的行动(第479、480和483号);但又表现出一种空前的期待,而且还给诺里斯审判长(曼彻斯特)留下了通讯地址(第489号)。彼得卢事件两天之后,霍布豪斯记下了西德默思对莱斯特兰奇中校的决断表示了满意的话,即"他使用义勇骑兵是符合那项计划的,我知道你打算根据该项计划采取行动"(第510号)。我的意见是:1、曼彻斯特当局肯定打算使用武力;2、西德默思知道,而且赞成他们在集会中途逮捕亨特并驱散民众,但他没有考虑到这样做法需要使用暴力。

能理解的一样。如果政府对彼得卢事件无准备,当局也就不会在事发之后那样起劲地充当帮凶。在两周之中,西德默思的祝 684 贺以及摄政王的感谢已经转到了地方官和军队手中,以表彰他们"为保障公众安宁所采取的迅速、果断和有效的措施"。要求议会调查的提议被断然拒绝了,检查长和副检查长们都对地方官采取行动的合法"深信不疑"。大法官(埃尔登)"确信"这次集会"是一次公然的反叛行为",他估计会出现"一种可怕的选择——或是要军政府,或是要无政府状态",国家起诉一开始就不是针对罪犯,而是针对那天的受害者——亨特、萨克斯顿、班福德以及其他人——只是在很不情愿的情况下,最初的企图(以叛国罪控告他们)才被放弃了。如果是曼彻斯特的地方官们主张采取镇压政策,那么政府就以各种方式表示赞同并让他们自由处置。亨特、卡特莱特、伯德特、卡莱尔、查尔斯·沃尔斯利爵士、罗(来自于《曼彻斯特观察家报》)和伯明翰的埃德蒙兹等人只是 1819 年底被监禁或等待起诉的那些人中的一部分。身为牧师的地方官海在彼得卢审判中表现突出,因而获得罗奇代尔 2000 英镑奖赏。菲茨威廉伯爵则因反对大屠杀而被解除了郡守职务。六项法令为 8 月 16 日的行动签字盖章。即使彼得卢镇压不是预先安排的,它似乎也是政府一直期待的某种信号。[184]

利物浦勋爵宣称,曼彻斯特地方官们所采取的行动虽然并不十分"谨慎",但"大体上是正确的","除支持他们外别无选择"。在某种意义上,这次冲突是不可避免的,然而,致使这次冲突变得不那么"谨慎"的原因还在于它本身所特有的野蛮性质,

---

[184] 见 C.D. 杨格:《利物浦勋爵生平》(1868),第 2 卷,第 378、409、419—422,432 页;H. 特威斯:《埃尔登勋爵生平》,第 2 卷,第 337—340 页;威克沃前引书,第 129—131 页及以下;佩卢:《西德默思勋爵生平》,第 283 页以始。

要对这一点作出解释我们还得对曼彻斯特的背景情况作一番考察。曼彻斯特的保王党人同工人阶级改革者之间存在着非常激烈的对抗。这部分原因是由于工人阶级运动的成熟;此外还包括许多因素——许多大的工商家族的保王党的感情;他们对工
685 会的敌意;卢德运动及 1817 年的传统;纳丁的影响;托利派牧师的影响等等。普雷斯曾在信中对霍布豪斯说:"这伙曼彻斯特义勇骑兵和地方官比你想象的更野蛮"

> 我认识其中的一个,此人常骂道:"真他妈的瞎了眼,每周给他们 7 先令就足够了";他出去巡看他的织工干了多少活时,还带着一条吃得油光体圆的狗……。他不久前还说,"那些婊子养的把曼彻斯特周围十英里的荨麻都吃光了,他们的汤里再没有青叶子了"。我对此事表示了义愤,他立即说,"他妈的瞎了眼,你关心他们有什么用?如果我照顾了他们,我卖给你的货能这么便宜?"

"他们把人民砍倒并用脚踏碎,并以为人民会像公地里的金省花丛那样不复存在"。[185]《曼彻斯特观察家报》的一位作者在彼得卢事件前一周曾在报上对"曼彻斯特的官方绅士们"说:"试问丹东、马拉、罗伯斯庇尔那些残忍的党徒敢不敢成为更专制更暴虐的一伙。"[186] 彼得卢事件一月之后,一位身为牧师的治安法官自恃有法庭特权竟对被告说:

> 我相信你是一个彻头彻尾的流氓改革者。你们改革者中的一些人应该被绞死,你们当中的一些人肯定会上

[185] 沃拉斯前引书,第 141 页。

[186] 《曼彻斯特观察家报》,1819 年 8 月 27 日。

绞架——绳子已经套在你们的脖子上了……。[187]

不知为什么人们没有注意到有关彼得卢事件的两个问题。其一是那天发生的流血暴力事件，它确实是一次大屠杀，我们没有必要在此赘述。[188] 不过，无论某些参加操练的织工想干什么，亨特在事件前一周的努力确实有效地使人们听从了他的要求，即“冷静和秩序”以及“沉稳、坚定和温和的态度”。各地的领导人也曾告诫他们各自率领的群众不要理会任何挑衅行为。许多棍棒——即“拐杖”——被丢弃了，如此众多的妇女和儿童到会充分证明了这次集会的和平性质，而这次会议（改革者们知道） 686
是全英国都在注视的。对大众的袭击确实是出于恶毒和恐惧。

然而这种恐惧并不像某些人所说的那样是被人群包围的凶恶骑兵们所感到的恐惧，而是阶级仇恨所引起的恐惧。义勇骑兵，指骑在马上的曼彻斯特的工厂主、商人、酒馆老板和店主，他们造成的破坏比正规军（骠骑兵）更大。（一位中等阶级改革者证实说），义勇骑兵当中“某些个人的政治仇恨达到了丧心病狂的程度”。[189] 这些人对扛旗的人紧追不放，他们知道演讲者的姓名并伺机予以报复，得势之后他们还列队欢呼胜利。一个棉纺工说：“当时四处都是吆喝声，每当有人喊‘发发慈悲吧’，他们就

---

[187] 《泰晤士报》，1819 年 9 月 27 日。

[188] 参见班福德、普伦蒂斯、J. E. 泰勒等人的记述；泰亚斯（在《泰晤士报》）、贝恩斯（在《利兹信使报》）和卡莱尔（在舍温的《政治纪事报》）等当时人所作的报道；亨利·亨特的《审判》和奥德姆的《约翰·利斯审判》中证人以及当事人的证词和他们在控告伯利上校时所提供的证词；F. E. 布鲁顿：《彼得卢纪事》（1919），《关于彼得卢事件的三种描述》（1921），以及［弗朗西斯·菲利斯］（的辩护）《揭露流言蜚语》（1819）。

[189] E. 泰勒前引书，第 175—176 页。亨特公布了参加 8 月 16 日镇压行动的义勇骑兵的职业名单：有好几个人是酒店老板和工厂主的儿子，一个酒商一个代办商，一个舞蹈教师，一个乳饼贩一个屠夫等，见《致激进改革者》，1822 年 10 月 29 日，第 13—16 页，亦见 D. 里德前引书，第 81 页。

说：‘该死的东西，谁让你们来这儿？’”我们可以从以下记述中感受到当时的混乱场面：

> 我拾起一顶自由帽；一个骑兵在后面追我并要我交出来；我拒绝交。这时上来了两个骑兵问发生了什么事。那个骑兵说，这家伙不交出自由帽。那两个当中的一个接着说，该死的东西，把他砍倒。听到这话我立即就跑……。一个骑兵要砍萨克斯顿，但他的马似乎不听话，砍空了。他随即对另一个骑兵喊道，“萨克斯顿在这儿，该死的东西，把他捅了。”那个骑兵说：“我不想这样干，还是你去干吧。”当我到达沃森街的尽头时看见10个或12个义勇骑兵，还看见两个骠骑兵正用马刀砍那些挤在一起的人。这时一个骠骑兵军官骑马来到他的部下跟前，挑起他们的刀说：“该死的，你们这样干是什么意思？”然后他对义勇骑兵们大声喊道：“真丢脸，先生们；你们这是干什么？这些人已经跑不了啦。”他们停了一会儿，但等到那个军官一离开，他们又开始砍起来。[190]

只有阶级战争这一术语才能对此作出解释，但这是一场卑鄙的单方面的战争。力图逃命的人们挤成一团互相践踏，根本就顾不上反抗，只有场地边沿的几个被包围的幸存者发现自己
687 就要被逼进街道和庭院时才向追赶他们的人投掷了砖块。被杀或因伤势严重而亡的共有11人。那天夜里，在从曼彻斯特出来的路上随时都能见到受伤的人。到1819年底，彼得卢救济委员

---

[190] 《约翰·利斯审讯》(1820)，第70、80页。对比一下泰亚斯在《泰晤士报》上的描述：“两个义勇骑兵紧追萨克斯顿，‘恶棍萨克斯顿在哪儿……，你把他桶了吧。’另一个回答说，‘不行，我不想干，还是你去干吧。’那人立即向萨克斯顿刺去。”

会已核实出 421 个因在场受伤要求救济的人(还有 150 人在等候调查),其中 161 例是刀伤,其余的都是被人群挤压或马踏伤的。受伤者中有 100 多人是妇女和女孩;虽然这当中有假冒者,但同样也有许多受伤者没有要求救济,这类人或是因伤不重,或是因害怕受骗上当。[191] 班福德对那天场景的描绘是令人难忘的:

> 十分钟之后,……整个场地变得空空荡荡,如同遭到遗弃一般,讲台还在,旁边立着几根破损的旗杆,一两面划破的旗帜低垂着;场地上遍地都是帽子、围巾和鞋以及男男女女被撕破、践踏、血迹斑斑的衣衫残片。义勇骑兵已下了马——有的在为马放松肚带,有的在整理装备,有的在擦拭战刀……。[192]

彼得卢事件中人们所忽视的第二个问题是这次事件的规模,即所产生的心理影响和连锁反应的程度。这次事件无疑成了英国政治史和社会史中的一部分。我们可以分别谈谈这次事件产生的短期和长期反响,就像谈到彭特里奇起义时那样。全英国在两天之内就知道彼得卢事件,不到一周,人们就开始在啤酒馆、礼拜堂、工场和私宅里谈论这次大屠杀的每一个细节。起初,要指明人们的具体反应是困难的。改革派及其支持者的基本反应与其说是恐慌还不如说是义愤、愤怒或同情。当时在现场,亨利·亨特(在危机期间他表现得最出色)似乎就已感到彼得卢事件是激进派在道义上的胜利,他本人就是义勇骑兵暴行的受难者。他被捕之后受夹道笞挞,两旁的临时巡捕用木棍打他, 688
“就在他走上通往地方官住宅的台阶时”,克莱将军“双手举起一

---

[191] J.E.泰勒前引书,第 170 页。

[192] 班福德前引书,第 157 页。

根大木棍朝他的头猛击”，他那顶漂亮的白礼帽被打落而且“紧扣在他脸上”。受到这种待遇的亨特从地方官的住宅出来时(一个正派的反对者回忆说)：

我觉得我在他的脸上发现胜利的微笑。有个人(我想是纳丁)想伸出手来挽住他的手臂，但被他拒绝了，他还低声说道：“不，不，那太过分了……”。[193]

几天来，在兰开郡复仇成了人们直接谈论的话题。曼彻斯特似乎也处于军法管制之下了；骚动出现了，还有谣传说“乡下”人正以军事队形向这里进发。班福德曾描述过人们磨镰刀以及准备“旧斧子……螺丝刀、生锈的刀剑、长矛和钉耙”的情景。[194]然而到8月底，暴动的心理冲动反而因为全国出现不可抵挡的道义声援而受到抑制并趋于平稳。“彼得卢”这个词本身就包含着可怕的嘲讽意味，它比任何别的事实都能表明当时的情绪。在其后的几周里，由于受到克鲁克香克和霍恩的讽刺诗文的感召，暴风雨般的激进出版物便滚滚而来了；曼彻斯特的“刽子手们”不仅受到亨特和伍勒滔滔不绝的自由主义雄辩的抨击，而且还得面对更加难以忍受的辛辣讽刺。“杰克营造的政治大厦”写道：“所有的人都衣衫褴褛”，

他们诅咒自己出版的时代，
税收太重难以忍受，
祈求解救从暮到晨，
各种请愿都是徒然，
和平集会要求改革，
都被义勇骑兵乱杀乱砍，却受到那个人的感谢，

---

[193] F.A.布鲁顿：《关于彼得卢事件的三种描述》，第20—21、68页。
[194] 同上书，第163页，亦见《独立辉格党人报》，1819年8月22日。

面修的光光发剪得齐齐，
身上挂满勋章——其实又很孤单，
60 岁老花花公子，点头哈腰风度翩翩，
喜好假发、领圈、花边和珍品，
他把国家和财富留给傻瓜和坏蛋。
英国在流泪，他在坐船兜风寻欢悠闲……

甚至连摄政王在议会开幕式上的讲话也招来另一道讽刺诗： 689

看吧！
在月亮郡——
珍妮纺纱机、纺纱车和织机，
那许多恶魔之子，孕育出生。
从此阴谋和背叛到处蔓延！
天啊！
我的议——员们和绅——士们，我们有许多担忧！
改革，改革，下流的暴民大叫大喊——
这当然是流血、动乱和造反——
这群大胆狂徒！你们，我的议员们，还有我，
知道让他们不声不响地饿死理所当然……[195]

彼得卢事件违反了“生而自由的英国人”的所有信念和成见——言论自由的权利，“光明正大的态度”，不可攻击无防备者的禁忌等等。极端激进派和温和派一度放弃前嫌而共同参加抗议运动，许多辉格党人竟也愿意参加这些运动。举行的抗议集会有：8 月 29 日在史密斯菲尔德，主持人是沃森医生，讲演人为阿瑟·西斯尔伍德；9 月 5 日在威斯敏斯特举行了更大规模的集

[195] W.霍恩（同克鲁克香克一起）：《月中人》（1819）。

会,演讲人有伯德特、卡特莱特、霍布豪斯和约翰·瑟尔沃尔。[196] 10天之后亨特凯旋进入伦敦之时,《泰晤士报》估计有30万人上街。

大凡研究彼得卢事件反响的人都不会认为"生而自由的英国人"的传统仅仅是观念意识上的。在其后的几个月里,政治对抗加剧了,没有人能够保持中立;在曼彻斯特,"保王党人"陷入了极端孤立,而拥有一批追随者的卫斯理宗的信徒们是仅有的站到他们一边的团体(以谄媚的陈述)。[197] 如果说许多乡绅和职业人士对彼得卢事件感到震惊的话,他们也不愿意见到恶魔般的人民示威活动。[198] 彼得卢事件之后的运动大致都由工人阶级
690 发动并且具有工人阶级性质,这些运动开始是呼吁"复仇",而后则转入了各种形式的合法主义的抗议活动。

如果说彼得卢大屠杀的意图是遏制公共集会的权利,那么它的后果则刚好相反。人们的愤愤不平,使得那些以前从未出现过激进组织的地区产生了激进组织,甚至在深受"保王党人"影响的地区也出现了公开的示威活动。在沃尔弗汉普顿附近的科斯利成立了一个政治联盟——这是"黑乡"地区出现的第一个组织。一个当地的治安法官抱怨说:

> 这一地区的不满情绪肯定不是因为贫困所导致的,因为从矿井和铁厂的就业及工资状况来看,这里工人的

---

[196] 《独立辉格党人报》,1819年8月29日,9月5日。

[197] 内政部档案,第42.198号。曼彻斯特主日学校的校务委员会决定(1819年9月24日),凡戴白帽子或激进徽章的儿童均不得入学。不过,D.里德前引书,第203页认为卫斯理宗内部意见不合。

[198] 这里也有许多例外,例如,约克郡和诺福克的抗议集会活动就是由辉格党人主持的。

处境比王国任何其他部门的工人阶级都好些。[199]

纽卡斯尔的抗议示威最引人注意，此外还有诺森伯兰以及德勒姆的煤矿工。尽管这一地区自90年代就一直有激进主义传统（如比尤伊克和他的工匠、手艺人伙伴们以及强大的互助会和工会）；但教会与国王派掌握了市行政机关并常威胁那些试图公开组织的改革者。《独立辉格党人报》曾写道，“长期以来，皮特那帮人”一直在夸耀英格兰这一地区人民的默从和缺乏生气，然而到1819年7月和8月，激进的“各类读书会”一下子就变成了政治抗议者同盟（这种组织形式曾受到《黑矮人报》的赞扬）。彼得卢事件之后，整个地区似乎都转向了改革派。10月11日（在市长的允许下）举行了公开的抗议集会。事前有人曾预计，由于煤矿行业“比较稳定”，再加上某些煤业老板威胁开除参加集会的人，人们对集会的支持会是有限的。结果，

从南到北，从东到西，人们从东南西北四面来，激进派

6人一排阔步进了城。

一支乐队奏着“约翰尼·科普，正在走过来”的曲子为之助兴。

5至10万人“就像变戏法似的突然冒了出来”，观察家们惊讶地发现不仅是担惊受怕的矿工，而且连森德兰和希尔兹的水兵都遵守“秩序、昂扬一致”的指令。行过8英里后，从希尔兹来的那些人甚至还拒绝“享用人们为他们提供的一桶啤酒”，他们 691
“决心……不做任何有损那天的团结一致气氛的事”。大会演讲人有织工、教师、裁缝、印刷、书商和皮匠。这个“激进的星期一”过后（人们把它称为纽卡斯尔“第一次公开举行的公共政治集会”），这个城市便从此进入了全国3至4个激进和宪章运动的

---

[199] 内政部档案，第42.198号。委员会的组成人员是：两名面包师，一名铁匠，一名煤矿经理人，一名链工，一名矿工，一名小农和一名鞋匠。

中心城市的行列。在以后的几周内，激进派的“小组”就以信仰复兴运动的进度在附近的所有工业村庄和港口迅速形成了，其中有贾罗、里夫希尔、彭肖、雷恩顿、霍顿、纽巴特尔、赫顿、赫伯恩、南希尔兹、温拉顿、森德兰——在这里，“几乎在你遇见的每一个矿工的帽盔中都可以发现《黑矮人报》”。煽动的言论一直在散播着，鼓动工作甚至做到了韦尔默思主教的矿工那里，他们（一个怒气冲冲的地方官写信对西德默思说）“胆大妄为，竟提出要让那些人所共知的激进派商贩为煤矿提供消费品”。[200]

为了对付这一威胁，纽卡斯尔的保王党人成立了“武装协会”。针对这一情形，矿工和锻工们也转而拿起了武器，这些都是内战的前奏。我们过分地受了班福德的影响，他把人们对彼得卢事件的反应说成是除少数几个头脑发热的人之外，所有的人都是冷静和克制的。实际上，在10月和11月间，激进合法运动本身就曾转向革命。如果他们的对手要动武而且以非宪法的方式行动，那么他们也会行使每个公民武装反抗的权利（这种权利是卡特莱特一贯主张的）。如果集会活动被镇压，他们就会带防御器械来开会。他们的主要武装是长矛和粗木棍，木棍的一端有槽口，可以插上锋利刀刃（通常放在持棍人衣袋里）。这种刀刃（大小不一，价格在1至3先令之间，视改革者的财力而定），很容易在小铁匠铺里打制，况且这类铁匠铺在纽卡斯尔、设菲尔德、伯明翰和曼彻斯特也是相当多的。我们知道一个名叫纳曼·卡特的曼彻斯特“企业家”的一些情况（他一方面读《黑矮人报》，另一方面又注视着发财的机会）。他太不慎重，竟然雇了

[200] 《纽卡斯尔居民大会的详细报告》（纽卡斯尔，1819）；《愚人村的骚动》，见《激进的星期一》；《黑矮人报》和《纽卡斯尔编年纪事》，随处可见；《德勒姆广告报》，摘自《政治观察家报》，1819年12月19日；内政部档案，第42.198号；《独立辉格党人报》，1819年10月17日；R.G.韦尔默思前引书，第102—103页。

一个受雇的告密者"Y"作他的主要经理人(他的业务就是在旅店和纺织业村庄的"黑店"兜售矛头样品,然后从买主那里分期 692
收回货款)。我们还不能把"Y"的那些琐琐碎碎而且还经常添枝加叶的报告简单地看做是捏造。有一次,他到那个激进的铁匠卡特家去,发现他正同他妻子打架——我告诉他说在安息日打架是愚蠢行为,如果他们一定要打出个结果来,最好是推迟到星期一。他妻子说,我不会再让你打了,你制造枪尖矛头,我要让你蹲纽贝利监狱——她说这话时,他正又推又踢企图把她撵出门去……。

但纳曼·卡特遇到的婚变并不影响枪尖矛头生意在11月的第一周的兴旺势头。"Y"发现了大量喜欢这类样品的顾客,其中一个还说"这会让摄政王和他们那群坏蛋好受的"。他的一个顾客正巧是班福德,在"Y"的报告中班福德并不像他本人在20年之后自我描绘的那种形象。在生意成交的黑店里,班福德敬酒时说,"愿自由之树生长在地狱里,并让曼彻斯特的血腥刽子手成为树上的果!"他的一个同伴在闻到非法酿酒溢出的香味后说,他们要用"长矛狠狠地捅那些曼彻斯特的刽子手们",然后他就回家干活,让上帝来惩罚他,他的双手会突然脱离身体,并唱着布列塔尼亚之歌,魔鬼就会出来把他们全带去。[201]

这种情绪无疑在工业地区普遍存在。据传闻,有人还用"罐车"把手枪从伯明翰偷运到北方。在10月和11月份,一个接一个的市镇传来报告说人们在准备武器,从事操练和武装示威,这类市镇是纽卡斯尔、沃尔弗汉普顿、威根、博尔顿和布莱克本。11月,哈里法克斯的改革者在集会结束后返回时,"排成8人或

---

[201] 见"Y"向曼彻斯特市政官作的口头报告,1819年11月6日和8日。载内政部档案,第42.198号。

10人一排的队伍，有乐队伴奏，还有六七面旗帜，有人还举着点燃的蜡烛；“许多人都手持木棍……”。到一个地方他们便“大声呐喊并朝天放枪”。在伯恩利，虽然地方官发出告示警告人们不得示威，但仍有1万至1.5万人参加了示威活动。领头的人拿
693 着一块木牌，上面写有“秩序、秩序”，但他们还是“放了几十枪”。在哈里法克斯举行的一次较早的大会上，41面旗帜中只有一面写着“我们苦苦呻吟，忍辱负重，盼望解救……。但我们满怀喜悦期待着佳节的到来。”（并不是期待乔治三世的即位纪念日。）[202]另一面旗帜宣称：“血债要用血来偿”。来自里彭登的人扛着一幅画，画面是一个正在织布的半饥半饱的手织工：“穷人的劳动就像富人的财产一样珍贵”。在设菲尔德，巨大的游行队伍向布罗科前进，队伍前面的乐队演奏“死亡进军在梭罗”和“同华莱士[203]一起牺牲的苏格兰人”。[204]

但到1819年12月底，运动实际上已进入了消沉状态。这有两个原因：一是激进运动领导人内部不和；二是“六项法令”的压制。第一个问题是纠缠不清的，而且一直未得到成功的解决。我们已知伦敦的激进派组织长期处于软弱涣散的状况，到1818年和1819年早期，伦敦一直没有出现一个像英格兰中部和北方的政治联盟及政治抗议者协会那样的有凝聚力的团体。他们的

---

[202] 乔治三世于1760年继承英国王位，1820年去世。此处可能指乔治在位60年的庆典。——译注

[203] 华莱士是苏格兰历史上最伟大的英雄，因为反对英格兰国王囚禁苏格兰国王并统治苏格兰，乃率众反击并组织以平民及小地主为主的军队攻入诺森伯兰郡等地。1304年被英格兰人所捕，砍头并被肢解成4块。——译注

[204] 《有关国内状况的文件》，见《议会辩论集》，第41卷(1820)，随处可见(此处所选的地方官们的报告等文件有些带有感情色彩)；内政部档案，第42.198号；J.E.泰勒前引书，第102—134页；《不列颠人》，1819年11月11日；《独立辉格党人报》，1819年10月10日、17日、31日；哈勒维前引书，第66页。

活动常常用特别的名义举行——如以“伍勒先生的朋友的聚会”或在“王冠与锚”饭店的专门聚餐会。1818 年威斯敏斯特的两次选举使伯德特的支持者同其他激进团体之间的裂痕大大加剧了(伯德特坚持第一候选人为其银行家朋友金奈尔德,然后是约翰·卡姆·霍布豪斯为第二候选人,此人和伯特德一样是反对卡特莱特、科贝特和亨特的主张的)。

虽然矿泉地大会失败了,但沃森医生和西斯尔伍德在组织伦敦大众激进主义运动方面仍然是最坚决的中心人物。如果一个隐蔽较深的告密者(约翰·威廉森)的报告是可信的话,我们可以认为西斯尔伍德和普雷斯顿在 1817 年秋就开始了密谋准备。[205] 他们感到彭特里奇起义后,他们的工作很难开展。斯皮特菲尔兹地区的穷困现象已不再那么严重。9 月(据威廉森 694
说),普雷斯顿说“他去斯皮特菲尔兹……见过两三个老熟人,他发现他们在干活,而且不喜欢像他那样的人”。他们没有停下活听他的“说教”,反倒继续织布。西斯尔伍德出席了一个又一个的午夜会议,还含糊地谈到他们从一个住在巴黎的英国人——18 世纪 90 年代的流亡者那里得到了津贴。参加的人宣了誓,但这个组织仍是极小的,“普雷斯顿说”,要到行动前 3 小时,“他们才会知道他们的计划”。普雷斯顿去伯明翰(1817 年 12 月)停留了很短时间,并报告说那里的人“精神饱满”。威廉森本人也曾被西斯尔伍德派去侦察一下兵营,并弄清那里有多少门加农炮。然而这伙人除了作出一些暴动的奇思异想外,取得的实际成果却微乎其微。他们让西德默思读到了几份危言耸听的小

[205] 按照舍温的《政治纪事》(1817 年 9 月 13 日)的说法,当局得知暴动计划在巴塞罗缪市集那天同时举行的传闻后惊恐不安,调集了 4 个团队的骑兵,市长还派人到“牡蛎船、红肠棚和姜饼篮”里搜寻武器。有关这次密谋的细节见内政部档案,第 40.7 和 8 号。

报告,还建立了几个酒馆团体,而且还在伦敦民众游行示威的好几个场合充当过啦啦队队长。[206]

虽说沃森医生仍同西斯尔伍德保持联系,但他似乎并没有参与密谋企图。[207] 1818 年 2 月,西德默思找到了不用审讯就能把西斯尔伍德送进监狱的便利手段。西斯尔伍德曾发表过一封公开信,该信把公众不满和私人怨恨绞在一起,并要求内务部长“给予满足”——也就是要同他决斗。结果最高法院以扰乱治安罪把他拘留起来,关在王座法院监牢里。西德默思勋爵自己掏腰包为他支付了生活费。1819 年,激进的伦敦重新觉醒,许多酒馆团体和辩论会(其中有些称为联盟会)相继成立。沃森也再次开始了建立中心组织的努力。在 1819 年夏,他得到了被释放出狱的西斯尔伍德的合作,后者似乎接受了合法主义宣传鼓动的策略,暂时转而反对政变阴谋。到 1819 年夏季,“200 人委员
695 会”在伦敦成立。[208] 从 6 月到 10 月,沃森、西斯尔伍德、普雷斯顿以及沃丁顿一直是伦敦最活跃最有影响的领导人物,这尤其是在劳动人民当中。他们除以得到卡莱尔的《共和报》、《自由帽》以及《美杜莎》的支持之外,还得到了老雅各宾主义者、演说家约翰·盖尔·琼斯的支持。彼得卢事件之后,“200 人委员会”率先提出为亨特进入伦敦作妥善安排,[209] “医生”本人主持了欢

[206] 见威廉森证词,1817 年 12 月 18 日;西斯尔伍德说:“卡莱尔明天将受到审讯,希望他们都来,同时还带上尽可能多的人以便为他三呼万岁。”财政部司法处档案,第 11.197 号。

[207] 同上,1817 年 9 月 27 日:“西斯尔伍德在沃森来到之后就没有说多少话了,我想他不喜欢他。”亦见 1818 年 2 月 11 日证词,载内政部档案,第 40.9 号。

[208] 《美杜莎》,1819 年 7 月 31 日。

[209] 当时有两个筹备委员会:一是由沃森医生领导,另一个与之竞争的委员会由托马斯·埃文斯·盖洛韦和卡莱尔等人组成。不过这两个委员会在沃森任主席时合并了。见《独立辉格党人报》,1819 年 9 月 12 日。

迎仪式，而且还对傲慢自大、政治上挑剔的亨特表现出了相当的自我克制和灵活。

1820年，卡图街密谋事件之后，曾有一个心怀敌意的观察者描述过位于威奇街“白狮酒家”的“激进委员会所在地”，这里被说成是伦敦激进“地下组织”的中心，在酒吧间里：

> 坐着一伙可疑的、面目不善的家伙……在靠右边的一张小桌前则坐着某某先生，他面前摆着一本书、一些纸和印制的传单；这个地方阴暗隐蔽，除了某某先生面前放着的蜡烛放出的光外几乎什么也看不见。到会的陌生人即使以后在某个地方见到那些人也不会认出他们来。在右手边……是个小客厅，一个精心挑选的委员会夜间在此开会，其他人不得进入。最秘密的事务就是在这个房间里进行的；西斯尔伍德先生或沃森警告经常出来并在过道上同前来办事的人谈话。在楼上的一个很大的房间里……曾有100多面目不善的人在某天傍晚开会；公开的委员会以及协会的一般成员也曾在那儿聚会……。他们在这里布置行动队伍等等事情；还存放着……旗帜，而较机密的事情都是在下面客厅里进行的。[210]

这样的中心不可避免地会成为政府密探经常注意的目标，不过他们的行动并不都是滑稽可笑的，伦敦的“极端”激进派在彼得卢事件之后陷入了十分困难的境地。《自由帽》10月直截了当地宣称，“不流血，改革的目的是不可能达到的”；不负责任 696
的《美杜莎》则写道：

> 全国各地的邮局没有一个不提供一些新的令人吃

---

[210] G.T.威尔金森：《卡图街密谋》(1820)，第56—57页。

惊的情况以证明必须坚定不移地武装起来。[211]

卡莱尔(在两年之后)概括地提出这一时期他的所有作品的基本思想:“直到现行当局不再有力量阻止改革时,改革才会成功,在这之前是不行的……。”[212] 此外,在彼得卢事件两月之后,全国领导核心的弱点就充分暴露出来了。亨特的怯懦达到了无以复加的地步,彼得卢事件之后他成了人们注意的中心。改革者和当局都急切地注视着他的一举一动,这使他的虚荣和自大发展到了极点,彼得卢事件竟成了他个人的奋战,簇拥着他在兰开郡和伦敦走过的队伍也成了他个人的成功。他因伦敦的游行队伍也向沃森表示了敬意而不满;他不同意委员会事先选定的行进路线,结果让成千上万翘首待望的伦敦人等了大半天。(他始终对伦敦怀着怨恨,因为他在1818年的议会竞选时曾受到粗暴待遇而且还受到讥笑。)他因欢迎宴会选举盖尔·琼斯为主席一事同沃森吵了起来,并当众对他大吼说:“你是讨厌的好管闲事的多嘴多事的家伙;我为什么就不能像弗朗西斯·伯德特先生那样在游行之后来当主席?”他然后又为钱的事发生争吵。在兰开郡,他把当地大多数改革领袖都得罪了,反过来又要让数千人的送丧队伍参加他的宠马的葬礼,他实际上(这并非没有理由)还是想为自己在即将到来的审讯中谋取更有利的地位而并不关心全国的运动。[213]

到了9月,改革者开始分为革命派和合法派两翼。亨特和

---

[211] 《美杜莎》,1819年10月9日。

[212] R.卡莱尔:《为平息利兹改革派内一些小小的争论和误解所作的努力》(1821),第10页。

[213] 《彼得卢大屠杀》,第72页,班福德前引书,第247页起;《自由帽》,1819年9月15日;J.约翰逊:《致亨利·亨特的信》,随处可见;亨特、沃森和西斯尔伍德在普通报刊上互致的信件,1819年10月和11月。

伍勒主张的策略是对彼得卢为非作歹之徒采取消极抵制、抗议和法律行动，同时还抵制各种征税商品。这项策略在8月曾得以大力推行，并得到运动各派的忠实支持。但到了10月这项策 697
略便开始失势，指望从法律方面革除弊端明显是徒劳的，这在兰开郡尤为明显；此外，让北方织工去抵制征税商品也是一种画蛇添足的事。再者，随着抗议运动周复一周地发展壮大，温和派除了叫人耐心等待议会的召开之外提不出任何建议。如果当时没有对彼得卢事件进行调查，或者在人身保护法被中止了，他们还是会提出另外某种建议的。然而，议会直到11月23日才得以召开，那已是彼得卢事件3个多月之后的事了。“极端”激进派以渲染的口吻声称亨特的建议使全国的运动陷入死气沉沉的境地，放弃了公众的首创性，而且在实际上把领导权交给了议会中的辉格党中人。像别的鼓动家一样，亨特似乎也对他自己呼唤出来的那种精神感到惊慌不安。

等了差不多两个月之后，“极端”激进派提出了另一项策略，并得到沃森和卡莱尔的支持。这项策略要求“在同一天在全国……集会”，最先提出的集会日期是11月1日，后来又两次推迟。面临这一情况，合法主义运动还是再上一个台阶，而真正的密谋者（阿瑟·西斯尔伍德是其中一员）也许早就希望同时集会将直接导致暴乱。在10月，这项策略得到了支持，纽卡斯尔、卡莱尔、利兹、哈里法克斯、哈德斯菲尔德、巴恩斯利、曼彻斯特、博尔顿、威根、布莱克本、伯恩利、泰因河畔的纽卡斯尔、诺丁汉、莱斯特和考文垂等城镇都计划举行集会。到月底，一向消息灵通的宾将军就看出西斯尔伍德“已经接替亨特而成为伦敦人崇拜的对象”。西斯尔伍德曾去曼彻斯特游说（那里既有极端激进派的联盟也有亨特派的爱国协会），在那里，他的建议得到了广泛支持。一些集会实际上已经举行了，而且还为11月15日的集会作了进一步安排。10月中旬,亨特看到运动正在逐渐脱离他的双手,便竭力要加以重新控制。在《曼彻斯特观察家报》(10月19日)发表的“给北方改革者的一封信”中,亨特谴责了同时集会的计划。他随后又发表了一封信,提到了奥利弗的名字,而且还特别把密探的污名同西斯尔伍德联系在一起。

698 在其后的数周里,报刊上出现了西斯尔伍德和沃森为一方,亨特及其支持者为另一方的互相攻击的信件。保王党人的报刊欣然把这些信件重登出来并冠以讽刺性的标题“激进派的公文”。沃森医生因未付清欢迎亨特时留下的一份账单而被捕入狱;亨特也曾几次就他用募捐的钱用于何种开销之事作过令人生疑的解释。他们双方的论战大多是不负责任的,亨特在其中似乎还有充分理由怀疑西斯尔伍德的密谋行动,并认为沃森医生是软弱外行的政治领袖。从另一方面看来,西斯尔伍德似乎确实成功地在全国建立起了一个地下通讯网,这个通讯网在英格兰中部和北方的部分地区还顶住了亨特的抨击。[214] 曼彻斯特政治联盟因“亨特及其私党”拒绝支持建议举行的集会而感到垂头丧气。修改过的计划要求伦敦、西苏格兰、兰开郡、约克郡、伯明翰和陶器区等地的“地下组织”的代表在议会重新开会之时在诺丁汉聚会,并使这个秘密会议成为永久性的起指挥作用的“执行委员会”,一旦人身保护法被中止就能号召各地同时集会。因

---

[214] 仅有两三千人在11月的第一周出席了由200人委员会在史密斯菲尔德召集的一次集会,西斯尔伍德和普雷斯顿在会上发表了演说。然而,到会人数甚少,究竟是因亨特两周前的抨击还是极端恶劣的天气所致目前尚不清楚。见《独立辉格党人报》,1819年11月7日。

为亨特的激烈反对,这些计划流产。[215]

虽然西斯尔伍德的行为被人们指责为愚蠢,他为此付出了代价,但这实在是出于极端的愤怒,全国的激进派领袖们对六项法令(12 月在议会匆匆通过)的反应从根本上说是软弱无力的。 699
11 月初,科贝特已结束了他的流亡生活,他在利物浦上岸并受到兰开郡人民凯旋式的迎接。由于久离英国,科贝特已失去了正确的判断,他根本不想领导一次工人阶级的起义,似乎已经成了一个手足无措的人。在利物浦,他宣称自己带回了最伟大的英国人之子——汤姆·潘恩的遗骨。然而(结果表明)科贝特所敬重的并不是潘恩的共和主义思想,而是货币改革的主张。《纪事》一会儿向公众说大话("大众有权武装自卫"),一会儿又给他们浇冷水:"我真诚地希望人民会完全信赖举债。"这位"掘洞者"会以自己的效力摧毁腐败的旧制度,而无需人民费力:

> 让鳟鱼筋疲力尽,我们只需稳住鱼竿、鱼线和鱼钩,这是最安全也是最有效的方法。

六项法令通过后,他提出一项宏大崭新的建议,来"为我国的权利和自由进行斗争"。该建议要求建立一项用于改革的约 5000

---

[215] 这一说法基于多方面的资料,载内政部档案,第 42.198 号和 199 号;A.B.里奇蒙前引书,第 181—184 页;J.E.泰勒前引书,第 134 页;《自由帽》,1819 年 10 月 13 日和 12 月 15 日;《共和报》,1819 年 11 月 12 日;宾将军致威灵顿的信,1819 年 10 月 28 日,载《威灵顿快件》,第 1 卷,第 84 页;亦见 D.里德前引书,第 147—150、155—158 页。曼彻斯特领薪水的治安法官诺里斯曾把极端激进的曼彻斯特政治联盟的书记 W.C.沃克(此人品性恶劣,有"两个妻子",为此曾在一次会议上引起轩然大波)看做是"这一地区的西斯尔伍德"。不过博尔顿的弗莱彻中校和西德默斯勋爵更了解详情。一份内部文件证明,沃克(他内定为诺丁汉"执行委员会"的代表之一)大概不是别人,正是弗莱彻中校雇佣的"阿尔法"。沃克("阿尔法"曾以某种自负的口吻通知弗莱彻说)"已经建立了最有用的关系并为警察巧妙地提供了证据"。见"阿尔法"致弗莱彻的信,1819 年 11 月 15 日和 17 日,载内政部档案,第 42.198 号,还可以参见 D.里德前引书,第 157、218—223 页。

英镑的基金，筹集的方法是由每个改革者和工会会员都捐出两个便士，然后“把这笔钱存在我这里”：

> 当然只能由我来使用，而且不受任何人的检查和控制；任何人都无权询问这笔钱的用途……我也不会对任何人讲我打算如何使用这笔钱：我不回答任何问题……。[216]

六项法令似乎是1795和1817年法令的集中体现和发展。第一项法令禁止操练和“军事”训练；第二项法令规定，一旦怀疑藏有武器，治安法官就可以不用搜查证进入并搜查住宅；第三项法令禁止50人以上的集会，不过也有某些例外（郡和教区集会）和附加条件（旨在镇压激进主义的演讲集会）；第四项法令（这在其后12年中非常重要）增加了期刊出版物的印花税，使之达到6便士和6便士以上；第五和第六项法令均旨在扩充和促进当
700 局的权力，尤其是在对付煽动诽谤罪方面。[217] 惟一没有再次利用的镇压措施只剩下中止人身保护法这一条了。随后，政府便在法庭上发动了英国历史上最持久的迫害运动。到1820年夏，亨特和4位曼彻斯特改革者（被控参与彼得卢事件）以及伍勒、伯德特、查尔斯·沃尔斯利先生、J.哈里森牧师、奈特、卡莱尔、埃德蒙兹、罗·约翰斯顿、巴格利、德拉蒙德、米切尔等人均被监禁。在此之前，“煽动性”和“漫骂亵渎”的报刊就遭到了大规模突袭，

---

[216] 科贝特：《政治纪事报》，1819年11月6日和12月5日，1820年1月6日。那笔基金筹集了几百镑，而且大部分都被科贝特在1820年在考文垂争取候选提名的过程中花费了。科尔在《科贝特生平》第242页中对这一政治上的可耻事件作了一定程度的掩饰。

[217] 有关这方面的有用总结可参见哈勒维前引书，第67页以始，杰夫森前引书，第2和502页以始；麦科经前引书，第20章。关于出版界的迫害情况可参见下文，第720—726页。

几十例针对出版商或报纸经销人的迫害均系私人迫害团体所为，或是依照即决裁判权处理的。阿瑟·西斯尔伍德最终被当众绞死了。

6. 卡图街密谋

1795年的两项法令至少是在规模盛人的示威游行的情况下通过的(福克斯本人甚至也放下架子在示威集会上发表过演说)。1819年12月，亨特、科贝特、伍勒或伯德特应该可以使伦敦、英格兰中部、北方和苏格兰的街道上也充满游行示威的人群。[218]不难推论，激进派领袖们自己对工业中心城市中他们的追随者的品性也是感到不安的。亨特匆匆忙忙地同极端分子断绝了交往，并避免参加任何可能给他即将面临的审讯造成不利的活动。科贝特则教导他的读者用烤麦代替咖啡以及以水代酒的优越性。1820的1月22日，他终于公布了"一项计划"，这项计划建议"女士们发起节酒、节俭和抵制赌博"的运动。[219] 战后民众运动的最后一个片段就是在这种背景下开始的。

有关阿瑟·西斯尔伍德和卡图街密谋者的情况我们所知不多。[220] 西斯尔伍德是位绅士，他遭受过多种不幸，这大都(似乎 701
是这样)是由他自己造成的。凡是被控犯有两次叛国罪的人大

---

[218] 见联盟的评论:《一部崭露头角的新刊物》(1831)(约翰·赖兰兹图书馆，R. 106147):"1819年，政府的安全完全归功于亨特先生的克制态度。"

[219] 《政治纪事报》，1819年12月4日，1820年1月22日。

[220] 在这一方面还有许多问题有待发掘。约翰·斯坦厄普的《卡图街密谋》(1962)一书在人们所熟知的"神秘故事"传统方面是很有趣的。该书令人信服地揭示了爱德华兹所起的挑拨作用，其证据取自内政部档案，第44.4—6号。然而，该书并没有提供这次密谋的多方背景，而且有关人物的生平细节大多取自报刊上的敌意报道以及G.T.威尔金森对审讯的记载。有几份背面署有"西斯尔伍德文件"字样的文件还有待于人们从内政部档案第42号和40.7—10号中进行研究。

多不愿意像西斯尔伍德在1817至1818年以及1820年第二次和第三次自陷危境。他的勇气中三成以上是蛮干;不过埃米特或"复活节起义"的那些人也是如此。他死后报刊上发表的那些粗鄙下流的有关他的生活传记已成为盖棺定论之说,而且在当今的作品中仍然有所体现。[221] 然而这个问题至少可以说尚未证实;而且这也和他在绞架上的行为不相吻合。乔治·博罗也许是把秘密社会的口头传说理想化了,在他看来,西斯尔伍德是"老激进分子"中的一员——"一位英勇的战士","曾作为军官在法国服役,并立过战功",还是"欧洲的优秀剑手之一"。他"从不同别人开战……除非是为了保护弱者和被辱者——他心地善良、襟怀坦白,但过分天真单纯……"。"啊,那些家伙差不多都这样!"[222]

我们很难毫不保留地接受他的敌人以及博罗的那些见解。他无疑是个"老雅各宾"和彻头彻尾的共和主义者。而且,当他的众多朋友在新闻报刊上和群众中长篇大论振振有辞地谈论共和主义思想时,人们反倒认为他比较沉默,只是关注实际的组织问题。然而,更重要的是应该了解这样一个人所面临的困境。11月初在"白狮酒家"举行的一次会议上(一个奸细报告西德默思说),沃森医生告诉委员会"他本人同乡村的通信已中断,原因是他们支持了亨特"。这一次"西斯尔伍德是同斯皮特菲尔兹的

---

[221] 例如,在R.J.怀特前引书第199页中,他被比做"凶恶的流浪汉"支持的"超级卖国贼";斯坦厄普先生也提到西斯尔伍德患有"精神病"性质的"心理变态症状"(第28、57页)。事实上,在1819至1820年,这些具有临床精确性的形容词只能用在卡斯尔雷勋爵身上。见H.M.海德:《卡斯尔雷勋爵的奇怪之死》(1959)。

[222] G.博罗:《吉卜赛绅士》,附录,第10章。博罗还谈到西斯尔伍德失去财产并不是(像某些粗鄙下流的描述所说的)因为赌博,而是因为他自己不动脑筋把钱借给了一个朋友。

织工站在一起的”。[223] 按照另外一些说法，西斯尔伍德本人被亨特的指控即他是奸细深深刺伤了，痛苦之余，决心以某种大胆的举动来消除对他的伤害。当六项法令正在议会通过时，他又重新建立了一些地下团体，主要是在约克郡和格拉斯哥。[224] 到 12 月，卡图街密谋已在酝酿中了。 702

即使就某些细节而言，卡图街密谋也是德斯帕德和矿泉地事件的翻版，不过是更加轻率、更加激烈、更加悲惨。西斯尔伍德认为他自己有责任把国家从镇压中拯救出来。一旦在伦敦塔、英格兰银行、议会或王宫的第一枪打响，就等于发出了信号，(他坚信)那时斯波特菲尔兹、矿区、史密斯菲尔德就会起义；同时“乡村”也会扫除他们面前的一切障碍。除此之外，西斯尔伍德似乎还向各地的密使发过誓，保证伦敦也会以这种方式行动。他的行为是鲁莽的，在 1820 年 1 月和 2 月的行动简直就是头脑发昏，这种鲁莽是出于绝望。他焦急地(他本人陷入了极端贫穷的境地)在伦敦极端激进分子中以及信奉自然神教的工匠、工人和小商人中活动，这些人阅读并成托马斯·戴维森的《美杜莎》或肖特的《神学彗星报》并赞成其观点。这两份报刊急迫地盼望以流血手段推翻国王和教士的统治。[225]

有许多人热烈地欢迎起义的主张，特别是鞋匠已作好了准

---

[223] 内政部档案，第 42.198 号，“I.S”的报告，1819 年 11 月 10 日。

[224] 主要参见 A.B.里奇蒙前引书，第 183—184 页。1819 年 12 月 23 日，9 名兰开郡秘密组织的代表被捕，大概是被“阿尔法”告发的。见《独立辉格党人报》，1820 年 1 月 1 日。

[225] 例如，《神学彗星报或理性的英国人》1819 年 8 月 28 日称：“致曼彻斯特的嗜血猎狗”——“你们不是非常虔诚地倾向于极恶的刽子手摩西的残忍和屠杀行径……吗？”

备,他们的工会实际上是雅各宾组织,[226] 1798年起爱尔兰人据说曾于11月在伦敦戴维森的店里聚会并“力图再次煽动爱尔兰的下层阶级起义”。[227] 此外,还有些人提出如何进行第一次攻击。乔治·爱德华兹是位差劲的美术家,他曾为卡莱尔制作一尊潘恩的半身像,而且他还是斯彭斯团体的一位前任书记的兄弟,
703 他的建议特别多。西斯尔伍德在接受死刑判决之前的挑战性的发言中宣称“他提出了”

> 一项炸毁下院的计划。这并不是我的主张:我只想惩办犯罪者,因此我拒绝这点建议。他随后又提出我们应该在西班牙大使举办的庆祝宴会上袭击大臣。我坚决反对这一建议……这次宴会邀请了女士——连我这种就要上绞架的人当时都对这个主意感到毛骨悚然,因为政府的代理人先前在曼彻斯特给了人们一次教训……。

“爱德华兹也别出心裁,他最后提议在内阁成员的晚餐时发动袭击”。他们在好些个房间以及在卡图街的一间阁楼里开过会。屠夫詹姆斯·英格斯很有些跃跃欲试异想开天,他为自己在行动中扮演的角色着迷了,(根据这项计划)一旦进入那幢住宅,撞开内阁成员晚餐的房门:“我就说,各位大人,我带来了一群群像曼彻斯特义勇队一样勇敢的士兵——进来吧,公民们,各就各位。”他们计划把卡斯尔和西德默思的头挑在矛尖上——在城市里张

---

[226] 鞋匠中的雅各宾传统源于托马斯·哈迪和约翰·阿什利(两人均为伦敦通讯会的书记),后来历经查尔斯·彭德里尔(以及德斯帕德的其他朋友)和达文波特(斯彭斯派),到极端激进主义者普雷斯顿和沃丁顿。卡图街密谋者中多数是鞋匠和靴匠,中、西伦敦分部决定各自拿出50英镑作为辩护费(《独立辉格党人报》,1820年3月12日)。

[227] “I.S”的报告,1819年11月15日,内政部档案,第42.198页。

贴“临时政府”的宣言——对伦敦塔和伦敦市长官发动小规模的佯攻。随着建议中的袭击时间的逼进，西斯尔伍德似乎只是抱着冒死一拼的荣誉感了。必须发动一些进攻，他说，“我希望你们不要放弃所要干的事，一旦你们动手，那就是另一次德斯帕德事件。”

这项计划当然早就为那些头脑人物所预知，而该计划就打算把他们的首级挑在矛尖上游街号令示众。甚至连《新泰晤士报》也在广告上宣称内阁晚宴是一个骗局。密谋者均被及时逮捕，当然这当中并不是没有小冲突，西斯尔伍德就在冲突时从一个巡捕的手中逃脱。这些逮捕造成了轰动，这正是政府为证明六项法令的正确性所需要的，而且还帮助他们赢得了大选。[228]当审讯开始(4月中旬)以及爱德华兹的煽动作用被揭露后，轰动效应也就逐渐消失了。

西斯尔伍德和他的同伴们在审讯过程中和绞架上都表现出勇气，甚至还保持了气势。(西斯尔伍德仅有的幻灭感似乎在审 704
讯前数周内，当这些刑事被告从伦敦街头走过而伦敦大众并没有营救他们时才开始产生。)除戴维森(牙买加“有色人”，同卫斯理有些关系)之外，所有的人好像都是自然神论者，而且都拒绝了监狱教士的慰藉。不只一个被告在等候判决时写下了蔑视当局的诗句：

暴君，对你的残暴穷人害怕
你剥夺他们的权利
提高肉食和面包价格
因而使他的劳力竭尽疲乏。
你们永不劳动，从没有辛苦

---

[228] 见麦科比前引书，第366页。

却能佳肴美酒饮宴摆谱
你们从不耕耘培土
更想不到穷人嗷嗷待哺……

詹姆斯·英格斯写信给他妻子说:“亲爱的西莉亚”,

按照法律我必死无疑,只得把你留在这个充满腐败的国度了,正义和自由已从此地逃到了遥远的彼岸……。亲爱的,我希望你记住,导致我上绞架的是一种纯洁的动机,我想为忍饥挨饿的同胞兄弟、妇女和儿童效力……。

鞋匠约翰·布伦特判决前在法庭上“非常勇敢豪放而且大大方方地”宣称,

他过去能以自己的勤劳每周挣到约 3 至 4 英镑,只要是这样,他从不参与政治;然而当他发现自己的收入降到每周 10 先令时,他便开始观察周围……。他发现了什么? 哎呀! 那些处心积虑的当权人物聚在一起掠夺国家并使人民挨饿。他把曼彻斯特交易场视为最恐怖的地方……他加入了为公众谋利益的密谋活动。他不是那种会中途洗手不干的人。他决不是,他会一直走到底的……。他会像古代不列颠人的后裔一样去死……。

西斯尔伍德在绞架上以他浓重的林肯郡口音宣称:“我希望在座的各位记住,我是为自由事业而死的……”。科贝特在一篇动人而朴质的记述中还提到了托马斯·莫尔。目睹过行刑过程的霍布豪斯,在其日记中写道:

705 “那些人像英雄一样就义。英格斯或许是因唱“要么死亡要么自由”时嗓门太大,西斯尔伍德说,“安静点,英格斯,我们能够无声无息地死去。”

大众被拦在离绞架很远的地方，这就使任何营救计划无从实施，同时也使人们无法听到临终遗言了。当被害者的头被展示时，民众狂怒了——“聚集的民众发出的喊声和咒骂声简直无法想象”。[229]

“旧激进主义”就这样结束了，就其特色而言，它是18世纪90年代的雅各宾主义在19世纪的延续。（参与卡图街密谋的鞋匠们是最后一批使用“公民”和其他雅各宾术语的人。）我们力图对这样一种习惯说法作一点小小的修正，即卡图街密谋者是一伙罪恶的无赖。西斯尔伍德使他的追随者们暴露于一种明显的挑唆阴谋中，他这样做当然是愚蠢的。（“我就像一头被驱赶到史密斯菲尔德市场卖的公牛”，英格斯在受审时破口大骂：“西德默思勋爵在两个月前就知道这一切了。”）他的计划——夺取大炮和军械库，大烧兵营以及在伦敦市长官建立临时政府——无异是胡思乱想。他还从罗马时代那些为诛戮暴君行为辩护的人那里找到他的阴谋计划的正当理由。在审讯中他宣称“当局在曼彻斯特对人民犯下了叛国罪”：

> 布鲁塔斯和卡西亚斯因杀死了恺撒而受到崇高的赞誉；[230]的确，当任何个人或一批人把自己置于一个国家的法律之上时，除了暗杀之外是没有别的办法伸张正

---

[229] 西斯尔伍德、英格斯、布伦特、蒂德和戴维森于5月1日被处决，其他5人被流放。有关这方面的论述取自G. T. 威尔金森著前引书，随处；H. 斯坦普：《卡图街密谋》，尤其是第6章（关于爱德华兹的角色）；科贝特：《政治纪事报》，1820年5月6日，R. F. 韦尔穆思前引书，第71页；《独立辉格党人报》，1820年5月7日；布劳顿勋爵：《漫长一生之回忆》（1909），第2卷，第126页；E. 艾尔默：《乔治·爱德华兹自传》（1820）。

[230] 布鲁塔斯和卡西亚斯是公元前44年刺杀罗马独裁者朱利乌斯·恺撒的阴谋集团的两个领袖。同年9月，该集团同恺撒一派的屋大维等人作战，因战败而先后自杀。——译注

义的。

然而，即使某个类似卡图街密谋的行动在直接的目标方面取得了成功，也很难看出下一步会发生什么事。也许在几天之中会发生更大规模更为血腥的“戈登暴动”；随后极有可能是“白色恐怖”，在10多个英格兰和苏格兰城镇重新发生“彼得卢”。西斯尔伍德一直没有看出莎士比亚通过布鲁塔斯的嘴所表达的
706 讽刺：

屈身吧，罗马人，
让我们把双手浸在恺撒的血中
一直没及肘，把剑也弄脏，
然后走向广场，
一路高高挥开带血的刀剑，
齐声高呼“和平、自由、解放”。

然而，那些与西斯尔伍德一同受难的人（他们最有资格批评他的愚行）似乎还以极大的忠诚去追随他。苏珊·西斯尔伍德似乎也不是一个猥琐小人，而是一个勇敢的雅各宾分子。她冷静聪慧，随时准备积极参加辩护。[231] 卡图街密谋在多大程度上同真实存在的全国性计划有联系，目前尚不清楚。密谋者被捕之后很快发生了3起未遂起义——一起在格拉斯哥，另外两起在约克郡。格拉斯哥附近的几小批织工在4月5日和6日举行了起义（他们的著名旗号“苏格兰不自由就什么也没有”），他们在“邦尼米尔战斗”中同军队发生了激烈的冲突，结果有3个人被处死。一个是詹姆斯·威尔逊，此人系“老雅各宾分子”；另一个

---

[231] G.T.威尔金森前引书，第73—74页；科贝特：《政治纪事报》，1820年5月6日；班福德前引书，第299页。

是基尔·哈迪[232]的祖先。这两人都是通过自学具有非凡造诣的人。[233] 暴动者们似乎相信他们是按照计划同苏格兰、约克郡、兰开郡、卡莱尔以及所有织工聚集地的织工同时起义的。

6天前(1820年3月31日)哈德斯菲尔德附近的纺织业村庄已经出现了踌躇不定的活动。如往常一样,深深卷入其中的通常都是些剪绒工。彼得卢事件之后出现了数十个俱乐部。订阅的报刊有《黑矮人报》、《自由帽》以及《曼彻斯特观察家报》。一名参加过示威活动的剪绒工,他扛的旗帜上写有下列字样:“起来吧,不列颠人,维护你们的权利:感到危险的狮子醒来了。”他供认说,起义曾计划在11月举行,“因为对曼彻斯特事件进行的调查没有按照他们的愿望进行”。他们散发写有“民”字的半张卡片,起义的信则是传送写有“主”字的另半张卡片,目标是
“建立一个自由政府”。随着烽火的升起,200名手持长矛、干草 707
叉和枪支的暴动者集合了,仅仅是因为另外几队人马没有露面他们才散了伙。4月11日夜,在巴恩斯利附近的格兰奇荒地发生了最后一次未遂行动。在这个城镇的亚麻织工和矿工中有40或50个激进“小组”,由一个总的代表委员会来联系,在此之上还有一个7人秘密委员会。他们在会上讨论的主题有:

> 对穷人的压迫、税收和国债以及对生活必需品的税……还有大臣的腐败,每年在大臣身上、养老金和各种官爵上要花费多少民脂民膏。

巴恩斯利的激进派预计整个北方和英格兰中西部都会在同一天夜里起义。他们准备向格兰奇进发,在那里同其他各路人马会

---

[232] 哈迪(1856—1915),工人领袖,是苏格兰工党的创始人之一。——译注

[233] 彼得·麦肯齐:《揭露在格拉斯哥采取的密探手段》(格拉斯哥,1832),第71—232页,及《詹姆斯·威尔逊审判案》(格拉斯哥,1832),A. B. 里奇蒙前引书,第184页。

合，然后出发：

> 从巴恩斯利到设菲尔德后到伦敦又据说苏格兰人会像我们一样很快到达利兹，即使比我们迟到也不会超过一天的路程。

大概有 300 人集合，他们带着鼓、武器、行军粮袋(3 天的口粮)以及一面镶着黑边的绿旗，上面写着“该杀的致死者必定被处死”。带队的是两个退伍士兵——康斯蒂弗(“滑铁卢战士”，“称职的习字教员”)和艾迪(带一顶象征性的白帽)。他们艰难地向着格兰奇荒野方向走了 12 英里，在路上还裹挟了几小批人。他们深更半夜一两点钟才到达那块集合地点。他们在那里等了一些时候之后，队伍中就流传起关于政府阴谋的谣言，接着他们就垂头丧气地四散而去。康斯蒂弗、艾迪以及另外好些个人都因这两次未遂行动被流放。

在工业区到处流传着一些谣言。一位伯恩斯利织工在日记中(4 月 7 日)写道：“听人说苏格兰人会很快侵入英格兰并加入英格兰激进派”；但 10 天之后他写道：3 个极端激进分子“离开了我们国家，尽管有人说他们要到海外，但他们的去向仍然是谜”。4 月 14 日，一名叫做约瑟夫·泰亚斯的织工在哈德斯菲尔德附近被捕，在他妻子的帽子里发现了一封他写给“我们兰开郡的兄弟”的信：

708 亲爱的弟兄们——

> 身陷囹圄是痛苦不堪的，但我们还是希望你们身体健康……我们的乐队在约克郡演奏过两次，而你们的乐队在兰开郡连一点动静都没有，你们的乐手都病了吗？……
>
> 忧郁、悲伤、凄惨的约克郡，你们的改革者矢志不移……约有 300 人在格兰奇荒野，他们整夜行军，人人

带着毛毯、长矛或抢(枪),而且装满了弹药。可怜的人们受那些目光短浅之辈的欺骗太甚。如果你们看见那些勇敢的人在走了12英里路程之后还在那个阴雨绵绵的夜里严阵以待,你们就会为之感动。结果没有一个人按照约会同他们会合。他们把所有的矛杆都留在那里。除了三四支上得太紧的矛头之外所有的矛头都被拔掉,那些可怜的人击鼓拍胸直到天亮前还保持着振奋的心情,但没有别的人马加入他们。所有的人都不知所措。在返回巴恩斯利的途中他们所能想的只是已经没有别的指望了。他们都开始落泪,非常伤心,悲痛欲泣……

那封信最后说:“我希望我们也许还能携手同声再次会合……。”[234]

《曼彻斯特观察家报》发出忠告:“我们一次又一次地告诫我们的……同胞不要听信任何……来自外地的伪称代表某种权力机构的陌生人的话。”[235] 卡图街密谋再次使改革者们想起了奥利弗事件的教训。随着集会被禁止和出版物被焚烧,政治团体开始分崩离析。随着这一情况的出现,又发生了另外两件事并改变了运动的性质和方向。首先,从1820到1825年出现了几年普遍繁荣,物价降低,就业比较充分,削弱了激进主义愤怒的势头。与此同时那些幸存的激进撰稿人(几乎是出于一种解脱)决定开始一项新的事业——为卡罗琳王后的荣誉和王权大肆疾呼。卡罗琳王后因行为不轨而成为乔治四世想要排除的人,她

---

[234] 财政部司法处,档案,第11.4131和3573号;皮尔:《斯彭河谷》,第262—264页及《卢德派起义》(1888),第313—319页;贝内特:《伯恩利史》,第3卷,第380页;内政部档案,第40.11/12号。

[235] 《曼彻斯特观察家报》,1820年4月15日。

也是"律师绿色文件袋"的最后一个牺牲品。我们不必去探究王后事件中的空话,这件事把激进运动的(也包括保王派的)每一个弱点都显露无遗。它的得意之处(在激进派看来)在于它使腐败的旧制度陷于最荒唐可笑和被动的境地,它使激进主义的演
709 讲、诤谏、抗议和请愿能够以捍卫荣誉、正义以及"真诚依恋王权"的名义来进行,它也使霍恩和克鲁克香克能够写出一些他们的最为得意的讽刺诗文。在整个1820年,科贝特的《纪事》周复一周地完全致力于为王后辩护。布鲁厄姆、科贝特和伦敦市参事员伍德为王后处理事务,甚至还替她写回信以答复人民的致函(这些信函也可能是他们写的)。就连极端保王的《约翰·牛》也有正当的理由认为:"她同在她之前的亨特一样完全成了激进派的领袖":

> 这些高谈阔论、摇唇鼓舌、盲目轻率专门制造混乱和骚动的人并不关心王后,他们对亨特也是如此。她被用作升起革命的自由帽的竿子。伯德特一度成了竿子……亨特是王后之前的最后一根竿子:现在王后陛下确确实实被造成了名噪一时的红帽母亲。[236]

然而,挂在王后头上的已不再是"革命的自由帽"了,这顶帽子早已在彼得卢卡图街之间的某个地方丢失。实际上,布鲁厄姆、伍德和霍布豪斯在鼓动运动中的崛起,是19世纪20年代新运动形成的预兆,指导他们的是中等阶级功利主义者和较年轻的辉格党中的一派。[237]

对英国政治传统具有最持久影响的事件也许既不是卡图街

---

[236] 《约翰·牛》,1820年12月24日(引自麦科比前引书,第354页)。

[237] 关于卡罗琳王后的事件,见切斯特·纽:《亨利·布鲁厄姆生平》,第8章;哈勒维:《自由主义的觉醒》,第80—106页;麦科比前引书,第20章;科尔:《科贝特生平》,第16章。

密谋也不是六项法令，而是彼得卢事件，因为人们在它的短期反响之后，不能感到它的较长期的影响。首先，它促使中等阶级改革家和辉格派注意到他们失去对无代表权群众的影响后所产生的结果。甚至连威尔伯福斯也认为某些温和派改革者或许应该站出来“解救受亨特和西斯尔伍德这类人控制的人民大众”。[238] 1819年的喧闹沉寂下来之后，中等阶级改革运动采取了更坚定的姿态。其次，战后的宣传鼓动动摇了旧制度自身的信心，某些1819年的保王党人在19世纪80年代愿意承认有限让步的必要性，于是就发生了曼彻斯特义勇队的伯利中校也在19世纪 710
20年代为把议席从腐败选邑转交给曼彻斯特而斗争。[239] 像皮尔这类人也开始逐渐相信为了对付工人阶级，产业势力和土地势力之间必须建立某种联盟。

然而，彼得卢事件第三方面的经久影响远在于它所引起的纯粹恐怖。在1819年，保王派的行动还能从本阶级中赢得许多辩护者。10年之后，这一事件在人们的记忆中，甚至在乡绅的记忆中也成了一种罪孽。后代人把彼得卢事件作为一次大屠杀来看待，这一事件引起了公愤，我们可以说，在“生而自由的英国人”的编年史中，这次大屠杀在一定程度上仍是一次胜利。就连腐败的旧制度也从心里意识到它再不敢这样干了。既然这个民族的道德舆论宣布践踏和刀劈毫无武器的民众为非法，由此得出的结论就应该是——获得公众集会的权利是不言而喻的。当局日后也许会用马队或暴力驱散罢工者或农业工人，但自从彼得卢事件之后，他们再也不敢对英国和平民众使用那样的武力了。就是在处理“活塞暴动”(1842)和流血星期日(1887)事件

[238] 威尔伯福斯：《传记》，第5卷，第37页。

[239] 见D.里德前引书，第11章。

时,他们也是小心谨慎地加以控制的。8 月 16 日那在最异常的事件并不是发生在圣彼得广场,而是晚些时候发生在从曼彻斯特出来的路上。塞缪尔·班福德急切地寻找妻子之后又朝回家的路上走,见到有数百人混乱地朝山地方向涌去。在哈珀海他追上了一大群来自米德尔顿和罗奇代尔的人:

> 我重新和同志们在一起了,我们近千人排成队,伴着笛声和鼓点声出发,还挥着我们惟一的一面旗,我们就是以这种形式重新进入米德尔顿城区的。

第十六章　阶级意识

711

1. 激进文化

当我们把 19 世纪 20 年代前的激进主义时期同其后的宪章运动时期作一对比就会发现,19 世纪 20 年代这 10 年似乎令人奇怪地平静——温吞吞的繁荣状态下的社会太平。然而多年之后一名伦敦小贩告诫梅休说:

> 人们以为一切平静,万物也就停滞了。但实际上,宣传运动一直在继续进行着。正是在一切平静的时候,种子开始发芽成长。共和主义者和社会主义者在推行他们的主张。①

在这些平静的岁月里,理查德·卡莱尔一直在为出版自由而斗争;工会力量在成长壮大而且反结社法也被取消了;理性思想、合作社实验以及欧文理论都在发展。在这些年月里,个人与团体都力图把我们曾描述过的两方面经历——工业革命的经历以及大众激进主义的暴动和失败的经历——上升为理论。在这 10 年快结束时,腐败的旧制度和改革之间展开了决定性斗争。在这种情形下,我们能够以一种新的方式来讨论劳动人民对其利益的意识以及他们作为一个阶级的状况。

把这些年的大众激进主义描述为一种思想的文化是有道理的,自修者的明确意识首先是一种政治意识。19 世纪上半叶,

---

① 梅休前引书,第 1 卷,第 22 页。

大多数人的正规教育并没有超出读、写、算的范围，但这决非思想萎缩的时期。在城镇，甚至在村落，自修者的热情都是显而易见的。具有初步阅读能力的散工、工匠、零售商和职员以及小学教员以几个人或小组的形式一直在自己教育自己。他们的书籍
712 和教员常常是宣传改革的。一个通过读旧约全书而学会识字的鞋匠，会苦读《理性时代》；一个小学教员所受的教育几乎全是宗教训戒的，现在则试着读伏尔泰、吉本、李嘉图的书。各地的激进派领袖、织工、书商和裁缝都有大量的激进主义刊物，而且还在学习如何使用议会蓝皮书。目不识丁的劳工则每周去酒馆听别人宣读科贝特的编辑信件并且参加讨论。

工人们就这样超越了自身的经历，他们借助于自己含辛茹苦所获得的不规范的教育，形成了有组织的社团，这是最重要的政治现象。他们学着把自己的生活看做是定义并不严密的“勤劳阶级”与未经改革的下院之间全部斗争史中的一部分。1830年之后，定义较明确的一般马克思主义意义上的阶级意识开始成熟起来。在这一过程中，工人们开始意识到，他们自己所从事的既是旧的又是新的斗争。

很难概括这个世纪早期的识字率情况。“勤劳阶级”的一端是许许多多目不识丁或者只能写出几个单词或自己的姓名的人；另一端则是具有相当的学识造诣的人。我们应当记住，不识字绝不会不发表政见。在梅休笔下的英格兰，民谣歌手和“顺口溜表演者”仍然生意兴隆。他们顺着大众心情，在人行道表演滑稽戏或在大街拐角朗诵滑稽诗。根据市场状况把一种激进的或反罗马天主教的意思，编入他们的颇有讽刺风格的独脚戏或赞美诗中。② 不识字的工人可能会步行数英里去听一次激进主义

② 尤见梅休前引书，第 1 卷，第 252 页以始。

演讲,正如他(或另一个人)去体验一次宗教礼拜。在政治动荡时期,没有文化的人还会要求他们的工友朗读期刊上的文章;在职业介绍所里人们还要读新闻;在政治集会上大量的时间都用于读宣言或通过一连串的决议。真挚热切的激进者甚至把他们自己喜欢却又读不懂的著作视为神圣。切尔腾汉的一名鞋匠每 713
个星期日都准时去 W. E. 亚当斯家请他读“费格斯的信”,但却自豪地拥有几本科贝特的书,还把这些书小心翼翼地保存在软皮箱里。[3]

最近的研究已在很大程度上说明了那些年代工人阶级读者的情况。[4] 简单地说,在那个世纪早期,每三个工人中就有大约两个人多多少少有点阅读能力,当然能写的人还是相当少。由于工人中要求自我提高的倾向越来越强烈,同时由于主日学校和日校愈见成效,文盲的数量下降了,虽然在使用童工最甚的地区这种下降被推迟了。但阅读能力是最基本的,发表抽象连贯的议论的能力则绝非与生俱来的;它必须是在克服了几乎是难以逾越的困难——失去受教育的机会,缺乏闲暇时间,不得买蜡烛(或眼镜)——之后才能获得。在早期的激进运动中有时也使用一些观念和术语,很显然,某些热烈的信从者只具有盲目崇拜的意义而没有理性价值。一些参加彭特里奇起义的暴动者竟然把“临时政府”看做是保证较充足的“粮食”供应的政府;此外,还有一份有关 1819 年东北地区矿工状况的描述:“他们当中的许多人都把普选权理解为普遍受苦……如果一个成员受苦,所有

③ W. E. 亚当斯:《一位社会成员的回忆录》(1903),第 1 卷,第 164 页。

④ 尤见 R. K. 韦伯:《英国工人阶级读者,1790—1848》(1955),以及该作者的文章《早期维多利亚英国的工人阶级读者》,载于《英国历史评论》,第 65 期(1950);R. D. 奥尔蒂克:《英国普通读者》(芝加哥,1957),尤见第 4、7、11 章;J. F. C. 哈里森:《学习与生活》(1961),第 1 部分。

的人都得受苦。”⑤

目前残存的一些可以证明,19 世纪头 20 年工人的文学成就的资料说明,要对他们的识字状况作出概括是愚蠢的。在卢德运动(除工人外几乎没有人支持这种行动)出现了各种不同的无名之作,有自觉地呼唤“面带微笑的自由”的,也有用石灰写在墙上的几乎无法辨认的东西。我们可以举出这两方面的例子。1812 年,索尔福德验尸官对一个袭击伯顿工厂的人被枪杀一事作出了“正当杀人”的判决,他因而受到警告:

714 ……知道你是个该诅咒的献媚者,如果伯顿的恶劣行径是“正当的”,暴君的法律就成了理性的指令。——你可要当心点!即使在地狱之潮泡上一个月也别想让我们忘记这一血淋淋的事实,它只会促使我们的事业后继有人,并使人们义愤填膺。⑥

信的结尾用的是拉丁文“卢德作”——这使人想起了曼彻斯特人自己曾夸耀过的一所语法学校(班福德本人曾在那里短期上学)和其他私立学校,工匠的孩子们在这些学校学到的拉丁文还是足够他们署名的。另一份文件是在切斯特菲尔德市场发现的。目的大致相同,尽管作者错字连篇。但多多少少带有更大的说服力:

我要通知你有 6000 人将在 4 月去你那里然后我们要去炸掉议园(院)且毁掉我们面前的一切劳动人民再也不能忍受了除了英国政府那样的所有杂种但没有关系在普遍知道他们而且是君对(军队)来我们立刻引起这

---

⑤ 《政治观察家》,1819 年 12 月 19 日。“临时”(provisional)与“粮食”(provision)、“普选”(suffrage)与“受苦”(suffering)字行相近。

⑥ 另一封信(《伊丽莎致 W.R.海牧师》,1812 年 5 月 1 日)的开头是:“先生,您无疑非常熟悉美国的政治史”;二信皆见内政部档案,第 40.1 号。

> 伟大的革命然后全部这些大人物的头都要砍掉。

“诺迪将军”许诺的其他好处是：“我们要拆掉监狱而且我们要在法官睡着时洒(杀)他。”⑦

这两份文件的不同之处(评论家会告诉我们)不仅是在于风格，而且还在于它的感情程度。我们可以假设第一封信是由一个戴着眼镜头发斑白的工匠——皮匠(或制帽工或乐器制作工)写的，他的书架上也许有伏尔泰、沃尔尼和潘恩的著作，而且他还喜爱悲剧作品。1817 年在国家监狱中还有一些来自兰开郡的这一类人，如 70 岁的活版印刷工威廉·奥格登曾在监狱里写信给他的妻子说：“尽管我戴着脚镣手铐，但我决心要像处于同一境地的伟大的卡拉塔库斯⑧那样去面对我的敌人。”另一位印刷工约瑟夫·米切尔给自己的女儿分别取名为米蒂拉、卡罗莱娜、科迪莉亚，当他在狱中得知他的第四个女儿出生了便急忙写信给他妻子，建议给这个小孩取名叫波蒂亚。塞缪尔·班福德自己也许给妻子作过更具体的指示：“一个改革者的妻子应该是位女英雄。”⑨ 第二封信(我们几乎可以肯定)是一个煤矿工人或 715
乡村织袜工之作。这封信同东北煤田的一位矿工于 1831 年(和他的几个同伴在一次罢工骚乱时闯入煤矿检查员家中)留在煤矿检查员家中的那封打趣的信极其相似：

> 我咋(昨)夜在你家过得很舒服。你离开家一个人在煤矿，我看见你有许多房间，还有大酒窖，里面有大量的葡萄酒和啤酒，我享用了我那一份。我还知道矿上的

---

⑦ 内政部档案第 42.121 号。

⑧ 卡拉塔库斯：不列颠特里诺文特部族国王，公元 26—75 年时期，其王国在西部有汉普郡、格罗斯特郡等民族。克劳狄乌斯侵英格兰时，他率本族进行抵抗。——译注

⑨ 内政部档案，第 42.162 号；《背毯进军者》，1819 年 11 月 20 日。

一些人有了三四个孩子而他们却住在一间不到你的酒窖一半大的屋里。我不假冒自己懂得很多,但我知道不应该有这么大的差别。周末我们惟一能去的地方只有酒馆而且要喝上一大杯。我不想冒充预言家,但我知道而且我的许多朋友也知道,我们没有得到应有的待遇。一位伟大的哲学家说,获得知识是为了知道我们的无只(知)。不过我们也是刚刚发现这个道理。你们这些老板和厂主可得小心点,因为你们将不会以你们的方式得到那么多的好处,我们就要得到一些属于我们自己的东西……。[10]

舍温写道,"如果圣经协会和主日学校没有产生其他好结果的话,它们至少还有一个好处——教成千上万的儿童读书识字。"[11] 我们可以从布兰德雷思及妻子、卡图街密谋者以及被关在国家监狱里的其他人所写的信中多多少少地看出那些技术工匠的学问见地以及粗通文字的人所具有的文化程度。[11] 约翰斯顿夫人给狱中的丈夫(亲爱的约翰斯顿)——他是个裁缝帮工——写的信大概算得上两者之间的中等水平:

……相信我,亲爱的,从早到晚我或多或少地想着你。我可以向全能的上帝恳求,但这是真实的,我休息的时候就祈求上帝饶恕我所有的敌人并且改变他们的心肠……。

除此之外,我们还可以举出设菲尔德的细木工沃斯顿霍姆给他妻子的信:

---

⑩ R.法因斯:《诺森伯兰和德拉姆的矿工》(1923),第21页。

⑪ 舍温:《政治纪事》,1817年5月17日。

⑪ 见上文,第666页和704页。

我们的牧师借给我4卷传教纪事，这些书给了我极大的赎罪感，我看到了上帝在遥远的地方所从事的伟大的事业。

写这封信时还遇到一些困难，原因是“眼镜给打破了”。[12] 这些信是在特殊的闲暇状况下写的，我们差不多可以看出沃斯顿霍 716
姆是一笔一划地吃力地写他的信，当他想到“赎罪”这个问题时还停下来请教一个较“有学问的”拘留犯。约翰斯顿夫人可能请教过（也可能没有）一个在许多城镇和村庄都能找到的“专业”书信代笔人，这种人以正规格式代人写信，每次收费1便士。因为即使在有文化的人当中，写信也是一件难得的事。单是邮费就足以使人咋舌，所以只能是很少通信。因为从北方寄一封信到伦敦大概得花1先令10便士，而且我们也知道约翰斯顿夫人和沃斯顿霍姆夫人由于各自的丈夫不在而经济陷入困境——约翰斯顿夫人穿的鞋灌满了水，自从她丈夫被捕之后，她一直没钱买鞋。

所有因卡图街密谋而被捕的人似乎好歹都能动动笔。鞋匠布伦特曾用法文为一些讽刺诗润过色，詹姆斯·威尔逊则写道：

事业激励布鲁塔斯
拔剑刺杀惊恐的暴君
事业使勇敢的汉普登为之献身
为此豪侠的格朗特·泰尔敢于藐视
暴君的傲慢和尊严

而另一方面，鞋匠理查德·蒂德则只能拼凑出这样的句子：“先

[12] 内政部档案，第42.172号。这些通信者焦急地等待着居留释放，他们知道监狱长阅读过他的信件，因此总是爱在信上插上几句请求宽恕、怜悯以及要努力读书之类的话。

生，在写作方面我是相当差劲的。”[13] 我们当然不能把这些人作为“范例”，因为他们从事的政治活动说明他们属于少数紧跟激进刊物的较有意识的人。不过他们的例子也能告诫我们不应低估实际识字水平的发展状况。[14] 工匠是特殊的——他们是自己阶级的知识精英。然而在英国各地还有大量为劳动人民提供教育的机构（虽然“机构”一词对于那些私塾的女教师、工厂残废人或受伤矿工办的每周收费 1 便士的夜校和主日学校来说是过分正规了）。在彭奈恩河谷，织工的孩子们穷得连石板[15]和纸张都买不起，他们是用手指头在沙盘上学着写字的。即使成千上万
717 的人在成年之后又失去了读写能力，非国教教会、互助会和工会的影响及工业本身的发展要求也会使这种能力巩固并且提高。机匠业业主亚历山大·盖洛韦 1824 年报告说：

> 我的业务经营方式是制图和作书面说明，缺乏读写能力的人对我是没有多大用处的。如果一个申请工作的人说自己没有读写能力，我就不再向他提问了……。[16]

大多数工匠行业中的师傅和小雇主都意识到他们的职业需要他们读些书和从事一些计算。

除民谣歌手之外，“常去工人阶级聚居的地区兜售通俗故事、歌谣之类的小册子[17] 以及历书、临终遗言和（在 1816 到 1820 年，此后就时断时续）激进主义刊物。1812 年，有位为“曼

---

⑬ 见 J. 斯坦厄普前引书，第 161—167 页。

⑭ 目前残存的一些最早的工会书信——诺丁汉市档案馆保存的针织工书信——表明他们普遍具有读写能力。见上文，第 535—540 页。

⑮ 石板：用粉笔、石笔在上面练字用的深色薄石片，几十年前在我国各地也给小学生练字用。——译注

⑯ 《有关工匠及机器的第一份报告……》（1824），第 25 页。

⑰ 卡特纳赫的《瑟特尔审讯》，50 万册（1823），《科德的自由及被处死》，116 万 6 千册（1828）。

彻斯特辉格派煽动性的印刷商”考德雷和布莱克出去经营的“卖历书者”被地方官逮捕。因为他们发现其售品目录上写着“不要瞎眼国王——内德·卢德永在”。[18] 战后激进主义运动最显著的特点之一是，坚持不懈地致力于扩大这些成就和提高人们的政治觉醒的水平。早在1816年1月，巴恩斯利的织工就成立了一个俱乐部，每人每月会费为1便士，以便为购买报刊杂志。汉普登俱乐部和政治联盟为建立“读书会”煞费苦心，他们在陶器区的汉利这类较大的中心市镇长期开办了阅报室、阅览室。开放时间从早晨8点一直到晚上10点。而且还要对那些骂人、说脏话、酗酒的读者处以罚款。此外，他们每晚为读者“朗读”伦敦的各种报纸。按照约瑟夫·米切尔的说法，1818年，在斯托克波特联盟开办的读书室里，每星期一晚上都有一次各小组领导人会议，星期二是“道德和政治阅读”，星期三是“交谈或辩论”，星期四教授“语法、算术及其他”，星期六是社交晚会，星期日则是成人及儿童等的上课日。在布莱克本，妇女改革协会的会员发誓要“竭尽全力给我们的孩子灌输对腐败、专制统治者的根深蒂固 718
的仇恨”。她们的方法之一是使用“一种供妇女改革者的孩子们使用的贬义字母”：B代表Bible（圣经）、Bishop（主教）、Bigotry（顽固）；K代表King（国王）、King's evil（国王的罪恶）、Knave（流氓无赖）以及Kidnapper（绑票者）；W代表Whig（辉格派）、Weakness（软弱）、Wavering（摇摆不定）、Wicked（邪恶），等等。

虽然政府在1819年之后采取镇压阅报室（有时是某个激进派书商的商店）的行动，但这种提供阅报室的传统一直延续到19世纪20年代。战后伦敦的咖啡馆大大增多，而且大多兼作阅报室。约翰·多尔蒂著名的“咖啡阅报室”就和他的曼彻斯的

[18] 内政部档案，第40.1号。

书店相连，到 1833 年，这里每周订阅的报纸就不下 96 种，其中包括非法的“无印花税”报纸。较小城镇和村庄的读书团体虽不正规，但重要程度却不亚于伦敦。他们有时在小酒馆、“黑店”或私宅聚会；有时则在工场里读读期刊并进行讨论。在“知识税”最沉重的时期，期刊的价格极高，这反倒使无数希望买到自己中意的报刊的小组纷纷组成了俱乐部。在热烈讨论改革法案期间，南特威奇的一位名叫托马斯·邓宁的鞋匠同他的工友和“我们的惟一神教牧师合伙订阅《每周快报》，价款为 8.5 便士，其中 4 便士为印花税。这对一个收入微薄的鞋匠来说太昂贵了……。”[19]

激进出版物的发行量极不稳定。科贝特的 2 便士《纪事》其鼎盛时期，即 1816 年 10 月至 1817 年 2 月其发行量每周在 4 万到 6 万册之数，是其他任何与之竞争的刊物许多倍。[20]《黑矮人报》的发行量在 1819 年约是 12000 份，不过这个数目在彼得卢事件之后也许增大了。尽管卡莱尔的刊物在 20 年代的大部分年月里仍能印刷数千册，但此后由于印花税（以及运动衰退），其发行量被严格削减了。在改革法宣传鼓动期间，激进出版物再
719 次大批量发行：多尔蒂的《人民之声报》发行 3 万，卡莱尔的《挑战者》22000 份，赫瑟林顿的《贫民卫报》为 16000，而十几种较小的刊物，如奥布莱恩的《毁灭》，发行量也超过 1000。在实施印

---

[19] 关于激进派的读书室见 A. 阿斯皮诺尔：《政治与出版物》（1949），第 25—28、第 395—396 页；韦尔穆思前引书，第 24—25、第 88—89、第 97—98、第 111—112 页。关于邓宁见“回忆录”（W. H. 查洛纳编），《兰开郡、切郡考古者协会公报》，第 59 期，1947 年，第 97 页。关于斯托克波特联盟见，《北毯进军者报》，1819 年 11 月 27 日，以及 D. 里德前引书，第 48 页以始。关于布莱克本，见 W. W. 金西：《兰开郡激进运动的若干方面》（硕士论文，曼彻斯特，1927），第 66—67 页。

[20] 1822 年，主要日报的发行量为：《泰晤士报》，5,730 份；《观察家报》（周报），6,860 份。

花税的10年间,价格昂贵的周刊(售价从7便士到1先令不等)的发行量大大减少,这一空白的很大部分为日益增长的廉价书籍和个人小册子所填补。《杰克营造的政治大厦》为10万册,科贝特的《农舍经济》在1822至1828年间为5万册,《新教"改革"史》和《训诫》在1821至1828年间为211000册。同一时期,在大多数中心城市还出现了一种或多种(伦敦是十几种)日报或周报,尽管这些报刊并不宣称自己是"激进的",但却迎合了广大激进派公众的需要。正是这非常庞大的小资产阶级和工人阶级中读者群体的发展,使得这些报刊得到那些有影响有势力的机构(特别是"基督教知识促进会"和"有用知识传播会")的公认,它们作出慷慨而大量的财务上的努力,奖励读者们转而关注更为有益并处于改善中的事物。[21]

这就是在书摊周围、酒馆、工场和咖啡屋里辩论的文化。雪莱在"致英国人的歌"中所欢呼的那种文化,也是孕育了狄更斯的天才创作的文化。然而,如果我们把这个"读者群"视为一个单一的、无可分类的群体,那就错了。我们也许可以说当时存在着好些个既互相冲突又互相重叠的不同"群体",同时又是按不同的原则组织起来的。其中较为重要的是纯粹、单一的商业群体,在激进主义奋进时,常常利用它(布兰德雷思或西斯尔伍德审讯案同其他人的临终忏悔一样具有市场价值),但它遵循的是赚钱准则,还有一些多多少少是围绕在教会或技工学校周围的有组织的人们;消极群体是那些改进协会力图争取并予以拯救

㉑ 我同意R.D.奥尔蒂克前引书,第381—393页提出的数据,只是对《人民之声报》和《挑战者》的发行数量有所怀疑。关于正统出版物的相应数量,见雷德蒙·威廉斯:《漫长的革命》(1961),第184—192页。关于某些刊物企图用安全和改进的主题取代激进出版物的情况,见R.K.韦布前引书,第2、3、4章,哈里森前引书,第1、2章。

的；积极群体、激进群众是在敢针对六项法令和知识税而公然自行组织起来的群体。

W. D. 威克沃在《为出版自由而斗争》一书中颇为赞叹地谈
720 到了激进群体为自身建设和巩固所进行的斗争。[22] 世界上也许没有哪个国家像英国这样为争取出版权利而进行如此尖锐，如此大获全胜，而且同工匠和劳动者的事业尤其一致的斗争。如果说彼得卢事件确立了（以一种矛盾的感情）公众示威的权利，那么，“出版自由”的权利则是通过 15 年以上或更多年的斗争才赢得的，而且在这一过程中并没有出现愚顽的、残忍的、不可克服的鲁莽行为。卡莱尔（白铁匠，在德文郡阿什伯顿的语法学校受过一两年教育）正确地看出，1819 年的镇压使出版权问题成为激进运动的支撑点。科贝特和伍勒则修改了他们的基调以迎合六项法令，他们期待有朝一日再作斗争（其出版物的发行量因此大降）。卡莱尔则不然，他升起官逼民反的黑色船旗，犹如海盗舰上放下来的一艘小船，径直驶入国家和教会联合舰队的中央。由于受彼得卢事件的牵累，他曾受到审讯（因出版潘恩的著作），所有的激进出版物都对他的勇气表示敬意，但又因失败而对他不抱任何希望。当他数年后从监狱里出来时，联合舰队已经溃不成军。他早已使政府耗尽了弹药，并把政府依职权进行的起诉和设立的特别陪审团变成了笑料。他还顺利地搞掉了那些秘密控告团体，如“宪法协会“（或称“桥街帮”）和“道德拯救会”，两者都是由贵族、主教和威尔伯福斯赞助和津贴的。

---

[22] 他描述的是 1817—1832 年时期，主要涉及斗争的第一阶段——出版权利——尤其同理查德·卡莱尔有关。斗争的第二阶段，即“成功地取消印花税”（1830—1835）在一定程度上涉及到卡宾特、赫瑟林顿、沃森、克利夫和霍布森等人。但还没有历史学家对此作过系统描述。不过也可参见 C. D. 科利特：《知识税史》（1933），第 2 章，及 A. C. 巴克：《亨利·赫瑟林顿》（无年月）。

当然,卡莱尔并非是靠他个人的力量取得这些胜利的。第一轮斗争发生在1817年,当时有26人因煽动暴乱和亵渎诽谤罪受到起诉;此外还有16人被王室法官依职权而起诉。[23] 这一年的胜利桂冠落到了伍勒和霍恩以及伦敦陪审团(他们拒绝给被告定罪)的头上。伍勒是自我辩护的,他是一个能说会道的演 721
说家,有些法庭经验,此外在辩护过程中他还显示了自己的能力以及说话夸张的自由主义者的风度。两次审讯(1817年6月5日)的结果是:一次判决"无罪",另一次胡乱地判为"有罪"(三个陪审员对此表示异议),但后来被王座法庭推翻。[24] 1817年12月对威廉·霍恩的三次审讯是法庭审讯记录中最有趣的一部分。霍恩是个穷书商,曾经一度是伦敦通讯会的成员,因出版亵渎、诽谤性作品(这些作品把《教义回答》、《连祷文》和《教义》模仿成滑稽体裁)而受到了起诉。实际上,霍恩仅仅是一个特别聪明的倡导人,他倡导的那种政治短文形式在卖报人和滑稽顺口溜表演者中早已根深蒂固,而且各个党派的人物,从威尔克斯到反雅各宾主义的文人还使用过更高级的形式。霍恩本来不想为这些滑稽短文而冒失去自由的危险。1817年2月开始镇压时,他曾试图把这些短文收回,只是由于卡莱尔拿去再版才迫使政府动了手。下面便是这种短文中的一篇:

> 我们的主啊,无论你叫什么名字,你总是在财政部。你的权力无限,能在帝国全境奏效,就像在每次议会会议上一样。把平日的面包片赐与我们,并宽恕我们在投票时的偶然缺席。我们保证不饶恕那些投反对票的

㉓ 威克沃前引书,第315页。那种异常不公平的起诉形式,即依据职权起诉,实际上使得未经审讯即可监禁。见威克沃前引书,第38—39页。

㉔ 《对T.J.伍勒的两次审判》(1817)。

人，不要把我们逐出家园，就让我们留在下院里，在有年金和富足的地方吧；把我们从人民的手中解救出来吧。阿门！

霍恩无法弄到1000英磅的保释金，他从5月到12月一直在监狱里，健康状况也很不好。他以前的所作所为使内阁成员们特别愤怒，原因是他使内阁成员们背上了他们永远忘不了的恶名："老财"(指大法官埃尔登)，"德里沙丘三角"(指卡斯尔雷)，"医师"(指西德默思)。当得知霍恩打算自我辩护时，人们对他并不抱多大希望。不过霍恩一直在利用被拘禁的时间收集从过去到现在的其他滑稽文作者的例证。因此他第一次在艾博特法官面前受审时便被判无罪。在其后的两天中，那个年老多病、性格暴躁的高等法庭庭长埃伦巴勒只得亲自出面主持审讯。从一页页的审讯记录中我们可以看到埃伦巴勒的插话，霍恩对庭长的行为所作的不紧不慢的指责，朗读从各种报刊上挑选出
722 来的滑稽可笑的讽刺诗文以及司法长官威胁要逮捕"我看见的第一个想笑的人"等内容。尽管埃伦巴勒提出了不适当的指控("……遵从自己的良心和上帝，他宣布这是一起最邪恶的最亵渎的诽谤罪")，但陪审团还是提出了两份"无罪"的判决。结果(据说)埃伦巴勒一病不起了。从此之后——甚至在1819和1820年——各种滑稽作品和讽刺短文就不再受到起诉了。[25]

迫害在嘲笑面前是难以站住脚的。这些年的出版斗争给人们留下两点深刻印象：第一是霍恩、克鲁克香克、卡莱尔、戴维

㉕ 《对威廉·霍恩的第二次审判》(1818)，第17、45页；《为霍恩捐款的一次公共集会记录》(1818)，F.W.哈克伍德著《威廉·霍恩》(1912)，第9—11章；威克沃前引书，第58—59页。一位唱顺口溜的老者告诉梅休(第1卷，第252页)，虽然几次宣告霍恩无罪，但要在街上"唱"他的滑稽作品还是很难："大量官员和警察会随时出来阻止……那些想讨好大人物的治安人员还会想法阻止他们……。"

森、本波和其他人不是以一本正经、如临大敌的姿态而是带着兴致勃勃的样子捉弄了官方。(这一惯例被赫瑟林顿所继承,他作为无印花税的《贫民卫报》的主编而忙于业务时,伪装成教友派信徒,却装得很不像,但也能几个星期之内在警察的鼻子底下来来往往。)监禁,对一个激进出版商来说并非耻辱而是光荣。一旦出版商们事先决定准备进监狱,他们便竞相想出新招,并用最滑稽可笑的方式吸引对手注意。激进的英国怀着愉快的心情(没有人比黑兹利特更愉快)注视着《瓦特·泰勒》——骚塞青年时期含有共和主义思想的作品——在舍温的努力下复活。而骚塞这时是桂冠诗人,他带头鼓吹制止出版界煽动性的放肆行为,并要求当局禁止舍温侵犯版权的行为。埃尔登勋爵拒绝发出这样的禁令,因为法庭不能理会"诽谤性出版物的肮脏利润"一类的财产争端讼事。黑兹利特问道:"那位作为《瓦特·泰勒》一诗的作者正在要求一项针对自己的禁令,同时,他又建议颁布一些针对我们的禁令,并以此通过暴力来弥补他在言论上的亏损,这不是很奇怪的事吗?"[26] 在另一方面,卡莱尔(他已经把舍温的业务接了过来)在得知禁令被拒绝后就不仅仅是高兴了——因为在他开业之初的困难时期出售这本诗集可以给他带来大宗利 723
润。他在 6 年后写道:"光荣属于你啊,骚塞! 当其他各种政治出版物衰败之时,《瓦特·泰勒》一直是利润的源泉,世人还不知道什么东西应该是归功于骚塞的。"[27]

非法翻印《梅布女王》和《审判目击记》事件也是这种沸沸扬

---

[26] 《黑兹利特全集》,第 7 卷,第 176 页以始。黑兹利特认为骚塞先生不应该要求禁止《瓦特·泰勒》,而是他要求禁止柯勒律治先生的言论那就好了,因为后者曾在《信使报》上为他作过辩护。

[27] 舍温:《共和报》,1817 年 3 月 29 日;卡莱尔:《共和报》,1823 年 5 月 30 日。

扬策略的一部分。没有一个不列颠的君主会像卡罗琳王后[28]骚动时期中的乔治四世被用可憎的粗话描写的那么可笑的样子；尤其是在霍恩和克鲁克香克出版的《王权神授说走向错误统治》、《王后的婚姻阶梯》、《不是我的错》和《月中人》中更是如此。同一作者的《掴警察与桥街帮》(1822)以政府资助的《新时代报》的版式面世，并辅之以一个模拟的新闻报戳和一个猫爪图像及一句题词："他对任何东西都要伸出爪子"，此外还有一些假广告和伪造的生卒一览表：

婚姻启示

> 摄政王陛下行将就木的专制政府娶了至高无上衰老不堪的古董小姐，18世纪的愚昧女神。新人的服装华丽无比。

卡莱尔出狱后继续进行斗争，讽刺家们还把起诉他的那些人狠狠地挖苦了一番。

第二，尽管政府的威胁仍然存在，但是争取公民自由权利的人和合法主义者的传统是不屈不挠的。这不仅是因为获得了意想不到的支持——在霍恩的认捐名单上，从一位辉格派公爵到一位侯爵和两位伯爵都是带头捐款的，这表明统治阶级自身的不安。各次政治审讯中政府司法官员的报告还表明，他们是小心谨慎地安排诉讼程序的，尤其是他们注意到了陪审制度的不可靠性(就他们的目的而言)。按照福克斯1792年提出的诽谤

---

[28] 英王乔治四世之妻，她和丈夫一样，丑闻甚多。她与即位前的国王婚后生一女，不久两人分居。她曾被控与人私通，生一女。当时枢密院的一个委员会宣布她无罪。当其夫摄政时，她被排于宫外，寄居意大利，据说与一信差关系暧昧。1820年其夫即位为乔治四世，她不顾劝阻由欧陆回英格兰。英政府提议解除双方婚约，除其王后称号。但经长期听证后，上院将此案否决了。当乔治四世行加冕典礼时(1821年7月1—19日)，她被禁止入威斯敏斯特教堂，19天后病逝。——译注

法，出版行为及有损名誉的行为由陪审团裁决，虽然法官不会设法避开这一条，但实际上终究意味着 12 个英国人不得不对他们认为的“诽谤”是否已经危险到堪判入狱作出判决。一项失败的国家起诉是对当局士气的打击，这要靠三次成功的起诉才能弥补。即使在 1819 至 1821 年间，几乎每一个案子都由政府和起 724
诉团体提出时，[29] 这一方面是由于他们较好地使用了法律手段以及对陪审团的影响，另一方面则是因为卡莱尔的言语太刺激人，结果使问题由煽动变成了咒骂，我们也不可能把这种情况说成是“集权式的”或“亚细亚方式”专制主义。审讯记录必须传阅，这些记录包括关键的段落，有时甚至是整本书，在法庭上朗读这些文章——被告就是因这些内容而被判刑的。卡莱尔出狱后继续镇定地编辑他的《共和报》；他的一些伙计则在那里编着另一本刊物，以此作为自我提高的手段。1824 年，伍勒的《黑矮人报》衰落了，但科贝特仍然在斗争。他在 20 年代早期确实是相当温和的。他不喜欢卡莱尔的共和主义和自然神论，也讨厌这些学说对大城市工匠的影响，他日益转向农村并疏远工人阶级运动。(1812 年，他办了第一期《乡村旅行》，他的天才似乎终于在这里找到了合理的形式和内容。)但即使他疏远了工人阶级运动，《政治纪事报》仍然一直存在，而且仍然像《共和报》那样设有专栏，揭露各种迫害事件，从博德明事件到贝里克事件均是如此。

这场斗争所带来的荣誉并不属于任何一个阶级。约翰·亨特和约翰·瑟尔沃尔(当时已是坚定的中等阶级温和派)属于受“桥街帮”折磨的一类人；查尔斯·沃尔斯利先生、伯德特、约瑟夫·哈里森牧师属于那些因煽动罪而遭监禁的人。不过卡莱尔

[29] 3 年中共有 150 项起诉和 45 起依照职权的指控。

和他的伙计们是属于那种坚定反抗到底的人。虽然在 20 年代末和 30 年代初又重新开始了一些起诉,而且亵渎案件直到维多利亚时代也时有发生,但是激进的斗争到 1823 年已告结束。卡莱尔的最大罪过是他满不在乎地出版了汤姆·潘恩的《政治著作》和《神学著作》——自从 1792 年潘恩被缺席审判、丹尼尔·艾萨克·伊顿在战争期间被连续审判之后,"老雅各宾派"在城市的根据地秘密流行的著作其实就已经被禁止了。除此之外,他还有许多别的罪过,随着斗争的发展,他本人也从自然神论转向了
725 无神论,而且更富于攻击性,例如鼓吹暗杀[30] ——无论怎样看,这些都会遭致起诉。几年的铁窗生活也未能使他有所改进。他的力量在于:第一,他甚至不承认失败的可能性;第二,他的背后有工匠文化的支持。

第一点似乎表现得并不明显。事情通常是这样:果敢坚毅的人(如在 18 世纪 90 年代)要不是保持沉默就是失败。奇怪的是卡莱尔的那种决心("舰队街的商店理所当然是不会关闭的")确实是当局难以对付的,无论他们那一边有多少法律条款的支持,他们总是会因起诉而遭人憎恨。然而,在六项法令下,他们已经授予自己取得了流放犯有煽动罪的作者的权利,而这些人的罪过还远不如卡莱尔所犯的、并自豪地承认过的那些罪严重。甚至在 1820 年,这一法令的条款也未能得以使用,这说明那个时候存在着一种微妙的平衡,而且合法的思想共识对权力也会产生某些制约。除非把他流放或是砍掉他的脑袋,或者更加现实的是把他单个关起来,否则卡莱尔还是不会沉默的。然而,政府没有实施极端措施也有两个理由:第一,在政府看来,到 1821 年这些措施似乎已不那么必要了,因为已加重的印花税自会发

[30] 见下文,第 764 页。

生作用；第二，第一轮冲突之后，情况已经明朗，如果卡莱尔默不作声，就会有半打新冒出来的卡莱尔取代他的位置。实际上，最先冒出来的两个卡莱尔就是他妻子和妹妹。此后，他的那些“伙计”还会步其后尘。据一项统计，在斗争结束之前，卡莱尔已得到 150 个志愿者的帮助，这些人是零售商、印刷商、报贩——他们总共为卡莱尔蹲了 200 年监狱。这些志愿者是应《共和报》的广告而来的，都是“自由的，有能力并愿意在卡莱尔将军的军团服役”的人：

> 务请最充分而明确的理解，为了宣传这些原则并为此目的而牺牲自由……并不是为个人，必是焕发了这些志愿者的动机；因为——虽然 R. 卡莱尔保证要……用他的力量给这些志士最好的支持——如果一大批人被监禁，他的财产状况或前景是不可能允许他每周拿出任何特别的款项的……[31]

从那时起，舰队街的“理性神殿”就很少有一天晚上没有客人们
留宿。前来的男人和妇女情况各异，而且全是不为卡莱尔所认 726
识的。他们仅仅是些伦敦人，或是从林肯郡、多塞特、利物浦和利兹乘公共马车前来的。他们都出自同一文化背景。

这种文化不同于织工或太因河畔矿工的“工人阶级”文化。在斗争中表现突出的有职员、店员和一位农夫之子；鞋匠本波后来成了书贩；詹姆斯·沃森，里兹的一位批发商，他在一家干货店“寄放过一匹鞍子马”；有剪绒工詹姆斯·曼，他后来也成了书贩（也是利兹人）。这种知识传统一部分是在雅各宾时代形成的，

[31] 威克沃前引书，第 231 页。

他们的圈子曾一度聚集在戈德温和玛丽·沃尔斯通克拉夫特[32]或伦敦通讯会成员的周围，该通讯会的最后一个真诚的发言人——约翰·盖尔·琼斯——就是卡莱尔最坚定的支持者之一。这种文化传统的另一部分是新近形成的，其中某些东西应归功于边沁日益增长的影响，还有一些东西应归于“理性思想的基督徒”和惟一神教徒，如本杰明·弗劳尔和W.J.福克斯等。这种传统涉及到日报的编辑和萨里技工学校的讲师们当中形成的生气勃勃的亚文化，而那些为爱好文化的《黑树林》所不齿的人——中小学教员、学医的穷学生或公职人员读的是拜伦和雪莱的作品以及《观察家报》，他们所推崇的既不是辉格党也不是托利党，而是经过个人的抽象思维得出的是非曲直。[33]

卡莱尔的个人主义在很大程度上（人们普遍认为）具有小资产阶级的特征，但如果据此就给这种文化贴上资产阶级或小资产阶级标签，那就无助于研究了。这样表述也许更接近于真实：（战争年代中）大体上局限于激进知识分子中的理性启蒙热潮现在已被那些具有福音传道士般的热情的工匠和某些技术工人（例如棉纺工）所继承，他们要把这种文化带给“无数成员”——这种传教士的热情即使在边沁、詹姆斯·穆勒或济慈身上也是很
727 难发现的。为卡莱尔的运动捐款的人在伦敦最多，其次是在曼

[32] 玛丽·沃尔斯通克拉夫特（1759—1797），英国女作家，以争取女权闻名。曾在伦敦书商J.约翰逊公司中工作。参加激进团体，与戈德温、布莱克等交往，有《女权辩护》等著作。——译注

[33] 见济慈给其兄弟乔治的信，1819年9月17日，《全集》（1901），第5卷，第108页。信中写道：“在我看来，这反倒使书商卡莱尔成了重大事件中的人物。他一直在销售宣传自然神论的小册子，再版了汤姆·潘恩的书以及其他许多含有可怕的异端邪说的著作……。他们终归还是不敢起诉他。他们害怕他辩护；那会在整个帝国的报纸上发表出来。他们为此吓得发抖。审讯会点燃起他们无法扑灭的火焰。你不认为这是具有重大意义的事吗？”

彻斯特和利兹的。工匠文化首先是自学者的文化。沃森在回顾他的铁窗生活时写道:“在这 12 个月中,我怀着极大的兴趣读了吉本的《罗马帝国的兴亡》、休谟的《英国史》以及……莫斯海姆的《教会史》,受益良多。”[34] 构成卡莱尔所支持的“研讨会”(以及后来的圆厅剧场)核心的工匠们对传统文化深为怀疑,因为这种文化把他们排除在权力和知识之外,而且还用使人厌烦的说教和小册子来答复他们的不满。启蒙著作则给他们带来了启示的力量。

这样,一个逐渐具有工人阶级特色的读书群体就被迫自己形成了。在战争期间和战后头几年就已经出现“御用”报刊和激进报刊并存的局面。到了 20 年代,多数中等阶级出版物挣脱了政府的直接影响,并且在一定程度上开始利用科贝特和卡莱尔 728
过去创造的有利形势。《泰晤士报》和布鲁厄姆勋爵——他也许同埃尔登勋爵一样厌恶“穷人的报刊”(尽管原因不同)给激进主义这一术语完全不同的定义——“自由贸易”、廉价的政府及功利主义的改革。在一定程度上(尽管决非全部)他们只说服了激进的中等阶级——教师、医生和店主,他们当中的一部分人曾支持过科贝特和伍勒——这样,到 1832 年,两个激进群体就形成了:中等阶级和工人阶级。前者向着反谷物法同盟,而后者的报刊撰稿人和编辑(赫瑟林顿、沃森、克利夫、洛维特、本波、奥布莱恩等)已经在为宪章运动的兴起作准备了。在整个 20 年代,工人阶级报刊一直在印花税的重压下挣扎,[35] 科贝特在这段时间也只是同下层阶级运动而不是同中等阶级运动保持着松散的变

---

[34] W. J. 林顿:《詹姆斯·沃森》(曼彻斯特,1880),第 19 页。

[35] 1830 年,每份报纸或周刊的印花税为 4 便士,广告税为 3 先令 6 便士,此外还有小额纸税和针对诽谤行为的大额保释金。

化无常的联系。两种运动的分界线不再是“改革”策略的不同（因为中等阶级改革者有时也可能在语调上同工人阶级一样革命），而是在政治经济学的主张上不同。1830 年农业工人的“起义”成了试金石。当时《泰晤士报》（科贝特称之为“血腥的老泰晤士报”）带头要求惩罚几个起义者以儆戒众人，科贝特和卡莱尔因煽动性作品而再次受到起诉。

反抗的黑旗在 1830 和 1831 年又升了起来。科贝特找到了法律中的漏洞，又重新开始出版他的《两便士论文》。但这一次却是印刷工赫瑟林顿率先开始了前沿战斗，他的《贫民卫报》刊登了手工印刷机的标记和“知识就是力量”的格言，并把“为了试试以‘权’压‘理’的能力而违‘法’出版”作为报头的标题。他在开篇辞中还引用了他要藐视的法律条款：

> ……《贫民卫报》……将刊载“新闻、消息和事件”及“与此有关的评论和意见”，议论“教会和国家事务”，坚决“激励对本国依法建立的政府和宪法的仇恨和蔑视”，而且也“对贬低宗教的弊端”……

该报还公然蔑视印花税法的每一条款，

> 或任何别的法令，而且不顾法律界、任何暴君或暴君集团的意愿和喜好，也不顾以前任何时候或任何地方发生过的任何事情……不管后果会怎么样。

他在第四期上登出了一份广告，“招聘”数百名没有工作不怕失去任何东西的穷人……将这份报纸卖给穷人和无知识的人，此举不仅征集到了志愿人员，而且还导致了其他几十种非税报纸的出现，其中著名的是卡莱尔的《挑战者》和乔舒亚·霍布森的《约克西区之声》。到 1836 年，斗争大体上也就结束了，宪章出版物的发行已经就序。

然而，“最大的无印花税报”显然是一份工人阶级性质的出版物。《贫民卫报》和《工人之友》事实上就是工人阶级全国联盟的机关报;多尔蒂的《贫民辩护士》是工厂运动的喉舌;乔舒亚·霍布赫先前是手机织工,他曾通过自己的劳作制造出一部木制的手推印刷机;布朗台尔·奥布莱恩的《毁灭》,有意识地发展工人阶级的激进理论。这些版面小、排版密并便宜的周报刊登的内容有:这些年中开展的成立总工会的伟大斗争,1834 年厂主们搞的停工闭厂,托尔帕德事件引起的抗议活动。此外,这些周报还对社会主义和工会理论做过细致的讨论和解释。我们对这一时期所作的探讨,超出了我们的研究范围,把我们带到工人阶 729
级不再处于形成过程而是(以宪章运动为形式)已经形成的时代。我们必须记住的一点是,争取出版自由斗争的程度,对于正在成形的运动具有关键的形成性的影响。或许有 500 人因印制和销售“无印花税报刊”遭到起诉,[36] 从 1816 年(实际上是从 1792 年)到 1836 年,卷入这场斗争的不仅有编辑、书商和印刷商,而且还有成百上千的报贩、书贩和志愿经济人。[37]

迫害事件的记载年复一年。1817 年,两个在希罗普郡贩卖科贝特小册子的人被一个身兼牧师的治安法官“按流浪法令命人……予以逮捕……而且还被捆在鞭挞柱上狠抽一顿”,同年在普利茅斯、埃克塞特、黑乡、牛津和英国北部,小贩们也受到这种待遇;1819 年,在德文郡的一个村庄,一个卖西洋镜的小贩仅仅因为放了一张彼得卢的图像就遭逮捕和监禁,时间几乎都不超过一年(报贩通常未经审讯就被判处几周监禁,然后又被释放),但这些监禁对于受害者的影响比起编辑们被监禁(这类事曾受

---

[36] 曼彻斯特书商艾贝尔·海伍德声称人数是 750。

[37] 为了支持“无印花税报刊”的发行,还组织了一些传播“真正有用的知识”的协会。见《工人之友》,1833 年 5 月 18 日。

到更为广泛的宣传)更为严重。他们被投入令人厌恶的“感化院”,经常还带着脚镣手铐,一般都缺乏法律知识和辩护手段。除非他们的情况引起了科贝特、卡莱尔或某些激进派别注意;否则,他们的家庭成员就会因为缺乏收入而被迫进济贫院。[38] 在较小的城镇,争取自由的斗争确实是非常艰巨的。在曼彻斯特、诺丁汉或利兹均有激进派的根据地和集会场所,并且准备为受害者提供救助。在有市场的镇区或工业村庄,凡订阅科贝特或卡莱尔报刊的皮匠和教师,(在 20 年代)都可能受到监视和间接的迫害。(科贝特寄给农村订户的内装《纪事》的邮包甚至经常到不了,原因是在邮局寄包过程中“丢失了”。)在战斗性很强的
730 报刊周围,出现了具有民间特点的销售方式:小贩们(梅休听人说)为了“出售”《共和报》,便兜售草帽,然后把夹在里面的报纸送给他们的顾客。在“无印花税报刊”盛行的年代,人们只须在斯彭河谷某些居民的门窗栅栏里塞进一便士,报纸就会“出来”。在其他地方,人们常在夜里偷偷溜小路或穿过田野到他们自己知道的聚合地,藏在棺材里或是藏在理性思想者的敬神仪仗行列中的“无印花税报”不止一次地从当局的鼻子底下运走。

我们可以举出店员和商贩中的两个例子。我们先看一个女店员的例子,这个例子能够告诉我们,在理性主义者和欧文派的团体中,妇女权问题(18 世纪 90 年代以来几乎无人提及)已经

---

[38] 威克沃前引书,第 40 页,第 103—104 页;《对威廉·霍恩的第二次审判》(1818),第 19 页;关于罗伯特·斯温德尔斯一案:他被囚禁在切斯特城堡,妻子和婴儿在无人照料的情况下死去,留下的一个孩子被送进了贫民院;舍温的《政治纪事》(1818 年 3 月 14 日)曾谈到沃林顿地区的梅勒和皮林的情况,他们被关在普雷斯顿监狱达 19 周之久,而且还带着重罪犯的脚镣手铐,后来被解到伦敦的法庭受审——他们必须步行 200 英里才能到达——审讯后又转到兰开郡进行(再往回走 200 英里)——随后才被释放。

再次被提了出来,而且逐渐从知识分子扩展到工匠中。支持卡莱尔的受到审讯并蹲过监狱的妇女同胞,大多是出于忠心而不是信念。赖特夫人则大不相同,她是诺丁汉的一名花边修剪工,卡莱尔的自愿队员之一,后来因销售卡莱尔的一篇《宣言》而受到起诉。卡莱尔这篇宣言所包含的主张具有他的特色:

> 代议制政府很快看到把教堂和礼拜堂变成科学神殿……把珍爱教士变为珍爱哲学家是一种正当要求。我把国王的花招和教士的诡计视为社会的毒物……,这两大邪恶联合起来破坏人们身心的安宁幸福,可能让我们忘却生活中的苦难。后者还力图用一个永恒幸福的希望,来愚弄我们。

赖特夫人为自己作了长篇辩护,[39] 中间几乎没有人插话。辩护结束时,

> 赖特夫人请求允许她退下去给正在哭的婴儿喂奶。请求被准许了,她离开法庭20分钟。当她来回走过城堡咖啡屋时,聚集在那里的数千人向她鼓掌喝彩,所有的人都叫她别灰心,坚持住。

不久,即11月的一个夜晚,怀抱6个月婴儿的赖特夫人被投入新门监狱,睡觉的地方只有一张席子。像赖特夫人(还有利兹地区的曼夫人)这样的妇女,不仅要面对惯常的起诉,而且还得面对愤怒的保王派报刊的侮辱和暗讽。《新泰晤士报》写道,"这个卑鄙的不知道羞耻的妇人有好几个女性"陪伴,"这种情形还不足以震动每一颗反思的心灵吗?"她是个"放荡的东西"(这是对 731
妓女的惯常称呼),"已经失去了女性特有的廉耻心、畏惧心和端

㊴ 卡莱尔给他的大多数伙计都准备了长篇的书面辩护辞,她的情况也可能是如此。

庄”。她的“可怕榜样”已经毒害了其他母亲的心灵:“这些具有女性外形的怪物,板着铁石般的面孔,公然出来支持下流粗俗可怕的亵渎行为,这在基督教世界的历史上还是第一次。”卡莱尔则写道,“她是一个身体相当柔弱但精神正常并没有问题的妇女。”㊵

报贩中判刑最长的人要算约瑟夫·斯旺,此人是麦克尔斯菲尔德的一名制帽工,1819 年因销售小册子和一篇煽动性诗歌被捕:

> 甩掉镣铐,踢开奴役的颈轭;
> 现在就动手,否则锁链永远不能打破;
> 迅速起义吧,给他们致命打击。

他先是同重罪犯关在一起,从一个监狱转到另一个监狱,最后被定数罪并罚 4 年零 6 个月,其中 2 年为阴谋煽动罪,2 年为亵渎诽谤罪,还有 6 个月是煽动诽谤罪。当这些荒谬的判决被通过之后,斯旺扬起他的白帽子并且向法官说:“你判完啦,全部就那些?我还以为你要给我弄根绞索把我绞死呢。”他的妻子曾被短期拘留(因继续销售小册子)。她和她的 4 个孩子靠每周 9 先令的教区津贴过日子;卡莱尔和科贝特都曾给过他们一些帮助。科贝特本人确实对斯旺的案子特别有兴趣。卡斯尔雷自杀后,科贝特那颇为得意地给斯旺写信,上面有对卡斯尔雷的咒骂:“卡斯尔雷已经割断自己的喉咙,他死了!愿这消息能传到你所在的地狱深处……并给你受难的灵魂带去安慰!”斯旺服刑 4 年 6 个月之后,“走出了切斯特堡大门……他的思想仍像以前一样顽固。他继续从事制帽业,但并没有停止活动。1831 年 11 月,

---

㊵ 威克沃前引书,第 222—223 页,《对苏珊娜·赖特夫人审判案》(1822),第 8、44、56 页;《新泰晤士报》,1822 年 11 月 16 日。

《贫民卫报》报道了斯托克波特治安官法庭发生的诉讼案，被告就是约瑟夫·斯旺，罪名是销售“无印花税报刊”。法庭主席克拉克上尉问他在辩护中有什么话要说：

> 被告——先生，我已经失业一段时间了，我也无法 732
> 找到工作，我家里人都在挨饿……。另一个理由，也是最重要的理由，我卖这些东西是为了我们同胞，让他们知道议会并没有代表他们……我想让人民知道他们是怎样被蒙骗的……
>
> 法官——住口。
>
> 被告——我不！因为我想让每个人都读读这些出版物……
>
> 法官——你太放肆，你要因此被判处3个月监禁，进纳茨福德感化院，做苦工。
>
> 被告——我一点也不感谢你；只要我能出来，我还要卖。你记住(看着克拉克上尉说)我第一份就要卖到你家里。

约瑟夫·斯旺随后被强行带离被告席。[41]

在20世纪论述民主的华丽文章中，他们大多数已为人们所遗忘，原因是他们冒失、粗俗、过分真诚或者说是“狂热”。而那些模仿他们的做法传播进步的载体，那些接受政府津贴的《一便士杂志》和《星期六杂志》(其销售者没有一个被起诉)却挤了进来，跟在后面的是资力雄厚的商业性报刊，虽说只是到40和50年代才真正开始引起激进读者群的注意。(即使到那时，大众化

---

[41] 威克沃前引书，第105—107页；《独立辉格党人报》，1820年1月16日；科贝特：《政治纪事报》1822年8月17日；《贫民卫报》，1831年11月12日；A.G.巴克：《亨利·赫瑟林顿》，第12—13页。

的出版物如克利夫、豪伊特、钱伯斯、雷诺和劳埃德等人的报刊，仍然是从激进主义的背景中涌现出来的。)这场斗争的两个后果也许是尤其要注意的。第一(也是最明显的)在30年代成熟起来的工人阶级意识形态(从此以后它虽经许多次转变却经久不衰)特别重视出版、言论、集会和个人自由等权利。“生而自由的英国人”传统当然更加古老。然而在某些晚期的“马克思主义”解释中称，这些对权利的要求，似乎是对“资产阶级个人主义”遗产的继承，此说恐怕难以成立。奇怪的是，在1792至1836年的斗争中，工匠和工人们却把这种传统当做自己的东西，他们在其中加进了言论自由的要求，并认为他们自己有权利以尽可能廉价的方式无拘无束地传播这种思想的成果。

在这方面，他们确实是有一种时代所特别赋予的幻想，而且
733 还竭力要把这种幻想纳入工人阶级斗争的背景之中。那个时代所有的启蒙主义者和进步论者都认为，理性和知识的传播仅仅是由于缺乏媒介而被限制住了。他们的类推通常是机械的。兰开斯特和贝尔力图以廉价的方式通过儿童辅导员的努力使学生的专门知识增加，他们的教育方法被(贝尔)称为“道德蒸汽机”。皮科克把布鲁厄姆的“有用知识传播会”称为“才智蒸发会”是极为准确的。卡莱尔非常自信地认为，“读小册子注定会在人类中产生道德和政治方面的巨大必然的变化”：

> 严格地说，印刷机也可以称为用于人类心灵的乘法口诀表。印刷术使人类的心灵成倍地丰富……，小册子销售者是改革机器中最重要的推动力。[42]

欧文曾怀着救世主式的、但却是机械的乐观主义情绪仔细考虑过以宣传的方式建立新的道德世界。

---

[42] 威克沃前引书，第214页。

然而,即使这当中有一部分理性主义的幻想,我们还得考虑第二个——也是更直接的——后果:从1816到1836年,这种“成倍增长”似乎发生了作用,因为代表工人阶级激进的“无印花税报纸”编辑及撰稿人,一直在利用具有倍增效应的印刷机器;而且前25年的经历已经使全国各地的能够接受他们现在读到的东西,宣传工作的重要性可以从激进组织的稳步发展中看到:这些激进组织已从大城镇和工业区发展到小选邑和集市小镇。六项法令之一(有权搜查武器)只是在中部地区和北部地区某些特定的“骚乱区”实行。[43] 从1832年以前一直到宪章运动时期,在每一个郡、许多最小的集市,甚至在较大村庄建立的激进派的核心,而且几乎每一个都是在当地工匠的基础上组织起来的。
在克罗伊登、科尔切斯特和伊普斯威奇、蒂弗顿和汤顿、南特威 734
奇或切尔顿哈姆这类中心地区,都有勇敢大胆富有战斗精神的激进派或宪章派团体。在伊普斯威奇,团体是由织工、马鞍工、马具工、裁缝和鞋匠组成的;在切尔顿哈姆是鞋匠、裁缝、石匠、家具匠、园丁、泥水匠和铁匠——他们都是诚实可敬的人——才智方面都大大超过一般水平。[44] 这些人都是被科贝特、卡莱尔、赫瑟林顿和他们的经济人“发动起来的”。

“诚实可敬的人……”——人们对这种自修者的文化从来就

---

[43] 兰开郡、切郡、约克西区、沃里克郡、斯塔福德郡、德比郡、莱斯特郡、诺丁汉郡、坎伯兰郡、威斯特摩兰郡、诺森伯兰郡、德勒姆郡、考文垂市,以及郡级市太因河畔的纽卡斯尔和诺丁汉。

[44] W.E.亚当斯前引书,第169页;我感谢A.J.布朗先生提供的有关伊普斯维奇地区情况的资料。关于萨默塞特和东盎格利亚地区宪章运动,还可参见A.布里格斯编《宪章运动研究》。

没充分分析过。[45] 虽然有大量的资料证明这些人所受的教育并不充分;但他们中大多数都具有一定的初等教育水平:

> 我清楚地记得在宾利上的第一所半日制学校。那是在磨坊旁边的一所小房子里,教师是个穷老头,以前做着一周 12 先令的简单零活,现在开始教半日制学生。但他生怕教得太多太费时,上课时他还得在一个大木板上借助沉重的木槌打制的垫圈。[46]

这也许是 18 世纪 30 年代早期最糟糕的"教育"了。较好的乡村学校,或由工匠们赞助的收费低的学校,在 20 年代还是可以找得到的。而且在这段时期,主日学校开始摆脱了(尽管是缓慢的)教学写作的禁律。与此同时,第一批全英的国家学校(无论它们多么不完善)也开始发挥某些作用了。然而,在中等教育方面,工匠、织工或纺纱工还得靠自学。他们自学的程度可以从科贝特的教育作品的销售量中看出来。他的著名的《英语语法》出版于 1818 年,6 个月中就销售 13000 册,在此后的 15 年中又卖出了 10 万册。[47]而且我们还必须记住,销量(或刊物的发行量)并不等于读者数量,因为同一本书或报纸会被人借阅、朗读和经过很多人的手。

735 工人们的"中等教育"有多种形式,单个自学仅仅是其中的一种。尤其是工匠,他们并不像人们一般所想象的那样长期住

---

[45] J.F.C.哈里森在《学习与生活》中作了精彩的描述,但他低估了 1832 年以前的激进主义文化所具有的活力。最佳的第一手资料可以从威廉·洛维特的自传以及托马斯·弗罗斯特著的《四十年回忆》(1880)年中找到。

[46] 托马斯·伍德:《自传(1822—1880)》(利兹,1956)。亦见一位老陶工:《我小的时候》(1903),第 1 章。

[47] M.L.珀尔:《威廉·科贝特》(1953),第 105—107 页。当是还有许多偷印版。

在愚昧无知的社区里,为了找工作,他们在全国各地流浪。姑且不论因战争而被迫流动的人,单是出国的技工就有许多;成千上万的人移居美国和别的殖民地(不仅仅是贫穷所致而且出于对机会和政治自由的渴望)。其相对的便利程度也可以说明国内的社会生活处于普遍的流动状态。在城里,兴盛同时也是猥亵的平民文化同比较斯文的工匠传统并存。19 世纪早期的许多歌谣证明,当时的保王派和激进派曾利用歌曲进行过激烈的斗争。1816 至 1820 年上演传奇剧的大众剧场也许最适合雅各宾派和“老激进派”的口味。从 19 世纪 90 年代早期起,剧院,尤其是地方剧,就成为敌对派别在幕间休息时以“点歌”方式互相挑衅的场所。一个“雅合宾式革命者、平等派”描述过 1795 年北方某个港口城市的一家剧院的情况:

> ……由于剧场通常是志愿兵军官们竞选的地方,这些好战的英雄们……要求唱“上帝保佑吾主”,还命令观众起立脱帽……我既不起立,也不脱帽,以此蔑视军人。㊽

只是在镇压年代,这首歌(以其对雅各宾派的“奸诈伎俩”的揭露)才取代了“古老英格兰的烤牛排”成为“国歌”。然而,当战争还在继续时,听众们并不像他们的后代人那样时常被“教会与国王”派暴徒轻易吓住。1812 年,设菲尔德的一家剧院发生了骚动,起因是从德文郡南部来的军官坚决要求唱“上帝保佑吾主”,坐在廉价席上的观众则坚持不要唱……一个扰乱者还被送进了监狱。㊾

19 世纪的大多数剧院骚动(即使仅仅表现为正厅前座观众

㊽ 《博受主义者》,1795 年 6 月 22 日。

㊾ T. A. 沃德前引书,第 196 页。另见诺丁汉的事例,见上文,第 473 页。

同顶层楼座观众之间的对抗)都具有一定的激进主义色彩。那些有专利权的剧院对与他们对抗的小剧院甚为提防,因为后者
736 推出的“滑稽小歌剧”以及“让马、猴、狗、舞剑术、翻筋斗人和走钢丝演员进行的表演令人感到羞辱”,[50] 那里的观众热情奔放的危险情绪也让雇主们厌恶。1798 年,伦敦造船厂附近的“富裕商人、造船业主、制绳业主”以及其他雇主向政府请愿,并抱怨说伦敦塔附近忠诚剧院的表演鼓励了“他们中的许多制造商、工人、仆人以及其他人的“浪费和放荡恶习”。[51] (这种控诉已经持续了 200 多年)。1819 年,在有名的“歌剧票价”骚乱中,混乱狂暴席卷伦敦中心区,一夜接一夜,一周连一周,因为特鲁利街的剧院门票涨价之故。正是当局对剧院场所混乱一团的闹事和骚乱治安特别反感,才使得那些专利剧院把自己的专利权的垄断保持到 1843 年之久。

平民剧院的艺术造诣是不能同它的活力媲美的,对激进派的感情最有积极影响的并不是小剧院,而是莎士比亚的复活。不仅是黑兹利特,而且伍德、班福德、库珀以及许多自学成才的激进派和宪章派作者都习惯于在自己的论述前面冠以莎士比亚的语录。伍勒从文最初是就从戏剧批评开始的,1825 年办的纯粹为工会报纸的《行业报》不仅辟有运动栏(报道职业拳击赛以及雄狮尼罗同 6 条狗之间的竞赛),而且还有戏剧批评栏。[52] 在 1780 至 1830 年间,其有大众性的,而且也是最复杂最优秀的艺

[50] 见内政部档案,第 119.3/4 号,其中记载 1812—1818 年间,以大莱市及德鲁街剧场为一方,以及以“非法”小剧院为一方,双方进行的指控与反指控。

[51] 内政部档案,第 65.1 号。

[52] 《行业报》,1825 年 7 月 31 日,8 月 21 日以及下列等。有人曾要求该报主编就刊登职业拳击赛和动物比赛一事作出道歉;但该报是由伦敦工联的一个委员会管理的,而委员们的愿望又不能不得到满足。

术都是政治版画。

这首先是吉尔雷和罗兰森的时代，其次是乔治·克鲁克香克
的时代，虽然这也是其他许多漫画家的时代，这批人中有些是有
能力的，有些则是在粗制滥造。这种艺术首先是大都市艺术，漫
画家们的人物原型只要是乘马车从他们的版画店通过，他们的
政治（或个人）的罪恶连同他们自己就会被漫画家们无情地勾画
下来。无论哪方的人都无一幸免，瑟尔沃尔、伯德特和亨特常常
被保王派描绘成野蛮的纵火犯，一手拿着燃烧的火把，另一手拿
着手枪，腰带上还插满屠夫用的各种刀；克鲁克香克则把国王 737
（1820）描画成一个喝得酩酊大醉、懒洋洋地躺在王位上的人，他
四周是破酒瓶，屏风前还点缀着几个色情狂和大乳房的妓女。
（主教们的形象也好不了多少。）这种深受大众欢迎的版画根本
不是一种为文盲服务的艺术，因为他们不认识从画中人物嘴边
吐出来的全部文字道白就是证明。但不识字的人也可以参加这
种文化活动，他们可以在版画店的橱窗前站很久，想法辨认出吉
尔雷或克鲁克香克的最新作品中的那些复杂的可以直观的细
目。例如在香苹果巷奈特的画店、费尔伯恩在勒吉特山附近的
画店以及霍恩在舰队街的画店（萨克雷回忆说）："以前这里总有
一群……性情温厚乐呵呵的技工，他们琢磨这些韵文的含义，然
后说给他们的同伴听，其中的幽默之处常使他们发出会意的微
笑。"版画造成的影响有时是巨大的，舰队街常被一群群的人堵
住；克鲁克香克认为，他的"银行限制票据"（1818）使一项死刑制
度（使用假币者当处死刑）被废除了。18 世纪 90 年代，政府实
际上是唆使吉尔雷卷入了反雅各宾运动。在战争期间，版画的
主流是爱国主义和反天主教的（约翰·牛在这些年又恢复原样），
然而在国内问题上它们则分歧很大，而且通常是亲伯德将军的。
战后，激进主义版画开始像潮水一样涌出来了。即使是在卡罗

琳王后骚动期间亦然。因为起诉会遭致更多的嘲讽。运用各种画面的变化(虽然许多从业者的作品粗糙),版画仍不失为一种技艺高超的大都会的艺术:它可以是刻薄而诙谐的或是直率无情和暴露的;但无论哪一种,它都靠获取街头巷议的材料和靠熟悉的哪怕是少数参与公众事务的人的行为及其性格上的弱点,才能设计出——一幅发人深思的影射时事的宝鉴。[53]

从更广的意义上讲,剧院和画店文化比激进工匠的文学文化更通俗。因为20年代和30年代早期的自修者文化其主调是道德节制。人们通常把它归因于卫斯理宗的影响,这种影响无论是直接或间接的——无疑都是可以感受到的。清教的性格结
738 构强调道德诚实和自律,这使人们在白天辛劳之后继续在烛光下读书学习,但我们还得提出两个重要的保留意见。第一,卫斯理宗是一种强大的反理性势力,英国大众文化从没有完全摆脱其影响。在卫斯理原本要涉入的圈子中,卫斯理将其教授的阅读面限制为相对狭窄的范围。他本人的著作以及他自己的一系列书的节本,这就构成卫斯理藏书的主要部分。[54] 19世纪早期,地方传教士和小组领袖们受到鼓励,要他们读更多的书:巴克斯特的重版书,卫斯理教派运动的圣徒记和"传教记事册"。但他们不相信诗歌,哲学、圣经批评或政治理论被视为禁忌。卫斯理教派的教育完全是"心灵纯洁"能给人带来幸福,无论他们的地位和才艺如何。这一教义给该教派增添了平等主义的精神魅力。但它同时(有时是在极广大的范围内)也为那些几乎未受过教育的人提供了无知的借口。黑兹利特揭露说:"这是无知和愚

---

[53] 有关这类作品的复杂性我们可以从多萝西·乔治博士非常学究气的著作中获得一些见解,见其《大英博物馆政治、人物讽刺作品的目录》,第7、8、9、10卷。同见布兰查德·杰罗尔德:《乔治·克鲁克香克》(1894),第4章。

[54] 骚塞:《卫斯理生平》,第558页。

昧的全权证书”,

> 那些……不能或不愿全面地理性地思考问题的人立即就可以免除这种义务,只须告诉他信仰和理性是相互冲突的就行了。[55]

面对潘恩、科贝特和卡莱尔持续不断的抨击,卫斯理宗教士为他们的教徒辩护说:没有监督的文化知识是“魔鬼的陷阱”,这方面的证据是太多了。

卫斯理宗的某些支派如卫斯理宗惟一神派(一个奇怪的联合体),特别是新教团,比较具有理性主义倾向,其宗教集会也同较老的反国教派相似。然而,卫斯理传统的主流都是对启蒙渴求的一种不同方式的反应。我们已经提到[56] 卫斯理宗同中等阶级的功利主义之间的潜在亲缘关系。当我们想到边沁和他对“变戏法的”迷信的憎恶,这事就显得有些奇怪,时代精神却一直在促成这两种传统的结合,如果说卫斯理派不赞成理性的探究,那么他们则可能把获得有用知识视为神圣和充满益处的。当
然,关键是有用性。单有劳动纪律是不够的,劳动力还必须获得 739
较高级的学识技能。机会主义主张——研究大自然没有害处,因为它是上帝所创造规律的明证——早已同基督教的辩解相融合,于是便产生了早期维多利亚文化中的奇特现象:非国教派牧师手按旧约全书,眼睛却对着显微镜。

这种结合所产生的效果是可以从 20 年代工人阶级文化中感受到。科学——植物学、生物学、地理学、化学、数学,尤其是应用科学——在卫斯理派看来是有益的,只要这种追求没有同政治和思辩哲学搅在一起。功利主义者正在营建的实实在在、

---

[55] 摘自《圆桌》(1817),《全集》,第 4 卷,第 57 页以始。

[56] 见上文,第 365 页。

可以统计的理性世界同样是符合卫斯理派口味的。他们还编出了主日学校学生的统计表。(有人认为)如果邦廷也能用查德威克计算出保持一个穷人有力气劳动的最低限度的饮食标准般的正确性来正确地计算出所谓心灵皈依程度的话,他早已很高兴了。所以在教育上的尽力和普及"进步"知识连同提 倡信仰上帝方面,非国教派和功利主义者结成了联盟。在20年代,这种类型的著作已经出现,其中还有道德训诫(和描述无人看望的汤姆·潘恩在临终床上纵酒狂言的文章)的印张上,边靠边地印出了有关委内瑞拉植物群的小注释、里斯本地震死亡统计、菜谱、水力学等的注释:

> 每一物种……都需要不同的食物……。林奈说过,奶牛吃的植物有276种,不能吃的有218种;山羊吃的449种,不吃的有126种;绵羊吃的387种,不吃的141种;马吃262种,不吃的212种;猪比以上任何动物都挑食,只吃72种植物,其余一概不吃。然而,造物主还无限慷慨,他们以自己的博爱为无数生物提供了充足的食物并抚育着它们!"所有这些生物都注视着他,他张开自己的手,满足每一生物的愿望。"[57]

740 而且,在20年代,政治经济学就被视为道德学有用知识的第三伙伴,它所论述的是上帝赋予的永恒不变的供需法则,资本甚至比猪更挑食,他只选择勤劳顺从的工人并拒绝其他任何人。

因此可以说,卫斯理宗和福音主义对明晰的劳动人民文化并没有贡献多少积极的理性成分,不过我们还是可以说他们为

---

[57] 托马斯·迪克:《论传播知识与社会进步》(格拉斯哥,1833),第175页。另外第213页上认为:"算术、代数、几何、二次曲线以及其他数学分支"更是神圣的研究,因这当中"包含永恒的不可改变的真理"。

知识的寻求增添了些诚实的心灵。(阿诺德后来还认为非国教派传统是相当无知的,对“甜蜜光明”漠不关心。)我们要提出的第二个保留意见,即工匠界是节制的,就是源于这一点,道德节制实际上是激进和理性主义宣传的产物,在很大程度上应归于过去的非国教派和雅各宾派传统。这并不是说激进派不存在酗酒和游行队伍混乱的问题,伍勒只是激进领袖中据说相当喜好杯中之物的一员,而且我们都知道伦敦酒馆和兰开郡的黑店都是重要的聚会场所。然而,激进派竭力要把“暴民”的污名洗干净,他们的领袖也不断地表现出一幅节酒的形象。

此外,强调节酒还有别的动机。巴恩的议会改革联合规章(1817 年 1 月制定)中有一条是很有特色的:

> 真诚建议每个会员不要把自己的钱花在酒馆里,因为那些钱的半数都成了养肥腐败蛆虫的税金。[58]

战后年间,亨特和科贝特都大力号召抵制各种征税商品,还特别宣传以清水代替烈酒或啤酒的种种好处。节酒是卫斯理宗派的一个标志,还是科贝特感到有必要予以赞扬的惟一特点:“我在很大程度上把酗酒视为灾祸、苦难和犯罪的根源,它危害整个社会。”[59]这并不是科贝特的一直主张,在别的场合他也可能替劳动者哀叹啤酒的价格。然而,我们可以在许多方面看到这一普遍的道德戒律。节酒是那些在吵吵闹闹的非技术工的冲击下保 741
住了自己地位的工匠和技术工人独有的意识。卡莱尔在谈到自己早期的成年生活时写道:

> 我是一个生活有规律、积极好动而又勤恳的人。从早

---

[58] 内政部档案,第 40.4 号。

[59] 《政治纪事报》,1821 年 1 月 13 日。节酒运动一直可以追溯到战后的这一次。

到晚……下工之后我便回家同妻子和两个孩子在一起，没有什么地方比家更令人愉快的了，我一向讨厌酒馆。……我有这样一种观点，一个不能好好利用每一个先令的人……就是一个傻瓜。[60]

他曾多次省下饭钱，"回家时带着一些6便士刊物以供夜里阅读"。这种情况在威廉·洛维特……在追求面包、知识和自由过程中著的《生活与斗争》中表现得特别令人赞叹和感动，其标题本身就概括了我们所要描述的一切。

共和主义者和理性思想者的这种倾向在受到多次攻击后反而增强了。保王党人的讽刺诗文及教会牧师的说教，把他们指责为声名狼藉的罪恶典型。于是他们就要力图说明他们的人品和非正统观念一样无可指责。保王党人把法国革命说成是充满血腥的盗贼厨房并把理性圣堂比作妓院，他们则同这件奇谈进行了坚决斗争。他们对于性关系不正常、财务处理不当以及缺乏家庭道德这类指责尤其敏感。[61] 卡莱尔在1830年出版过一本充满说教的小册子——《道德家》，科贝特著的《致青年人的忠告》则只不过是一篇措辞较诚恳可读性较强的文章，其主题同样是勤劳、忍耐和自立。理性主义者对这样一种指责当然是特别反感，即拒绝基督教信仰不可避免地导致一切道德约束的解体。沃尔尼的有影响的《帝国毁灭》被译为英文小册子问世，他的《自然定律》，以对话的形式主张凡可敬的品德都必须根据社会功利的法则坚决遵循：

---

[60] 威克沃前引书，第68页。

[61] 对照T.弗罗斯特著《四十年回顾》，第20页(关于30年代反对欧文主义的宣传)："要让原告和证人去说某人犯有盗窃罪、弃妻罪或几乎任何一种其他罪行的最普通的方法，就是让他说'他是个社会主义者'；有关这类案子的报道还加了副标题：'欧文主义的后果'……"。

问：你为什么说夫妻之爱是一种美德呢？ 742

答："因为和谐的结合是夫妻之爱发展的结果，它可以使夫妻在天伦之乐的气氛中养成很多好习惯，从而有利于家庭的兴旺和稳定……。

如此等等一共占用了大半页篇幅。其后各章是论知识、节欲、自制、清洁、家庭道德等，读起来就像是维多利亚时代的一部道德大纲。即使在性关系问题上出现了异端邪说，如同欧文式的公产主义者那样，那它也是以清教式的热诚表达出来的。[62]20年代早期，曾有一小群新马尔萨斯主义者以极大的勇气在劳动人民中传播避孕法。他们坚信，"勤劳阶级"提高物质生活和文化水平的惟一道路是限制自身人口的增长。如果有人提出这些方法会导致性自由或个人自由，普雷斯和他的伙伴们恐怕也会大吃一惊。[63]

轻浮或享乐主义并不符合激进派和理性主义者的意愿，这正如它不符合卫斯理宗的意愿一样。而且我们还得考虑到雅各宾主义者和自然神论者都深受非国教派传统的影响。然而，人们有可能太按照书面的记载和某个雄辩家的公开形象来作判断了。在实际的运动中，不仅是霍恩，而且还有赫瑟林顿、洛维特

---

[62] 例如，在1839年4月20日(随处)的《社会先驱报》上有威廉·霍德森的这样一段话："先生，请允许我陈述……我对(婚姻)问题的意见……男人和女人没有平等权利，他们谁也不可能幸福，为建立家庭而结婚——现在通常是如此——就是买卖人肉；这是最恶劣的奴隶买卖……。我主张，所有的婚姻都应当而且只能是出于爱情——一旦爱情不复存在，保持婚姻就纯粹是……卖淫。"

[63] 沃拉斯前引书，第166—172页；N.海姆斯：《J.S.穆勒如何看待新马尔萨斯主义》，载于《经济学杂志》(增刊)，1926—1929年，第1期，第459—462页；M.斯托普斯：《避孕法》(1923)；N.海姆斯：《1823年的节育传单》，载于《柳叶刀》，1927年8月6日；M.圣·J.帕克：《约翰·斯图尔特·穆勒生平》(1954)，第56—59页。及本书第777页。

以及他们那个圈子的人都不断地向人民传播令人欢乐快活的信息,同他们的大师卡莱尔的主张相比,他们的主张更温和,更幽默,更能反映人民的要求,他们没那么多说教,但决不是没有决心,我们不能不提出这样一个自相矛盾的现象:效法卡莱尔或沃尔尼的理性主义的工匠们,在行为方式上却同卫斯理教徒如出一辙;一方面建议节酒和清洁,以此表示对上帝和权威的遵从,
743 另一面又说这些都是立志废除教士谋略和国王诡计的群众所必需的品质。对于一个不懂这种语言的观察者来说,这两种说法在道德属性上是无法区分的。但这仅仅是部分情况,因为沃尔尼著作的各篇标题后面还要加上“社会美德”、“正义”这类词。同样的训诫既可用于拯救个人的灵魂,又可作拯救一个阶级工具,这两者之间的差别是很大的。激进的和具有理性思想的工匠非常真诚地相信公民的积极责任。

除节制而外,工匠文化还懂得了探究知识、重视合作的必要性。在为出版自由而斗争的过程中,我们已经看到第一种品质的充分表现。自修者的理解力常常是经过困惑的周折、费尽辛苦而获得的;但这理解力却是他自己的。因为形势所迫,他不得不自己探索知识,他也就对什么都不相信了:他的思想没有局限在正规教育的固定常规中。当局过去曾力图镇压他们,因为他们的思想是大大冒犯当局的。所以,他们乐于倾听任何新的反对当局的观点。这便是工人阶级运动不稳定的一个原因,从1825到1835年情况更是如此;这也有助于我们理解欧文主义的迅速传播以及人们为什么在当时提出的一个又一个的乌托邦和公产主义方案面前摇摆不定。(这种工匠文化在维多利亚时代仍然像酵母一样起着发酵作用,因为那些自力成功的人及20年代工匠的子弟又为这种文化增添了活力和多样性。)我们所说的合作精神指的是共同学习、共同讨论和共同进步的传统。我

们已在伦敦通讯会中看到了这方面的某些情况，为目不识丁者朗读报刊的习惯也要求——这也是必然结果——把每一次读报活动转变成与此有关的小组讨论：科贝特用尽可能平易的语言提出他的主张，织工、织袜工或鞋匠则就此进行讨论。

同这种小组并立的是正式的或非正式的共进会，他们每周聚会一次，意在学习知识，通常由其中的一个成员领导。[64] 在这里，以及在机工学校中，礼拜堂及激进派的某些传统开始融为一 744
体，但两者共存是不容易的，也不总是相安无事。机工学校的早期历史从 1823 年成立伦敦技校开始一直延续到 19 世纪 30 年代，其本身就是一部意识形态斗争史。在激进工匠或工联主义者看来，伯克贝克博士和一些非国教派牧师及信奉边沁学说的专业人士热心帮助他们建立知识促进中心，是应该大受欢迎的。但他们决不准备因这些帮助而答应任何条件。在近年的某些论著中，布鲁厄姆被说成是一个伟大的但又是机会主义的激进主义者，但在 1823 年的“老激进派”看来，他根本就不是如此。1817 年，他们曾看见他为密探制度作辩护（科贝特在一次讲话中曾一再提及）；在卡莱尔的运动高潮时期，他们又看见他站在下院，宣称他对“最近的几次审讯结果感到高兴”，并认为被告们出版了“一大堆下流之极罪大恶极的东西”[65]。布鲁厄姆对学校的热心一开始就足以使他们感到怀疑，普雷斯曾几次试图充当布鲁厄姆（普雷斯在私下是看不起他的）和伦敦工会人士（他们比较公开地怀疑他）之间的中间人，但他的努力不大可能消除他们的疑惧。他们在管理、财务独立以及学校是否应该讨论政治

---

[64] J. F. 哈里森前引书，第 43 页及以后。

[65] 威克沃前引书，第 147 页；普雷斯的评论是“干得不赖，伪君子；你不是一个基督徒”。

经济等问题上发生了严重的冲突。在后一问题上,普雷斯和布鲁厄姆压倒了霍奇斯金。在前两个问题上,伯克贝克热烈主张筹集资金扩充学校设备,他的意见压倒了罗伯逊、霍奇斯金和约翰·加斯特的建议——如果办事的雄心小一点,工匠们自己就能筹集到必需的资金,还可以拥有并且控制一切。

以上两个意见被否决,以及布鲁厄姆的政治经济学讲座的开张(1825)都意味着控制权转移到了中等阶级支持者的手中,他们的意识形态也在政治经济学中占据了支配地位。到1825年,《行业报》已经把伦敦技校看成是一件失败的事,因为它依赖“上层人物和富人”:

> 学校成立时曾唤起了一种强烈的普遍的情绪,希望它
> 745 能代表伦敦的技工,如果这种情绪没有受挫,……我们
> 完全相信为使学校成为最辉煌成功的事业,技工们自
> 己是可能而且也会提供一切必需的财金的……

在全国各地,技工学校的历史更是多姿多彩。在利兹(如哈里森博士所指出的那样),学校一开始就为中等阶级赞助者,主要是非国教派的厂主所控制;在布雷德福和哈德斯菲尔德,学校曾一度为激进工匠所控制。20年代中期之后普遍的趋势是,工匠传统开始逐渐让位于对下层中等阶级的传统,正统的政治经济学说也逐渐进入教学大纲。然而,即使在1830年,运动仍然保持着非正统的面貌(原因是它有一大批信奉功利主义和惟一神论的赞助者),从而使许多国教派和卫斯理宗牧师对它敬而远之。1826年,一位约克郡的本堂牧师曾把机工学校看做是推行普选权和“普遍理性思想”的代理机构,并且及时蜕化为成雅各宾俱乐部和成为不满情绪的摇篮。19世纪30年代早期,一个副牧师曾攻击莱斯特机工学校的管理人员把学校引上了邪路,使之变成了“传播异教思想、共和主义和平等原则”的场所。据

说在他的图书室里收藏的报刊中就有卡莱尔的《挑战者》。[66]

我们已经谈到20年代的工匠文化。这一术语是目前最准确的一个，但它仍旧是一个近似术语。我们发现用“小资产阶级”这个词(通常有轻蔑意味)是不恰当的；而要把它定义为“工人阶级”文化却又为时过早。然而，要给工匠下出定义我们就应该了解他的周围环境，这在一方面涉及到伦敦的造船工和曼彻斯特的工厂操作工，另一方面又涉及到那些地位已经衰落的工匠，还有外作工。在科贝特看来，这些人包括“帮工和劳工”，说得更简单点也即是“人民”。1820年，他在给兰达夫主教的信中说，“我认为阁下深受蒙蔽，竟然也把人民，或老百姓——既然你喜欢这样称呼他们——视为一群不懂事理的人”：

> 我可以向阁下保证，人民并非津津乐道于小事琐事，他们既不欢喜口若悬河的雄辩言辞，也不喜欢模糊空泛的言论主张，在过去的10年之中，他们的思想已经经历了非常伟大的革命…… 746
>
> 请允许我……说……根据我的某些了解，目前这些阶级比社会上任何其他阶级都更进步……。他们比议会和大臣们看得更远。——他们追求知识时就有这样一个优点。——他们没有特殊利益；因此，他们的判断也不会受到偏见和私利的蒙蔽。除此之外，他们相互之间的交流也是完全自由的。一个人的思想可以转变到另一个人的其他思想。任何意见都能在无拘无束

---

[66] J.F.C.哈里森前引书，第57—88页，第173—178页；《机工杂志》，1823年10月11日和18日；T.凯利：《乔治·伯克贝克传》(利物浦，1957)，第5、6章；E.哈勒维：《托马斯·霍奇斯金》(1956)，第87—91页；切斯特·纽前引书第17章；《行业报》，1825年7月17日；F.B.洛特：《莱斯特机工学校的沿革》(1935)；M.泰莱科特：《1851年前兰开郡和约克郡的机工学校》(曼彻斯特，1857)。

> 的气氛中讨论，人们之间没有猜疑，没有傲慢，也没有不必要的谨慎小心。因此也能很快找到真理。[67]

这是哪一种主张，哪一种真理呢？

2. 威廉·科贝特

从战争结束直到改革法案通过，科贝特一直发挥着自己的影响。说他完全不是一个有思想体系的思想家并非是说他没有重大的思想影响。正是科贝特创造了激进的思想文化，这并不是因为他提供了这种文化的最初概念，而是因为他找到了织工、教员和造船工都乐于接受问题的态度、风格和主张。他协调了激进派各种各样的不满和利益，他的《政治纪事报》就像通货一样为那些学识造诣大不相同的人提供交流经验的共同方式。

在这一点上，只要多注意他的风格少看他的奢望，我们就明白了。还有一种做法，即把他的处事方式和黑兹利特的处事方式作对比。黑兹利特是中等阶级激进派中最"雅各宾"化的。长期以来，他跟一个与工匠运动类似的运动保持着最为密切的联系。他主张革除公债持有者和闲职官员：

> 正统的政府（高兴时我们也可以奉承他们一下）不是另一部异教徒的神话集，他们既不像太子版的《奥维德变形记》那样便宜，也不那样壮观。他们真是一群贪得无厌的"天吃星"，但在其他方面则是"我们人类的病患"。他们不靠神仙食品过活，也不喝仙酒；他们吃的还是地里长出的普通果实，却是最大最好的一份。他们喝的是葡萄酒，流的是臣民的鲜血，他们定的法律不是针对
> 747 他们自己，他们征的税随时就被他们一口吞掉。他们

[67] 《政治纪事报》，1820年1月27日。

的需求和我们一样，他们可以从公共积蓄中任意挑选，自然是尽他们自己先得益，而不用考虑其他人会步其后尘……。我们的华贵的叫花子把手伸进每个人的盘子里，每天都过着豪华奢侈的生活。他们住的是公馆，平时就懒洋洋地坐在大马车上混日子。尽管有马尔萨斯先生的理论，他们的马群还是要浪费我们地里的作物，他们的狗群吞噬的食物也足以使穷人的孩子过活了。他们每年的服装、家俱要花我们很多钱，勋章、布带、蓝绶带和大十字勋章又要花很多钱——宴会、早餐和晚餐也要花很多钱。这些所得税的主角、王室费用单的名士、朝廷托钵圣人（法国百合花的同伙）手下都有一群天生的和非天生的傻瓜，就像世界上其他地方一样，不过前者花费更大……。你会发现供养他们一个星期比一个月更容易；时间一到，你从合法主义的美梦中醒来，就可能像半兽人卡利本那样说，“哎呀，我真是个傻瓜，竟然把这个喝醉酒的怪物当成了神。”[68]

黑兹利特的感情是复杂的也是令人钦佩的。他是为数不多的能感受到法国革命的全部震荡的知识分子之一。他否定启蒙运动中的天真成分，同时又重新肯定自由平等传统。他的风格的每一点都表明，他不仅在同伯克、柯勒律治和华兹华斯（更直接地是同《黑树林》以及《季刊评论》）较量，而且他也意识到他们的某些见解的力量，有时对他们的回答还有一定的同感。即使在他最惹人注意的激进文章中（以上便是一例），他也不把论战的矛头指向大众文化而是指向他那个时代彬彬有礼的文化。他

---

[68] 《什么是人民？》，见《政治随笔》（1819），《全集》，第7卷，第263页。

的《政治随笔》可能是由霍恩出版的。[69]不过他在写作时考虑得较多的并不是霍恩的读者，而是希望能使骚塞感到不安，使《季刊评论》瘫痪，甚至在中途堵住柯勒律治的判决。

这是一点也没有批评的意思。黑兹利特交游广泛，对那种具有历史意义的欧洲冲突有一种责任感，而这使贫民激进派在时间和空间方面看起来都只是地方性的了。这是个角色的问题。科贝特不可能写出这一段落中的任何一句。他不能容许别

748 人(哪怕是作为一种修辞手法)对正统当局作自愿的奉承，他不能接受"世界"规范，而黑兹利特认为有这个东西，哪怕只用于惩罚也罢，他不能说"我们的华贵的叫花子"，因为他竭尽全力要让他的读者把股票经纪人和官吏看做是他们。由此推论，由于有亲疏之感，他不可能说"穷人的孩子"——他也许会说(对他的读者)"你们的孩子"，或者说得更具体一点。他不大可能说"他们一年要花我们很多钱"；他会写下一个明确的数字。"这些所得税主人"——这种称谓比较接近于科贝特的骂人手段[70]；然而，黑兹利特是慢慢吞吞地说出这番话的，就像带着贵族腔调的人民之友那样(像威尔克斯或伯德特，一旦他们要在下院作一番最厉害的讥讽时，也会发一通脾气的)；科贝特却说不出那种表面彬彬有礼实际却是讽刺的话——他开口便骂乡村牧师马尔萨斯，博尔顿的那个弗莱彻，那玩意儿，等等。其直率程度甚至连雪莱也甘拜下风("科贝特的怒气，复仇")。

这是强调问题，然而，从强调中至少也能发现科贝特政治见解的一半。黑兹利特的风格有张有弛，对比生动，具有一个随笔

---

[69] 霍恩在广告中说："出版商真诚地认为，作者在这本书中明确表达的思想比他的其他任何著作所表达的都更新颖更公正。"

[70] 参照科贝特：《棉纱贵族，珍尼纺纱机君主，纱线义勇军》。

作家的文化修养。尽管科贝特写有《乡村旅行》,但人们并不轻易认为他是个随笔作者。说实在的,既然黑兹利特的丰富典故引喻及学者风格属于一种工匠们无法企及的文化,那就很有可能引起他们的敌意。科贝特谈到冗员闲职时用的是这样的一些术语:

> 有大小不同的空位和多少不等的年金,从每年两三万镑到差不多四万英镑!……还有好些个官吏,每人的收益就能维持1000个家庭……。雷斯顿先生……此人是议员并有大片地产,谈过此事,"每个5口之家,即使是最穷困的工人之家都可能交纳间接税,每年至少是10英镑,或者超过每周7先令工资的一半!"然而那些蛮横无礼的帮闲们却把你们称做暴民、乌合之众大群蠢猪,还说你们的意见等于零……[71]

这里的每句话都是实实在在的,同知识分子的文化修养没有联系,但与共同有用的经验相关。甚至连普雷斯顿先生也得紧随
其后。科贝特将正统的格调变成了啰啰唆唆的议论。不过他的 749
演说还是充满热烈辩论而有力的。

看看他就为熟悉的论题——判断牧师不是看其职业而是看其行为——所写的一段话:

> 至少可以说,基督教会同卫斯理派在行动方面的完美结合表现了某种不幸的东西。宗教不是一种抽象观念,也不是某种思辨的东西。它对人的行为将产生影响,否则会毫无用处。它对人们的各种行动是有益的影响。它对于事务和人的外界状况都会产生好的影

---

[71] 《告工人大众书》,《政治纪事报》,1816年11月2日。

> 响。那么,如果基督教……[72]

在这样的段落中(这种例子在第一期出版的《纪事》上就有了——几乎每期《纪事》都有类似的例子),科贝特非常明确地向他的读者表达了自己的意思,这是任何人都可以伸出手就感触到的。它是一种主张,其中也有建议。科贝特在写“思辨的”一词时想到了他的读者,他不知道这个术语能否被理解。他对此作了解释。他用最平易的语言反复解释,但却把定义扩大了,使之带有更广泛的社会和政治含义。在把这些短句写完之后,他再次开始解说。我们感到,在“那么”这个词中有一种暗示:“如果你们所有的人都把握了我的观点,那我们就进一步……”。

不难看出,科贝特有一些非常愚蠢和自相矛盾的想法,有时候他还把一些貌似有理的观点强加给他的读者。[73] 但是这样看待问题是有失中肯的,这是因为不理解科贝特的看法对他的读者是深远的、真正深远的影响之故。潘恩也具有这种风格。但科贝特 30 年来一直用这种强调对他的读者说话,直到全国的人都像他那样谈论为止。他认为这是一个勿须论证的问题,即每个公民,无论其智力如何,只需向他们讲明普通人所能理解的道理,就能解决问题。在过去的 10 年间(他在 1820 年写道)——

> 我没有因图成功而对人民说过脱离事实以及违背我所能提出的最好论点的话。我的论题通常具有最为复杂的性质……我没有使用过引起好奇心或迎合别人口味
> 750 的手段。一切都求助于读者的理解力、辨识力和正义感。

---

[72] 《告工人大众书》,《政治纪事报》,1820 年 1 月 27 日。

[73] 保王派报刊喜欢把科贝特自相矛盾的言论列出来予以发表。他的极端激进的反对派出于相反的立场,同样也喜欢这样做;见盖尔·琼斯的力作《出版界为诬蔑中伤科贝特作辩白,兼论他的政治生涯及观点》(1823)。

科贝特没有使用“引起好奇心”的手法，当然不是真的。如果说他把自己的读者当成是平等的人，那么他把大臣、主教和贵族就当成差了一大截的人。（他有一封公开信是这样开头的：“威尔伯福斯，我叫你来先读读我这并不精彩的一小册子。”）对于这点，科贝特还使用了另外两种手法。第一种是朴实实用的类推，这种方法主要源于乡村生活。在这方面，科贝特准确地把握住了他的全体读者都适用的经验。这一类的人物，对他来说，不过是点缀作用或提提罢了。科贝特把他们拿起来，握在手中，经过一番处理，从容不迫地摆开摊开，提出论点，然后加以谴责。我们可以举出科贝特把布鲁厄姆和温和改革者描写成稻草人这样的有名例子——“让我告诉你们其中的原因。”

> 稻草人是用稻草或其他材料制做的吊在一根插在地上的杆子上摇摆转圈的假人……手里还插着一根棍子或枪。做稻草人的目的就是让它驱赶糟蹋谷物或种子的鸟，有时也用来吓唬那些偷吃樱桃或其他水果的鸟。人民要求议会改革，长期以来，就有一小伙人不断在表达议会改革的愿望。他们提出动议，发表演说并通过表决，意在使人民保持希望，这样就能使人民一次次地保持沉默。他们从不想成功；因为成功会使他们获利的希望化为泡影；同时他们已经要弄了人民。众多派别都知道他们观点的真实意义，因而为他们的虚假努力感到非常高兴，这种努力一点也不妨碍他们尽情掠夺。这正像小鸟对地里或果园的稻草人一样。起初，小鸟把稻草人当作了真正的人；只要一直是这样，它们就不敢偷吃东西。然而，当它们用敏锐的眼睛观察了一会之后，便意识到这稻草人的手或脚根本不会动弹，它们也就毫无顾忌而且也不再受其妨碍，只把它当作

> 一根桩子了。这些政治稻草人的作用也是如此；不过……他们还会干坏事……我记得一件事……很能说明这些政治骗子所起的作用。我在博特利种的萝卜秧
> 751 被小鸟破坏的一塌糊涂，我对管家说：“竖起一个稻草人吧。”“那没有用，先生”。……他回答……并告诉我说，那天早晨，在他的邻居莫雷尔的菜园里，他确实看见一只口中衔着一个豆荚的麻雀，停在稻草人的草帽上，就像在餐桌上一样，把豆子一个个地啄出来吃掉。在这里，它可以环顾四周，看看有没有接近它的敌人。这比在地上吃东西更安全些，因为在地上它有可能被什么东西给吓一跳。这正是我们的政治稻草人所起的作用。农用的……稻草人只能在非常短的时间内骗骗偷吃东西的小鸟，但它们却不断地欺骗那些把稻草人竖起来而且依赖这稻草人的人。这些人不是早晨立刻起来冲出去用火药枪轰击窃掠者，而是相信那些可怜的稻草人，因而使自己的谷物和种子受到损失。那些容易受政治稻草人的欺骗的人正是这样。在萨福克和东部其他的郡，他们把稻草人叫做骗子……[74]

人们会从这样的作品中了解到什么呢？从一方面看，这是一篇天才的想象之作。但其中的类推开头有点生硬：政治和农业互不相干，引喻也让人感到牵强附会。一直说到“敏锐的眼睛”时，两种议论才融为一体，论战的喜悦也油然而生。科贝特并不全是在说俏皮话。他的隐喻还带着超现实的成分——布鲁厄姆的帽子上停着一只麻雀，改革派有火药、枪弹、萝卜秧和邻

[74] 《政治纪事报》，1830 年 9 月 1 日。参见 G. D. H. 和 M. 科尔：《威廉·科贝特的思想》，第 253—254 页。

居莫雷尔(此人可能再不会出现了)。从另一方面看,这又是英国政治传统的一部分,真是超乎寻常！这不光是辩论,也是政治理论的一部分。科贝特用工人或工匠非常理解的语言阐明了真正英国式的改革方法所起的作用。除此之外,他穿过一个世纪,让其他党派和其他时代的"骗子"曝了光。

另外一种方法我们已经谈及,[75] 就是把政治问题人格化——以博特利的科贝特本人为中心。但是如果说科贝特是以他自己为主题的,那么他是以不常见的客观性来处理他的这种主题的。他的自我主义超出了其本身而达到这样的程度:使读者感觉到的不是科贝特的自我,而是他的直言不讳、实事求是的观察力和敏锐性,于是便激励他自己跟他完全一致起来,这种一致性迫使他看见的不是科贝特而是同他站在一起。这种方式的 752
成功可以从他的《乡村旅行》中看到。当他同地里的劳动者交谈,骑马穿过村庄并停下来喂马时,不仅是他的同代人,而且后代人也都感受到了他的明显存在。由于令他满意的事情给他带来了喜悦,他的义愤也就格外有力。在坦特登——

> 那天下午非常晴朗,当我登上山然后到街上去的时候,人们已经出了教堂,沿着街道纷纷走回他们的家里去。这是一幅很美的景象。衣衫褴褛的人不到教堂去做礼拜。简单地说,我看见了这个镇的身着盛装的美女,她们一队队地从我眼前走过,我看见许许多多非常非常漂亮的姑娘;而且也看见她们穿着最漂亮的衣裳。我想起了"克斯之乡"的姑娘们,说真的,我认为坦特登的姑娘同她们一个样。我不知道,为什么就非一样不可,原来一水之隔正对这个地方的就是克斯之乡。

---

[75] 见上文,第 627 页。

在萨里的一个村庄里，贫困已不存在了，这个鲜明的特点同普遍的贫困状况形成了对照：

> 在厄普尔森至伊斯迪恩的半路上，我曾招呼一个年轻人，把他叫到我面前，他当时正同其他挖萝卜的人坐在一个四周围有篱笆的窝棚下吃早饭。他手里拿着食物就朝我跑来了；我高兴地看见他拿着一大块用次等面粉做成的面包和一片不算很小的腊肉……。同他分手时，我说："这么说你确实有腊肉啦？""咳，是啊，先生！"他加重了语气，而且还摇头晃脑似乎要说："我们肯定有而且还会有。"我非常欣喜地看到几乎每个农业工人家里都有一头猪。他们的住房不错，而且也温暖，有些农园还是我在英国见过的最上乘的花园呢。仁慈的上帝，这是多大的差别啊！这个地方同邻近的那些腐败地区——大贝德温和克里莱克之间的差别太大了，如果这个人吃的是乱七八糟的冷土豆，那还算什么早餐？吃这样的食物，他能干活，能在雨天里干活吗？岂有此理！如果劳动者过着像猪一样的生活，就没有一个社会可以维持下去。

"正对这个地方的……就是克斯之乡。""这个地方"，"这个人"——无论科贝特到什么地方，他总是用自己直接的观察、紊乱的感想和描述、内容充实的细节以及实地感受，来促使读者赞
753 同他的立场。"立场"是一个恰当的词，因为科贝特已经把自己牢牢地置身于某种自然的环境中——在博特利他的农场里或在去坦特登的途中——才从他感知的迹象到他得出的一般的结论而及于外表的。即使他流亡在美国期间(1817—1819)，他也明显地表述了这种实地感受：

> 从我的房间一侧可以看到一个农场院落，里面堆着饲

料，还有一些牛、绵羊、猪及大群家禽，而这个院落几步远的地方是萨斯奎汉纳河，它比泰晤士河宽，河中还有无数的鸟鸥，其面积在从 1 /4 英亩至五六英亩之间。从我的房间的另一侧可以看到一个 40 英亩的苹果树、桃树的果园，它位于一个狭长的谷地之中，两边是状如屋脊的小山，高约 640 余英尺，一直延伸到河边。昨天下了雨：早晨前开始结冰，树上的水滴也变成了冰粒；灿烂的阳光同英国五月的阳光一样耀眼，这些冰粒在阳光的照耀下就像无数闪闪发光的小珍珠。

然而，这些背景只是为他表达更强烈的感情（在给亨特的一封信中）——布兰德雷思及伙伴被处决的消息所激发的感情——作了铺垫。

亲爱的亨特，我心里现在只有沃尔特姆猎场和博特利公地上的那些茅屋，我感觉到这种情感比以往任何时候都更强烈，我甚至更愿意住那种既符合英国人的性格又符合自己身份的最简陋最劣质的小房子里，而我现在拥有的房子，也就是我前面描述的，并不具有那种特点。我以前说过，现在还要说，我离开英国之后，怎么也不像热爱英国人那样热爱其他人民。

如果说科贝特在改革运动的斗争中塑造了魔鬼和英雄，那么他本人就是这部封神榜里的中心人物。不过要指责他有过多的个人虚荣恐怕还得谨慎为之，因为这部封神榜同样也要求把科贝特看成是一个具有非凡的战斗性、不屈不挠，而才能又不出奇的平凡英国人——读者可以认为他自己也是这样的人，在萝卜地里干活的工人或者（只要有这样或那样的环境和机遇）是苏萨克斯的一个乡村小旅店女房东的儿子也可以成为这样的人：

女房东叫她儿子给我送些奶油来。这小伙子同我年轻

> 时一样，穿着也非常相似。他身着一件已经褪色的蓝色工作服，衣服上还有几块新布打的补丁……。看到
> 754 这身工作服便使我想起了许多令人亲切的往事。我敢说这小伙子将会在比林舒特或离那儿不远的某个地方有一番作为的。要不是因为偶然的原因使我离开了与此类似的一个地方，会有多少受人欺负的贱民和傻瓜会在夜里安安稳稳的睡大觉，白天无忧无虑大摇大摆的四处乱逛啊！

他对穷人所表的同情总是具有这种性质："要不是上帝的恩宠，是不会有科贝特的。"他的装模作样比不装模作样更"正常"。他决不会让他的读者忘记他曾经种过田，而且还当过普通士兵。由于他已经是一个成功的人，因此他喜欢的并不是新闻工作者(他装着不是那种人)的服装，而是老式的乡绅服。在黑兹利特的笔下，他穿的是一件"有吊带的深红色的呢马甲，这是上个世纪乡绅的习惯装束"；在班福德笔下，他穿"一件蓝大衣，黄天鹅绒马甲，淡褐色呢短裤，脚登长筒靴……完完全全就是他希望充当的——英国乡绅的代表。"只有黑兹利特对科贝特的虚荣心问题提出最合理的评价：他的自我主义是令人愉快的，因为这当中没有矫揉造作。他写自己不是因为没东西可写，而是因为他所遇到的某件事可能就是某个主题的最好说明，他也并不是那种会因事情的微妙复杂而不敢就某个主题作出最好说明的人。他对自己和他的主题都非常喜欢。他并不把自己置于主题之前。也不说"首先崇拜我吧"，而是把我们同他自己摆在一起，并让我们看他所看到的一切。这里没有……抽象的无意识的自我陶醉，也没有对他个人——作为代表人物——的偷偷崇拜：一切都是朴素自然光明正大的。他把自己写成是一个平凡的威廉·科贝特，像任何人所希望的那样把自己完全暴露出来——总之，他

的自我主义全是个性的表现，几乎没有任何虚荣心。[76]

这是一个宽宏的文学性质的判断。然而，政治判断必须更严格一些。大众激进主义在态度和风格方面的大变化，可以从潘恩和科贝特之间的对比中看出来，黑兹利特又是最早对此作出界定的人：

> 潘恩喜欢把事物纳入最重要的原则之中，喜欢宣布不言自明的真理。科贝特却去为细枝末节的地方详情劳心费神……。潘恩的作品有点像论述新计划的政治算术入门书，科贝特则在记流水账。他把一年到头发生的事件和麻烦问题统统记了下来。 755

政治的个人化——某个在农舍旁边的菜园里干活的散工如何，某人在下院的发言如何——适应了刚刚具有政治意识的读者的实用主义倾向。它关注周围的短暂事件和特殊的不满，并且避开极端形式的讨论。它促使保王派和共和派、自然神论者和国教信徒都参加到一个共同的运动中来。但这样的论断也许会被误解。潘恩的《人权》在没有文化的读者中造成了反响，而且还助长了一种更带有原则性的大众权利理论；此外，较有理论倾向的报刊杂志在这一时期的成功，也证明存在着一个能够单独理解政治问题的庞大工人阶级。非理智化和理论上的机会主义(以"实用的"经验主义面目相标榜)一直是英国劳工运动的重要特点，在其创立和发展过程科贝特在事实上是起了作用的。

"我记得母亲习惯读科贝特的《纪事》。她说她并不懂人们为什么要说那么多反对它的话；她看不出《纪事》有什么不好，相

[76] 《政治纪事报》，1817年6月，1818年4月11日，1819年10月2日；《乡村旅行》，随处；班福德前引书，第21页；黑兹利特：《杂读》(1821)。

反,她看到其中极多好的东西。”[77]詹姆斯·沃森的母亲是一个牧师家里的佣人,又兼任一所主日学校的教师。1817 年,霍恩写道,“科贝特先生的《每周政治纪事》”,

> 应该精装起来,和《英国史》、《天路历程》、《鲁宾逊漂流记》和《青年知识读本》放在同一书架上。全国的每个农舍、每个乱糟糟的藏书阁楼里几乎都能见到它的踪影……

它就像“主妇指南”和巴肯的“家用药品”一样“普遍和令人熟悉”。[78] 实际的情况大致也就是如此。伍勒和卡莱尔用更深奥

756 更具理性的方式表达了城市工匠的激进主义思想;然而,惟有科贝特能够在 1816 年成功地把织袜工和织工引入同一问题的对话之中。

科贝特从保守主义者逐渐转变为激进主义者的奇闻,使他的立场具有某种机会主义性质。这使他在战争年间既能够避开反天主教势力又能避开反雅各宾势力的伤害。在辩护中他能够宣称自己同法国革命和汤姆·潘恩均无干系。最终(他本人曾大大方方承认过)他还是接受过潘恩的许多主张。然而,他总是避开任何形式全盘否定传统原则的雅各宾观点,因而他能够以一个既是激进的改革者同时也是立宪主义者的面目出现。他在《致工人大众书》中告诫人们要提防这种人——他们总是要让你们相信,由于事情已经背离了其真实目的,我们的宪法和法律中

---

[77] W. J. 林顿:《詹姆斯·沃森》第 17 页;参照 T. 弗罗斯特前引书,第 6 页:“我在父亲家里看到的仅有书籍,除圣经和几本学校旧书之外……就是一些不齐全的科贝特的《纪事》了。”

[78] 1817 年 4 月 5 日霍恩《改革者纪事》谈到科贝特去美国。然而,伍勒的愤怒回答是:“我们全都希望科贝特先生只写……这类主题,……只去骗骗厨房女仆和帮工那就好了。”《黑矮人报》,1817 年 4 月 9 日。

已经没有好东西存在了。其实不然,请问:汉普登为何会死在战场上,西德尼为何会死在绞刑架上? 同英国分离的美国人,也曾小心谨慎地保留“大宪章、权利法案、人身保护法”和习惯法的主体部分:

> 我们需要大改动,但我们不要任何新东西。改动和修正均应适合时代和环境;然而大原则应该而且也必须是相同的;否则,随之而来的将会是混乱。

即便在他(晚年)力主人民以暴力反抗“新济贫法”时,他仍然是以宪法权利和神圣习惯法的名义提出这一问题的。他对理性主义者的态度也是既含激进主义又含传统主义的。他竭力维护他们发表反对严格的基督教徒生活的论点的权利。但是,卡莱尔糟糕到用那“木匠的妻子的儿子的1822年的年份”来记《共和报》的日期时,在科贝特眼里,这就是亵渎神灵之事,于是他便求助于私刑了。如果这种事情在美国发生(他愤怒地说)——

> 你立即会……被浑身涂上柏油粘上羽毛,光着屁股捆在横杆上抬着走,一直走到某个林子或沼泽旁掉下来为止,他们会把你丢在那里,以便让你仔细想想你自称新政府和新信仰的创造者是否明智(姑且不说是否谦虚谨慎)。[79]

在我们的历史上几乎还没有一个作者像科贝特那样写了许 757
多露骨地抨击国教牧师(尤其是农村牧师)的作品。然而,他从来没有提出什么像样的理由,来说明他为什么经常宣称自己不仅服从王权(在卡罗琳王后骚动事件期间他几乎快把王权搞垮了),服从宪法(他的追随者在1819和1832年遭到屠杀),而且也服从国教。有时他甚至还能写出“我们的责任是压制住令人

---

[79] 《政治纪事报》,1822年2月2日。

痛恨的土耳其人和犹太人”，因为基督教是“法律的重要部分”。

这种机会主义态度使科贝特主义不可能发展成一种系统化的政治理论。他的许多经济学偏见也同样具有这种毛病。他的学说既不是一种对政治制度也不是对“合法制度”的批判理论，而是一种对“腐败的旧制度”的臭骂。因此，他把经济分析变成了一场针对既得利益寄生现象的论战。他不能容忍以所有权为核心的一种批判理论，因此他详细地（反复不断地）提出了一种恶人作怪说，即人民的不幸是税收、国债和纸币制度以及大群的寄生虫——资金控制者、官吏、掮客及收税官——他们养肥了前三种人。这并非是说这种批判没有根据——税收中的明显剥削以及东印度公司和银行的寄生行为都是科贝特批判的目标。然而，就其特点而言，科贝特的成见是同小生产者、店主、工匠、小农场主以及消费者的不满情绪密切相关的。人们对土地所有者或工业资本家的注意被转移到中间人身上，即中间商或掮客，他们垄断了市场，并从人民的匮乏中得到好处，他们不劳而获，同土地和工业没有任何密切的联系。这些主张在很大程度上既是道德的又是经济学的。人们有权利致富，但必须让别人看见他在努力干活。除闲职官员之外，科贝特还对教友派的投机商很厌恶。

由于理论的缺陷，科贝特在政治策略方面的直接影响有时也明显地具有危害性，而他在个人行为和公开表现方面又不总
758 是像他要求他人的所做的那样正直坦白。他未能成为政治领袖并不全是他的责任，他是个新闻工作者，并不是一个政治领袖或组织者，只是因为环境（有效的政治组织失去了合法存在的权利）的变故才迫使他扮演另一种角色，然而，即使他不肯成为政治领袖，他也（像其他处于这种困境的人那样）不情愿看到运动不按他所规定的方向发展。考虑到所有这些和其他方面的弱

点，人们便容易低估科贝特，把他看成是一个怀旧的浪漫主义者，要不就是一个暴徒。

我们时常听到的那种陈腐见解，即科贝特“其实是一个托利党人”，那是站不住脚的。这里有一个经过充分考证的理由：他的腔调具有民主主义的特点。他同读者之间的关系特别亲密，我们必须记住他一直在同他的读者交谈。在改革集会上他向他们发表演说，他还做“巡回演讲”。即使在美国，他的邮袋也是满满的，苏格兰机工和流亡的改革者代表常到萨斯奎汉纳河边去拜见他。他还骑马到乡下去，看看人们在想什么谈什么。与其他把科贝特的主张看做是单向的宣传，还不如把它看做是读者与他之间的炽热交流。“我总是说，我从人民那里获得的见解是我给他们的十倍。”

> 一个致力于教导这样一个民族的作家经常会得到鼓励，他不仅会因为得到人民的热烈欢呼而感到他的劳作行之有效，而且他还不断地从那些新思想中获取力量，而这些新思想，就是他的思想在人民的心中引发的，正如火石和铁具的碰撞产生火一样。[80]

能够洞察出他自己思想的形成过程的辩证性质是多么令人鼓舞！科贝特的思想不是一种体系而是一种关系。几乎还没有一个作家能够像他那样成为自己读者的“喉舌”。因此，人们在他所为之辩护的运动中遵循他天才的指导也就成了可能之事。在危机时刻，他的言词是炽热的。当运动衰落时，他则表现得非常急躁和怪癖：他的风格也变得沉闷无聊了。这种情况直到他晚年也是如此；由于读者的情绪变化，他也随之发生改变。

这就是雷蒙德·威廉斯曾恰如其分谈到过的科贝特具有的

---

[80] 《政治纪事报》，1820 年 1 月 27 日。

"非同一般的直觉的领悟性"。然而,这是对什么东西的直觉呢?
759 首先,这种直觉揭示了变化中的生产关系的真正本质,在科贝特看来,这种生产关系一方面同过去那种理想化的家庭经济相对立,另一方面也是同每一个个体劳动者的价值相立,在任何意义上说都不是落后的表现。其次,科贝特是"生而自由的英国人"的化身。他把18世纪的传统精神汇集起来,加以新的强调,并把它引入19世纪。他的见解同小生产者的意识形态非常接近。他衷心赞成的那些价值观(毫无拘束地阐发自己的见解是他写作得最好的时候)是不屈不挠的个人主义和独立性。他悲叹小农和小商人的衰落;哀叹全国的财富被少数人堆积成"山";哀叹织工失去了"在经济独立时期养成的直率豪放的性格"。[81] 这些小农怨恨有大片庄园的酿酒商或(不在自己地产上居住的)外在地主;小布商为反对工厂制而请愿;小裁缝或靴匠发现了中间商在接受政府的合同或在包揽市场——这些人都是科贝特的当然读者中的读者。他们也都对"投机"和"商业体系"同仇敌忾;但他们(同科贝特一样)一旦面临任何对财产权的激进批判便止步不前了。

如果这就是问题的全部,科贝特可能就是小资产阶级的政治代言人了。但他的读者——激进运动自身——却把他引向更远的地方。"我们日益朝着这样的国家迈进,这只有两个阶级,雇主和卑贱的依附者。"科贝特在估量工匠和棉纺工的地位时,是根据那些正在沦为工人阶级的小雇主的经历进行推论的。他认为曼彻斯特的工厂无产者并非是新型的一类人,而是失去了独立和权利的小生产者,因此,工厂纪律也就是对他们尊严的一

[81] 《政治纪事报》,1832年1月30日;R.威廉斯:《文化与社会》(塘鹅版),第32—34页。

种压迫。他们进行暴动是正当行为，自己如果处于同样的境地，也会这样做。至于童工劳动，那简直是“违背天理”。

科贝特对农业劳动者的态度有些不同。尽管他竭力在理解商业和工业社会，但他头脑中的政治经济学模式在本质上仍然 760
是农业性质的。他赞成一种社会结构，在这种结构中土地所有人、品行良好的佃户、小土地持有者及劳动者都各尽其责，他们之间的生产关系和和社会关系必须置于确定的相互义务和相互制约的条件下。有个地主，他在为自己的行为辩护时曾引了一个老佃农的事例，他接收博特利的那个农场时，此人已退休而且已住在那里。

> 这个老人没有付给我任何租金。他死后我还在他的墓旁立了一个石碑并注明他是位诚实的、有技能的、勤劳的劳动者。只要我在博特利，每周我都给他的妻子一个先令。[82]

在这方面他同那种比较贤明仁慈的地主并无二致，他曾多次为这种地主的消失感到悲痛。但这并非是问题的全部。他也有令人不快的语句：“如果劳动者过着猪一般的生活，任何社会都不应该存在下去。”任何社会都不应该存在下去——他的社会批判真理就是劳动者的生活标准。在劳动者起义或新经济贫法实施期间，他认定他们的生活状况是无法忍耐的，于是他决心向公认的社会秩序挑战：

> 上帝赋予他们生命；他们同你们一样有权利生存在这块土地上，他们无疑有权以劳动交换的方式从这块土地上获得生计。如果你们不能利用他们的劳动管理你

㉜ 《两便士文摘》，1830年10月1日。

们的土地，从而取得生计，那么，就把土地让给他们吧……。[83]

这段话是科贝特在去世前不足6个月之时写的。

这就是为什么科贝特（以及他的朋友，1832年后竞选奥德姆议员的伙伴约翰·菲尔登）几乎成了工人阶级代言人的原因。一旦劳动人民——科贝特指的是农业工人，菲尔登则指工厂童工——被用来检测其他一切政治手段善恶的标准，那么，我们就几乎可以得出革命的结论了。科贝特、奥斯特勒和卡莱尔虽都曾用不同方式表达了隐藏在外表下的有"怀旧"心情之中的"穷人的历史权利"，也有正在成熟中的为社会援助穷困和无依无靠的人的新主张，不是出于慈悲而是作为权利。[84] 科贝特厌恶慈悲的道德挽救性质的"安抚制度"，而在他的《新教徒"改革"史》
761 中，他为他的社会权利观提供历史根据。中世纪的教会土地是教会受托为穷人保管的，尽管这些土地被非法私吞或分散，但穷人们仍然有要求土地的权利。（在科贝特看来）这是旧济贫法间接认可的。取消这些法令是一系列无耻掠夺中的最后一幕，穷人的权利就是这样被诈夺的：

这些权利包括：有权在我们出生的地方生活；有权通过正当和诚实劳动的方式从我们出生的土地上换取一份生计。万一我们遭遇到不幸，无论是由于疾病、衰老、年迈，还是由于无法找到工作……我们都有权从这块土地长出的产品中获得必需的供给。一千年来，什一税产品一直提供救济必需品。当什一税被贵族拿走并

---

[83] 《政治纪事报》，1835年2月28日。

[84] 阿萨·布里格斯：《福利国家的历史发展》，见《欧洲社会学档案》（1961），第2卷，第235页。

据为己有，或全部给予教区牧师之后，作为对被剥夺之物的补偿，生活物资只能由土地提供了。这种补偿是由济贫法规定的地方税提供的，取消地方税就是破坏了协定，劳动者在陷入困境时，有权从土地上获得救济，正如土地所有者有权获得地租一样。[85]

这种假定是以教会、乡绅为一方，以农业工人为另一方，二者之间存在着某种中世纪的社会契约的历史神话，被人用来证明新社会的权利，正如有人用阿尔弗雷德的自由宪法理论和诺曼枷锁理论来证明新政治权利主张一样。按照这种观点，土地所有者对土地的占有权并不是绝对的，而是要取决于他们履行社会义务的情况。科贝特和菲尔登都没有产生这种臆想——劳动人民有权把地产和资本据为己有；但他们俩都承认，如果现存的财产关系由于农业工人以其孩子的缘故违反了人类自我实现的根本要求，那么，无论多么激进的补救措施都是可以讨论的。(对菲尔登来说，这意味着他——那位兰开郡第三“经纱大王”——愿意同约翰·多尔蒂一起为争取八小时工作制而发动一次总罢工。)

科贝特的检验标准还是他的政治理论和中等阶级功利主义 762
意识形态之间无法逾越的障碍。如果说马尔萨斯的结论劝导人们去移民，去限制穷人的婚姻等等，那么科贝特的标准对这些结论是持批评态度的。如果“苏格兰哲学家”和布鲁厄姆只会摧毁穷人在旧济贫法下享有的权利，让织工挨饿并支持工厂使用童工劳动，那么这一标准就宣布他们是一伙狡猾的骗子。有时，它已不成其为难，而成了一种断言、一种诅咒、一种感情冲动。但

[85] 《苏格兰游记》(1833)，引自 W. 赖策尔(编)，《科贝特自传》，第 224—225 页。

这已经够了。为使激进派和宪章派不成为功利主义者或反谷物法同盟的追随者,科贝特比其他任何一个作者做的工作都要多,他培育了一种阶级的文化,他感到了这个阶级的苦难,却不知道如何去解救它。

3. 卡莱尔、韦德和加斯特

但我们仍然不能忘记科贝特昙花一现的政治作品中表现出的前后矛盾、盛气凌人、非理性主义、对王权和教会的忠诚、理论上的机会主义以及兜圈子绕弯子的情况。对于那些更善言辞的激进主义者来说,这些弱点是非常明显的。1817 年,科贝特已经受到其他刊物杂志的激烈批评。到 1820 年,尽管有许多激进工匠喜欢科贝特那巨人式的论战;但他们已不再把他看做是严格意义上的思想家了。他们继续读他的作品;但他们也开始读其他杂志刊物。在 1817 到 1832 年间的这些较小刊物中出现了许多新颖的、探索性的思想。1832 年之后,这些思想使一个阶级的政治觉悟得到成长。我们可以在这当中发现四种倾向:潘恩—卡莱尔传统;工人阶级功利主义者及《女怪》;聚集在约翰·加斯特《行业报》周围的工联主义者以及同欧文主义相关的许多倾向。

我们已经探讨过《人权》的主要思想以及它在卡莱尔为出版自由而斗争的过程中所起到的非常重要的作用。潘恩的影响是显而易见的,不仅为卡莱尔所正式承认,而且其学说的正宗地位也不断被重申:

> 惟有托马斯·潘恩的作品才称得上激进改革的检验标准。凡不拥护托马斯·潘恩的全部政治原则的人都不是激进改革派……,除了……共和形式的政府以外也

就谈不上激进的改革。[86]

从切尔顿汉姆宪章派支部的一次会议上我们可以看出人们是如何坚决、忠诚地维护这一学说的,会议主席是个老铁匠: 763

有天晚上……有人说到了汤姆·潘恩。主席一下子站了起来,他非常愤怒,大声说道:"我不愿当主席,我不愿看到那位伟人受到诽谤。"记住,他不是职业拳击家,不能叫他汤姆·潘恩。请你们称他为托马斯·潘恩先生。[87]

对世袭原则和"中世纪"迷信及残余毫不妥协的敌意,对人民权利的大胆肯定——均属于这种学说的长处。然而,在英国,至少是到20年代后期,潘恩—卡莱尔传统中已经有了令人不快的声音和非现实的倾向。当我们因工业革命的进展,贵族特权和工业商业的财富复杂地相互渗透而考虑到英格兰的现实的权力结构时,那"打倒贵族"的声势已不大了。理性主义者讽刺"教士"是特权雇的辩护士和愚昧的传道团体,蓄意要保持人民受奴役的状况。这款讽刺总有点远离了目标;他们也许能触痛爱好猎狐的乡下牧师或身兼牧师的治安法官,然而,那些已在积极创办不列颠和民族的学校的福音主义者和非国教派牧师对此却充耳不闻。抽象的论战容易分散自身的力量;它抓不住听众,也引不起兴趣,科贝特的论战却不是这样。卡莱尔所说的"教士"是一些被描写成忙于"跪拜、什一税、朝圣、驱邪祛魔、洒水洗礼、画十字、圣礼、净身仪式、割礼以及说莫名其妙的话"的人,其间还干着"淫荡和酗酒……"的勾当。[88] 尽管卡莱尔比其他任何激进

[86] R.卡莱尔:《利兹改革派》(1821),第7页。

[87] W.E.亚当斯前引书,第1卷,第169页。

[88] "慈善者":《教士之品行》(1822),第4—6页。

派都更清楚英国监狱的情况，但他却一直把它同巴士底狱混为一谈。如果乔治四世真是被兰多夫主教的内脏勒死了，那就是一个胜利，但并不是卡莱尔所预想的那种胜利，因为他还得对付最后一个城市参议员和最后一个地方传教士。

由于具有空论家的特点，他时常企图篡改现实使之可以证实他的原则。他以新的挑逗来回敬迫害他的人：

> 764 我认为当今的多数大臣都是暴君，是人民利益及福利的敌人，因此我也斗胆地说，如果有哪位在他们的统治下曾受过不公待遇而不顾自身性命杀死了他们当中的一个或多个，我就要弹琴赞美他。

如果他要找一些同伙来执行这样一次诛戮暴君的行动，那就是显得"缺德"了；他应该让这一决定成为单独行动："我谴责为这类目标而建立的任何组织。"[89] 这段话使我们看到了他的其他弱点。首先是他的不负责任性的个人主义。他所发表的煽动就是煽动言论（就像他发表其他言论一样），是不考虑后果的煽动。像其他那些把思想整理成正统学说的人一样，他并不是简单地宣传他的老师的观点，他把它们变成了僵硬的教条；他接受了潘恩的一部分思想（个人权利的原则），而对他的其他思想则不理会。同时，又把他接受的那部分思想推向极端，变成了极端的个人主义。

每个公民都勿须服从权威，行动时就当权威不存在，他自己是这样做的，而且也准备承受其后果。他认为公民惟一的义务是服从自己的理性；他并不是非得请教他人，即使是他自己一派的人，他也不必服从他们的意见。实际上，具有党派观念就是讨

---

[89] 《共和报》，1821 年 1 月 19 日。卡莱尔还重新出版了萨克斯比的《刺杀并非谋杀》。

厌的。他承认他们之间惟一的凝聚力就是理性力量，而报刊杂志则是他们扩张其队伍的惟一工具：

> 当托马斯·潘恩所断言的政治原则为广大民众深入地理解之后，为表明本意，一切都需要实际行动。那时，密谋活动和代表会议也就完全成为不必要的事情……在这个国家目前的状况下，人民除了自己去弄清何为他们的政治权利以外就没有其他真实的义务……。同时每个人都应该作好准备，作为武装的个人，同自己的邻居没有联系也不用同他们商量，一旦形势需要他，就举行起义保卫他已经拥有的自由和财产不受任何暴虐企图的伤害……。要让每个人都尽到自己的义务，公开尽义务，勿须去看他的邻居做些什么……。

他把普遍知识的力量称为“探索要素”： 765

> 让我们在知识上进步，因为知识是一种可以证明的力量。只有知识的力量才能抑制住内阁和宫廷的犯罪，只有知识的力量才能结束血腥的战争以及兵荒马乱留下的悲惨后果。[90]

第一段话写于1820年这个黑暗的年代，部分原因是卡莱尔急于要使激进派不至于成为某种易于被奸细挑拨渗透的组织。然而，他的“自由”、“知识”、“血腥战争”以及“内阁和宫廷”缺乏具体内容，而且他还严重地误解了他的读者：“让每个人都尽到自己的义务……勿须去看他的邻居做些什么……。”他难道就不知道工人阶级激进运动的本质，在于每个人都要“同他的邻居商量”吗？如果没有这种商量，他的伙计们就不会挺身而出；他的

---

[90] 《共和报》，1820年10月4日，1822年4月26日；见威克沃前引书，第213—215页。

国内代理人也就不会坚守岗位了。造成这种混乱不清的关键也许就在于这句话:“保卫他已经拥有的自由和财产不受任何暴虐企图……”,这不仅是潘恩而且也是洛克的思想。

我们的脑海里又一次出现了这个术语:“小资产阶级个人主义”。如果我们不去考虑这个术语中的某些贬意色彩,便能发现这个术语用在卡莱尔身上倒是合适的。他思想深处考虑的也许是小雇主、制帽匠、制刷匠、书商。卡莱尔身上不仅有小资产阶级局限性,而且在这多事之秋还代表着他们的力量。如果比尤伊克年纪再轻一点,他或许也会去读《共和报》的。卡莱尔的所作所为是接过资产阶级对王权的妒忌,对他们的政治权和财产权进行辩护,再把这种妒忌传播到肖迪奇的制帽匠或伯明翰的玩具匠以及他们的工厂之中去。

就出版和言论权利而言,他的主张所产生的后果同科贝特的民主主义调子一样具有戏剧性。然而,就政治经济理论而言,这种立场不是徒劳无益便是虚妄的。洛克思想的有力之处在于,资产阶级是一批拥有大量财产的人,要求约束国家控制或干
766 预就是他们的解放要求。但制帽匠几乎没有财产,其他的财产则更少。不要国家调节只会意味着,给他们的较大竞争者(或曰“市场力量”)以更大的自由,这一点是很清楚的,卡莱尔不得不把责任归咎于臃员闲职、官吏及食税者这批恶魔,在这方面他并不亚于科贝特。小雇主们遭受巨大祸害,其原因必定是税收,政府必须尽可能的小,花钱也必须少。

这种主张已经接近于无政府主义,当然这仅仅是从最消极最保守的意义上讲的。每个人都必须有思想、写作、贸易和持枪的自由。前两项权利是主要的,而且是有先决意义的,从这一点看,出版自由已不再是一种手段,而是目的本身。《人权》第二部所展示的有关社会问题的建议,是这部杰作中他最不感兴趣的

一部分。他具有自力成功者对无用之辈的那种轻蔑,也有自学成才者对那些不利用机会自我提高的人所表现的不耐烦。他坐牢是为了打开通向理性之门,那是他们自己的过失。“我知道啤酒馆对大批技工具有不可抗拒的吸引力。”[91] 他是个只考虑少数的人。

他的理性主义同他的政治理论一样,是由一系列的否定构成的。他的乐事是揭露圣经的荒谬并公布从圣经中发现的那些肮脏淫荡的段落。他在《道德家》中提出的基本德行也就是(如我们已经看到的那样)一个不冷不热的理性主义者为资产阶级的有家之人的德行所作的辩护。他对诗歌(或任何具有想象特点的东西)的态度同边沁一样偏狭、片面,尽管他剽窃过《该隐》和《判断力》中的某些内容,但他仍然要煞费苦心地指出他这样做“并非是出于对这些作品的钦佩,而是因为我看到他们受到了我的敌人的危害”。他曾读过的《唐璜》六篇,“在我看来不过是无稽之谈,对人类毫无用处”。(他似乎并没有注意到《唐璜》中的任何一篇都充满机智和妙语):

> 我既不是诗人,也不是诗歌爱好者,诗的性质应当同散文一样——具有教育人类、传授有用知识的力量。[92]

“在我看来……”——这种语句会使人想到自修者的文化也变得庸俗和市侩化的。有才智的民众面临变成巴托罗缪一类的 767
集市之众的危险。人人在此可以摆货摊,人人的意见都一式一样地高明,最奇怪的余兴节目——愚笨的女人们和一些贫穷的百依百顺的粗鲁老汉们——全可以上演卖艺。工匠们误入其间,掏出了他们的便士;他们很快也受到感染,摆出了自己的摊

[91] 《共和报》,1822 年 8 月 23 日。

[92] 威克沃前引书,第 272 页。

子，尚未学会做这门生意之前便开始吆喝争论起来。思想较深刻的人——霍奇斯金或汤普森，奥布莱恩或布雷——同样在市场上出售他们的作品，他们肯定曾多次咒骂过那些固执己见的小贩在他们四周叫卖。

然而，当所有这些批评都提出来之后——批评是多方面的，而且还用了很大的劲去解释 19 世纪那种吵吵嚷嚷的、好斗的理性主义传统——当所有这些都说过之后，却发现这个市场是卡莱尔所建立的。这可不是一种形象化说法，他出版的东西就是一个市场——是他出版了潘恩、沃尔尼、帕尔默、霍尔巴哈以及其他许多作者的作品。不过他同时也创建了一个辩论的市场。1830 年他建立了圆厅剧场，有关伦敦工人阶级运动的组织问题的辩论可能就在这里，讨论记录定期发表在他的《鼓动者》上。这份期刊最好应该叫做《煽动者》，因为这正符合卡莱尔的实际情况。他是主张理性思想的风头人物，没有人比他更有资格充当这种角色。他四处物色能吸引大众的名角，老资格的雅各宾主义者、外科医生约翰·盖尔·琼斯则一直控制着一批追随者。但他的最大成功却是煽动了罗伯特·泰勒牧师，他是位背叛国教者，先前曾做过国王的礼拜牧师；他身披法衣，却宣讲无神论，攻击"自私邪恶的教士"。泰勒是个热心而又有学问的人，他曾在监狱中服务，并为进一步削弱"神圣女王陛下、18 世纪的愚昧女神"的影响做了不少事。他的讲道是对希伯莱经文的批判，对听众来说，便成了某种庞杂奇怪的东西。圆厅的另一个风头人物也是如此，他是索斯科派衣钵的传人蔡恩·沃德，他以对《启示录》和新教的使人茫然入迷的高谈阔论去蛊惑听众。虽然有这些吸引力，卡莱尔报道说，参加每周宗教问题讨论的人数（1831 年 8 月）仍然在令人遗憾地逐渐减少。此时的圆厅在星
768 期三晚上由一个新租户，即工人阶级全国联盟租用。卡莱尔（他

再次进了监狱)对这个联盟有一点愤怒,因为它建议组织另一轮争取出版自由,即“废除印花税”的斗争。他写道,“我同任何组织都不相干,也不寻求……任何这类的支持。”像别的个人主义者一样,他的自我中心主义压倒了事业,他对其他人企图将事业据为己有的想法太不以为然。1 个月之后他又写道:“要提防政治俱乐部。”他对俱乐部、协会,甚至工会或互济会是非常反感的。“第一次法国革命中的几乎每一恐怖行为都源于政治俱乐部……我断言它们都是些畏畏缩缩的、卑鄙、琐碎、下贱的乌合之众。”当争取改革法案的斗争逐渐进入较危急的关头时,他出版了有关路障、手榴弹和燃烧剂的资料:“让每个人自己组织起来。”但全国联盟仍然在圆厅聚会,他们当中许多最有感染力的领袖——沃森、赫瑟林顿、洛维特、克利夫、希伯特——都是卡莱尔的朋友,他们早就把他抛到后面,然而却仍然坚持他的最初原则:“自由讨论是惟一必要的宪法——惟一必须的宪法法则。”[93]

经过汉纳·莫尔和威尔伯福斯的兰多夫主教以及卫斯理宗大会 20 年的说教布道,激进派中的反教会势力已经出现了。《女怪》竟可以用一种理所当然的语气描写“那位曾率领满身疥疮肮脏不堪的以色列人走出埃及的温文尔雅的摩西”:

> 我们不愿说摩西是一个像穆罕默德那样阴险的大骗子。我们不愿说摩西需要大祭司亚伦就像波拿巴需要佩里戈·塔列朗一样。我们不会说约书亚同老布鲁歇或苏沃洛夫一样是好战的大恶棍,不会说在迦南发生的残酷屠杀比 25 年革命战争中发生的屠杀还残忍 10

---

[93] 《共和报》,1823 年 7 月 11 日;《魔鬼讲坛》,1831 年 3 月 4 日和 8 日;《鼓动者》,1831 年 8 月 30 日,9 月 30 日,10 月 15 日;《激进报》,1831 年 9 月 24 日;内政部档案,第 40.25 号。

倍……[94]

然而，这正是《女怪》要说的话。这一点是同卡莱尔传统相吻合的；此外这两人都同功利主义有亲缘关系。在卡莱尔的思想中，这一点是含蓄的；即便是诗，也必须有用，必须给人以知
769 识。《女怪》的思想发展更令人感兴趣，它毫不隐讳地力图把边沁主义和工人阶级的经历结合起来。但这种努力并不是简单地把中等阶级功利主义者的思想传给工人阶级读者。（如果普雷斯接受了这种思想，他也许会那样做的。）约翰·韦德以前做过分毛匠，1818 至 1819 年担任《女怪》编辑，他是个有创造性并且非常勤勉的人，不会不负责任地提出自己的思想。他一方面倾听普雷斯，另一方面又倾听约翰·加斯特的忠告。我们将会看到，后者一直在反对普雷斯特别赞成的正统政治经济学主张。于是便出现了这样一种结果：《女怪》似乎并没有接受这些忠告，相反却在与之斗争：它在探索这一问题——功利主义能够用于工人阶级经历这一背景中吗？

普雷斯的影响是重大的，因此我们必须进一步了解这个人。在整个研究过程中，我们一直注视着这个人，因为作为一个（伦敦通讯会、威斯敏斯特激进主义以及取消反结社法等活动的）档案保管人和历史学家，他的偏见一直被严重地引起误解了。他是由一个做马裤的裁缝起家的，后来成为生意兴隆的零售商和雇主，他是边沁和穆勒父子的挚友，还做过下院议员的顾问。从 1800 年开始，他便提出了建立工匠和中等阶级之间的联系的重要性；他支持兰开郡的办学运动及机工学校；他关心的是行为稳

---

[94] 《女怪》，1819 年 4 月 24 日。雪莱在 1818 年至 1819 年作《被缚的普罗米修斯》时曾给了那个朦胧莫测的革命之神一个名字——“魔王”：人们怀疑这是否同这些思想有联系（布鲁歇和苏沃洛夫分别是反拿破仑战争中普军与俄军的统帅。——译注

重品行端正的工匠以及他们在自我修养方面的努力。然而，由于他显然是费边传统的创始人(格雷厄姆·沃拉斯曾不加批判地这样看待他)，我们就不应该只把他看做是中等阶级的“俘虏”，也不应认为他是无力采取一种毫不妥协的立场的人。在自由思想和自由表达等问题上，他仍然算得上半个雅各宾。他帮助出版了英国版的《理性时代》，尽管他逐渐把卡莱尔视为“狂信者”，他还是在他的早期斗争中给予他大量的支持。我们知道他对1817和1819年的镇压非常愤怒，也看见他为建立工会权利所作的巨大努力，即使他对工会的事业所表现的热心奇怪地同麦卡洛克的政治经济学混杂在一起。就思想而论，1818年之前，
他确实是边沁的俘虏：他学习边沁和老穆勒的学说而不是对此 770
进行探问；在他自己的作品中，除了增加些他辛辛苦苦收集到的解释性的证据外，他几乎没有为这些学说增添什么新东西。然而，就政治而言，他本身就代表着一种势力；他不仅在自己所控制的威斯敏斯特选区为功利主义者提供了一个议席，而且还为他们提供了联系激进商人和工匠的接触点。他这样一个能够在思想上和政治上发挥如此一种作用的人，这本身就是一种新现象。

普雷斯为《女怪》作出的主要贡献在于他所收集的有关伦敦各行业(尤其是裁缝业)的事实资料。[95] 约翰·韦德为这种刊物定了调子和重心。(除普雷斯之外)他是激进派中最有感染力的事实搜罗者。他的《黑皮书》远远优于其他激进人士所作的这类调查。人们可以看出他被边沁派的踏实的调查研究和他们对于

---

[95] 见上文，第255页。韦德究竟是接受了普雷斯提出的见解，还是在编辑过程中对此作了任意改动，目前尚不清楚。尽管普雷斯支持《女怪》，但他从未见过韦德，而且这份报刊“完全不是我所喜欢的那种出版物”。见沃拉斯前引书，第204—205页。

具体而有实效的改革(如法律、监狱、教育)的关心吸引住了。从另一方面说,从一开始,《女怪》便对民众激进主义流行的空泛之谈表示愤懑。它强烈地批评所谓宪法的古代制度之说的貌似有理的论调——最经常地可以在《黑矮人》报上看到,当时卡特莱特少校还在那上面刊登有关贤人会议的文章,并反复论证诺曼枷锁的理论:

> 我们确实认为,如果在考虑这一主题时,不顾及所有代表着先前社会状态的东西,我们就不能更好地推进改革事业……。

韦德指出,工人阶级改革者很少发出美好的古老年代这类议论。那些搜集起来的古代学问中有许多是对付劳动者的严厉镇压法规的重要部分。难道改革派领袖们能够(他问道)

> 不把矛头对准古老腐败的选区贩卖制度却去指向陈腐的羊皮纸文件、发黑的书信和拉丁语引文,那么,我们的经济状况,我们过时的货币系统,还有穷人的数量就没有什么东西——

可以批评和控诉的吗？如果说韦德不同意对先例提出那种貌似有理的求救,他同样也不同意潘恩对"自由权利"的要求。如果主张所有的人都自然有选举的权利,那么又怎能反对妇女的同
771 样权利呢？对韦德来说(对科贝特也是如此),这是个间接证明法问题。精神病人和进习艺所的收容者与妇女一样因明显的社会功利理由而被拒绝给予选举权;而且这似乎是工人阶级激进派(或者至少是占他们总数一半的男性)的主张所依据的最合理的基础:

> 普遍功利是社会惟一的最终的目标,我们对于反对这一目标的任何自然的或长期形成的主张决不予以考

虑，无论它是神圣的或是有价值的。[96]

要证明选举权应当依据这一基础并不困难。但是，煞费周折的事来了。韦德兴致勃勃地苦心致力于社会改革和工会组织问题。如把功利主义演变为工人阶级的意识形态，就需要某种关于社会结构和政治经济学的理论。怎样确定最大多数人的利益，对雇主有用的东西会是对劳动人民的压迫吗？韦德的社会结构理论是凭印象而派生的，但他提出的东西至少比科贝特提出“腐败的旧制度”或“选区贩卖制度”的空论有见解。他把社会分为寄生阶级和生产阶级。前者是(a)上流阶级，包括教会和法律界的达观显贵、贵族；(b)“中等阶级”——忠诚的教区牧师、税务监督、税务署各部官员。他把这些人均视为腐败势力。后者是“生产阶级”，这个术语空泛得足以包括职业人士和雇主，但它强调的是“那些通过自己的劳动为社会增加财富的人，诸如农民、技工、散工等等”。在这些群体之下是一些不可名状的人，如穷人和吃国家救济的人：

> 勤劳阶层好比土地，万物均从中发育生长；其他阶级好比树木、稗子、杂草和蔬菜，它们在土地的表层……吸取其养料……。

当人类进入“较完美”的状态时，就只有勤劳阶级应该存在下去。
“其他阶级主要是起源于我们的恶习和愚昧……由于不再起作 772
用，他们的名望和职务将会在社会中消失”。[97]

在这方面，韦德获得了普雷斯的帮助，而且《女怪》也开始以每周特写的方式刊登有关工人阶级状况的材料。他们俩谁的影

---

[96] 《女怪》，1818 年 6 月 20 日，7 月 18 日，8 月 22 日。

[97] 《女怪》，1818 年 8 月 8 日；及《特别黑皮书》(1831)，第 217—218 页。亦见 A. 布里格斯：《19 世纪早期英国的阶级语言》，载于《劳工史论文集》，第 50 页。

响更大尚不清楚。该报十分强调劳动是价值的源泉;由于李嘉图的《经济学原理》在上一年出版,这种强调也许就变得更有力了。[98]《女怪》写道,“劳动是一个国家用之不竭的产品,也是我们出卖的主要商品”:

> 在4种主要产品即棉织品、亚麻制品、毛织品和铁器制品中,原材料还不到其产品价值的1/10,其余9/10是由织工、棉纺工、染匠、刀具匠和其他50种匠人的劳动创造的……。这些人的劳动构成了这个国家的主要流通商品。正通过买卖英国工匠和工人的血汗,我们的商人才发了财,国家才得以繁荣昌盛……。

这段陈述充满感情但并不太准确。我们注意到把劳动视为一切价值的源泉的观念不仅可以在瑟尔沃尔的《自然权利》中找到,而且也可以在科贝特1816年的《致工作大众书》时强有力的调子中发现。人们可以感到,科贝特在写作时考虑的是他自己的农场以及那些忙着照料牲畜、耕地、修理住宅的农业工人。在韦德(或普雷斯)的眼中,是手艺人和外作工、分毛工或裁缝;这些人领到原材料,按确定的某种规格并付出他的劳动或技巧对原材料加工处理。在价值上,原材料只为其1/10,而剩余的是9/10。[99]

然而,就是《女怪》中的同一篇文章开始向工会会员传授政治经济学的平凡道理。劳动报酬是由供求确定的,工人工资的增加伴随着雇主利润的相应减少——工资提供了积累。劳动价值提高之后,就迫使资本从那个生产部门输出去,而且(这种语

---

[98] 1818年9月26日的《女怪》引用了李嘉图的著作。

[99] 《女怪》,1818年9月12日。本章论及的劳动价值论的起源简短而欠妥当。读者可参见G.D.H.科尔:《社会主义思想史》及《先驱》(1953);A.门杰:《对全部劳动产品的权利》(1898);R.N.米克:《劳动价值论研究》(1956)。

言同普雷斯支持取消工匠法)的话非常相似—— 773

> 雇主和工人在任何情况下都应该单个地而不是集体地行动。任何一方采用非自然的或人为的手段,其结果都是非自然的。

被韦德关在正门外的自然法或自然权利理论就被普雷斯从后门引入了。因为在那个时代,人们在考虑中等阶级功利主义时,已不能不想到马尔萨斯和正统政治经济学了:功利原理只有借助于人口"定律"和供求定律才能得到阐明。如果功利主义进入了工人阶级的意识形态,工人阶级就会成为雇主阶级的俘虏。

但这件事并不是那么容易实现的。在1818年9月、10月和11月,《女怪》一直在刊载详细探讨伦敦某些行业——裁缝、铅字铸工、眼镜商、排字工——状况的[100] 文章,同时它还为曼彻斯特棉纺工的罢工活动辩护,这次罢工当时正受到保王派和新型中等阶级激进派报刊(尤其是《泰晤士报》)的猛烈抨击。它对有组织和没有组织的行业近20年以来的工资率进行比较,得出了不可避免的结论。无论是"自然的"或"人为的"社团,都能发挥作用:

> ……我们过去总以为雇主和工人的幸福是同步的和不可分离的。但是事实并非如此。我们可以毫不犹豫地说,工人状况恶化的原因以及不同等级工人的不同恶化程度,完全在于他们的成熟程度,即结社。但法律却把这种成熟谴责为犯罪。工人的状况一点也不依赖于雇主的繁荣或利润,而在于他们有权利为他们的劳动要求——而不是硬要更高的价格……。[101]

---

[100] 有关这方面的一些调查,见本书第253页。

[101] 《女怪》,1818年11月21日。

我们知道普雷斯已在1814和1824年采取了另外的主张，[102]上述观点不可能是他的，很可能出自约翰·加斯特之手；但也可能韦德是被他的两个顾问平分秋色地拉来扯去。结果，他实际上还是
774 接受了中等阶级功利主义的意识形态，而他那部有名气的《中等阶级和工人阶级史》(1835)就是一部混杂着激进政治学和正统经济学、并配有辛勤收录的事实的著作。然而，这却是《黑皮书》的作者、《女怪》的编辑所作的一部令人遗憾的著作。

加斯特的经历与众不同。他和格雷夫纳·亨森、约翰·多尔蒂是前些年中真正令人瞩目的三个有名的工会领导人之一。每人都来自工业部门，经受极不相同的经历，因此而各有其特殊的贡献。亨森是外作工斗争的榜样，略知一些卢德主义，组织他们的非法工会，参与进步的政治激进主义，直到1824年一直在要求施行或颁布有利于他们的保护性法规。代表棉纺工人的多尔蒂更注重工人自己靠联合的力量去改善他们自己的条件或改变整个制度的能力；他还是要求建立总工会、要求工厂改革、合作组织和“民族复兴”等一系列伟大运动的核心人物。加斯特出自一个较小但很有组织的技术行业。他一直关心组织问题以及伦敦的各行业同全国的各行业之间的相互支持问题。

加斯特是个造船工。他在布里斯托尔开始自己的学徒生涯，于1790年前后来到伦敦。(在1825年)他在泰晤士河边干了“30或40年”，其中有28年是在德普特福的一个造船厂度过的。他是那里的“领班工人”，手下约有16个人：“我在那里帮助建造的战舰就不下20至30艘……并且还不算商船。”1793年，造船工人组织了圣·海伦娜互助会——但沿河的入会者还不到

[102] 普斯雷告诉负责调查工匠和机械的特别委员会(《第一份报告》[1824]，第46页)：没有哪种政治经济原理比现在的工资制更好：工资的增长必须来自利润。

10人,互助会失败了。但在1802年发生了造船工人罢工并成
立了由加斯特领导的橡树之心互助会。这个协会相当成功,它
不仅为会员提供了疾病、死亡和意外事故方面的通常救济,而且
还拿出基金为退休的造船工设立了13个养老院。1824年,泰
晤士造船工节俭联合会成立,加斯特担任了第一任书记,那时他 775
差不多已有50多岁了。[103] 反结社法废除之后,造船工人同雇主
展开了异常激烈的斗争,因为雇主们在1825年以收买议员的方
式强烈要求通过新的反工会法。[104] 这样,加斯特和他的联合会
的作用就变得突出了,不过在这以前他就长期受到伦敦工会界
的尊敬。我们知道,在他同《女怪》有联系的同时,在筹建(在曼
彻斯特和伦敦)名为"大力神慈善会"的第一个所有行业的总工
会的努力中,就是最杰出的。[105] 很明显,到1818年,加斯特已经
不止是一个伦敦"行业"委员会的领袖人物了。此外,在1819到
1822年之间,伦敦工人激进主义发生了某种有趣的转变。1819
年即彼得卢事件之后,亨特凯旋进入伦敦之举是由一个委员会
筹备的;参与此事的人有诸如(在老雅各宾分子、职业人士、小雇
主和几个工匠中的)沃森医生、盖尔·琼斯、埃文斯和西斯尔伍德
等杰出人物。当亨特于1822年底从伊尔切斯特监狱被释放出
来时,约翰·加斯特则代表"有用阶级的委员会"欢迎他抵返伦
敦。[106] 从此之后,伦敦工人的激进主义便获得一种新的力量,人
们很容易看出这种力量源于哪些行业。在加斯特的委员会里可
能有一个"行业会议"雏形。1825年,由于反结社法的取消以及

---

[103] 《行业报》,1825年7月31日。

[104] 见哈蒙德夫妇:《城市工人》,第138—140页。

[105] 同上书,第311页;韦伯夫妇:《英国工会运动史》,第84—85页;沃拉斯前引书,第189页;G.D.H.科尔:《建立总工会的尝试》,第81—82页。

[106] 亨特:《致激进改革者》,1822年12月9日。

面临着这些法令重新恢复的威胁，各行业强烈感到有必要建立自己的周刊《行业报》。[107]

《行业报》的座右铭是“帮助他的每一位邻人”，该报的重要性不仅在于充分阐明了工会 运动的力量，直到现在人们还必须到法庭和内政部文件所留下的蛛丝马迹中去寻找这种力量；[108]而且还暗示了中等阶级功利主义同新出现的“工会理论”之间的某种完全脱节。两者的冲突是相当明显的，普雷斯和韦德似乎
776 坚持《女怪》的正统方面，而那些非正统的、强调结社价值的主张则成了加斯特新开创事业的基础。有些批评是专门针对普雷斯的，其方式既可怜又不公平，这也许有助于解释加斯特和伦敦各行业为何极不看重普雷斯这些年所提出的主张。论战实际上在一年前的《黑矮人报》(即该报寿命的最后一年)上就已经公开了。[109] 它是因为詹姆斯·穆勒在自己书中把马尔萨斯主义同政治经济学庄严地结为一体而引起的。该学说露骨地宣称，失业[110] 是一个自然的而非人为的问题，是由人口“过剩”引起的，

---

[107] 筹办该报的是“那些聚集在伦敦以便观察有关反结社法的最新调查进程的镇与郡的行业代表”。他们捐出 1000 英镑办报，除造船之外，锯木工、箍桶匠、木匠、女鞋工匠、捻缝工和丝织工似乎都直接参与了此事。该报由一个行业委员会管理。

[108] 见上文，第 238—239 页。

[109] 可参见关于人口问题的论战，它始于 1823 年 11 月 12 日，随之还有一系列问题争论。

[110] 有一种广为流传的说法，认为“失业”一词在 19 世纪 20 年代还不存在，这一说法也许源于 G. M. 杨著《维多利亚时代的英国》(牛津，1936)第 27 页上的不恰当的陈述：“早期维多利亚时代的改革者还不会使用失业一词。这大概是因为他们还没有适当的词来表达这种意思”；这句话上还加了一个注脚：“在 60 年代以前我还没有看见过这个词”，其实这一说法是错误的。(语义问题的“时间鉴定”通常如此，杜鹃通常在《泰晤士报》宣布它到来之前几周到达英国诸岛了。)“失业的”、“失业者”及(较不常出现的)“失业”等词都可以从 19 世纪二三十年代的工会和激进派或欧文派的作品中找到：“早期维多利亚时代的改革者”不用此词的原因必须以其他方式加以解释。

因此失业是一个无法解决的问题;这种无法解决的问题便成为工资率的决定性基本要素。因为——尽管技术可能采取限制他人进入其行业的方式以获得特权地位——工人大众将发现供需的自然法会降低过多提供的劳务价值。

科贝特早就对此表示了激烈的愤怒("乡下牧师马尔萨斯!苏格兰哲学家!")《黑矮人报》则提出了比较热心的见解:"就业的数量是无限的",

> 我在这个为世界各地提供长筒袜的产业大国看到男人和女人没有长筒袜穿……。如果国内的每一个人都穿得像他们所希望的那样好,国内的消费就会增长十倍。

他最后说(以此答复普雷斯的相反意见):"改善人类状况的方法不是减少他们的数量,而是提高他们的智慧。"[111]

第一期《行业报》再次阐述了这一见解。该报的第一任编辑为先进的激进主义者 J.C.罗伯逊,他是伦敦机工学校的先驱,同时还是托马斯·霍奇斯金的同事。[112] 该报的社论对麦卡洛克以马尔萨斯的理论告诫工人的那些话——"为了不使劳动力的需求过剩,你们要限制自己的数量"——提出了异议。加斯特写道:"这是在同自然、道德和幸福作对。"限制人口增长的可行办法或是禁止婚姻,或是回避婚姻的欢乐,要不就是使用避孕工具。普雷斯坚定地支持马尔萨斯的立场,并大胆地在工人阶级当中传播其学说;然而,由于对节制性欲的可能性缺乏信心,他进而支持悄悄地发行宣传节育方法的传单。[113] 普雷斯还企图在 777

---

[111] 《黑矮人报》,1823年12月3日和31日。

[112] 有人认为编辑的责任只限于对付印的文字作专门处理,因此我猜想——这也许是错误的——最初的那些社论是由身为各业管理委员会主席的加斯特写的。要确定《贫民卫报》和欧文派报刊的作者同样也是困难的。

[113] 见F.普雷斯:《人口原理的说明和证据》(1822),及本章注63。

《行业报》上为麦卡洛克辩护。

如果普雷斯由于最固执的功利主义原因而参加一项勇敢的行动，那么加斯特则出于两个理由对他进行激烈的抨击。一方面他暗示普雷斯同一种“下贱”、不道德、令人厌恶到无法形容的地步的主张有关联。（我们应该记住，几乎各方面都对这样看待避孕问题作出了反应，没有理由认为加斯特对此并不真正震惊。）另一方面他作出一种意义更为深远的评价：

> 如果人们都相信了马尔萨斯、麦卡洛克、普雷斯等诸位先生的话，即工人阶级必须考虑的问题仅仅是如何最有效地限制其人口数量以便使他们的一切困难都得以彻底解决……马尔萨斯等人……就会把全部的问题简化成机工与他们的恋人或妻子之间的问题（而不是）雇工和雇主之间——工匠、谷物种植者与垄断者之间——纳税人和征税人之间的问题。[114]

这则短文之言很明白。加斯特否定了所谓“自然的”和自我
778 调节（听任其不受限制则会在雇主们和雇工们的利益上起作用）的政治经济模式。他认为利益之间存在着本质上的对抗，问题的解决和调节必定是由力量来决定的。对资本有益的东西很可能是对劳动的压迫。领取丰薪的退役海军少校托马斯·霍奇斯金1825年出版《反对资本、为劳动辩护》一书（以“一个工人”为笔名发表），给正在形成的工人阶级理论以重要的思想支持。加斯特和霍奇斯金在机工学校就已建立了联系，因为后者曾在那里讲授过政治经济学。1825年下半年，《为劳动辩护》的大部分内容还摘要在《行业报》上发表，而且还有一系列的社论文章对

---

[114] 《行业报》，1825年7月17日，24日，31日，9月11日。普雷斯似乎还支持过《行业报》的一个不成功的竞争对手——《伦敦及地方工匠纪事》（1825）。

此表示热烈的但又不是不加批评的欢迎。加斯特以特殊的赞成态度从霍奇斯金的著作中选择了劳动价值论的原理:“劳动的技能”是惟一可以积累的东西:

> 欧洲所有的资本家即使拥有全部的流动资本,他们自己也不可能提供哪怕是一个星期的食物和衣物……。[115]

霍奇斯金的原始社会主义理论特别适合于伦敦各行业的经历,他的理论在很大程度上源于那种经历。在面临新的立法威胁的情况下,他提出了有力的常识性的主张为工联主义辩护:“结社本身并非是犯罪;恰恰相反,它就是原则,这原则使社会各界团结在一起。”他的愤怒是直接针对充当企业家或中间人的资本家:

> 他介于粮食生产者和衣被制作者之间,他介于工具生产者和工具使用者之间,资本家既不生产也不使用这些东西,却一步一步地把两者的产品据为已有……他渐渐地连续地暗中介入他们之间,在他们盈利日多的生产劳动的滋养下,日渐膨胀成了庞然大物而把他们撑开分隔得很远,使他们彼此不明白每人经过资本家而收到的生活费是怎样敛得的。在他剥夺这两人的同时使他们完全看不到对方,他们双方都相信自己是靠他的恩惠才得以生存的。

就其积极的技术或管理作用而言,资本家被认为是生产性的;在这方面他也是劳动者,而且也应该得到报酬。然而,作为经纪人 779
或投机者,他完全是寄生虫:

> 旨在增加工资而建立的最成功最广泛的联合,除了会

[115] 《行业报》,1825年8月21日和28日及以下。

减少那些靠利润和利息生活的人以及那些没有正当权利而只是靠惯例从国民生产中获取份额的人的收入之外,不会造成任何其他有害影响。

霍奇斯金没有提出另一种“制度”(否则就得在戈德温的某种意义上废除所有制度),他有意绕过财产权的问题。他主张的是以工人阶级的全部力量以及思想和道德的手段逐渐增加有组织的压力,以没收资本家掠夺的全部财富。这场“诚实勤勉”与“懒惰奢侈”之间的劳资战争一直要等到工人获得了他们劳动的全部成果,“直到比他脚下的泥土或他管理的机器更受尊重时”才会结束。

4. 欧文主义

《反对资本、为劳动辩护》的发表以及《行业报》对此所表示的欢迎代表着“劳工经济学家”即欧文主义者同工人运动中的一部分第一个明确的结合点。[116] 当然,欧文走在霍奇斯金的前面;但即使欧文、格雷、佩尔和汤普森未曾动笔,霍奇斯金的著作也必然引导人们去探讨这样一个更深入的问题:如果资本大都是寄生于劳动之上的,那么劳动可以摆脱资本或是以一种新的制度来取代它吗?此外,功利主义也可能以一种奇怪的曲折方式引出同样的问题:如果评价一种社会制度的惟一标准是效用,而

---

[116] 在以下数页中我并不想重新考察欧文或“劳工经济学家”的思想。我的意图是从一两方面来说明理论对工人阶级的经历所带来的冲击,以及在这一过程中新观念如何被选择、如何被改变,也就是说,我更注意的是这些观念的社会学意义而不是观念本身。关于霍奇斯金,见 G. D. H. 科尔再版的《反对资本、为劳动辩护》(1922)及 E. 哈勒维:《托马斯·霍奇斯金》(1956, A. J. 泰勒译)。关于欧文和劳工经济学家情况的简明扼要介绍见 H. L. 比尔斯:《英国早期的社会主义者》(1933),第 4 和 5 章;关于较全面的概括性介绍见 G. D. H. 科尔:《社会主义思想史》,第 1 卷,《先驱者》,及 M. 比尔:《英国社会主义史》,第 3 部分。

那个社会中的绝大多数人是辛苦劳作者，那么任何对风俗习惯或野蛮的见解所表现的尊重都不会妨碍人们去设计出有可能使人民大众交换并享用他们自己生产的产品的最有用的计划来的。因此，欧文社会主义一直包含着两种从未完全融合的成分： 780
其一是启蒙运动的博爱主义，即按照功利和仁爱原则设计的“崭新制度”；其二是吸收了欧文的观念并在自己特殊的环境中应用和发展这些观念的那部分工人所具有的经验。

新拉纳克的罗伯特·欧文的事迹众人皆知，甚至带有传奇色彩。那位模范的家长式纺织厂主和自立成功的人带着博爱主义的建议在王室、朝臣和政府之间奔走游说。当他受到彬彬有礼的赞扬和实际上的劝阻之后，他开始愤怒了。他向各阶级宣传，并宣布了他的太平盛世计划，部分劳动人民对他的想法和许诺逐渐产生了兴趣；早期创办的试验公社，包括著名的奥比斯顿，一个个均由盛到衰；然后欧文去美国做更多的公社试验(1824—1829)。他不在英国期间，其学说取得越来越多的支持。汤普森、格雷和其他人则丰富了他的理论；一些工会人士还采纳欧文主义的一个形式；金医生以其《互助合作者》在布赖顿起步(1829——1830)；合作贸易的试验广泛分布于各处；1829 至 1830 年，伦敦的一些工匠——洛维特是他们当中的杰出者——率先发起了宣传合作原则的全国性运动(全英合作知识促进会)。欧文回国后感到了异常的欣喜，澎湃的浪潮已经把他推到了运动的巅峰，这一运动导致全国大团结工会的建立。

这是一个超乎寻常的故事，从某种意义上说，它的某些部分本来就是如此。我们可以从家长式传统谈起，而我们必须看到在新拉纳克进行的伟大试验一开始便遇到劳动纪律，以及我们在讨论卫斯理教派和尤尔牧师时已经涉及到的难以控制的苏格兰工人适应新的工业秩序等方面的困难。“那时，苏格兰的下层

阶级……对陌生人怀有强烈的偏见……”,“因此,在这些工厂受雇的人对新来的管理者怀有强烈的反感……”:

> ……他们身上带有一个社会群体的几乎所有的恶习而
> 鲜有其美德,偷窃和接收赃物是他们的职业,懒惰和酗
> 781 酒是他们的习惯,撒谎和欺骗是他们的外表,民事与宗
> 教纠纷是他们的家常便饭;他们联合起来反对雇主仅
> 仅是出于一种惯常的狂热。

《新社会观》(1813)中的这几段话同那位新生的纺织厂主即铁面雇主的经验大体上是一致的。问题是要向青年灌输“专心、敏捷和守秩序的习惯”。为达到这些目标,欧文既没有采取卫斯理教派的心理恐吓手段,也没有采取派监督工和罚款的训戒方式,这完全是他的光荣。但我们必须时时看到,欧文后期的社会主义保留着其最初的痕迹,欧文是这样被塑造成社会主义的慈父的。慈善家欧文先生,在战后的年月能够获准进入宫廷和内阁会议室(直至他不谨慎地,但又是以温和、宽容的态度把所有公认的宗教视为有害的非理性主义的东西加以排斥之时),没有经过任何意义上的激变,就变成同工人阶级交谈并向他们发表演说的“仁爱的欧文先生”。从某种意义上说,他是个极端的功利主义者,他把社会设计成一个巨大的工业场地。此外,他还是工业界的汉韦,很为儿童着想,希望看到他们幸福,对于他们受到的无情剥削真正感到义愤,这是他最令人钦佩和最仁慈的方面。然而,工人阶级以自己的行动达到自己的目标进而取得进步的想法却同欧文的思想格格不入,即便他在 1829 年和 1834 年期间确实卷入了这种运动。这一点可以从他所有作品的调子看出来,(他在 1817 年曾说)他希望“重新教化下层阶级”。除“仁爱”一词外,早期欧文主义作品中最常出现的是“为他们提供”。教育应该把有助于个人和国家的未来幸福的观念和习惯

铭刻在青年的头脑中，只有把他们教育成有理性的人才能实现这一目标”：

> 第四——如何才能作出最好的安排，使这些男子及他们的家庭成员能够恰当地、经济地得到住房、饮食、穿衣、培训、教育、就业和管理等等呢？[118]

这种腔调表明欧文不仅同工会运动而且同大众激进主义的运动之间存在着几乎不可逾越的障碍。“织工和工人阶级此时对于我以及我所有的观点和意图都是陌生的”，这句话是欧文（在他的《自传》中）在战后初年写下的，“他们的那些主张民主主 782
义的、多有错误的领袖教导他们说，我是他们的敌人，想要在联合的互相合作的村庄里奴役他们。”然而，在当时的背景下，这并不是一件令人吃惊的事。作为慈善家的欧文先生在绝望的战后萧条时期引起了人们的注意，许多绅士对失业和贫困的程度非常吃惊，同时他们又担心和害怕失业者们叛乱的倾向。农业从战时的兴盛转向衰落，使济贫税的支出也一度超过了600万英镑。穷人的状况不堪入目，他们成了犯罪之源，成了国家的沉重负担和危险。报刊的评论栏中充斥着有关修改济贫法的讨论，所有这些讨论都把经济问题视为更重要的目标。欧文先生（他在新拉纳克拥有的大片地产变成了绅士们前往观光的时髦地方）此时带着他的计划出现了，他的计划不见得是更美妙的。他建议把穷人送进“合作村”——从税收中拿出一笔创业资金给他们之后——他们就会在那里自谋生路，成为“有用”、“勤奋”、“理性”、自律和有节制的人。坎特伯雷大主教喜欢这个想法，西德默思勋爵还同欧文先生仔细讨论过此事。1817年夏，欧文在伦敦报刊上发表了一些讨论济贫问题的公开信，其中一封写道：

---

[118] R.欧文：《新社会观及其他作品》（人人版），第74页，第260页。

“西德默思勋爵会原谅我，因他知道我没有恶意——众所周知，他性情温和对人和蔼……。”这封信是在彭特里奇起义和奥利弗暴露之后两周发表的。

这项计划带有马尔萨斯主义和某些地方官（如那些被奇怪地称为”诺丁汉改革者”的地方官）的那些严酷试验的气味，而且后者已经在拟定一项节约济贫院的救济开支的查德威克计划。即使欧文本人（如某些激进主义者愿意承认的那样）非常真诚，为穷人的苦难深感沮丧，但如果他的计划得由政府来接手，就肯定会朝那种方向发展。科贝特曾把欧文的“合作村计划”谴责为“穷人的四边形村庄”，在他看来，这种计划不仅带有他非常厌恶的具有恩惠和施舍性的“安抚制度”的意味——如果欧文的想法
783 在1817年被当局所接纳，就有可能导致济贫院内部“生产性就业”的扩大。但科贝特仅仅是表达着一般激进派的反响。（舍温写道）欧文建议设立的机构会成为“监狱”，“一个奴隶社会”：

> 在我看来，欧文先生的目的似乎是要以济贫院来遮住国家的脸面，并培植起一个奴隶社会，结果是使劳动者绝对依附于有财产的人。[118]

欧文曾试图在伦敦城大饭店的一次有许多人参加的会议上说服激进派赞同他的建议，结果，激进派领袖们——卡特莱特、伍勒、韦特曼市政参事等——一个接一个地起来齐声反对他。盖尔·琼斯指出，这项计划至少是可以研究的，结果被轰下了台，还被指责为叛徒。[119]

这场争论暴露了双方的弱点。就一方而言，在大数多人都

---

[118] 舍温：《政治纪事》，1817年4月26日，8月9日，9月20日。

[119] 《独立辉格党人报》，1817年8月24日。1817至1819年，赞成欧文计划的激进派报刊似乎仅有发行时间不长的《人民报》和《独立辉格党人报》，后者曾派了一个通信员去了新拉纳克。

作出了政治反应的问题上，欧文的思想却是一片空白。他把《新社会观》的第一部分献给了摄政王，另一部分则献给了威尔伯福斯。15 年之后，他的报纸《危机》载着有关合作联合会以及斯莱思韦特的贸易仓库的报道默默地驶过了 1831 和 1832 年的洪流，他压根就没有注意到这个国家事实上正处于革命的危机状态。这种空白也有其可爱之处，欧文先生认为王权是一种非理性的深渊，而主教则是献给野蛮的愚昧的一份昂贵的不必要的赠品。他毫不犹豫地向牧师们指出这一点并深信他们定会明白他“没有恶意”，而且他们在服从理性的劝告时恰好就清算了他们自己。然而，这对 1817 年的“老激进派”来说，并不是好事。在他们那一方，他们的弱点就在于缺乏任何建设性的社会理论，他们的立场被花言巧语所占据，即所有的不幸起因于税收官、冗员闲职，改革可以纠正这一切问题。

黑兹利特对《新社会观》作出的反应最为复杂，而且还体现着一个在同伯克作斗争时受到创伤的雅各宾党人的态度：“为什么欧文先生要在他的改革计划的告示标题中用黑体字来写那个 784
‘新’字？”“博爱原则、永恒真理以及人类本性完美的信念并不是新的而是‘旧的，旧的’，罗伯特·欧文先生”：

> 欧文先生不知道同样的计划，同样的原则，关于动机和行为……美德和幸福的同样原理在 1793 年已经流行？那时流传甚广，人们在马背上谈论，在私下耳语，用 4 开和 12 开的书籍，用政论文、戏剧、诗歌、歌曲和传奇故事来宣布这些主张——使之进入酒馆，潜入教堂，登上讲坛，把大学的课程也弄得乏味……这些“新社会观”进入了诗人的心中和哲学家的脑中，占据了男孩和妇女的幻想空间并且转变了王国几乎每一个人的思想：但有一个人的思想从未被它们占据过，他然后又使

整个王国的思想变了过来……

黑兹利特(以嘲弄的口吻)这样驳斥说,哲学似乎被逐出了这个国家,

被迫逃难。然后在那位富裕的有产者的默许下,在新拉纳克纺织厂的落纤和纺槌中,舒舒服服地藏了20年。他想让我们知道这种哲学,在贵族、乡绅、威尔伯福斯先生和摄政王的保护下,像浮在为波旁王朝复辟而流出的血泊上的大潮,在月圆时又涌上了白厅的阶梯;而且所有的人,像这些大人物一样,都只受真理的原则,只受人类幸福的愿望的支配。这种赞美我们可受用不了。我们都是老手,不会轻易上当的……。

黑兹利特的目光异常敏锐。因为欧文确实不是第一个近代社会主义的理论家(霍奇斯金接近于这一称号),而且18世纪最后一批理性主义者之一——他此时变成了戈德温,从新拉纳克起步后开始便要求工业革命董事会主席的位子了。作为一个讲求实际和明显获得成功的人,他能够以一种新的姿态进入老哲学家们曾遭到辱骂和抱怨的地方。“一个直接从克莱德河畔来的人获得了一种推动力,使他变得不可抗拒”:

我们知道,他接近的是当权人物、议员、贵族和绅士。
785 他站出来……批评、攻击他们的制度,无论是新的还是旧的,无论是教会的还是国家的……他揣着印信,平安无事地走进他们的住宅,然后提出他打算建立无数的工业院来取代目前的冗员闲职机构,并以这种办法来调和争端……。

黑兹利特接着说:“我们不希望他改变腔调,然而黑兹利特又相当准确地预计到:如果他不改变腔调,便会产生某些后果:

他的计划迄今还是可容忍的,因为它们是遥远的、空中

> 楼阁式的，而且也是不能实现的。无论是上流社会还是普通人都不关心新拉纳克发生的事，也不去担心那里的工人上床前是否喝过酒，女孩子怀孕是在婚前还是婚后。拉纳克是遥远的，无关紧要的。我们的政治家并不担心他谈论的那种完美的改革制度，而且，他反对议会改革的那些侈谈……实际上还可以起到转移方向的作用。然而，如果让欧文先生说的那种他在一个贫困的村庄做的好事处于普遍化的危险中……那么他所梦想的那种夸张的恩人气度将会消失……。如果让他的《新社会观》像"探讨政治的公正"一样造就无数的信徒，我们就会看到潮流将如何转向……。在本王国的任何地方他都将被视为雅各宾派、平等派和煽动者，他的朋友也会避开他，同时还将成为他的敌人的笑柄……而且他还会发现，要是想叫……人类懂得其自身的利益或叫那些统治人们的人去关心除他们之外的任何人的利益，那都会是不容易的，也会是不保险的。

欧文的赞助人将惊愕地发现(关于这一点黑兹利特已有所洞察)，欧文所具有的完全是宣传家的热情。他同卡莱尔一样相信"理性"的传播会产生成倍的效应。他把少数钱财用于向全国各地的要人寄送他的宣言，较多的钱财则用于建立公社的试验。到1819年，他的赞助人对他已经厌倦了，于是他就特别注意向工人阶级说话。他长期以来就认为劳动人民是环境的产物，他曾为他们的"粗野的凶恶性格"感到哀痛，人们认为他和肖伯纳一样之所以成为社会主义者，主要原因就在于他希望这种现象结束。但在这方面，他的思想又是混杂的，其后果是特别巨大的。如果工人是环境的产物，那么在欧文同别人进行了不满意 786
的会晤之后，在公园里散步时很可能就会想到：西德默思勋爵和大主教同样也是环境的产物。这种思想在他的《致工人阶级书》(1819)中是这样表达的：

> 从幼年起，你们……就变得开始藐视并仇恨那些在举止、语言和情感方面都不同于你们的人……。在真正从心里关心你们的利益的人授予你们权力之前，你们必须克制住那些愤怒之情……这样你们就会清楚地意识到愤怒是没有理性基础的……你们现在被置于一种你们已经无法控制的复杂无穷的环境之下，你们的其他同胞也是由环境塑造的，他们也不能控制环境，结果变成了你们的敌人和内心痛苦的压迫者……。尽管从外表看他们是辉煌的，但这种物质状况时常有他们造成的痛苦，甚至比你们的痛苦更大……。虽然你们的行动表明你们想以暴力方式剥夺他们的权力以及利益和特权——但他们反过来必然也会怀着妒忌和敌意的情感看待你们，这不是明摆的吗……？

“富人和穷人，统治者和被统治者”，实际上只有一个利益——建立一个新的合作社会。然而，作为环境的产物，富人也同穷人一样不能看到自己的真正利益。(欧文作品中“突如其来的强烈启示”使他们的动手形成的观察能力面临着消失的危险。)工人(或他们中那些曾受过理性启发的人)应该停止阶级斗争。“这种非理性而又无益的斗争必须停止”，开路先锋(通过建立模范公社和宣传)便可以另辟蹊径。这样，工人阶级就可以直接绕过富人的财产权和政治权问题了。[120]

无论欧文的人格多么令人钦佩，他仍然是个颠三倒四的思想家。虽然他曾提出奇谈怪论，但他却是个坏事的政治领袖。

---

[120] 欧文前引书，第148—155页。

在欧文主义理论家当中,汤普森比较冷静而且较有斗争性,格雷、佩尔、金医生则较有坚定的现实感。关于革命实践和社会变化的辩证过程,欧文在作品中谈得并不少:

> 有一种唯物主义学说,认为人是环境和教育的产物,因而认为改变了的人是另一种环境和改变了的教育的产物,这种学说忘记了:环境正是由人类来改变的,而教育者本人一定是受教育的。因此,这种学说必然会把 787
> 社会分成两部分,其中一部分高出于社会之上(例如在罗伯特·欧文那里就是如此)——

马克思论路德维希·费尔巴哈的第三篇文章就是这样说的。如果社会品性是(如欧文主张的那样)"复杂无穷的环境"的自然而然的产物,那又如何改变它呢?一种答案便是教育,这是人们所能看到的欧文主义传统中最有生命力的影响之一。欧文知道,除非"环境"发生了改变,他是不可能达到教育一代人的目标的。因此,答案是心灵的突变,一种千年的跃进。他那环境机械唯物主义的严格定义注定他要么绝望,要么宣布一个世俗的千年王国。

慈善家欧文先生继承了乔安娜·索斯科特的衣钵。不仅是黑兹利特,而且他同时代的其他人都曾注意到欧文语调中有这位吵吵闹闹的教徒的色彩。舍温《纪事》的一位撰稿人把欧文和乔安娜相比,她曾——

> 告诉成千上万的人说一位希罗即将来到人间,全世界各民族都将在和平王子的旗帜下联合起来。他还告诉他们……刀剑将变为犁头。[121]由于这些话她得以暂时

---

[121] 舍温:《政治纪事》,1817年9月20日。"希罗"是圣经中预言救世主即将来临时用的一个名称。——译注

> 地欺骗他们。

马克思和恩格斯也曾对此作过探讨,学术界最近宣布的这一发现也并非首创。[122]欧文在1820年宣称,“全国将出现繁荣”,他的公社会像“天堂”一样。到1820年,一个欧文主义团体在伦敦成立,一份为其刊物《经济学家》作广告的传单宣称:

> 富足将遍及全国!——知识将得到增进!——美德将普及!——幸福将得到承认和保障,并为人们所享有。

欧文经常把工业革命期间生产技术的伟大进步用来作类比:某些人士“没有看到,正是现代发明才使得一个人,靠一点水蒸气的帮助,能够从事一千个人的劳动”。知识和道德的改进就不会以同样速度发展吗?他的追随者也用了同样的比喻:

788 ……一部伟大的社会道德机器的建造,将以史无前例的精确和效率创造出财富、知识和幸福……。

《经济学家》的一位通信员写道:“你们作品中洋溢的那种欢乐和狂喜的腔调确实非常感染人。

那个伦敦团体的会员们感到——

> 相比之下,他们的活动有待改善,因为他们目前的住处仍然彼此相距……遥远。

怀着早期摩拉维亚教友派式的怀旧热情,他们在矿泉地弄到了一些新住所(不再作为集合地点),还开设了教室和餐厅。《经济学家》和其他早期报刊的版面曾充满着关于如何筹集资金的议论——假设(一种奇怪的推论)伦敦有50000户工人家庭,他们的平均收入每年为50英镑,如果合在一起,其收入就达250万

---

[122] 然而,恩格斯却在《反杜林论》(1878;劳伦斯和威沙特,1936)的第287—292页中对欧文表示了慷慨的称赞:“一个近乎伟大的具有小孩似的单纯性格的人,同时也是一个天生的领袖。”

英镑，云云。奥比斯顿的公社成员都参加了神圣启示会。1830年，欧文从美国回来后便处于一个群众运动的领导地位上，这种救世主的腔调也就具有了宗教的力量。1833 年 5 月 1 日欧文在全国公平劳动交易所发表演说，“谴责全世界的旧制度并宣布了新制度的诞生”。不仅是赢利动机要为合作精神所取代，个人主义恶习要为相互关系中的美德所取代，而且所有现存的社会秩序都要让位于工农业相结合的村庄联合体：

> 我们……不要任何一种局部利益所作出的安排，
> 诸如大城市、市镇、村庄和大学等等……
> 理性社会是不会有法庭，及各种法律工具和愚行的……

迄今为止，世界仍然是“漆黑一团”。对于不可名状的权力的种种顶礼膜拜比“无所事事糟糕得多”。婚姻将“只能是爱情的结合”。超过自然安排的独身，无论是男性还是女性，都不再被认为是一种美德，而是“一种违背自然的犯罪”。新社会将在脑力劳动和体力劳动、娱乐和劳作之间保持一种平衡，就像希腊和罗马那样。所有公民都不再会有野心、猜忌、嫉妒和其他的恶习： 789

> 因此，我要向全世界宣告，建立在理性原则和持久实践
> 基础上的、上帝赐予的千年王国于今日诞生了。

这一宣告也许会使当今的某些妇女合作协会感到吃惊。初看起来，它似乎也不大像劳动阶级所接受的一种意识形态，其形成经历正是我们研究的课题。但是，如果我们观察得更仔细一些，就会发现，导致欧文主义迅速传播的原因既不是某种心理的狂乱，也不是“集体妄想症”。首先，从 20 年代后期开始，欧文主义已变为一种完全不同于罗伯特·欧文本人的作品和宣言的东西了。它是一种不准确的欧文理论，但仍然提供了一种可替代的社会制度的景象，而且还变得适用于不同群体的劳动人民了。

工匠、织工和技术工人从欧文派的作品中选择出同他们的自身困境最有关联的那部分内容并通过讲座和实践对它们作出修正。如果把科贝特的作品看做是他同读者之间的一种关系，那么欧文的作品就可以看做是一种在劳动人民中传播、后来又被他们加工成不同产品的思想意识原料。

工匠的情况最明显。1821 年，《经济学家》的编辑承认说他的读者几乎没有一个来自工人阶级。然而，我们却从伦敦“合作勤俭会”的第一批会员（他们在矿泉地建立了这个团体）向贵族和乡绅散发的一份请求惠顾其产品的传阅信中了解了一些情况。这些人可以从事雕刻、镀金、制靴、制鞋、金属制造（包括制造炉格和火炉）、刃具制造、被服、缝纫和裁缝、家具制造、售书和装订、水彩和绒面画以及透明风景窗屏的生产，这说明他们都是工匠和独立经营的手艺人。这类人在两个最大的合作运动中心——伦敦和伯明翰——是相当多的。有一封寄到《经济学家》的信表达了他们进行这些尝试（还有几次这类尝试，时间几乎都先于欧文）的勇气：

790 > ……工人阶级只要发挥出他们的男子汉气概，就不必向任何其他阶级寻求哪怕是最小帮助。他们自身就蕴藏着……用之不竭的财富。[123]

这不是欧文的腔调，而无疑是我们在追寻工匠的政治激进主义时反复听到的那种论调。个人主义仅仅是他们的部分见解，他们同时也是一种悠久的结社传统——互助会、行业俱乐部、礼拜堂、读书会或俱乐部、通讯会或政治联盟——的继承人。欧文教导说，赢利动机是不正当、不必要的，这正好同手艺人的

---

[123] 《经济学家》，1821 年 10 月 13 日，1822 年 3 月 9 日。有关矿泉地试验的简略叙述，见阿米塔奇前引书，第 92—94 页。

习惯意识和公共买卖意识相吻合。欧文赞成这种观点——那也是科贝特、卡莱尔和霍奇斯金所主张的——资产所有者所起的作用大体具有寄生性质,而“正当经营的手工劳动是一切财富的源泉”。这种观点正好反映了工匠或小手工业者对承包商和中间商的不满。欧文说“人类劳动的自然标准”应当被认为是“价值的实际标准”,[124] 产品应该按照其中所体现的劳动来进行交换;这也符合鞋匠、家具工匠和毛刷匠的见解,这类人住在同一院子里,不管怎么说,他们有时也确实需要交换劳动。

说实在的,欧文思想的大部分萌芽在他的作品问世之前或同一时期的实践中就已经出现了。[125] 不仅是互助会有时要把他们的活动扩大到修建社交俱乐部或啤酒馆方面的事情上去,而且还有一些事例说明在欧文之前的某些工会曾在罢工时为他们自己的会员提供过别的工作并自己销售产品。[126] 工匠不过是慢慢地丧失作为独立生产者或同时作为为好些雇主干活的人的地
位,而且在从事某项合同生产时他还要取得其他有技能的工匠 791
的帮助。包括数百个摊位的棚户市场是一种古老的机构,但在战争快结束时出现了新的市场,并引起了慈善团体和欧文派的注意。这种市场上的柜台是(以英尺)出租的,时间按星期、天甚至小时计算。各种制成品均有上市——甚至连艺术家也可以摆

---

[124] 《致拉纳克郡的报告》(1820),载欧文前引书,尤其是第 261—262 页。

[125] 早在 1796 年就有人曾试图成立一个全英互助会,它将以通讯会的组织形式把许多互助会的资产合在一起。此事最先在斯皮特菲尔兹的织工中发起,有人提出应该提供老年金和失业救济,协会应该雇佣自己的失业成员,丝织工、裁缝、鞋匠等应该相互交换产品。见安德鲁·拉切:《建立普遍和平与幸福的方法》(斯皮特菲尔兹,1795)以及《致全英互助会书》(1796)。

[126] 即烟斗生产者,他们在 1818—1819 年的冬季进行了 11 个月的罢工之后,开始在巴勒的梅兹直接生产——因为“一个朋友”“为我们准备了一个工厂”。见《女怪》,1819 年 2 月 6 日和 13 日。

出他们的作品——可以想象，那些力图争取独立的手艺人和亭阁老板多半是这里的租户。[127] 1827 年，一个新开张的市场变成了产品交换中心，这里交换的产品是由伦敦各行业——木工、裁缝、鞋匠及其他行业——的失业者制造的，原料则由工会提供的基金购买。[128]

可见，1832 至 1833 年在伦敦和伯明翰成立的“公平劳动交易所”(劳动券，安排产品交换)并非是病态的预言家们用咒语呼唤出来的。如果我们把 1832 年 10 月提交给利物浦合作联合会以供交换的产品列举出来，便可知道生产者是些什么人了。来自设菲尔德的产品是餐具和咖啡壶，来自莱斯特的是长筒袜和花边，来自哈德斯菲尔德的是马甲和围巾，来自罗奇代尔的法兰绒衣服，还有巴恩斯利的菱形花麻布、哈里法克斯的毛织品、肯德尔的鞋和木屐、伯克里的印花布等。伯明翰劳动交易所的一位发言人说，这个地区的人民“不知道如何处理他们制作的大量铁器、铜器、钢器及漆器制品”，为什么不应该用它们来交换兰开郡的棉制品和莱斯特的长筒袜呢？想向伯明翰交易所提供产品的行业名单有一长串，其中有字母“B”开头的：黑鞋油生产者、装铃匠、桦木扫帚制造者、纽扣及饰物生产者、索带生产者、黄铜匠、制刷匠、面包匠、风箱制造者、床架匠、制筐匠。字母“S”开头的有：草帽和女帽匠、衡器匠、炉格匠、丝织工、铁匠和锡匠以
792 及文具匠。名单中没有(几乎不可能有)蒸汽机制造工、高炉操作工、建筑工、造船工、棉纺工、矿工和工程师。[129]

---

[127] J. 奈迁格尔：《市集》(1816)。那年开张的梭和广场 5 号的新市场受到了特别的赞扬，此外还提到了霍尔本的市场。

[128] 《合作杂志》(1827)，第 230—231 页，引自 S. 波拉德：《19 世纪的合作运动：从合作建筑到办商店》，载于《劳工史论文集》，第 87 页。

[129] 《危机》，1832 年 6 月 30 日，10 月 27 日，12 月 8 日和 15 日。

名单上不仅有小业主和工匠，而且还有外作工。由于他们的境况（手织工和织袜工）是最没有希望的，因此，欧文主义只是他们在30年代能指望解救的办法之一。在哈德斯菲尔德和伯恩的附近地区，劳动交易所的吸引力并不那么直接，其原因是显而易见的：在大宗生产纺织品的地区，在数百名生产同一产品的工人处于半失业状态或以饥饿工资就业的地区，并不存在明显的市场。因此，北方人在刚开始时就不得不寄希望于一项全国合作计划，哈里法克斯的一个合作运动的参加者写道："如果我们的伯明翰朋友们答应穿我们的纺织品做的衣服"，

> 我们就答应用他们的刀叉切我们的牛排和布丁（当我们能够买时），并用他们的调羹喝我们的肉汤和麦片粥。如果我们的伦敦兄弟也愿意这样做，我们就尽可能地在我们的脖子上围他们的丝围巾。[130]

在兰开郡和约克郡，我们发现一个新"制度"的普遍理论发展得最快，凭这一点才可能出现全国规模的公平交易和对公社建筑物[131]的"乌托邦"式试验的一些最大胆最实际的支持。成立于1830年的曼彻斯特—索尔福德合作知识促进协会立即得到了支持。织工们希望在合作中找到同动力织布机竞争的力量。《联合行业合作杂志》写道，产生社会罪恶的一大原因是——

> 我们国内社会和商业生活中的失误，它造成了机器同人力之间的竞争和对抗，而不是合作。

---

[130] 《兰开—约克郡合作者》，第2期（日期不详）。

[131] 指"新社会的基本单位即劳动公社"，欧文有详细的设想，如住宅、花圃、耕地、工厂、农牧场、医院、托儿所、图书馆、学校食堂等等。

《兰开—约克郡合作者》[132] 写道:“我们可以公平地说,社会所遭受的一切苦难大多是财富分配不公造成的”。由于这些地区长
793 期存在工联主义和互助传统,因此,合作便成了理性主义者和基督徒、激进派和政治中间派共同参加的运动。这一运动还使注重自我提高和教育的传统力量聚集起来了,他们办起了读书室、学校,此外还有巡回教师。到 1832 年,全国大约 有 500 个合作会,会员至少有 2 万人。[133]

当欧文（尽管他还是乐观的，奥比斯顿和新和谐村[134]的失败已经使他受到了某种伤害）正在等待大笔赠款以进行下一次冒险试验时，从布赖顿到巴克普的数十个中心的合作者已经迫不及待地自己干了起来。在 1832 年的利物浦联合会的会议记录上，长篇大论的福音主义说教同以下这类插话形成了对照：

> 哈里法克斯的代表威尔逊先生发言说，1829 年 5 月，他同另外 8 个人各自拿出一先令，并且……在后街入口处的一间小屋里开始了业务。他们的人数已有增加；资产……现已价值 240 英镑，而且还开始为他们的一些会员找工作（赞成，赞成）。[135]

1829 至 1834 年间，小商店和千年至福计划的同时进行是合作方式不可或缺的因素。(当然也发现有因各种原因而抱怨的情形和一些对于建立全国大工会联合会的结构只是短暂地支持一下的组织。)

---

[132] 1830 年 3 月 6 日;1831 年 11 月 26 日。见 A. E. 马森:《兰开郡和切郡的早期合作意识》,载于《兰开郡切郡考古学会公报》(1957),第 67 期。

[133] S. 波拉德前引书,第 86 页。

[134] “新和谐”共产主义移民区是欧文在美国建立的，花了欧文极大部分的财产，但结果失败了。——译注

[135] 《危机》，1832 年 10 月 27 日。

哈德斯菲尔德和哈里法克斯周围地区的合作运动在织工中发展得特别迅速，他们的一个希望就是商店能够为织工购买经纱和纬纱并为他们销售产品，以此避免雇主的中间盘剥。合作者还可以用每人每周交一便士的办法积累资本以便雇佣失业会员。1832 年在彭宁山区的里彭登村（织布村）成立的一个协会，其规章也许较好地表达了大多数这类动机：

> 由于这些年劳动阶级的状况发生了令人震惊的变
> 化……由于竞争和取代手工劳动的机械的增加，再加
> 上许多种劳动阶级无法控制的其他原因——在谈到采
> 取什么计划才能——如果可能的话——改善他们的状 794
> 况时，有思想的人们就陷入了各种建议的迷宫
> 中……。
>
> 工人阶级通过增加资本就可能改善其状况，只要他们联合起来并开始干起来。我们所说的联合并不是指罢工和增加工资，而是像一家人那样，开始竭力为自己工作……。
>
> 我们向公众介绍的合作计划并不是空中楼阁，而是一项将在全国许多地方产生影响的计划。我们都是吃五谷的，都是以劳动交换劳动，这就是所有的合作社要实现的目标。所有的活都是我们劳动者干的，所有的生活资料都是我们生产的；——那么，我们为什么不应该为自己劳动并争取改善我们的境况呢？
>
> **基本原理**
>
> 首先，劳动是一切财富的源泉；因此，工人阶级创造了所有财富。
>
> 其次，工人阶级虽然是财富的生产者，但并没有

成为最富有的阶级，反却成为社会中最贫穷的阶级；因此，他们没能得到他们劳动的公正报酬。

社会的目的在于使所有的社会成员相互保护以免受贫穷之苦并“以共同资本的方式实现各自的独立”。实现这些目标的方法是每周向一个共同的基金会交一笔钱，把这份资本用于贸易，“在条件允许时”雇佣自己的会员，并且——

> 最后，按照相互合作、集体占有、同等努力和愉快劳动的原则，共同生活在公社中。[136]

这些并不完全是欧文原则在一个织布村的翻版，这些思想都是织工们在自己的经历中千辛万苦形成的；思想重点已经转移了，救世主式的说教被一个简单的问题所取代：为什么不？合作运动小刊物之一《常识》（这是一个适当的刊名）也强调建立“贸易协会”：

> 贸易协会的目标简述如下：直接向会员提供大部分食物消费品，并积累基金以便租种土地，以此建立一个合作社会。

795 每周从工资里拿出一笔钱用于批量购买茶叶、糖、面包或麦片之用。布莱顿金博士的《合作者》对此作了更详细的宣传。[137]这种思想与其他的需要有关：要求不变地实行实物工资制，而工厂和投机商能够使工人批量购买便宜食品，以免去买那种经常可见的恶劣的搀假品——搀“巴黎熟石灰、烧过的骨灰和那

---

[136] H. 普里斯特利：《里彭登合作社史》（哈里法克斯，1932），第 4 章。这些规章究竟是作于 1833 年还是 1839 年尚不清楚。

[137] S. 波拉德：《威廉·金博士》（拉夫巴勒合作学院论文集，第 6 集，1959）。

种叫做德比白的泥土……的面粉”。[138]

但这种思想对于从事较大产业的有技术有组织的工人同样具有吸引力，因为他们对待欧文主义持比较谨慎的态度。《行业报》在1825年登载过一些有关奥比斯顿试验的记录，但认为欧文的公社计划是“不现实的”，因为“那些生而自由、独立的人不喜欢别人告诉他们应该吃什么……应该做什么”。[139] 此外，某些小手艺人和外作工所感兴趣的那种争取经济独立的观念，却反而受到船工或从事大规模生产的工人的欢迎——乡村合作对他们有什么用？

然而，到20年代末，加斯特却发表声明赞成欧文主义。[140] 更重要的事件是，1829年，曼彻斯特棉纺工在经过6个月的罢工之后信奉了欧文主义。1830年，多尔蒂创建了全国劳工保护协会，该会的机关报《联合行业合作报》很快改名为《人民之声》。此后不久，另一个技术工人团体，即建筑工人联合会——他们的产品不可能送到公平劳动交易所——便决定以直接的合作行动向着最伟大的试验推进，为什么发生了这种转变？

简单地说，答案是这样：到20年代末，某种变体形式的合作及“劳动”经济理论已经吸引了工人阶级运动的干部。科贝特没有提出一种首尾连贯的理论，卡莱尔的个人主义又具有排斥性。 796
霍奇斯金含蓄地指出了一种成熟的社会主义理论，但在到达那

---

[138] 《行业报》，1825年7月31日。关于那个在1795年由于饿荒威胁而建立的准合作社性质的面粉厂，见G.J.霍利约克：《一百年前的自助》(1891)，第11章；以及J.A.兰福德：《伯明翰一百年》，第2卷，第157—160页。在手稿《有关合作社的记录及评论》中，洛维特写道，战争期间有许多合作社，尤其是消费者群体，他提到了斯皮特菲尔兹织工。见附加手稿，第27,791号，第245和258桢。

[139] 《行业报》，1825年8月14日。

[140] 可参见《危机》，1832年11月17日。

一点之前，他的分析却刹住了。正如威廉·汤普森指出的，他的理论在任何意义上都同合作理论相一致。前十年的理性主义宣传已经起了作用；由于这种宣传是狭隘和否定性质的，因而使人们产生了一种对较为积极的道德学说的渴望。欧文的救世学说满足了这一要求。欧文思想的模糊性使不同思想倾向在运动中共存有可能。我们必须再次指出，就思想而言，欧文主义比欧文本人更清楚，更热烈。对技术工人来说，在 1830 年开始形成的运动似乎终于使他们长期怀有的渴望——全国工会——变成了现实。从 1818 年的“博爱大力神”到 1825 年的反结社法院外集团对联合斗争作出了尝试。在 1825 年的整个夏季和秋季，《行业报》一直在报道布雷德福梳毛工罢工情况，以及全国各地纷纷而来的支持。该报以强调的语气断言：“这是英国所有的工人同布雷德福的一小撮雇主的斗争。”[141] 多尔蒂从 1829 年纺纱工大罢工的失败中看到了又一次教训：“此外，它还表明任何单个的行业都不可能抵抗那个行业的雇主们的联合努力。因此，应该设法联合所有的行业。”[142] 结果出现了英格兰、爱尔兰和苏格兰纺纱工联合会，他们的第一次大会于 1829 年 12 月在萌岛举行，在克服三个根本不同的地区建立联合机构时所面临的复杂问题方面，作出了很大的努力。[143] 根据这个基础，全国劳动保护协会曾在短时间内把毛纺工、机工、制陶工、矿工、建筑工和许多行业联合起来了。“然而，当这一组织已经发展到这个城市(曼彻斯特)周围约 100 英里的地方之后，突然受到了一次灾难的袭击，几乎威胁到了它的生存。”[144] “灾难”来自纺纱工内部的分裂和

---

[141] 《行业报》，1825 年 9 月 11 日。

[142] 哈蒙德夫妇：《城市工人》，第 312 页。

[143] 《有关棉纺工等行业的一次代表会议程序的报告》(曼彻斯特，1830)。

[144] 《工会向导及合作运动通信》，1832 年 3 月 24 日。

嫉妒;过多或过早地向协会要求罢工经费;多尔蒂不明智地企图把《人民之声》的办公室搬到伦敦去。尽管有过许多失败,但全 797
国协会还是为合作思想提供了一些新的表现手法;当运动在曼彻斯特陷入了内部互相责备之时,在陶区和约克郡却继续高涨。[145]多尔蒂曾过于急躁地试图推进运动的发展;然而,他从欧文的思想日渐受到欢迎这一情况中正确地看到了如何使全国有组织的工人加入共同运动的途径。从此以后,欧文主义就和全国工联主义的历史合二为一了。[146]

公社试验尽管在一两个地方如雷莱恩获得了部分成功,但总的说来还是失败了。虽然某些较小的合作事业仍在苦苦挣扎,但最具雄心的冒险事业,如建筑工人的事业,已经瓦解了。早期建立的大多数协会和商店,过了几年才在罗奇代尔的模式上重新组织。设在格雷法学院路的劳动交易所(即集市)简直是一塌糊涂。欧文派陷入混乱的原因并不是完全无法解释的。我们已知工匠、外作工和工会主义者都在欧文派中占有一席位置。然而,最具有不稳定性质的千年至福因素来自两方面,一是怀有仁慈之心和美好愿望的人,另一方面是穷困潦倒的人。对第一种人来说,欧文主义(由于宣称不主张阶级斗争和阶级剥夺)吸引了一定数量的有博爱之心的绅士和教士——戈德温派,教友派,思想反叛者以及奇思异想者。他们当中的某些人,如金医生

---

[145] 见多尔蒂:《穷人卫护士》,1832 年 1 月 21 日:"(协会的)管理权已转移至勇敢智慧的约克郡工人手中,我们希望嫉妒和派别争纷的幽灵(曾在很大程度上抵消了协会的极好影响)不要再次出现。"

[146] 见 G. D. H. 科尔:《建立总工会的尝试》;波斯特盖特:《建筑工会》,第 3—5 章;W. H. 沃伯顿:《陶区工会组织史》,(1931)第 2—4 章。关于全国劳工保护协会所受"灾害"的某些细节,见 D. 卡拉多格·莫里斯:《英国劳工运动史(1825—1851)博士论文》,伦敦,1952。

和非常著名的威廉·汤普森，还大大丰富了运动的内容。汤普森是爱尔兰地主，曾著有《财富分配研究》(1824)、《劳动报酬说》(1827)、以及(同安娜·惠勒合著的)《占人类半数的妇女要求反对另一半即男人在政治上进而在社会生活和家庭中奴役她们的呼吁》(1825)。此外，还有一些人出钱，没有他们的钱，试验就无法进行。在大多数公社里都有一个或几个异想天开的绅士，
798 他们没有集体组织的实践经验，他们的乌托邦试验理想，都使欧文派工匠十分愤怒。宣布人们必须创造一种新型的社会制度是一回事，而宣布人们可以创造任何一种他们喜欢的新制度却是另一回事。一位主张社会主义的工匠，艾伦·达文波特(先前为斯彭斯主义者)曾用一种带有一点讽刺的语气描述过伦敦劳动交易所的情况：

> 公众被这一新型的非同寻常的运动弄得神魂颠倒……大厅的装饰别出心裁，非常精美……天花板上刻着壮丽的浮雕图案，装饰部分还包上了一层金；而且气势恢宏，足以容纳2000人。但这……还不足以满足欧文先生的美感。他还修了一座华丽的乐坛，并在上面摆了一架华美庄严的钢琴……在庆祝典礼的夜晚……林荫道两旁……昂贵的希腊式路灯把道路照得灿烂辉煌。使用了10种或12种乐器；女士们和先生们和着最甜美的咏叹曲一起歌唱……
>
> 庆祝典礼以一个简短的演讲作为开始，演讲主题是社会之爱、普遍博爱、合作的各种优越性。……演讲之后是音乐会，随后是舞会……
>
> 在整个一周里，通往交易所的每一条道路都被不断前来聚会的人群给堵死了——有些人是受到了这个新奇机构的吸引，有些人则是为了来看看它的发展情

> 况……;还有一些人则是为了来储蓄和交换……。但是多么不幸啊呀!人们很快发现那些漂亮的劳动券……根本不可能挤入流通领域,在此基础上的食品也没有了。这是最不寻常的运动之一(人们曾期望它在本国或任何国家发生),其结果却是一次彻底的失败。然而,建立这种制度的原则却无可指责,而且应该是公众所珍惜的……

这段话所描述的欧文正是皮科克在《奇想城》中所嘲笑的那个欧文。欧文派的冒险事绝大多数都干得太过分了。结果均由于滥用资金、滥施仁爱和计划不当而告结束。如果说欧文是欧文主义的最伟大的宣传者,那么他也是最厉害的敌人之一。如果劳动所是由洛维特这样的人掌握着,结果也许就不一样了。[147]

理想王国的不稳定性还有另一方面的原因,这也是最直接
的原因,那就是来自穷人的千年至福思想。就像在法国革命时 799
期一样,在改革法案骚动及其后的奋激时期,以救世性质的运动重新复活了。索斯科特运动保留了许多支派,这些派别后来都采取了奇特扭曲的方式,[148]也许更能引起精神病学者而不是历史学家的注意。但有三个能进一步证明理想王国的不稳定性的例子也许是值得注意的。

第一个例子是一个叫做"天国"沃德的瘸腿鞋匠,他是乔安

---

[147] 关于汤普森,见 R.潘克赫斯特:《威廉·汤普森》(1954)。关于劳动交易所的各种情况,见 R.波德莫尔:《罗伯特·欧文》(1906),第 2 卷;G. D. H.科尔:《罗伯特·欧文传》(1930),第 260—266 页;以及洛维特前引书,第 1 卷,第 43 页以始;达文波特的描述见《全国合作运动领袖》,1851 年 3 月 15 日。

[148] T.菲尔登:《揭露所谓基督以色列派即"乔安娜帮"的骗人教会的虚假和荒谬……》(1850),其中提到那个虔信的姊妹会执行入会式和纪律时的"神秘"细节:"让女人抓住一个弯着腰的男人的生殖器……她用一只手抓住他,并用另一只手抽打他……"

娜衣钵的继承者之一，在 1829 至 1836 年间曾有大批追随者。沃德先前是狂热的卫斯理教徒，由于有一些令人费解的奇迹，他便相信自己就是那个年迈的乔安娜所宣布诞生的“希罗”。此后不久，他便开始相信自己是基督(以前曾是撒旦)，而且整部圣经都是报道他的到来的含蓄预言书。(新约中关于基督的 故事是假的——如果救世主已经到来，“人类为何还没被得救?”)沃德狂想的不寻常之处(除了超现实主义的唯我论之外)在于：首先，他是用卡莱尔和自然神论者的主张来支持自己的；其次，他使救世的要求向着激进主义的方向发展。他的追随者在索斯沃思、哈克尼、沃尔沃思以及查塔姆、诺丁汉、伯明翰、德比、切斯特菲尔德、利兹等地不断增多——这些地区以前大多是索斯科特运动的根据地。在巴恩斯利，当他攻击所有的教士，——“从大主教到那些最小的家伙都是伪誓者和圣经中提到的那种假预言者”时，他受到了暴风雨般的欢呼。这些话后来逐渐变成了他的预言的基调：“戳穿教士的阴谋！设法废除它！”国王必须“取消主教的巨额薪金，把钱用于公共利益。”他创办了一种周刊《基督评判席》——那也许是惟一的一次让基督在一份大众刊物上周复一周地受人评论。1831 年的整个夏季，听他演讲的人都非常多，卡莱尔圆厅剧场的 2000 个座位经常是座无虚席：

800 海报：在黑僧路圆厅剧场……有救世主的著作出售。

星期四晚上 7:30 和星期日下午 3:00 还有讲道。

1832 年初，他在德比被判犯亵渎罪(“主教和教士都是宗教骗子，因此，按英国法律应该处以体罚”——这样说岂不冒险?)，同他的一个合作伙伴一起蹲了两年监狱。尽管他有病而且部分瘫瘓，但仍继续传道直到 1837 年去世。[149]

第二个例子就是那个超凡的“威廉·考特尼先生”（即 J. N. 汤姆）。他 1832 年到坎特伯雷时还真有点令人惊讶。他身着东方服装，有谣言传说他发了大财，他在大选中奇怪地得到了 400 张选票，因伪誓罪被判刑之后出版了他的《雄狮》，其见解如下：

威廉·考特尼先生……耶路撒冷的国王，阿拉伯的王子，吉卜赛人的国王，国王和国家的保护人……现在坎特伯雷市监狱里。

汤姆是酒商，原住在乔安娜·索斯科特生活过的西部地区，曾一度是斯彭斯信徒。他的《雄狮》既谴责异教徒也谴责国教牧师：

教会是一切罪恶之源。

赚钱！赚钱！！赚钱！！！

上帝保护寡妇、没有父亲的儿童和不幸之人。

从监狱和疯人院出来之后，他先后住在坎特伯雷附近的一些村庄的农民家里。1838 年 5 月，他骑着马，佩带几把手枪和一柄剑，领着 50 到 100 个手持大头棒的农业工人，开始在周围村庄活动。他们的旗帜是蓝白两色，上有一个张牙舞爪的狮形图案，据说汤姆还向他的追随者读了一段《詹姆士》第五章上的话：

走吧，你们这些富人，去为即将降临到你们头上的苦难嚎啕吧……看呀，你们雇的工人正在收割你们用欺骗手段得来的庄稼，大声哭吧：……

妇女尤其相信他有神奇的力量。一个农业工人后来说：“他爱威

---

[149] G. R. 巴克兰：《过去的发现》，第 11 章；H. B. 霍林斯沃思编：《“天国”著作》（1899）第 1 卷，第 300 页以始；“天国”沃德：《严肃的召唤：救世主致英国人民书》（1831）。

廉先生"——

> 801 他以这样一种方式向他们讲话，而且总是在读圣经，致使他们不认为他是凡人，于是都情愿为他去死。

像北方的奥斯特勒和斯蒂芬斯一样，他谴责新济贫法违背了天意。最后，一个派来逮捕他的警察被(考特尼或汤姆)杀了。但农业工人们不离开他。50 多人同他一起撤到了布利恩森林，并在茂密的树丛中等待军队的到来。汤姆把自己手脚上的铁钉印给众人看并宣布说，如果他被杀了，他还会再复活：

> 这是最后的审判日——这是千年王国的第一日——我要在这一天戴上皇冠。看呀！一个比桑普森[150]更伟大的人物与你们同在！

他答应给他的追随者土地——大概每人是 50 英亩。当士兵们逼近时，他发出一阵喇叭声，并说如果他在耶路撒冷发出这种声音，就会有 10000 人听从他的指挥。战斗终于开始了——这也许是自 1745 年以来在英国土地上进行的一次最猛烈的战斗。面对火枪和刺刀，那群肯特郡农业工人手里只有大头棒。一个目击者说："我一生中都没有见到过这样有决心的人，我一生中从未见到过这样疯狂地袭击我们的人。"考特尼和他的 11 或 12 个追随者在战斗中死亡，此外还有一个军官。这次的死亡人数比彭特里奇起义或彼得卢事件的都要多些。[151]

布利恩森林事件在更大程度上属于较古老的而非新的文化类型，它是最后一次农民起义。有趣的是，"吵吵闹闹的"布赖恩派即圣经基督教派在肯特郡也有自己的根据地。令人吃惊的

---

[150] 桑普森(Sampson)，旧约传说力大无比的勇士。——译注

[151] P. G. 罗杰斯：《博森登森林之战》(1961)，第 4 页，第 96 页；《布利恩森林殊死搏斗记》(法弗希姆，1838)；《略论威廉·考特尼爵士其人》(坎特伯雷，1833)；《雄狮》，1833 年 4 月 6 日和 27 日；《环球》，1838 年 6 月 1 日，8 月 10 日。

是，当人们的心灵世界由于地狱之火和上天的启示而充满狂暴的想象，当他们的现实世界到处是贫穷和压迫时，这种爆发事件却并不常见。第三个例子是，在19世纪30年代晚期和40年代的英国工业地区，摩门教宣传获得了异乎寻常的成功。（这个例子能使我们更深入地认识欧文主义。）几年之内就有数千名的皈依者接受了洗礼，这些"今世圣徒"中有数千人从利物浦乘船去锡安山之城。第一批皈依者"主要是厂主和其他极端贫困 802
的……机工，他们中大多数人受洗礼时都没有衣服可换。"许多领了车马费的人都是直接从布拉夫斯会堂步行并推着手车去盐湖城的。[152]

这些例子都着重说明英国劳动人民在19世纪30年代还没有完全接受世俗意识。我们所考察的激进主义文化还只是技术工人、工匠和部分外作工的文化。在这种文化之下（或说共存的）则是比较朦胧的许多反应层次，像奥斯特勒和奥康诺这类具有神秘能力的领袖人物就是从这些层次中获得某些支持者的。（宪章运动时期，像洛维特这样的人直到最后也没有找到同那些"留大胡子、穿粗斜纹布短上衣的人"相一致的共同主张和策略。）在新型的理性主义文化同旧式的卫斯理或浸礼教文化互相冲突或在同一个人的头脑里冲撞的地方，不稳定显得特别明显。然而，当非国教思想和理性主义似乎已经铸成并陶冶了南方工匠的性格时，在那些战争期间卫斯理文化占优势的地区，情感的能量似乎却被储存起来或被压抑下去。在30年代的任何时候，只要在北方的工人阶级文化的土壤中扎上一铲，激情就会从地里冒出来。

因此可以说，欧文主义同时还聚集了某些这类激情。由于

---

[152] 阿米塔奇前引书，第3部，第7章：《利物浦：通往锡安山之路》。

欧文和他的宣传家们预言“繁荣将会出现”,他们就不可避免地要把以色列的后代聚集在自己周围。建立公有制社会的渴望复活了,理性的立场变成了兄弟情谊的立场。在这样一个酝酿阶段,唯信仰主义便以世俗的性解放观念的同义词在一些欧文派公产主义者当中神秘地复活了。“如果你们爱一个人”,“天国”沃德在他的“礼拜堂”告诉年轻人说,“任何时候都可以在一起生活,而不需要任何法律或仪式。”(沃德也有一个殖民乐园计划,主张“凡愿意离开这个社会的人都可以在那里像一家人那样生活在一起”。)此外,对穷人来说,欧文主义还触动了他们心底最深沉的一个东西——梦想有朝一日,靠某种奇迹,再次拥有一块土地的地界桩。

803 人们认为,在19世纪30年代,许多英国人觉得工业资本主义的框架只是部分建成了,没有搭上的欧文主义仅仅是一种曾刺激了群众热情的短暂力量,它认为只要人民团结起来有足够的决心,就能在数年或数月之内建设一种完全不同的框架。布朗台尔·奥布莱恩曾在1833年写道,联合精神已经发展起来了,其目标:

> 比人们所能想象的任何其他目标更崇高,即——建立生产阶级实现对他们自己的生产成果的完全控制……。全面的社会改革——实际上即是全面瓦解现存的“世界秩序”的改革——已为工人阶级所考虑。他们立志要处于社会上层而不是底层——更确切地说,他们希望根本就不存在上层和底层。[153]

回过头看,我们很容易把这种精神看成是天真的或“乌托邦式

---

[153] 贫民卫报》,1833年10月19日。见M.莫里斯:《从科贝特到宪章派》(1948),第87页。

的”。然而,从学术的高度看问题,我们就没有权利那样说。由于穷人穷到了绝望的地步,而在公社里,他们不仅可以把知识文化同对希腊罗马体育的爱好结合起来,而且还有吃的,这种前景对他们也就有了吸引力。即:对欧文派来说,千年王国不仅会到来,而且会通过他们自己的努力被创造出来。

这里我们可以总结一下欧文主义的各种形态:工匠的欧文主义是梦想切断中间盘剥的市场经济;技工是要推行总工会;慈善的乡绅希望建立一个理性的有计划的社会;穷人梦想的是土地或天国;织工希望不受雇于别人。所有这些人都想见到一个平等的、人人皆兄弟的、用相互帮助取代相互争斗和竞争的社会。莫里斯在1838年写道:

> 当穷人说:“我们也愿意承认现状就是一切,我们愿意不信仰那些看不见的东西;这个世界就是我们惟一愿意居住的家园”时,那种语言也许会使所有的人大吃一
> 惊……。然而……正是“我们愿意”……为欧文理论的 804
> 干瘪说教增加以外表的活力。[154]

“我们愿意”就证明劳动人民正在成熟,并开始作为一个阶级意识到了自身的利益和渴求。他们对资本主义从制度上进行批评,并提出另外一种更加理性的“乌托邦”式的制度。这样做既不是非理性的也不是出于对救世主的信仰。问题并不在于欧文“发了疯”,而在于(在劳动者看来)有一种社会制度明显用蒸汽机和新型机器取代了劳动者并使他们的状况恶化,市场可以“过分饱和”,但那些光着脚在手摇织机旁的织工和在工场里干活的鞋匠却没有上衣可穿。这些人从他们的经历中知道欧文的话是公正的。

---

[154] F.D.莫里斯:《基督王国》,引自阿米塔奇前引书,第85页。

……目前的社会制度是人们所设计的制度中最最反社会、最不聪明、最缺乏理性的制度；在其影响下，人类本性中所有优秀的有价值的品性从幼年开始就被压抑了；那些最不自然的手段只会起到产生最有害的嗜好的作用……[155]

就其主张而言，欧文主义绝非是落后的；相反，它是这一时期抓住了大众的想像力的第一部 伟大的社会学说。因为它开始把蒸汽机和工厂作为一种扩大的生产力加以接受。争论的问题甚至已不再是用于赢利的机器的增多，也不是工业企业规模的大小，而是由谁来控制其社会资本。建筑工匠和小雇主虽然对于控制和把大部分利润分给建筑业大老板和承包商的做法感到愤恨，但他们并不认为解决的办法有赖于众多的小业主。[156]相反，他们希望涉及建筑业的技术合作列入合作的社会管理之中，这是比较好的办法。具有讽刺意味的是，这个有时被认为是从"小资产阶级"中摄取力量的运动，竟然比我们历史上任何一次运动都更真诚地开创了新型的社会生活形态。霍利约克在多年后写道："早期合作社的所有热情和真诚……致力于共产式的
805 生活。'社会主义者'……希望建立自愿、自助和自己管理的工业城市，所创造的财富将由生产财富的所有劳动者公平分享。"[157] 那些把这些试验的失败仅仅看做是人们愚行的证明的人，也许是过于相信"历史"已经证明它们的结局。

欧文主义也有非理性的成分(或者说一般贬义上的"乌托邦"性质)，如对宣传缺乏耐心，相信靠演讲和小册子就能宏扬理

---

[155] 欧文前引书，第 269 页。

[156] 波斯特盖特前引书，第 72—73 页。

[157] S. 波拉德前引书，第 90 页。

论,以及不够注意方法等。成败攸关的尤其是欧文对政治权力的现实抱回避态度,并力图绕开财产权问题。合作的社会主义是简单地去代替资本主义,是用事例,用教育,用合作社在其农村、工场和商店中的发展,没有痛苦,没有冲突地代替资本主义。《经济学家》曾急切地向其读者保证说,合作运动没有"平等倾向"。它的目标是"提升所有人";它的财富不会取自现存的财富所有者,而是"新生产出来的财富"。[158] 一位沃林顿的牧师宣称:"我们……不是作为平等派到这里来的。我们到这里来不是要剥夺任何人的任何财产。"[159] 1834 年,在欧文运动发展到最顶点时还宣布了一项"人道权利宪章":

> 任何个人的现存财产,无论是通过旧社会的习惯获得的或因自己经营而拥有的,都被视为是神圣的。直到……它不再有用或不再具有交换价值为止……[160]

这就是欧文主义的弱点。甚至连那个小小的斯彭斯博爱主义者团体在战争结束时,也看出社会主义需要没收大土地所有者的土地。斯彭斯在他的《使社会恢复自然状态》中写道:

> ……希望看到小农场重新出现,希望不再看到穷人受到极端勒索和压榨的现象等等,这些都是小孩子的见解,除非你把现在的土地财产制度完全推翻。因为他们比以前任何时候都更充分地具有压迫的力量和权力……。因此,如果不彻底摧毁这些大力士的权力,任何事都做不成……除非彻底消灭目前的土地占有制度……否则这个世界就不会回到值得居住的状态。

---

[158] 《经济学家》,1821 年 8 月 11 日。

[159] A.E.马森前引书,第 126 页。

[160] 奥布莱恩前引书,第 437 页。

正是这段话使得英国统治者特别愤怒，为此，他们不加审讯
806 便把《基督教的政策》的作者、温和的托马斯·埃文斯关了一年，而当时西德默思勋爵却正在讨论开明的欧文先生提出的建议。就在那一年，最后一批斯彭斯主义者当中的一位有色人种名叫罗伯特·韦德伯恩的黑人裁缝创办了一部印刷质量糟糕的小刊物《无望的希望》：

> 欧文先生……将发现，下层阶级完全相信他是土地所有者和政府的工具……[161]

事实证明，1817 年的斯彭斯派和老激进派都错误地估计了欧文；斯彭斯和埃文斯的农业社会主义信条不适合于工业的英国。不过，斯彭斯派至少还愿意提出所有制和阶级权力问题。

正是因为欧文拒绝正视这两个问题中的任何一个，才使得他能够在政治激进主义面前保持一种不偏不倚的态度，并不时地把运动引向令人迷茫的道路。多年来，合作运动一直同博爱主义者和工人阶级派保持着并存的关系。然而，到 1832 年，像赫瑟林顿、奥布莱恩和詹姆斯·沃森这类人已经有了完全不同的想法，并开始拒绝欧文关于取消一切政治手段的建议。欧文主义对他们一直具有巨大的建设性的影响力。从欧文主义中，他们学会了把资本主义看做是一种制度而不是一种各不相干的事物的凑合。他们还学会着提出一种新的、强调相互关系的乌托邦制度。他们已经不再像科贝特那样去怀念那个更古老的世界，还获得了设计新世界的信心。他们已经懂得教育的重要，懂得改善环境的意义。他们从汤普森和安娜·惠勒那里学会了提出关于妇女权利的主张。从此，资本主义社会中就没有任何东西似乎是既定的、不可避免的，是从“自然”法则中产生出来的。

---

[161] 《无望的希望》，又名《致苟安者》，1817 年 10 月 4 日和 10 日。

亨特·赫瑟林顿的最后愿望和遗嘱充分表达了这种思想：

> 这是我告别生活之时的想法和感情：我曾生活在一个光怪陆离的制度下，既有竞争、抢夺、自私所带来的祸患，也有其欢愉：这种制度迫使人们不停地苦干并剥夺了他们的天性，使最高尚的人们的道德和社会追求化为泡影；这种制度实际上把所有的人要么训练成奴隶，要么训练成伪君子，再不就是罪犯。因此，我热烈拥护那种伟大而善良的人——罗伯特·欧文的原则。 807

5. 一种机器

弗西斯·普雷斯曾写道："这两人（欧文和霍奇斯金）目前在某些方面造成的危害是无法预计的"。[162] "危害"性作品都是在1831至1835年间写出的。在这一点上，本文的研究已告一段落；因为人们有这样一种感觉，认为工人阶级在那时已不再是正在形成，而是已经形成了。跨过从1832至1833年间的门槛，我们便能够在英国各郡的大多数行业中感受到工人阶级的存在。

劳动人民的新的阶级意识可以从两方面来观察。一方面，不同职业和不同文化水平的工人已经意识到他们有着共同的利益。这种意识体现在他们建立的许多组织机构中，并在1830至1834年间的总工会运动中以史无前例的规模表达了出来。而在1780年时的英国，这种意识和这些机构组织还只是处于零零碎碎的状态。

另一方面是意识到工人阶级或"生产阶级"自身的利益同其他阶级的利益相对立，而且其中还包含着日益成熟的建立新制度的意识。然而，这种阶级意识的最后定形在很大程度上还是

---

[162] 附加手稿，第27,791号，第270帧。

要取决于中等阶级对工人阶级力量所作出的反应。这二者之间的分界线在1832年的选举资格条件中被小心翼翼地划了出来。我们本来希望看到日益发展的中等阶级改革运动,而后面跟着一条工人阶级运动的尾巴。只是到后来,才出现工人阶级的宣传,但实际上,这个过程被倒了过来,这是英国历史发展中的一个奇怪特点。法国革命的情况是同时引入了三个并举的过程:惊恐万状的土地贵族和商业贵族采取了反对革命的态度;工业资产阶级退缩了,并开始同现状和解(在有利的条件下);大众改革运动迅速激化(那些在战争期间顽强地幸存下来的雅各宾骨干主要是小业主、工匠、织袜工和剪绒工以及其他工人)。1795
808 年之后的25年可被视为"漫长的反革命"时期。因此,以先进的、民主主义的"民粹主义"为其理论的激进运动,便多半具有了工人阶级性质。然而,这一运动的成功是不会受到工厂主、铁工厂老板和制造商的欢迎的。因此,一种特别主张抑制和反平等主义的意识便在英国的中等阶级中产生了(戈德温向边沁让步,边沁则向马尔萨斯、麦卡洛克和尤尔牧师屈服,这些又导致贝恩斯、马考莱和埃德温·查德威克等人的主张出现)。而在另一方面,由于旧制度的抵抗和工厂主的怯懦,旨在克服腐败的旧制度的明显非理性弊端的最温和的改革措施同时也被推迟了。

1832年的改革法危机——更准确地说,是从1831年初开始直到1832年"五月的日子"发生的一系列危机——几乎可以从每一点上说明这些命题。骚乱来自"平民",并迅速表现出最令人惊讶的思想一致性,这正是"改革"所非常需要的。从一方面看,英国在这12个月中无疑正在度过一场有可能导致革命的危机。运动如火如荼地开展表明人民在一定程度上已经有了从事符合宪法和准合法斗争的经验:

> 人民在行进中表现出来的有条不紊和稳健的坚定性、

能动性及技巧使改革的敌人大吃一惊。在城市、市镇和教区,几乎各类人都在举行集会;参加集会的既有属于俱乐部的技术工人,也有不属于任何一种行业俱乐部或协会的普通工人……

这就是普雷斯在1830年秋季写了之后又在(1831年2月)补充过的话:

……然而,同一地区的不同地方之间却连最微不足道的交流也没有,每个地方的人似乎都懂得什么事情是应该做的……[163]

1831年3月,国王的私人秘书向格雷抱怨说,那些参加规模不断壮大的示威游行的人,“绝大多数来自最下层阶级”。1831年秋季和1832年5月参加伯明翰和伦敦两地的大游行的人数已 809
超过10万,其中绝大多数是工匠和工人。[164]

“我们没有造成改革的激动情绪”,1831年5月,格雷有点恼怒地向国王写道:“我们就职时就发现这事闹得挺凶了。”我们还可以从另一方面解释为什么在那些充满危机的年份里,革命事实上不可能发生。首先,工人阶级激进运动显示了非常的力量;其次,中等阶级的领袖们,如布鲁厄姆和《泰晤士报》、《利兹信使报》的领袖们巧妙地利用了工人阶级所形成的威胁,并通过谈判找到了一条除那些最死硬地维护旧制度的人以外所有的人都能接受的退却路线;再次,辉格党和较容易妥协的托利党人意识到,尽管布鲁厄姆和贝恩斯不过是在讹诈他们,但如果不能达成妥协,中等阶级改革派就再也不能阻止他们背后的骚动了。

---

[163] 附加手稿,第27,789号。关于自发组织中的这类事例,见普伦蒂斯前引书,第408—410页。

[164] 杰夫森:《论坛》,第2卷,第15章。

工业资产阶级一心希望革命不要发生，因为他们知道，当开始那一天，就会出现一个的剧烈的激进化过程；亨特派、工会派和欧文派领袖就会在几乎所有的工业中心赢得日益增多的支持。《贫民卫报》写道：“‘革命’被中等阶级和小业主们利用了，然而——

> 暴力革命不仅超越了那些要威胁它的人的手段，而且对他们来说还是最使人惊慌的东西；因为他们知道，这样一种革命只能由穷人和受鄙视的大众来完成，只要把他们刺激到一定程度，他们就会在那些人的目标之外，利用革命来实现自己的目标，从而……使他们可爱的财产权陷入危险之中：可以肯定地说，暴力革命是他们最恐惧的东西……[165]

中等阶级改革派在两条战线上巧妙地作战。《泰晤士报》一方面以群众运动的实际组织者的面目出现：“我们相信，在联合王国，没有一个郡镇或村庄不存在要求改革的集会和请愿活动……。”它甚至极力敦促人民：“在全国组织政治社团是他们庄严的责任。”它支持——就像爱德华·贝恩斯在利兹欢呼的人群面前所宣布的那样——采取直接把人民引向革命的强迫性措施：挤兑现金，拒绝纳税，使政治同盟的成员武装起来。在如何看待
810 1831年10月发生在诺丁汉、德比和布里斯托尔的骚乱的问题上，以伯明翰为楷模的各地政治同盟却显示出了自己的双重作用：

> 这些联盟赞成促进改革事业，主张保护生命和财产，使之免受暴民的任何侵犯；此外，还主张维护其他的重大

---

[165] 1831年10月1日。

利益，并抵抗寡头政治的有组织的暴虐行径……[166]

这些中等阶级又纵火，又要携带警棍。有时候，托利党人自己也想要鼓动独立的工人阶级改革运动，以使之形成咄咄逼人的势态，以此来迫使布鲁厄姆和贝恩斯会向腐败的旧制度寻求保护，从而使他们服服帖帖。当工人阶级全国同盟提出要在伦敦发动一次要求成年男子选举权和抵制辉格党改革法案的示威游行时，国王自己写道(1831 年 11 月 4 日)：

> 陛下对于拟议中的集会打算采取的措施没有丝毫的不满意，虽然这些措施相当激烈而且……易遭致异议，但他相信这当中所表达的意图和目标有可能……为抑制政治同盟的发展提供机会……[167]

全国各地的中等阶级和工人阶级改革派都在想方设法控制运动。最初阶段，即到 1831 年夏季为止，是中等阶级激进派占上风。7 年前，伍勒曾怀着悲哀的幻灭感最终宣布《黑矮人报》的停刊。原因是(在 1824 年)没有“对议会改革事业热心的公众”。尽管成千上万的人闹着要改革，但在他当时看来，他们不过是“吵着要面包”；1816 至 1820 年间的那些演说家和报刊编辑及撰稿人只不过是从“社会酵缸里冒出来的泡沫”。[168] 19 世纪 20 年代末期的许多工人阶级领袖都有同他一样的幻灭感，而且还接受了他们的大师——欧文——的非政治立场。直到 1830

---

[166] 《泰晤士报》，1830 年 12 月 1 日，1831 年 10 月 27 日；见杰夫森前引书，第 2 卷，第 69 和 107 页。在布里斯托尔的骚乱中，当局不得不请布里斯托尔政治同盟的领导人出来恢复秩序。见《布里斯托尔信使报》，1831 年 11 月 1 日；普伦蒂斯前引书，第 401 页。

[167] 引自杰夫森前引书，第 2 卷，第 111 页。全国同盟打算组织的的示威游行事实上被断定为扰乱治安事件，随后便被禁止了。不然这个风险就冒得太大了。

[168] 停刊辞，《黑矮人报》，第 12 卷(1824)，序言。

811 年夏季，随着农业工人“起义”以及法国的七月革命的爆发，大众的兴趣逐渐转移到政治鼓动上来。由于顽固不化的死硬派（威灵顿公爵、上院议员、主教）顽固地殊死反对任何改革措施，势态的发展也就有了走向，（中等阶级激进派充分利用）这一发展，大众骚动的力量集中到格雷和罗素的背后，支持一项对大多数人都没有好处的法案。

于是，1816 至 1820 年（以及 1791 至 1794 年）各种力量的统一战线（大众的改革要求同卡特莱特少校的成年男子选举权纲领其实是一致的）就这样破裂了。1831 年 11 月，格雷在下院宣布说：“如果有什么人以为这次改革会导致更深远的措施”，

> 他们就错了。因为还没有一个人像我那样坚决地反对年度议会、普选权和无记名投票。我的目的不是支持，而是要终止这类希望和计划。

老激进派对于这一点是看得够清楚的。他们中大多数能说会道的发言人直到决定性的“五月的日子”到来时为止都在起哄地嘲笑辉格党的法案。“麦克尔斯菲尔德的一位激进主义者宣称，“如果垄断和腐败仍然保持不变，那么，无论由选区贩子或由嫖客或奶油乳品商来统治，其实都无所谓。”[169] 亨特作为普雷斯顿的议员（1830—1832），仍坚持他先前的主张，只是在语言上稍微谦逊了一点。机智勇敢的激进派教师乔治·埃德蒙兹曾主持在伯明翰新会堂山举行的战后第一次群众大会，他宣称：

> 我不是房产持有人，——但在危机时刻，我可以持有滑膛枪。“法案，这惟一的法案”不承认乔治·埃德蒙兹是公民！——乔治·埃德蒙兹蔑视它，除此之外，还要算

---

[169] 《贫民卫报》，1831 年 12 月 10 日。

一个痛打国家的强盗。[170]

这也是伦敦激进工匠中的精英们的立场，他们都是工人阶级全国同盟的成员。赫瑟林顿的《贫民卫报》——无疑是英国(到那时为止)最好的工人阶级周报——曾报道他们在1831和 812
1832年每周在圆厅剧场讨论的情况，参加讨论的有赫瑟林顿本人(没蹲监狱时)、威廉·洛维特、詹姆斯·沃森、约翰·加斯特、才气焕发而又不幸的朱利安·希伯特以及年老的威廉·本波(先前是班福德和米切尔以前的同事，现在则极力主张"全国大休假"，即进行一个月的总罢工，在罢工过程中，生产阶级将能控制政府和财富)。[171] 讨论渐渐涉及到阶级的定义问题。同赫瑟林顿齐名、最早为"无印花税"报刊的发行而斗争的威廉·卡宾特提出了不同的想法，认为应该把辉格党法案看做"楔子"予以支持。他抱怨说，《贫民卫报》把"中间商"和"中等阶级"当作"同义语"来使用；其实，中等阶级"不仅不是一群与你们的利益不同的人，相反，他们与你们是同一个阶级；一般来说，他们都是劳动者。"[172] 整个危机期间，这种争论都在进行。法案通过之后，《贫民卫报》报道了争论的结果：

> 提出改革法案的人，不是想推翻，甚至也不是为了改造贵族制度，而是为了从中等阶级那儿获得一支准贵族增援军队以巩固自己的地位……。辉格和托利之间的惟一差别是——为了保护财产，辉格党愿意拿出一点

---

[170] G.埃德蒙兹：《英国革命》(1831)，第5页。埃德蒙兹在宪章运动中也起了积极作用。

[171] 见A.S.G.鲁特：《本波的全国大休假》，载于《社会史国际评论》(莱登)，第1期，1936年，第217页及以下。

[172] W.卡特：《就改革法案致工人阶级书》(1831)；可参见《贫民卫报》随后报道的争论。

> 虚幻的东西，而托利党人则什么也不给。因为他们知道，即使大众是傻瓜，他们也不会因得到那点虚幻的东西而罢手的，相反，他们还要继续争取现实的好处。[173]

参加圆厅聚会的那些好斗的欧文派究竟能代表多大一部分工人阶级的意见还是一个需要研究的问题。他们开始时只代表了工匠当中的知识分子，但他们迅速地聚集了力量；到1831年10月，他们还能组织约有7万多人参加、许多人都扎着象征成年男子普选权的白围巾的一次规模宏大的游行示威。1832年3月，又有约10万人参加了他们组织的反对全国斋戒日的示威活
813 动。普雷斯把圆厅聚会者（他们当中有许多人却被他写成是“凶暴的”）视为对中等阶级策略构成最大威胁的人物。在他的改革法案危机纪事手稿中（历史学家们过于信赖这部手稿了），他用了许多篇幅来探讨限制他们的影响以及如何利用他自己的对抗性团体——全国政治同盟的影响来取而代之的无耻战略。威灵顿公爵本人把这种论战看做是现存制度同圆厅之间的斗争，并把二者比作两支“交锋”的军队。但他的军事头脑被搅得一塌糊涂，因为他明白在两军之间划不出一条界河，无法在桥上设置适当的哨兵和哨所。敌军其实就布置在自己阵营中的敏感位置上。[174]

然而，1831年10月的游行队伍主要是（似乎如此）由“店主和高级工匠”组成的。尽管他们的人数颇为壮观，但同人口较少的伯明翰庞大的游行示威队伍相比，他们就显得可怜了。情况似乎是这样，虽然伦敦工匠最终成功地建立了自己的有凝聚力

---

[173] 《贫民卫报》，1832年10月25日；A.布里格斯：《进步时代》，第258页。

[174] J.R.M.巴特勒：《伟大改革法案的通过》（1914），第292—293、第350页；附加手稿，第27.791号，第51页；有关“采取措施结束圆厅的骚动性集会”的备忘录，见《威灵顿公文》，第2辑（1878），第7卷，第353页。

和高度号召力的领导集团,但他们同伦敦的劳动群众以及“不体面”行业的工人之间存在着宽阔的鸿沟。(伦敦的宪章运动史上不时出现这种问题。)这方面的情况曾被爱德华·吉本·威克菲尔德用漫画形式表现在一部粗鄙下流危言耸听的小册子的插页上。他把圆厅聚会者看做是“无赖”或理想主义者,认为他们的危险性在于他们有可能把犯罪阶级——“社会奴隶”,即果园街、威斯敏斯特和白教堂附近的人的破坏能量释放出来。此外还有数以千计不关心的(但又是危险的)人,如“叫卖小贩、牲畜贩子、杀牛匠、宰马匠、卖死畜和狗肉的、贱痞子、烧砖匠、扫烟囱的、掏粪工、清道夫等等”。他对圆厅里的欧文派社会主义者的态度是模棱两可的。一方面他们多半是“以勤劳为立身之本的严肃正经的人”——他们的优秀才能容易把他们同危险阶级区分开来。另一方面,他们许多人都是“到处居住、生活放荡的单身汉,如果他们在伦敦放火,是不会担心家里还有无助的人需要关心的”:

> 在举止方面,他们是温文尔雅并不粗俗,但一旦涉及到 814
> 敏感的问题——他或是拂袖而去,要么是……眨着眼睛对你说,是政府雇你来胡说的。妥协比坚决的反对更让他们恼怒。

他说(具有某种真实成分)他们许多人“拥有武器”:

> 如果伦敦民众的暴动发生了,人们就会发现他们站在最危险的地方,率领着小偷和暴民,向他们传授最有效的方法,临死前,如果命该如此,他们还会喊几声表示蔑视的话。

“这些就将是我们的革命战士,如果我们一定要有一次革命的话。”[175]

这情形太夸张了，但并非全不真实。[176] 在当局看来（无论辉格党还是托利党），危险在于工匠社会主义和“犯罪阶层”有可能联手。但伦敦的非技术群众却生活在不同于工匠的另一个世界里——极端困苦、文盲、普遍缺乏的道德而且疾病流行（1831 至 1832 年冬季的霍乱大爆发就是例证）的世界。在这里我们可以见到各种古老的问题，以及在人口迅速增长的时期大量外来人口涌入大都市所造成的种种问题。[177]

非技术工人既没有自己的代言人也没有组织（除互助会之外）。他们同工匠一样，很容易跟在一位绅士后面行动。然而，1831 年 10 月开始的政治危机的严峻现实，足以使构成他们生活中的宿命观、服从论以及缺衣少食的现象外壳决裂，那个月发生在德比的骚乱、诺丁汉城堡的抢掠、布里斯托尔的广泛骚
815 动——都是社会基础发生深刻动摇的征兆。当时的旁观者们还急于希望伦敦的东区发生暴动。

伯明翰政治同盟是一个可以让人接受的组织（《泰晤士报》曾专门就此予以赞扬），因为当地的产业环境有利于仍处于中等阶级牢固控制下的群众改革运动开展。伯明翰的激进主义运动

---

[175] F.G.威克菲尔德：《受到下层社会威胁的房产持有人》（无日期，1831 年 10 月？）。

[176] 尽管洛维特和他那个圈子的人主张使用除暴力之外的最大程度的压力（他们同普雷斯保持着一定联系），但其他人，包括本波和希伯特，却准备着武装斗争。

[177] 推测一下普雷斯经常断言的伦敦下层人民的行为和道德的改进和提高表现了多大程度的真实性，倒是有趣的；或者仅仅是扩大了工匠和非技术工人之间的鸿沟，缩小了普雷斯自己的经验圈子，并将城市中心的贫困现状向东和向南扩展。关于大都会的发展以及道德沦丧（及其“生物学的”基础）等所有问题，见 J. 薛瓦利埃：《19 世纪上半叶巴黎的劳动阶级和危险阶级》（巴黎，1958），该书为我们研究伦敦的情况提供了许多新思路。

同英格兰中北部和北方相比有着重大差别。它的小型产业中没有卢德运动的根基,而政治同盟之"父"的托马斯·阿特伍德在1812年领导雇主和工匠联合反抗市镇委员会指令时,首先博得公众的重视。1817至1820年在黑乡肯定有激进的"实力派"团体,不过——或是运气好,或是能正确判断——他们从来没有因采取如彭特里奇起义和格兰奇荒地事件那样的流产行动而暴露。[178] 正如布里格斯教授所指出的,托马斯·阿特伍德之所以能在1830年把各种不同的"不满力量""协调并联合起来",是因为伯明翰的工业革命"成倍增加了生产单位的数量却没有增大现存企业的规模"。那里的技术劳动几乎都没有被机器取代,无数小工场的存在说明社会分化还不太严重,而且工匠还可能上升到小雇主的地位;经济衰退时,雇主和工匠都同样受害。[179] 可见这里的阶级对立情形要比曼彻斯特、纽卡斯尔和利兹微弱些。在改革法案危机期间,阿特伍德一直用心良苦地控制着伯明翰同盟(奥布莱恩后来回忆说)"以致伯明翰的工人似乎真以为'改革过'的议会真的(尽管并不是真的)会代表他们"。而且,奥布莱恩还在一份赞辞(出自这样一个严格的批评家之手,给人的印象便更深刻了)中写道:

> 众所周知,改革法案的成功更多地应归功于这个团体。 816
> 在事态发展的关键时刻,它通过秩序井然的行动、广泛

---

[178] 奥利弗关于伯明翰联络点情况的详细报告是不能令人信服的(见内政部档案,第40.9号中的叙述部分)。另见内档案,第40.3号和第40.6号中的证词。

[179] 见科贝特的愤怒批评:"你们以为大厂主、商人和银行家高喊改革是因为他们已经转变为人民权利的爱护者!呸!……[经济原因]已经迫使他们提高了工人的工资,而他们是不肯付这些钱的,也不肯交纳什一税和国税……。因此,他们成了改革者;因此,他们伸出了强壮的手臂,揽住了女神的腰肢。"见《政治纪事报》,1831年10月17日。

的组织以及盛大的人民集会，使法案的通过成为不可阻挡之势。[180]

在利兹、曼彻斯特和诺丁汉这类中心，中等阶级改革者的情况就要困难得多。在曼彻斯特（就像在伦敦一样），一些相互竞争的政治同盟同时并存，从1831年10月起，主张男子普选权的同盟占了上风。同月在博尔顿，由于法案被上院否决，当地的政治同盟便发生了分裂，最大的一派（主张男子普选权）组织了一次有6000人参加的示威游行，他们的旗帜上写着："打倒主教！""贵族滚蛋！"[181] 在英格兰中部和北部，这类事件发生了数十次。"走进任何一条胡同或酒店，只要在有几个工人聚在一起的地方"，多尔蒂1832年1月写道：

然后再听他们谈上10分钟……你就会发现他们讨论的主题至少7/10是那种骇人听闻的问题：是袭击富人的性命，还是袭击他们的财产？[182]

《贫民卫报》在1831至1832年的冬季刊载的都是嘲笑1831年法案及其相随的手续程序的文章，确实显得有些书生气。圆厅聚会者将该法案看做是一个圈套（并看做是对激进主义运动的出卖），这无疑是正确的。但是，腐败的旧制度以新石器时代的石头来顽强抵抗任何改革，使整个国家面临革命的威胁。《贫民卫报》后来调整了自己的策略，并把梅塞龙中校的《人民自卫法》（关于巷战的一本手册）一书的内容，作为特别增刊加以出版。[183] 在"英国陷入不安和混乱的11天"，上院最终通过法

---

[180] 《毁灭》，1833年2月2日和3月9日；A.布里格斯：《三个英国城市的议会改革运动背景》，载于《剑桥历史杂志》（1952），第293页；及《进步时代》，第247页。

[181] W.布赖姆洛：《博尔顿政治史》（1882），第1卷，第111页。

[182] 《贫民卫报》，1832年1月21日。

[183] 附加手稿，第27,795号及第26—27页。

案之前，弗朗西斯·普雷斯一直在屏息注视。法案通过的那天晚上，他回到家就写道：

> 当时我们处于总暴动的时刻，如果威灵顿公爵有可能 817
> 组阁的话，那早就同人民相冲突了。

“主要市镇”将会出现路障栅栏——阻止纸币流通：如果革命发生，那“在更大程度上将会是一次全民的行动，就不会向以前那样进行了”。

在 1831 年秋季和“5 月的日子”里，英国处于革命的边缘，如果一旦发生革命，就很有可能（如果我们考虑到合作理论和工会理论的同步发展）以其迅速的激进化特点而成为 1848 年革命和巴黎公社的预兆。J. R. M. 巴特勒的《伟大改革法案的通过》为我们提供了危机过程中的一些重要方面；但因他对整个局势发展中潜在着的因素认识不足，所以他的研究的说服力就因此而削弱。这种情况表现在象征这一类评价之中（这一段是评价工人阶级全国同盟的）：

> ……它以狂妄的姿态，厌恶有教养的人……贝思内尔草场支部向国王请愿，要求废除上院或芬斯伯里区敦促下院没收 199 家贵族的产业时的蛮横无知。[184]

作这种评价要谦逊一些。革命的确没有发生，原因部分应归于科贝特（极力主张接受当局的部分让步）所代表的激进主义传统中的那部分强烈的合法主义倾向[185]；另一部分则应归于中等阶

---

[184] 巴特勒前引书，第 303 页。

[185] 见格拉斯顿的一段评述：“我就改革即革命这一既定题目……同一个工人谈话……我说，那么，看看外国的革命吧，当然指的是法国和比利时的革命。那人严肃地看着我，然后说……去他妈的外国，古老的英国与外国有什么相干；这还不是我惟一的一次从下层阶级得到的重要教训。”见 J. 莫利：《格拉斯顿传》(1908)，第 1 卷，第 54 页。

级改革者的手腕。他们正确地提出的妥协不会削弱反会巩固国家和财产权,以对抗工人阶级的威胁。

辉格党领袖们认为他们的任务是找到使许多人依附于财产及良好秩序的方法,格雷说:“最 重要的是用对国家和对制度的支持和爱心来把社会的中间派和较上等的阶层联合起来。”[186]
818 贝恩斯在1831年的调查表明,当时有一条被极其小心地划出的界线,他发现利兹有10英镑的房产持有人被明白地显示出来。在一封给约翰·罗素勋爵的信中,通报了调查的结果,这应该被视为关于改革法案危机问题的标准文献之一。贝恩斯的那些善于对选举结果的票数作出估价的游说者——

> 一致表示,关于10英的资格不承认不稳当不明不白地授予那些单身汉,于是他们吃惊地发现被允许拥有选举权的人相比之下是多么的少。

为了答复罗素关于房产持有人同其他人口之间的比例问题,检票员们报告说:

> ……在主要由工人阶级居住的地区,有选举权的户主不到五1/10。在商店众多的街道,几乎每一户主都有选举权……在有11000居民的霍尔比克镇,其中主要是工人阶级,但也有好几家工厂、染坊、酒吧以及体面的宅第,只有150个选民……。在马歇尔先生的工厂做工的140个户主、家长中,仅有2人有选举权……在霍尔比克的欧·威兰先生父子的工厂中,160或170个户主中没有一人有选举权。机器制造工——最高级别的机工——泰勒和沃兹沃思先生雇佣的约100个户主中,只有1人有选举权。按照该法案,工人阶级中将被

[186] A.布里格斯:《19世纪早期英国的“阶级”语言》,前引书,第56页。

授予选举权的人似乎不超过 1 /50。

即使是这样的估计似乎也有些过分。1832 年 5 月交给政府的统计表表明,在利兹(人口为 124000)将有 355 个“工人”会获得选举权,其中 143 人是职员、仓库业主、监工等,其余的 212 人都有特殊身份,其收入每周在 30 先令和 40 先令之间。[187]

由于内阁先前曾考虑把 10 英镑选举资格提高到 15 英镑,这些调查无疑使内阁放了心。普雷斯写道,“人民当中的大多数都相信,或是议会通过改革法案,或是他们就以暴力手段——如果改革法案被否决的话——获得比法案内容更多的权利……”[188] 正是这个“更多”的东西,在 1832 年威胁着托利党人 819
和辉格党人,并使土地财富和工业财富之间、特权和金钱之间取得了和解,这就形成了英国持续至今的社会结构。在贝恩斯和科布登的旗帜上写的并不是平等和自由(也很少写博爱),而是“自由贸易”和“节约”。布鲁厄姆鼓吹的是财产、安全、利益。他在改革法案二读时发言说,“如果说有暴民”——

那么也有人民,我指的是中等阶级——指的是成千上万品行端正、有身份、有名望的人——他们是社会中人数最多而且是最为富有的阶级。如果你们把你们所有的贵族城堡、庄园、特许饲养权和狩猎权以及你们全部的宽阔的土地拿去拍卖,而且是以 50 年的价格拍卖,不足以抗衡中等阶级巨大而坚实的财富。中等阶级还具有英国人的稳重、理性、智慧和诚实,他们是这些品质的真诚继承人……。我恳求你们不要惹恼热爱和平但又不屈不挠的人民……。作为你们的朋友,作为我

---

[187] 贝恩斯:《爱德华·贝恩斯传》,第 157—159 页。

[188] 附加手稿,第 27790 号。

> 的等级的朋友，作为我家乡的朋友，作为君主的忠实仆人，我奉劝你们以最大的努力帮助维持和平，维护宪法制度使之永存……[189]

法案通过之后，贝恩斯抛开了华丽的文词，说出了中等阶级激进派的要求：

> 改革的果实即将收获，许许多多的商业、农业垄断权就要废除，教会就要得到改革……封闭的工厂就要开放，节省和节约的规定即将推行，奴役的枷锁将被打碎。[190]

工人阶级激进主义的要求则没有如此清楚地表达出来。他们最低限度的政治纲领也许是在工人阶级全国同盟的机关报《贫民卫报》上提出的：

> 根除贵族制恶魔；建立共和国，即由普选权基础上的代表民主制；取消世袭衔门、头衔和称号；废除……长子继承权；……司法俭省迅速，废除狩猎法，取消凶恶的
> 820 报税……；解放我们的同胞公民——犹太人。把济贫法引入爱尔兰，废除侵犯财产罪的死刑，"大主教"、主教的收入用于维持穷人生活；废除什一税，教士或牧师的工资由他们的教派支付；"国债"不成为国民之债；遣散专制主义的工具——士兵；建立国民卫队。[191]

这是一份从18世纪90年代以来没有什么发展的雅各宾主义的旧纲领。(1831年11月由洛维特和詹姆斯·沃森起草的全国同盟宣言的第一条原则是："任何财产——通过诚实劳动获得

---

[189] J.R.M.巴特勒前引书，第284—285页。

[190] 贝恩斯前引书，第167页。

[191] 转引自A.L.莫顿和G.塔特：《英国工人运动》(1956)，第59页，它(错误地)说这段话引自《贫民卫报》，1831年3月3日。

的——都是神圣的、不可侵犯的。”[192])然而,围绕着那个“更多的东西”,不同地区和不同产业根据自己最大的不满又提出了其他要求。在兰开郡,多尔蒂同他的支持者们主张“普选权的惟一含义就是给予每个人一种权力,使他能够保护自己的劳动不被他人吞噬。”[193] 欧文派、工厂改革者以及像迫不及待的威廉·本波那样的“实力派”革命者则提出了进一步的要求。不过,争论的条件最后还是被成功地限制在布鲁厄姆和贝恩斯所希望的范围内。这是(正如雪莱在1822年所预见的那样)“血统与黄金”的斗争;结果,为了排除平等的要求,血与金妥协了。从法国革命到改革法案通过的这一时期,中等阶级的“阶级意识”形成了。同任何其他工业化国家的中等阶级意识相比,它具有较保守、较缺乏远大的理想(也许除了其他民族的理想之外)、较狭隘自私的特点。在维多利亚时代的英国,中等阶级的激进派和理想主义的知识分子们一直不得不在“两种民族”之间摇摆。出于名誉的考虑,有许多知识分子宁愿被别人认为是宪章主义者或共和主义者,也不愿被让人认做是临时警察。但有一些人如韦克利、纽波特的费罗斯特、邓库姆、奥斯特勒、恩斯特·琼斯、约翰·菲尔登、W.P.罗伯茨,以及拉斯金和威廉·莫里斯等等,则一直在发出不满的个人和知识分子不满的“声音”。他们的思想在任何意义上都不代表中等阶级的意识形态。

爱德华·贝恩斯在给罗素的信中无非是提出了几乎像算术 821
一般严格的阶级定义。不过,在1832年,阶级的界限是以社会觉悟、根据选举权资格用一支擦不掉的铅笔硬划出来的。此外,在这些年中还出现了一位有才干的、为工人阶级的境况下定义

---

[192] 洛维特前引书,第1卷,第74页。

[193] A.布里格斯前引书,第66页。

的理论家。似乎是命里注定的安排,他竟是一位与英国极端激进主义和欧文社会主义的经历连在一起的憎恨英国辉格党的爱尔兰知识分子。詹姆斯·"布朗台尔"·奥布莱恩(1805—1864),一位爱尔兰酒商之子,都伯林三一学院的高材生,1829年到伦敦"研究法律和激进改革":

> 我的朋友让我来研究法律;我本人则喜欢研究激进改革……,虽然我在法律方面完全没有进展;但在激进改革方面却有巨大进步。如果明天国王学院要设立一个激进改革教授职位(顺便说这是极不可能的事),我想我就会成为候选人的……我似乎感到自己血管中的每一滴血都是激进的……[194]

改革法案危机期间他曾主编过《英格兰中部代表》,后来,他便到伦敦接管《贫民卫报》。

他在评论改革法案时写道,"我们早已预见到它将会把以前曾倾向于同人民一起行动并受贵族排挤的大量中等阶级同工人阶级合并。"[195] 在他为波那罗蒂的"平等派密谋"写的序言中,他用了一个比喻:"吉伦特派为了更有效地镇压工人阶级,愿意把选举权扩大到小经纪人(正像我们英国的辉格党人通过改革法案所做的那样)。"中等阶级的政府是所有政府中最折磨人最冷酷的。"[196]

这是他经常重复的主题。辉格党行政当局的每一项新行

---

[194] 《布朗台尔全国改革者报》,1837年1月7日。奥布莱恩在都柏林公开受审时实际上是熟悉法律的。

[195] 《毁灭》,1833年3月9日。

[196] 奥布莱恩前引书,序第15,20页。关于奥布莱恩,见G. D. H. 科尔著《宪章派人物》(1941),第9章;T. 罗思坦:《从宪章主义到工党主义》(1929),第93—123页;比尔前引书,第2卷,第17—22页。

动——爱尔兰高压法案、否决10小时工作日案、压制工会、济贫法修正案等等——都重新加强了他的愤怒。“在改革法案通过 822
之前”,他在1836年写道:

> 人们还以为中等阶级同劳动者有一些共通的感情。那种幻想现在已不存在了。爱尔兰高压法案通过后,那种幻想还存留着,随着饥饿法的制定它才完全消失。在唯利是图的法律统治下,工人再也别指望会有正义、道德和宽恕了。[197]

由于奥布莱恩本人是从中等阶级文化圈中逃出来的,因而在论及他本阶级的特别乐于模仿他们在客厅里闲谈的那种话题:(中等阶级的)追求和习惯特别低下。他们的生活必然充满着卑鄙的诡诈和投机……”:

> 这两个阶级从来就没有也永远不会有任何共通的利益。工人关心的是干尽可能少的活和得到尽可能多的报酬。中等阶级关心的是让工人尽可能多地干活而给他们尽可能少的钱。他们各自的利益就像两头牛一样直截了当地对立着。

他还相当有天才地企图把极端激进主义的传统同欧文主义传统拧在一起,形成一种自称是进行政治革命、剥夺有产阶级并建立欧文派公社制度的革命的社会主义:

> 我们必须进行一次骚塞所称的“革命之中的革命”,这就是罗伯斯庇尔和圣·鞠斯特1794年初在法国所设想的那种革命;即彻底推翻财产分配制度……财产——财产——始终是我们必须对准的目标。没有财产制度的变革,任何进步都不可能发生。

---

[197] 《两便士快报》,1836年9月10日。

这样的革命（他希望）在实现普选权之后，不需要暴力便会发生："现实的不平等源于少数人的法律；多数人的法律则将消灭不平等。"[198]

当今的历史学家肯定不会赞成奥布莱恩把改革后的辉格党
823 行政当局的统治措施过于生硬地同"中等阶级"利益划等号。[199]（腐败的旧制度比辉格党政府更有活力，如在取消谷物法的持久战中所表现的那样。）而且，选择这样一个理论家（中等阶级出身）作为工人阶级意识形态的表述者也是不恰当的。然而，站在运动的风口浪尖上的奥布莱恩根本就不是一个怪人。作为《贫民卫报》和其他报刊的主编，他拥有众多的并且越来越多的工人阶级读者，后来他还赢得了宪章运动的"导师"称号。他的作品贯穿19世纪30年代早期众多运动的一条中心线，并为旧民主主义的要求、社会运动（反对新济贫法及拥护工厂改革）、欧文派的公有制试验和工团主义者的工会斗争提供了相互间的思想联系。同战后年间的科贝特和伍勒一样，奥布莱恩同样是他的时代的真实代言人。

当然，大多数工人对改革法案所感到的失望还较少具有理论色彩。要知道梨子的滋味就得尝尝。我们可以从利兹这个小范围内发生的几件竞选事件中看到这种尝试。贝恩斯已经利用自己的影响安排布鲁厄姆做了约克郡议员，此后他又为辉格党提供了两个人选，一个是利兹最大的雇主之一——马歇尔；另一个是马考莱。一位追随辉格党的店主在日记中是这样称呼他

---

[198] 《毁灭》，1833年3月9日，8月24日；《人民保护者》；及《工会公报》，1833年12月14日。

[199] 19世纪40年代，当宪章主义者和中等阶级的某些人士之间出现了联盟机会时，奥布莱恩又因自己当初激烈地排斥所有"中等阶级"而开始感到后悔。见比尔前引书，第2卷，第126页。

的。马考莱是对改革法案最为满意的思想家之一，他用新的措词解释了托利党的"实际代表制"原则：

> 较高等和中等的人是人类的天然代表，他们的利益在某些事情中可能同他们的较穷的同胞有冲突，但这种利益是同无数后代的利益一致的。

他悲叹"在财富的分配上不平等，不平等强加在人人的认识上"，同时又"以不可争辩的理由证明这不平等对一切阶级的幸福是必须的，是显而易见的不公正的"。同他相比，马歇尔先生算不上是一位理论家。不过——如果激进派的一份境况材料是可信的话——他认为一周12先令对一个有家之人来说是一份不错 824
的工资，工人阶级可以用移民办法改善自己的境况。而且：

> 在马歇尔先生的工厂里，曾有一个9岁的男孩被扒光衣服，绑在根铁柱上被人用皮带无情抽打，直至昏死过去。[200]

托利党候选人是萨德勒，他是十小时工作制运动在议会中的主要代言人。两年前，奥斯特勒就同缩短工时委员会一起发起了禁止童工的感情强烈的运动。令人震惊的"朝夕约克运动"就发生在上一年的4月，十小时工作制运动（同欧文派的运动一样）在数月的改革法案危机期间一直在不停顿地进行。因此在这场竞争中，奥斯特勒打算站在萨德勒一边反对那位曾在《利兹信使报》上拐弯抹角地为工厂主辩护的贝恩斯。科贝特也打算这样做，事实上他提补了贝恩斯的话，使我们想起了那个时代的诽谤法的宽松程度：

> 这位好说谎言的伟大的胡吹家布鲁厄姆……总是想方设法至少让一个议员在下院做出比50个议员更多的

[200] J.R.M.巴特勒前引书，第262—265页；《爆竹》，1832年12月8日。

有损公众自由的坏事来；这个自高自大的、贪婪的、没有原则的胡吹家过去20年来一直在欺骗约克郡人……[201]

因此，由于有了萨德勒的幕后作用，托利党——激进派联盟已不可避免。同样，大部分非国教徒、"店主"的选票也不可避免地会投向"我们的镇民马歇尔先生和苏格兰人马克霍利先生"（正如我们的一位日记作者所写的那样）：

……至于萨德勒，他从来不会干将来也不会干任何好事……因为他总是想出一些办法来损害利兹城的居民……他是"改进法案"的第一个倡导人，而且花了我们居民许许多多的钱，这个负担主要落到了店主也就是我称之为中等阶级的那些人身上……无疑他是我们地方长官党中的一员，但他并不比其他人更称职……[202]

825 利兹的工人阶级激进派保住了他们独立的报刊和组织。（他们宣称）那些不管名誉好坏，不管生活是否紧迫的利兹人，现在已被在5月的日子里向群众大会发表演说许诺改革不然就设立街垒的人出卖了：

马歇尔和麦考莱先生也许……很赞同各种类型各种规模、无论是教会的还是国家的改革，他们也许还支持废除除他们自己的，即厂主和官吏的垄断权之外的所有垄断权。但让利兹的工人记住，如果他们支持这些人，这些人就会尽其所能地把立法权交给他们的敌人。

而且，激进派还宣称，贵族的旧式贿选和利用权势的做法现在已

---

[201] 《政治纪事报》，1832年11月24日。科贝特在文中回顾了约克郡的前任议员威尔伯福斯。

[202] 艾里书信手稿（利兹档案馆）。

经被工厂主们以一种新的形式加以利用。尽管工人没有选举权，但有人还是要在选讲台上拼命抵消支持萨德勒的十小时工作制示威游行的影响。

> 我们可以说出十多个工厂的名字，这些厂里所有工人都控制了同样的命令：星期一必须到厂举手表决支持戴橙色带的候选人……违者立即解雇……。他们每个人在厂里都划定了自己的位置，就像一群在圈里的绵羊，四周是前来强制执行命令的监工、职员和其他下人。

结果，讲坛变成了骚乱场所，奥斯特勒和支持十小时工作制的人"对着挥舞橙色带的萨德勒在选举中被击败后，马尔和麦考莱的模拟人像被人焚毁了，地点同样也是在1792年潘恩的人像被保王党人烧毁的地方一样。[203]

1832年的利兹选举，其意义超出了地方范围。由于北部城镇出现了有数千人签名的支持萨德勒的陈情书，因而引起了全国各地工厂改革者的注意。1832年之后无疑出现了新的情况，每个工业地区的上百次经验都证明了新的阶级意识，这一点却被改革法案本身的条款小心地限制住了。正是"改革后的"下院 826
在1834年批准流放了多切斯特的那批工人（"对联合一致的工人整体的一次直接打击"）[204]，并以这个文件和封闭工厂的方式发动了旨在分裂工会的斗争，其激烈的程度和（政治的经济的）意义，仍然不为人们所认识。针对雇主们的告示，约克郡工会发

---

[203] 《爆竹》，1832年12月8日，10日，21日。A. 布里格斯：《三个英国城市的议会改革运动背景》，前引书，第311—314页；E. 贝恩斯：《自传》，第164—167页；C. 德莱弗：《托利激进派》，第197—202页。

[204] 威廉·赖德（利兹毛织工，后来成了宪章运动的一名杰出领导人）讲话，《利兹时报》，1834年4月12日。

布了自己的告示：

> 雇主们不仅发出了战争叫嚣，而且还发出了战争大破坏的话语；这是同自由作战；同舆论作战；同正义作战；是没有正当理由的战争……

利兹的一位工会人士宣称，“那些曾纵容过政治同盟以便利用他们自己的目标服务的人现在正企图摧毁工会”：

> 仅仅是在几天前，那些人还领着大量工人去西区的威克菲尔德参加集会。当时，就是现在正企图镇压工会的人，为了进行政治改革还把工人组织成庞大的队伍，他们确信如果不这样做，就不能从贵族方面获得政治改革。用这种方式来获得改革，看起来是加强腐败和压迫的最终手段。[205]

从1832年的运动到宪章运动的发展并不是在偶然因素下形成的一种从“政治”运动到“经济”运动的摇摆交替，而是一个直接的进步过程，期间同时发生的而又是相联系的运动都指向了一个共同目标，那就是选举权。有一种见解认为，宪章运动并不是1836年随着“六点要求”的公布而开始的，而是在改革法案得到国王同意之时开始的。许多地方上的政治联盟根本就没有解散，相反，它们立即开始了反对“店主”选举权的运动。1833年1月，《工人之友》宣称，中等阶级激进主义的堡垒已遭到猛烈攻击：“……中部地区勇敢而受蒙蔽的人民尽管受到商人君主政体的欺诈和镇压，但在那时仍成立了工人阶级的同盟。”[206] 伯明
827 翰激进主义运动曾以其特有的意识形态联合起雇主和工匠力量共同反对贵族政治、国家银行、国债以及“纸币制度”，此时也开

[205] 《利兹时报》，1834年5月12日，17日，24日。

[206] 《工人之友及政治杂志》，1833年1月5日。

始面临分裂。阿特伍德本人也曾一度为这股新潮流所推动,他之所以这样,部分地也是出于对他以前曾许过大量愿的民众表示忠诚。新会堂山再次(1833 年 5 月)聚集了庞大的示威人群,据称达 18 万人的示威表达了——

……人们对那些掌权的党派的仇恨心情,现在聚会是为了表达对那些人明显的厌恶。

到会者主要是沃尔索尔的煤矿工人、沃尔弗汉普顿的钢铁工人以及达德利的外作工。即将使伯明翰变为宪章运动中心城市的激进化进展从此开始了。[207]

然而,这一更新的运动的要旨却是选举权本身所暗示的那种“更多的”东西,这是必然遭到拒绝的原因。(1833 年的伯明翰已不是 1831 年的伯明翰。它现在已是公平交易所的本部,是带有社会主义色彩的建筑工会的大本营,而且,《先锋报》的编辑部也设在这里。)对这个和下一个十年的工人来说,选举权是一种象征;其重要性我们是很难理解的,因为我们的眼睛已经被一百多年的“两党议会政治”的迷雾遮住了。选举权首先意味着平等——公民权利、个人尊严和价值的平等。一位小册子作者在作品中哀叹道:“人类不是砖头、泥灰和污物,他们应该是命运悲惨的,所谓:‘生而自由’的英国人被剥夺了人类在政治社会中所能够享有的珍贵权利。”[208] 乔治·埃德蒙兹写道:

让我们的劳动群众再也不在天子出生庆典、市长就职游行和俗不可耐的加冕礼上露面——在这些国家蠢行中我们也不会作为帮凶出现,就让有些俗气的演员们自得其乐吧。

---

[207] 《群众大会记录报告》,1833 年 5 月 20 日。

[208] “I. H. B. L.”:《每个人都应有选举权吗?》(1832)。

“像以前野蛮的爱尔兰人一样，英国大众长期以来就被人傲慢地置于社会政治之外”：

828 我这里表达的是没有代表权的同胞大众、野蛮的英国人、19 世纪“生而自由”的奴隶们的想法。[209]

然而，在欧文主义和宪章主义的年代，要求选举权也就是要求别的东西；劳动人民已经以一种新的方式来要求对自己的生活状况和劳动进行社会控制。首先，排斥工人阶级不可避免地会促使他们以各种形式的政治行动反其道而行之，这是欧文对政治激进主义长期的漫不经心所产生的结果。1832 年后出现的总工会趋势并没有使这种非政治倾向变成无为主义，相反却使它具有了战斗性和革命性。考察这些年出现的丰富的政治思想将会把我们进一步引入总工会运动史——乃至早期宪章运动史的研究，但我们并不打算走得太远。在这些年里，本波在工业区到处宣传他的“全国大放假的观点”。印刷工约翰·弗朗西斯·布雷曾向利兹的工匠传播霍奇斯金的思想，后来还出版了《劳动的疾苦及纠正方法》；建筑工会和全国大团结工会由盛到衰。多尔蒂和菲尔登建立了“全国复兴协会”，并提出以大罢工的方法实现 8 小时工作日。欧文派公产主义者提出了新观念并进行试验，它们将预示着在关心儿童、两性关系、教育、住房和社会政策等方面的进步。这些思想不仅在有限的知识分子中宣传，建筑工人、制陶工、织工和工匠一度乐于拿正常的生活冒险去投入这个试验。供真正的工人阶级读者阅读的报刊很多而且蜂涌而至，其中许多还对读者有严格要求。在科尔登河谷（约克郡和兰开郡之间的一个孤立地区）的丝厂里也有阅读欧文派报刊的。

我们只能谈到这些年中一再出现的两个主题。首先是国际

---

[209] G.埃德蒙兹：《英国革命》（1831），第 5、8 页。

主义，这固然是老雅各宾主义的部分遗产，而且是激进派从来就没有忘记过的遗产。当奥利弗同利兹剪绒工詹姆斯·曼和另一个革命者步行去桑希尔—利斯的集会地点时(1817)，他从他们的谈话中发现“来自巴西的最新消息似乎给了他们前所未有的 829
大的希望”。[210] 科贝特总是抓紧时间赶在他的刊物付印之前插进这条消息：

> 我刚好可以告诉你们，比利时人民，那普通人已经击败了前来强迫他们交付巨额税金的荷兰军队。这是一个极好的消息。[211]

1830年的法国革命对人民有深远影响，这不仅刺激了伦敦激进派，而且也刺激了遥远的工业村庄的工人阶级改革派。此后便是工人阶级报刊掀起的急切支持波兰独立的斗争，圆厅在朱利安·希伯特的倡议下，通过了向在起义中失败的里昂织工表示同情的决议，并且还把他们同斯皮特菲尔兹的织工相比。在欧文运动中，这种政治传统还发展为社会与阶级团结的主张。1833年他们发出了一份致《欧洲及北、南美洲大陆政府和人民》的《大英及爱尔兰生产阶级宣言》，一开头便写道：“人类大家庭的兄弟们……”。同年年底，关于在英、法、德的工会之间建立某种共同联盟的问题已经开始讨论了。[212]

另一个主题便是产业工团主义。当马克思还只有十几岁的时候，英国工会内部资本主义政治经济学同社会主义政治经济学之间的思想斗争就已经(至少是暂时)有了结果。胜利的一方是霍奇斯金、汤普森、詹姆斯·莫里森和奥布莱恩；失败的一方则

---

[210] 奥利弗的叙述，内政部档案，第40.9号。

[211] 《两便士报》，1803年10月1日。

[212] 《毁灭》，1833年12月7日。

是詹姆斯·穆勒和普雷斯。“什么是资本?”有一个《先锋报》的作者问道。“资本就是省下来的劳动!”麦卡洛克大声说。“……是从何人那里从何处省下来的?”“是从不幸者的衣物和食物中。”[213] 那些“被傲慢地置于社会政治之外”的工人就这样一步一步地推绎出工团主义理论或者说经过转化的共济会理论。[214]“建筑工会的一成员”写道,“工会罢工不仅是为了争取缩短工时和较多的工资”,

> 而且也是为了最终废除工资,成为自己的主人并相互
> 830 为对方劳动。劳动和资本将不再分离,而是在工人手
> 中牢固地结合在一起。

工会自己可以解决政治权力问题,可以由各勤劳阶级组成一个“阶级议会”,“议会”代表直接由各工场和工厂委派,共济会支部把代表从地方选送到地区,再由地区送到全国大会。立即实行普选,一年选举一次,财产资格不受限制。[215]《先锋报》提出了行业的设想:

> 它必须代替目前的下院,并按照构成产业协会的各行业的意愿管理全国的商务。这是我们实现普选权的有利阶梯。这一过程将从我们的支部开始,然后发展到总工会,进而包括对行业的管理并最终包括全部政治权力。[216]

1834 和 1835 年的可怕失败,使这种设想立即变成了泡影。工人们稍事喘息之后,他们又回到把选举权作为通向政治权力的更实用的办法上来了。一些东西丧失了,但宪章主义从来就

---

[213] 《先驱报》,1833 年 10 月 13 日。

[214] 《人报》,1833 年 10 月 13 日。

[215] 《人报》,1833 年 12 月 22 日。

[216] 《先驱报》,1834 年 5 月 31 日。

没有完全放弃对社会控制的追求，并把选举权视为实现这一目标的途径。这些年来，工匠特有的那种视角，即渴望靠辛勤的汗水获得独立的生活，已经开始转向一种较新的见解，并更易于同新的生产方式达成一致。但他们也在寻求以阶级的集体力量使环境人性化的途径——通过社区或合作社，通过遏制市场经济盲目作用，通过立法以及救济穷人的措施。而且，在他们的见解中还暗含着——并不总是明显——一种危险的主张：生产的目的不应该是为了利润，而应该是为了效用。

这种集体的自我意识实际上是工业革命的伟大精神成果，它是针对工业革命而产生的一种裂变，而且也是一种较为古老的、较能为人性所能理解的生活方式。这也许就是1832年英国工人阶级形成的独特之处。由于资本的积累是缓慢和逐步的，因而可以把工业革命的准备过程一直追溯到几百年前。从都铎
时代起，随着社会和技术的每一阶段的变化，工匠文化已经变得 831
比较复杂。德莱尼、德克尔和纳什、温斯坦莱和李尔本、班扬和笛福都对此作出过贡献。17世纪的丰富经验，再加上18世纪带来的理性主义和自由主义传统（我们已经述及了），构成了互助会和行业俱乐部自身的互助传统。但这些人并不是在一代人的时间内就由农民转变为新型的工业市民，作为口齿清晰、生而自由的英国人，他们尝到了工业革命的滋味。那些被投入监狱的人也许比法官更了解圣经，那些被流放到范戴曼领地的人或许要请求他们的亲属给他们寄去科贝特的《纪事》。

这也许是英国所具有的最突出的大众文化。它包含大量的各种各样的技艺、金属、木材、纺织和制陶工人，如果没有他们从上辈承传下来的“秘技”以及利用原始工具进行发明创造的高超技能，工业革命的创举几乎不可能超出纸上谈兵的范围。从这种工匠和自修者文化中产生了许多引人注目的优秀的发明家、

组织家、新闻撰稿人和政治理论家。要说这种文化是后进的或保守的倒也容易。工匠和外作工的伟大运动持续了30多年,它的目标确实是为了避免自己沦为无产阶级。当他们知道这一事业失败之后,他们在30年代和40年代又再次提出了自己的主张,并力求实现新的但又是想象中的社会控制形式。在整个这段时期中,他们作为一个阶级曾受到镇压,而且在自己的群体中也处于被隔离的状态。然而,反革命所力图要镇压的东西反而在准合法的地下组织中变得更坚定了。只要统治者的压迫一放松,人们就会从小工场或织工居住的小村庄里走出来并提出新的要求。他们被告知说他们没有权利,但他们知道他们是生而自由的。义勇骑兵纵马冲击他们的集会,但他们却获得了公众集会的权利。小册子作者被监禁,但他们却在监狱里编辑小册子。工会成员被送进监狱,一路上却有乐队和手持工会旗帜的队伍相陪伴。

由于他们的组织是以这种方式被隔离的,因而获得了一种
832 独特的韧性和弹性。阶级的存在也因此在英国生活中产生了独特的反响。从学校到商店,从礼拜堂到娱乐场所,一切地方都变成了阶级冲突的战场。迹象一直都存在着,但不总是为外界所理解。如果说社会生活缺乏平等的传统,那么工人的阶级意识也就缺乏服从的传统。詹姆斯·莫里森曾在1831年写道:“我们是孤儿,是社会的私生子。”[217] 这种强调不是出于认命而是出于自豪。

在这些年中,工人们一次又一次地表达了这种思想:“他们想把我们变成工具”、“用具”或“机器”。在议会委员会调查手织

---

[217] 《先驱报》,1834年3月22日,见A.布里格斯:《19世纪早期英国的“阶级”语言》,前引书,第68页。

工的状况之前(1835年),曾有人请一位证人谈谈他的同伴对改革法案的看法:

> 问:自从发生了这一变化之后,工人阶级对国家制度比较满意了吗?
>
> 答:我想他们不满意。他们把改革法案看做是一种安排,目的是要让中等阶级和上层阶级同政府携起手来并使他们成为政府手中某种按其意思运行的机器。

这些人曾同功利主义对抗过,并企图阻止其影响,他们这样做并非是盲目的,而是出于理智和道德激情。他们并不是同机器,而是同本质上具有剥削压迫性质的工业资本主义关系作战。在这些年中,浪漫派对功利主义的大批判也在同时进行,但走的却是另一条完全独立的路线。在威廉·布莱克之后,就再也没有一个智者熟悉这两种文化,也没有一个天才能在这两种传统之间作互相解释。自告奋勇地打开"新道德世界"的,是一个好生事的欧文派。而此时华兹华斯和柯勒律治却已在他们自己那不值得着迷的城堡后面退了出来。所以这些年时时出现的似乎不是革命的挑战,而是一种抵抗运动,浪漫主义和激进的工匠在其中都反对贪得无厌的人的说教。这两种传统找不到一个结合点,无疑是一个相当大的损失;损失有多大,我们却无法确定,因为我们也属于失败者。

然而,我们不应该仅仅把工人看做是永恒的失败者,他们的50年历程以无比的坚韧性哺育了自由之树。我们可以因这些年英雄的文化而感激他们。

参考书说明

我有选择地运用了手稿资料,特别对那些我觉得有必要重新审核的人云亦云的说法更是如此。公共档案馆中最有价值的史料是《内政部档案》(H.O.),尤其是其中第40和42卷;有关伦敦通讯会、抢粮风潮等等的卷宗,散杂在《枢密院档案》(P.C.)和《财政部司法处档案》(T.S.)中,那些档案有时包括一些证据(密探的报告、供词、截获的信件等等)。政府就是从这些证据中摘取简报对国家犯人提出起诉的。我还参阅了大英博物馆(附加手稿)中的《普雷斯收藏品》,发现其中最有用的是普雷斯的"自传",伦敦通讯会的会议记录和通信集,哈迪、里克特、勒梅特、奥克斯莱德等人对该会历史的某些方面所作的记叙,普雷斯关于斯彭斯生平所搜集的资料以及他关于1816—1820年的一些叙述,还有洛维特关于工人阶级全国同盟的记述等等。我在正文中,已经说明在使用普雷斯的史料时,为什么应该小心谨慎。

《菲茨威廉文件》是大部头的温特沃思收藏品中的一个部分,现在这些收藏品由设菲尔德档案馆保管。文件包括菲茨威廉伯爵任约克西区郡守时,就公务问题来往的一部分信件,还有约克郡治安法官和其他消息来源的报告。我运用了F.44、45和52卷,它们对18世纪90年代初、1801—1803年的事件以及卢德运动非常有意义。还有两种史料对卢德运动很有价值,其中《拉德克利夫文件》包括约瑟夫·拉德克利夫爵士保存的信件,他是哈德斯菲尔德地区特别活跃的地方官,因为把约克郡领头的卢德派交付审判而得到了爵士的头衔。这些手稿至今仍保留在他的后代J.B.E.拉德克利夫上尉手里(他住在哈罗盖特的拉丁林园),并在国家档案登记册上归档。《针织工文件》是1814年被缴获的,保存在诺丁汉市立档案馆。这些文件涉及1812—1814年的事件,其中有相当一部分已收入《诺丁汉选邑文献汇编》(1952年出版)。以上是我使用的主要手稿来源。

书中引用的那些珍贵的书刊小册子,多数可在大英博物馆找到,或者在(曼彻斯特的)约翰·赖兰兹图书馆找到。要把我的记叙中所涉及的50年内报纸通通看一遍是不大可能的,因此我仍旧是有选择地翻阅报纸期刊,以期发掘某些问题,开发某些时段。我不时引用科贝特的《政治纪事报》、《泰晤士报》、《利兹信使报》、《诺丁汉评论》等,有时也使用其他一些地方报纸。我参阅的雅各宾派、激进派、工会和欧文派期刊有:

与18世纪90年代有关的:伊顿的《人民政治报》,《爱国者报》(设菲尔德),瑟尔沃尔的《论坛报》,《内阁》(诺里季),佩里的《百眼巨人》,《慈善家》,《道德与政治杂志》,《剑桥消息报》,《设菲尔德彩虹报》(但18世纪90年代最有意思的作品是小册子而不是期刊)。

战争及1816—1820年:弗劳尔的《政治评论》,博恩的《理性人》,《阿尔弗雷德》,《独立辉格党人报》,霍恩的《改革者纪事》,舍温的《共和报》,舍温的《政治纪事》,《黑矮人报》,《敢死队》,《刨根之斧》,《人民报》,《政治观察报》,《立法者》,《不列颠人》,《德克特快报》,《女怪》,《黑皮书》(最初以期刊出版),《观察家》,《斗士》,《自由之帽》,《美杜莎》,《曼彻斯特观察家报》,《白礼帽》,《神学彗星:理性的英国人》,《背毯进军者报》,卡莱尔的《共和报》,《伯明翰监察报》,《亨特致激进改革派》。

1820—1830年代早期:《经济学家》,《机工杂志》,《行业报》,《伦敦及地方工匠纪年报》,卡莱尔的《鼓动者》,科贝特的《两便士报》,《魔鬼论坛》,《人民之声报》,金医生的《合作者》,《常识》,《联合导航人》,《兰开—约克郡合作者》,《穷人辩护士》,《约克郡西区之声》,《贫民卫报》,《工人之友》,《激进改革者》,《世界主义者》,《爆竹》,《危机》,《毁灭》,《人民保卫者》,《人民》,《先驱报》,《工业权利先驱报》。(后期)还有《布朗台尔全国改革者报》,《社会先锋》,《十小时辩护士》,《劳工报》,《北极星报》,《寄语人民》。

第一部分的标题页上印着伦敦通讯会发行的纪念币的双面图案。发行这些铸币是为了——例如——感谢陪审团释放哈迪、图克和瑟尔沃尔,以及丹尼尔·艾萨克·伊顿等,托马斯·斯彭斯也打造过许多这种铸币。第二部分的标题页上印着一张粗糙的木刻打印卡,据推测是准许参加兰开郡卢德派会议的入场券(1812年)。第三部分的标题页上是克鲁克香克为挖苦彼得卢的胜利者而作的纪念碑,取自威廉·霍恩和乔治·克鲁克香克的《给警察一个耳光》(1822年)。[①]

最后,还要提到一些二手资料,我(像其他所有研究这一时期的人一样)极大地得益于这些资料。A.阿斯皮诺尔的《英国早期工会》(1949)从内政部档案中选择了一批出色的文献。涉及结社法生效的那些年份:G.D.H.科尔和A.W.菲尔森的《英国工人运动:资料选》(1951)广泛地选择了多种史料,M.莫里斯的《从科贝特到宪章运动》(1948)选择史料比较简短。无法看到科贝特的《政治纪事报》的人,可以在G.D.H.科尔和M.科尔出色地合编的《威廉·科贝特的见解》(1944)及W.赖策尔编的《农夫进程》(1933)中看到一些选节(科贝特的《乡村游记》有"人人"

① 三个部分的图案中译本从略。——编注

社版本)。H.L.杰夫森的《腐化坛》(1892)和G.沃拉斯的《弗朗西斯·普雷斯生平》(1898)逐字逐句地大量引用了普雷斯的手稿,但经常是不加任何分析。J.L.和B.哈蒙德夫妇的著作中,《技术工人》(1919)特别重要,《乡村工人》(1911)的重要性也不在其下,1917年的《城市工人》则比较凭印象写作。M.D.乔治的《18世纪的伦敦生活》(1930),J.H.克拉潘的《现代英国经济史》(剑桥,1927),S.和B.韦伯夫妇的《英国工会运动史》(1894,1920年修订),和I.平奇贝克的《女工和工业革命》(1930)都可以作为资料阅读。有关早期民主和激进运动史重头书目前尚没有,也许最好的入门书仍旧是G.S.维奇的《议会改革的起源》(1913),但他笔下的雅各宾派太虔诚,太相信合法斗争了;有关稍后的历史,可见W.D.威克沃的《为出版自由而斗争》(1928)和J.R.M.巴特勒的《伟大法的通过》(1914)。(S.麦科比那本很有意思的书《1786—1832年的英国激进主义》(1955)总的来说太注重议会中的进程,未能说明这本书所应该探讨的问题。)塞缪尔·班福德的《一个激进派的一生》(海伍德,1841)和威廉·洛维特的《在追求面包、知识和自由过程中的生活与斗争》(1876)后来都不断再版,对每一个英国人来说都是必读之书。学者若想将本书的历史放在更广阔的视野中考察,可以在E.霍布斯鲍姆的《革命时代》(1962)和阿萨·布里格斯的《进步时代》(1959)中找到有关欧洲和英国的参考资料,E.哈勒维的《1815年的英国》(1924)至今仍是考察19世纪早期英国社会的杰出著作。

想为这样一本时跨如此之大、论题如此之多的著作开列所有参考书,显然太自命不凡且必然是不完全的;书中每一节我都尽量在脚注中标出与此有关的二手资料,同时,我希望我将主要的一手史料充分地标注出来了。因此,我寻求读者的原谅,并以

斯皮特菲尔兹一位丝织工诗中最后一节(载塞缪尔·肖尔:《丝织业史纪实》(1811)权充道歉之词:

我的织机歪歪倒倒,
我的纱筒被虫蛀了,
夹板和踏板破破烂烂,
扣孔不肯搭上开关;
织机上已经尘土飞扬,
剪刀上更是锈迹斑斑,
机杼和通丝破损不堪,
机轮堵塞不可动弹,
织梭断了,眼镜碎了,
织丝崩了——杖杆也完了!

鸣　谢

首先要感谢各有关部门与图书馆，它们让我得以引用手稿资料。皇家出版署允许我使用公共图书馆中版权属国家的未出版史料；菲茨威廉伯爵和伯爵的温特沃思领地管理处通过设菲尔德市立图书馆的美意，允许我使用温特沃思的伍德豪斯档案室的史料（菲茨威廉文件）。我还要感谢大英博物馆手稿保管部（普雷斯收藏品）、诺丁汉市政会（针织工文件）、诺丁汉公共图书馆、利兹市立图书馆以及军功十字勋章获得者J.B.E.拉德克利夫上尉（拉德克利夫文件）。我要感谢以上所有这些机构中的工作人员，感谢他们的协助，以及下面这些机构中的工作人员：曼彻斯特的约翰·赖兰兹图书馆、曼彻斯特中心档案馆、诺里季中心档案馆、布拉泽顿图书馆（利兹大学）、布雷德福、哈里法克斯和威克菲尔德三地的公共图书馆，以及哈德斯菲尔德的托尔森纪念博物馆。第187页上的卢德派"入场券"是国家版权所有，由皇家出版署准许复制。[①]

我还要感谢以下这些出版社准许我引用版权著作中的一些段落，即乔治·艾伦和昂温公司（M.韦伯的《新教伦理主义和资本主义精神》，1930年），剑桥大学出版社（约翰·克拉潘爵士的《英国现代经济史》，1929年，第1卷；R.N.萨拉曼的《土豆的历史与社会影响》，1949年），牛津克拉伦登出版社（乔治·鲁德的《威尔克斯和自由》，1962年），朗曼格林有限公司（J.L.和B.哈

---

① "入场券"图案中译本从略。——编注

蒙德夫妇的《城市工人》,1917年;《技术工人》,1919年),曼彻斯特大学出版社(E.霍布斯鲍姆的《绿林好汉》,1959年),和牛津大学出版社(T.S.艾什顿的《工业革命》,1948年)。钦定本《圣经》是国家版权所有,本书经许可而摘用。

E.P.汤普森和《英国工人阶级的形成》

钱乘旦

1963 年,英国史学界出现一部划时代的著作,它一出版,立刻引起轰动,受到广泛重视。许多报刊杂志发表评论,各种书评纷至沓来。《泰晤士报》评论说,它"帮助人们重新想起工人阶级在自我形成的过程中表现出的苦恼、英雄事迹和理想追求,凡是对英国人民的历史进程感兴趣的人,都不可不读这本书。"《听众信箱》杂志说:"这是一部生气勃勃、有很高价值的历史著作,其中许多鲜明的观点,对当代众多的正统观点提出了重大的挑战。"《书评》杂志说:"这本书之所以引起争论,其原因也许仅仅是:许多人已经忘记摄政王时期和维多利亚女王早期英国局势有多么危险了,自哈蒙德夫妇的经典著作出现以来,这是研究那一时期最重要的一本专著。"《论坛报》称它是"一部真正的匠心之作"。书的冲击波甚至越过大洋,穿过大海,在大西洋彼岸和大洋洲引起震动,它不仅在美国、澳大利亚等国再版印刷,而且在国际学术界引起强烈反响。《纽约书评》称它是一部"有绝对权威性、经久而重要的著作";几年中,它一版再版,风靡各国,成为 20 世纪西方历史学不多的几部创学派的开山作品之一。

这部书的作者当时只有 39 岁,是利兹大学院外教育部的讲师。他在利维霍姆基金会的赞助下,花了好几年时间,搜寻了大量原始资料,查阅了各种有关书籍,最后写成一本洋洋几十万字的大书,取名为《英国工人阶级的形成》。这位作者,就是后来闻名世界史坛的当代历史学家爱德华·帕尔默·汤普森(E. P. 汤普森)。

汤普森1924年出生在英格兰,父亲是作家兼诗人,在印度殖民地从事过教育工作,同情印度的民族独立运动,与尼赫鲁等国大党领袖颇有私交。父母的思想对幼年汤普森很有影响;中学时期,他在一所卫斯理派私立学校读书,然后考进剑桥大学学习,这时,他加入了英国共产党。第二次世界大战爆发后,他应征入伍,先后在北非、意大利和法国作战。他的哥哥也是一名共产党员,作战很英勇,晋升到上校,后来在战争中牺牲。哥哥对他的影响很大,战后,他曾与母亲共同写了一本追念哥哥的书,题名为《一个幽灵在欧洲徘徊》。[①] 战争结束后他回到剑桥大学继续学业,同时也积极参加党的活动,并到南斯拉夫、保加利亚等国协助当地的战后重建工作。1956年,由于不满苏联对匈牙利问题的处理,他和其他一些历史学家如罗德尼·希尔顿、克里斯托弗·希尔等共同退出共产党,这以后,他成了独立的"马克思主义者",主张"社会主义的人道主义"。他对政治活动一直很有兴趣,曾参与起草"1968年五一宣言",反对工党政府实行向右转政策。70年代,他又积极投入和平主义运动,是欧洲反核运动的领导人之一。

汤普森的著作除《英国工人阶级的形成》之外,还有两本历史学专著,一本是《威廉·莫里斯:从浪漫主义到革命》,写的是英国社会主义运动领导人威廉·莫里斯的生平;另一本是《辉格党人与猎人》,剖析18世纪英国社会冲突中一个典型的现象:偷猎活动。汤普森还发表过一些重要的历史学论文,它们虽然篇幅不大,但分量很重,并不亚于专著。它们多数涉及18世纪英国

① 这是《共产党宣言》中的第一句话,用在这里,是一语双关。

的社会问题，在历史学界很有影响。这些论文中特别重要的有：《时间、劳动纪律与工业资本主义》(1967)，《18世纪英国民众的道德经济学》(1971)，《贵族的社会、平民的文化》(1974)，《民间文学、人类学和社会史》(1978)，《18世纪英国社会：没有阶级的阶级斗争?》(1978)，这些论文后来收归为一本书，题为《乡规民俗》。此外，汤普森还写了许多政论文、时事评论等，撰写过反战、反核武器的书。

相对来说，汤普森在历史学方面并不算"多产"，但他的学术影响远不可用数字来衡量。《英国工人阶级的形成》是他最重要的一部作品，系统地表达了他的基本学术观点。

一

《英国工人阶级的形成》写的是工业革命时期英国工人的历史，而这段历史在英国史学界曾经被长期遗忘。

19世纪，辉格派历史学家在英国史坛占据主导地位，他们的观点代表着英国历史学的主流。辉格派史学家主要关心为英国的"宪政"寻找历史的合理性，因此他们把光荣革命以来的英国宪政史作为历史学的主要描述对象。在他们看来，以光荣革命为起点的英国近代史，是辉格党宪政理想的胜利史；这是一部伟大政治家的历史，记载着这些政治家的功勋，而正是这些政治家，继承和发扬了盎格鲁—撒克逊民族古老而光荣的"自由"传统，他们领导国家维护宪政、反抗"暴君"的统治。在辉格派的历史中，人民群众是没有地位的；即使有，也只是在遥远背景上隐约可见的一群暴民，可以受到任何一个政治派别的操纵和利用。辉格派史学家以马考莱为代表，其影响一直延续到20世纪。

下层人民被引进历史学大门是在19世纪末，引路人是费边社历史学家。费边派为了用历史来印证他们的"社会主义"理论，把主要注意力放在工会运动上。在他们看来，工会是“工业民主”的寄居处，工人用工会的手段，可以逐渐改造资本主义社会，使社会主义稳步“渗入”资本主义。他们研究英国工会运动史，是为了说明民主的精神如何在工会这个组织里根深蒂固；向来就有“工业民主”传统的英国工人，有能力选出自己的代表，把他们送进议会，让他们代表工人管理国家。[②] 因此，他们的目标实际上是为建立工党、实行“工人参政”寻找历史根据，为“英国社会主义”即工会——费边社传统张扬正名。费边社历史学家是英国的社会主义历史学家，其早期代表是韦伯夫妇，在20世纪的代表是G.D.H.科尔。

20世纪初，自由派历史学家也开始注意下层人民的历史，于是就产生了哈蒙德夫妇的“劳工三部曲”(《乡村工人》、《城市工人》和《技术工人》)。在政治上，自由派与辉格党有很深的渊源，在历史著作中，自由派也不能完全脱开辉格派的窠臼。哈蒙德夫妇对工业革命时期英国工人的经历充满同情，对他们的苦难作了催人泪下的描述。他们认为：技术发明造成剥削，而剥削则引起反抗，因此，“这个时期的英国史读起来像是一部内战史。”[③] 但他们认为：工人群众中一切带有暴力色彩的反抗都不是工人的本意，所有的暴力活动都是由托利党政府所雇佣的奸细“挑唆”的，托利党政府故意制造“暴力革命”的假相，目的是混淆视听，为镇压合法的改革运动寻找借口。由此可见，哈蒙德夫妇实际上是把劳动人民的历史纳入了宪政改革的轨道，把马考莱的党派偏见融入了英国劳工运动史。

第二次世界大战后，马克思主义历史学家开始在英国崭露

---

② 参见西德尼和比阿特丽丝·韦伯夫妇著《工业民主》(1897)。

③ 《技术工人》(伦敦和纽约，1979)，第1页。

头角,马克思主义历史学也逐渐成为一个引人注目的史学流派。1952 年,马克思主义历史学家创办《过去和现在》;不久后,高质量的研究成果相继问世。许多学者把马克思的著作作为历史研究的基础,在许多领域取得了突出的成就。下层人民越来越成为历史研究的主角,帝王将相终于不再霸占历史舞台,历史学家也似乎终于要还“历史的本来面目”了。不过,多数马克思主义学者特别注重早期资本主义形成的历史(如莫里斯·多布关于资本主义形成问题的研究、罗德尼·希尔顿关于封建主义与农民问题的研究、克里斯托弗·希尔关于英国革命的研究等),而使工业资本主义时期成了相对的研究空白。少数几个马克思主义者研究工业资本主义,但又特别偏爱工厂制及其剥削后果(如埃里克·霍布斯鲍姆关于工人问题的研究),而把哈蒙德夫妇开拓的领域长期留在非马克思主义者手里。

60 年代初,出现一批更年轻的马克思主义知识分子,他们对“英国式的社会主义”感到失望,因而想全面否定英国工人的传统。他们认为这种传统不能在英国产生群众性的社会主义运动,也不能产生有影响的革命政党,英国的传统是完全失败的,完全不值得留恋。他们主张抛弃英国的传统,转向“国际主义”,他们中一位代表人物佩里·安德森说:“我们再也不想挖掘自己的过去、去搜集进步的或其他什么历史的传统,来给英国的文化经验主义和政治合法主义脸上贴金了。……失望……把我们赶出英国,去寻找开发更广阔的文化天地,结果就有了国际主义这个理论园地。国际主义信念的基础是:如果说历史唯物主义在19 世纪中期诞生时至少汇集了三个不同国家的思想体系,即德国的哲学、法国的政治学和英国的经济学的话,那么它在 20 世纪中期自由而有成效的发展,也必须靠同样程度乃至更激烈地去突破国界。总之，我们不相信马克思主义是一国的事。”[④] 出于这种思想，他们对“英国社会主义（及人民斗争）的历史不感兴趣，而把注意力放在马克思关于历史发展的一般理论问题上”。

《英国工人阶级的形成》就是在这种学术背景下产生的：一方面，英国工人在工业化过程中的苦难经历主要由费边主义和自由主义来塑造；另一方面，马克思主义知识界产生了无视英国传统、脱离英国实际的倾向。而汤普森试图要做的，就是用“马克思主义”来理解英国的这段经历。

《英国工人阶级的形成》在英国出现还有一个社会背景。第二次世界大战以后，劳动人民的社会、经济状况有所好转，生活水平有所提高，许多劳动人民子女接受了高等教育，成为新一代的知识分子。他们在思想上相对左倾，对受剥削受压迫的人抱有同情，他们对自己的父兄——曾用汗水浇灌了工业革命之花的普通劳动者追忆缅怀、又充满崇敬，同时又有一种神秘的好奇感，想在他们的经历中寻找自己的来源。这是一种“寻根热”，《英国工人阶级的形成》恰恰就满足了这种愿望。因此它的出现，既扎根在英国历史的传统中，又产生于时代特殊的召唤里。

此外，第二次世界大战以后，欧美知识界普遍左倾，苏联的成长和西欧共产党的发展明显对他们产生影响，马克思的著作在学术界广泛流传，出现了像阿尔杜塞和萨特这样一些受马克思主义影响、而其本身又有很大影响力的知识分子。他们的学术活动使西方出现一个“马克思主义”的学术流派，“马克思主义”的知识分子在各个学术领域进行研究，做出了一些学术性很强、并不为某个党派的特殊政治目的服务的研究成果。这些人特别重视人类活动中文化的因素，如传统、道德、价值体系、意识

---

④ 佩里·安德森：《英国马克思主义的内部论战》（弗索版），第148—149页。

形态和组织形式等等，这是学术研究中的“马克思主义”，有些人称之为“文化马克思主义”。汤普森的书就是在这样一个社会大背景中产生的。

二

汤普森是英国马克思主义历史学派的代表人物，《英国工人阶级的形成》是英国（乃至欧洲）马克思主义历史学的代表作。它之所以是“马克思主义”的，不仅是因为作者自己这样说，许多读者这样认为，而且更因为书中用阶级分析和阶级斗争的观点解释历史，重视工业革命时期英国下层人民的经历。

不过，汤普森对“阶级”有自己的理解，他在书中说：“我说的阶级是一种历史现象，它把一批各各相异、看来完全不相干的事结合在一起，它既包括在原始的经历中，又包括在思想觉悟里。我强调阶级是一种**历史**现象，而不把它看成一种‘结构’，更不是一个‘范畴’，我把它看成是在人与人的相互关系中确实发生（而且可以证明已经发生）的某种东西。……当一批人从共同的经历中得出结论（不管这种经历是从前辈那里得来还是亲身体验的），感到并明确说出他们之间有共同利益，他们的利益与其他人不同（而且常常对立）时，阶级就产生了。”（原书第 9 页，下同）这就是汤普森给“阶级”下的定义。在这个定义里，我们可以看出：阶级的“存在”和阶级“觉悟”是同一的，存在不可能没有“觉悟”，觉悟本身就是“存在”的一个必要组成部分。不可能只有阶级而没有觉悟，阶级不可能先于觉悟而存在。当一个人出生的时候（或是在出生后的某个时候），他就被置于某种生产关系中，在这个关系中处于某种地位。但是，他对这种地位的认识并不与生俱有，他必须通过许多“经历”才能认识到这一点。当很多人“从共同的经历中得出结论”，感到他们的利益与其他人不同并时常对立时，他们就感到了共同的“存在”，也就是产生了集体的“觉悟”，只有在这个时候——在共同的“觉悟”产生之后，阶级才终于“形成”。因此，“自在的阶级”和“自为的阶级”之间的差别是不存在的，有阶级就必须“自为”，没有觉悟的“阶级”是不可想象的。汤普森把“阶级”的概念与阶级觉悟及其意识形态表现形式紧密地联系起来，反映了他的“文化马克思主义”倾向。

西方的“马克思主义”知识分子认为，他们可以在马克思的著作中为这样一个阶级的定义找到依据。马克思在《路易·波拿巴的雾月十八日》一书里谈到19世纪中叶法国的农民问题时曾说：“既然数百万家庭的经济条件使他们的生活方式、利益和教育程度与其他阶级的生活方式、利益和教育程度各不相同并互相敌对，所以他们就形成一个阶级。由于各个小农彼此间只存在地域的联系，由于他们利益的同一性并不使他们彼此间形成任何的共同关系，形成任何的全国性的联系，形成任何一种政治组织，所以他们就没有形成一个阶级。”⑤ 根据这段话，马克思主义的知识分子们解释说：这表明马克思认为，仅仅有经济“利益的同一性”还不够，阶级的“**形成**”，还必须加上“生活方式”、“教育程度”、“全国性的联系”、“政治组织”等等。这就证明“存在”本身还不足以成为阶级，阶级的“形成”必须有观念与思想意识条件。马克思、恩格斯在《共产党宣言》中也说过“无产者组织成为阶级……”⑥，这表明，他们不认为无产者的“存在”就是工人阶级的存在，无产者必须“组织成为阶级”。

那么，如何才能“组织成为阶级”呢？答案是：通过工人的各种斗争，无产者逐步联合起来。个别的行动逐步发展成集体的

---

⑤ 《马克思恩格斯选集》，第一卷，第693页。

⑥ 《马克思恩格斯选集》，第一卷，第261页。

行动,分散的活动逐步集结为有组织的活动,“他们甚至建立了经常性的团体,……有些地方,斗争转变为起义”。“他们斗争的真正成果并不是直接取得的成功,而是工人的愈来愈扩大的团结。这种团结由于大工业所造成的日益发达的交通工具而得到发展,这种交通工具把各地的工人彼此联系起来。只要有了这种联系,就能把许多性质相同的地方性的斗争汇合成全国性的斗争,汇合成阶级斗争。”⑦ 马克思主义的知识分子用马克思的这些说法论证他们的阶级定义,同时也为我们提供了理解《英国工人阶级的形成》这本书的理论背景。由此我们知道,为什么这本书被作者说成(也被多数评论家看成)是“马克思主义的”一部作品。

从这个定义出发,汤普森把工人阶级的“经历”看做工人阶级“形成”的关键。汤普森说:“阶级是社会与文化的形成,其产生的过程只有当它在相当长的历史时期中自我形成时才能考察,若非如此看待阶级,就不可能理解阶级。”(第 11 页)。“经历”是“存在”与“觉悟”间的纽带,没有这些经历,意识就不会出现,“觉悟”就不会生成,阶级也就不能“形成”。所以,在这本洋洋数十万言的恢弘大作中,他详尽地考察了工人阶级“经历”中的每一个方面:从劳动到生活水平,从组织到政治活动,从宗教情绪到文化娱乐方式。所有这些,都包括在他的“工人阶级的经历”中,而正是这些经历,最终使“多数英国工人开始意识到他们之间的共同利益,他们的利益与统治者和雇主们对立”(第 11 页),从而“形成”了阶级。我们在翻阅这部巨著时,将不会奇怪书中如何不厌其烦地叙述那么多看起来似乎是毫不相干的琐事,也不会奇怪那面面俱到、无所不包的细节如何会与工人阶级

⑦ 《共产党宣言》,《马克思恩格斯选集》,第一卷,第 260 页。

的“形成”有关。汤普森向我们阐述的，正是他关于阶级与阶级“形成”的一个理论，正如他所说：“我想把那些穷苦的织袜工、卢德派的剪绒工、‘落伍的’手织工、‘乌托邦式’的手艺人、乃至受骗上当而跟着乔安娜·索斯科特跑的人都从后世的不屑一顾中解救出来。他们的手艺与传统也许已经消失，他们对新出现的工业社会持敌对态度……他们的集体主义理想也许只是空想，他们的造反密谋也许是有勇无谋；然而，是他们生活在那社会剧烈动荡的时代，而不是我们”；“阶级是人们在亲身经历自己的历史时确定其含义的，因而归根结底是它惟一的定义”（第11页，第12—13页）。

由此我们就不必奇怪：对工人在工业革命中的一切活动，汤普森几乎都抱一种同情的态度，而很少指责它们“落后”、“无远见”或“背叛工人阶级的根本利益”等等。这里的原因就在于：汤普森认为所有这些都是英国工人的“经历”，而正是这些经历促进了英国工人阶级的“形成”。

三

我们已经知道这本书主要是表达汤普森关于阶级和阶级“形成”的理论，但由于它叙述的是英国历史上一个重要的转折时期，其涵盖面又极其广泛，因此不可避免地牵涉到许多重大的历史问题，有些问题是英国史学界长期争执不休的。对所有这些问题，汤普森都提出了独到的见解，因此本书甫一问世，即在学术界引起巨大反响。

书的第一部写“18世纪留传下来的人民传统”（第12页），在汤普森看来，这些传统包括以下四个方面。首先，是清教非国教派的思想与组织传统，这从17世纪革命时期的“千年王国派”开始，经过班扬的《天路历程》和18世纪初的非国教教派组织，到 18 世纪中叶出现卫斯理宗。汤普森认为,在这样一个漫长的发展过程中,新教非国教教派经历了意识形态上的"后撤",即从"千年王国派"坚强的战斗性后撤到 18 世纪非国教教派对"内在王国的反身自省"之上。汤普森说:"理解这种后撤——以及在后撤之后还剩下什么,对于理解 18 世纪的情况以及后来工人阶级政治活动中一个持久的因素非常关键"。到 18 世纪,在革命的理想破灭之后,非国教教派不再要求建立"圣人的国家",而是努力适应社会现实,力图与现成的制度达成妥协。在这种妥协中,它们丢弃了原则却保存了组织,使非国教传统得以传留下来。"这些教派在决意耐心地忍受'现世之苦,'放弃其取得'政府统治权'的希望时,却也能够把政治上的无所作为与一种蛰伏的激进主义结合起来,……一旦遇到比较合适的环境,它就会再次燃烧成燎原之火"(第 30 页)。这样,非国教的思想与组织传统成为 19 世纪工人反抗斗争的一个深刻的历史根源。

第二种传统是人民群众自发而无组织的反抗行为,主要表现为群众暴动、抢粮风潮、滋事骚乱等等。整个 18 世纪,这种人民的"直接行动"始终不断,尽管它无组织、混乱、涣散,而且时常表现为漫无目标,但"在每次这种形式的大众直接行动的背后,我们都能发现某些具有合法性的权利概念"。英国人民始终认为他们的权益是受到习惯的保护的,认为自己有权采取直接的行动匡正社会时弊、维护"道德经济学",这为日后工人的斗争提供了历史依据。

第三种传统是英国人对"生而自由"的强烈认同以及作为"生而自由的英国人"的强烈自豪感。从 17 世纪革命时的平等派开始,经过 18 世纪的许多人民运动(戈登暴动、威尔克斯事件等)和许多贫民思想家(戈德温、斯彭斯等)的填补锻造,到潘恩那里终于发展为集大成。汤普森对潘恩的《人权论》给予极高的评价,认为它在形成工人阶级意识方面起了无与伦比的作用。“《人权论》是英国工人运动的奠基之作”(第 90 页),它和班扬的《天路历程》一起,是英国工人的启蒙教科书(第五章)。

第四种传统就是法国大革命所激发的英国“雅各宾传统”。法国革命在英国造成深刻影响,培养了人民的平等共和意识。下层劳动者第一次感到自己有权参加国家的治理,因而引发出工人群众的激进运动。这种激进主义传统从 18 世纪 90 年代延续到 19 世纪中期,是构成工人阶级“经历”的最重要的一个部分。在法国大革命和英国民众激进主义之间起桥梁作用的,是潘恩的《人权论》,因此《人权论》在激进主义运动史上有不可磨灭的地位。

以上四种传统就是英国工人阶级在“形成”时从过去继承下来的主要遗产。由此我们可以知道,汤普森在探讨英国工人运动的成因时,并没有从理论到理论地进行某种教条式的演绎,他从英国历史的实际出发,着手于英国的特殊性,体现了英国历史学求实、实证的传统。

书的第二部分“从主观因素转向客观因素,即工业革命时期不同工人集团的亲身经历”(第 12 页)。这一部分涉及的范围之广、内容之丰富,实在令人咋舌,表现了汤普森广阔的知识领域和深厚的史学功底。如果我们把它从书中抽出单独作为一本书出版,题名为《工业革命时期英国工人的经历》云云,它也会成为一本传世之作的,更何况它还组织在一个如此宏大的体系里,用以说明工人阶级的“形成”理论呢!

这里所说的“经历”包括以下这些方面:工资、物价、生活水平、劳动条件和劳动纪律、宗教与道德、休闲与娱乐、妇女与儿童、工会与互助会组织等等。所有这些内容,都最能体现“社会史”的研究范畴,汤普森自称是“社会史学家”,这在书中的这个部分最能充分地表现出来。文中广征博引，谈古论今，令人不得不对汤普森作为“社会史学家”的崇高地位肃然起敬。

这一部分涉及到英国史学界长期争论的最重大问题之一——生活水平问题。还在工业革命正在进行的时候，关于劳动人民的生活状况问题就已经引起同时代人的争论。恩格斯写《英国工人阶级状况》，引用官方各种资料说明劳动人民的生活水平急剧下降。亨利·梅休在英国各地进行广泛的社会调查，结果写成致《晨报》编辑部的 82 封信，也充分揭示了工人群众遭受的苦难。19 世纪下半叶，许多中等阶级人道主义者继续这种社会调查，证明在当时这个世界上最富裕的国家中，贫困仍是一种普遍的现象。这使费边社会主义者对工业革命中劳动人民生活水平的问题持一种“悲观”的态度；哈蒙德夫妇也支持这种立场。但“乐观”派也大有人在，尤尔牧师 1835 年写的《工业哲学》是系统地阐述“乐观派”观点的最早一本著作，在以后几十年中，为这种观点辩护的人不断出现。20 世纪初哈蒙德夫妇的“劳工三部曲”出版后，在生活水平问题上受到克拉潘的《现代英国经济史》的猛烈批判，这本书用大量统计数字得出一个“平均”的工人生活水平的曲线图，用以表明工人阶级的实际购买力提高了，因此其生活水平也不断提高。“乐观派”的观点在 30 年代占上风；到 50 年代，马克思主义者重新在这个问题上发起进攻，而“乐观派”则坚守阵地，一直论战到 60 年代初。就在这时，汤普森的《英国工人阶级的形成》出版了，为“悲观派”提供了强大的生力军。

汤普森认为：“平均”的生活水平是没有意义的，“平均”只说明**抽象的**工人，而每一个**具体的**工人，那些受苦受难、饥寒交迫的手织工、织袜工、剪绒工等等，他们的痛苦就被悄悄地埋没在这个“平均”水平之下，他们的苦难也就被完全掩饰了。他因此分门别类地逐一叙述各个工人集团在工业革命时期的生活状况,表明受工业革命影响最大的这些人,如何落到了贫困的深渊。除此之外,汤普森还指出:单纯的"量"不足以说明生活水平,"质"的因素必须考虑,而且也许更重要。即便某些工人在实际收入方面确实有所提高,但他们丧失了对自己劳动的控制权,丧失了"独立",丧失了娱乐和休闲,丧失了与家人团聚在一起的天伦之乐,他们必须服从严格的劳动纪律,成为生产与机器所控制的仆人。这些代价,是补偿不了物质生活的某些改进的。汤普森以他"生活水平的质"的概念投入论战,使生活水平问题向更广阔的方向发展。

与此同时,汤普森还讨论了卫斯理宗对工人运动的影响。卫斯理宗是18世纪中叶由国教内部产生的一个新教派,它重视在劳动人民中传播"福音",引起下层人民狂热的"宗教复兴"。汤普森认为,卫斯理宗一方面改造了劳动人民桀骜不驯的性格,使他们成为有自制能力的新人,从而为即将到来的工业革命培养了第一代懂得服从和遵守纪律的工人。但另一方面,卫斯理宗为工业革命时在现实中总是遭受挫折(包括反抗斗争中失败)的工人提供了精神上的避难所,因为"强调来世的任何宗教都是失败者和失望者的千年王国"(第381—382页)。卫斯理宗由于不肯抛弃任何一个"被遗弃的人",坚持在普通劳动人民中传播上帝的声音,因此得到劳动者的拥护,使他们在宗教中寻找到一丝慰藉。劳动者在卫斯理宗的小组讨论会、群众性的露天布道、野营传教活动以及担任地区及班组负责人和俗人传教士的工作中找到了自身的价值,从而为形成某种"觉悟"创造了条件。而且,所有这些形式又都为日后的工人运动提供了现成的借鉴,使他们获得了组织工作的经验。汤普森没有对卫斯理宗这样一剂"宗教鸦片"作简单了事的判决,而是从生活在那个时代的受苦人的角度来解答这样一个问题,即“卫斯理宗为什么能够成功地发挥既作为剥削者的宗教又作为被剥削者的宗教这样双重的作用呢?”(第 375 页)

书的第三部分题为“工人阶级的存在”,实际上是写 19 世纪最初 30 年代工人阶级的政治史,“从卢德运动开始,到拿破仑战争结束时那些可歌可泣的年代。最后,还对 19 世纪 20 和 30 年代的政治理论和阶级觉悟的某些方面进行探讨”(第 12 页)。在这一部分中,作者满怀深情地描述了工人阶级有组织反抗的经历,在他的笔下,被统治者长期认定是“叛逆”、“罪犯”的工人运动领袖都还了历史的本来面目,而成为在本阶级解放事业中英勇献身的大无畏英雄。作者的同情心跃然落于纸上,他对工人阶级的每一种反抗形式都给予同情的评价,而不管它看起来是如何“原始”、如何鲁莽甚至不合情理。他认为那些就是英国工人在工业革命时期的主要经历,都导致工人阶级的最终“形成”。他不愿站在后人的高度上来指责前人的“幼稚”,他只愿依照他笔下那些人物的立场去理解他们那个时代。这种历史主义观点使他对“英国传统”充满了感情,读汤普森书的这一部分,就如同读一部英国工人的荷马史诗,其可歌可泣、英勇悲壮,令人泪下!

这一部分提到一个很重要的问题,即英国工人是否有革命暴力的传统。哈蒙德夫妇否认这种传统,他们把 19 世纪最初二十年中一再出现的革命密谋乃至真实发生的武装起义都说成是托利党政府派遣的奸细人为造成的结果,其目的是为托利党的高压政策编造合理性,从而巩固托利党一党的统治。汤普森嘲笑这种说法,说政府派出数十万军队,疲于奔命,风声鹤唳,结果只是为捕捉连政府自己都不相信的暴动神话,这在一个有健全头脑的人,是不可想象的。尽管如此,哈蒙德夫妇的说法却在史学界流行了几十年。汤普森详细追述了英国工人运动中每一次暴力活动的痕迹,他试图要做的,就是彻底纠正哈蒙德夫妇在党派偏见驱使下造成的历史扭曲。

最后应该说明,汤普森决不认为英国工人在工业革命时期的反抗斗争仅仅是对生活条件恶化作出的反应,而哈蒙德夫妇、费边社知识分子乃至英共党员作家都曾作出过这种解释。汤普森强调传统、意识形态和社会组织形式的重要性,强调非经济方面在阶级形成过程中的重要作用,强调阶级在客观因素的作用下**被形成**时又**主观地**形成自己的过程。

以上这些就是《英国工人阶级的形成》这本书的主要观点。由于它内容广泛,特点鲜明,因此自书出版之后,就一再受到各方关注,赞同和反对的意见层出不穷,形成经久不衰的史学大辩论。直至今天,在书出版三十多年后,凡研究工业革命时期的英国史,而不去看汤普森的《英国工人阶级的形成》的,仍旧行不通。这本书已成了这一时期英国社会史和劳工史的经典之作,是创学派的开山之举。三十多年中,围绕着汤普森提出的许多问题,英国史学界展开了持久的讨论,引发出一大批专门著作,其中有一些已经产生很大影响,形成一个明显的学术派别。即使是反对汤普森的人,无论是从"左"的还是从右的方面反对,他们也都不得不在汤普森提出的问题范围内发难,以求攻其一点。汤普森的这本书,在相当长的时间里,将仍然发挥巨大的影响。它的影响甚至已经超越英国历史的范围了,它提出了全世界(至少是欧洲)早期工人运动史上许多带普遍性的问题,还有工业化时期许多国家都会产生的某些问题,因此它的理论框架甚至可适用于英国以外的国家。由此,《英国工人阶级的形成》取得了国际声誉,汤普森也跻身于国际最知名的当代历史学家之列。他的书已翻译成许多文字,成了全世界共同的文化瑰宝。

但这样一部杰出的作品,却到 80 年代初才为我国历史学界所闻。当时首批来华作学术访问的英美学者，发现中国史学界竟无人知道这本书以及这本书的作者时，显然是大吃一惊。中国的门户关得太紧了，中国与世界隔绝了太久！文化本来是全人类共同的财产，隔绝自己，只会造成自己的落伍。改革开放以来，中国与世界交往日密，文化与学术沟通也日趋增强。中国逐渐了解世界，世界也逐渐了解中国。本来有许多隔阂是文化上的差异造成的，增进文化交往，能促进世界的和平与进步。

80年代初，我在美国买到这本书；不久英国友人赠给我们的书中，也包括这本书。知道汤普森的中国人逐渐多起来，国内好多单位也开始购进他的作品。然而能够用英文阅读并且接近这本书的人终究是少数，出一个中文本似乎成了需要。1985年，汤普森教授和他的夫人（多萝茜·汤普森，也是一位历史学家）访问中国，在南京大学作短期讲学。当时，所有在校的外国留学生（十几个国家，一百多人）听说他来了，竟全体出动听他演讲，足见他在国际学术界的巨大影响。于是，我们更加认识到应该翻译这部作品，让它为更多的中国人所知晓。翻译的建议提出来了，得到商务印书馆的大力支持，还在我的老师蒋孟引先生在世时，就已经规划翻译方案。但由于种种原因，实际的翻译工作竟拖了这么长时间才完成，这无论如何都是一件憾事。

翻译工作最终是由我们几个中青年学子承担的，我们几个人，都学过英国史专业，对英国历史比较了解，而且和汤普森教授有过交往，至少是亲耳聆听过他的课。但翻译这本书还是有很大的困难，除了专业知识方面的欠缺外，还加上他的文笔太好，通篇竟如同一部哲学性很强的叙事散文诗一般！〔他年轻时曾想当一名诗人。美国历史学家亨利·阿贝洛夫曾经说：书名中“形成”（Making）这个词暗含着汤普森对文学创作的向往，因为在古英语中，写诗的人可以被称作“创作家”（Maker），这两个词在英文中都出自“make”。[8]〕另外，他引用的史料中，有许多是当时下层人民的俚语、口语，甚至文字不通之语，为保留史料的准确性，他对此全都不加处理，这又增加了翻译工作的难度。虽然我们竭尽全力希望译好，但也许还是力不从心，在这里特请读者和作者原谅。

我们希望，中译本出来之后，不仅能受到喜爱英国史的读者们的欢迎，而且能得到学术界其他领域人士的关注，因为，汤普森提出的问题，确实已超出了英国社会史的范畴，而带有普遍的启发意义。

本书的翻译工作分工如下：钱乘旦：前言，第一章，第二章，第十三章，第十四章；杨豫：第六至十二章；潘兴明：第三至五章；何高藻：第十五章，第十六章，索引。

由于各种原因，商务印书馆现将本书的出版交给译林出版社，尽管如此，我们仍对商务印书馆所做的大量工作表示感谢，并对译林出版社所做的努力表示敬意。

译者，1999 年 8 月　于南京

---

⑧ 参看阿贝洛夫：《评〈理论的贫困〉》，载《历史理论》，第 21 期，1982 年。

索　　引

人文与社会译丛

第一批书目

1.《政治自由主义》(增订版),[美]J. 罗尔斯著,万俊人译　118.00 元
2.《文化的解释》,[美]C. 格尔茨著,韩莉译　89.00 元
3.《技术与时间:1. 爱比米修斯的过失》,[法]B. 斯蒂格勒著,裴程译　62.00 元
4.《依附性积累与不发达》,[德]A. G. 弗兰克著,高铦等译　13.60 元
5.《身处欧美的波兰农民》,[美]F. 兹纳涅茨基、W. I. 托马斯著,张友云译　9.20 元
6.《现代性的后果》,[英]A. 吉登斯著,田禾译　45.00 元
7.《消费文化与后现代主义》,[英]M. 费瑟斯通著,刘精明译　14.20 元
8.《英国工人阶级的形成》(上、下册),[英]E. P. 汤普森著,钱乘旦等译　168.00 元
9.《知识人的社会角色》,[美]F. 兹纳涅茨基著,郑斌祥译　49.00 元

第二批书目

10.《文化生产:媒体与都市艺术》,[美]D. 克兰著,赵国新译　49.00 元
11.《现代社会中的法律》,[美]R. M. 昂格尔著,吴玉章等译　39.00 元
12.《后形而上学思想》,[德]J. 哈贝马斯著,曹卫东等译　58.00 元
13.《自由主义与正义的局限》,[美]M. 桑德尔著,万俊人等译　30.00 元

14.《临床医学的诞生》,[法]M. 福柯著,刘北成译 55.00 元
15.《农民的道义经济学》,[美]J. C. 斯科特著,程立显等译 42.00 元
16.《俄国思想家》,[英]I. 伯林著,彭淮栋译 35.00 元
17.《自我的根源:现代认同的形成》,[加]C. 泰勒著,韩震等译 128.00 元
18.《霍布斯的政治哲学》,[美]L. 施特劳斯著,申彤译 49.00 元
19.《现代性与大屠杀》,[英]Z. 鲍曼著,杨渝东等译 59.00 元

第三批书目

20.《新功能主义及其后》,[美]J. C. 亚历山大著,彭牧等译 15.80 元
21.《自由史论》,[英]J. 阿克顿著,胡传胜等译 89.00 元
22.《伯林谈话录》,[伊朗]R. 贾汉贝格鲁等著,杨祯钦译 48.00 元
23.《阶级斗争》,[法]R. 阿隆著,周以光译 13.50 元
24.《正义诸领域:为多元主义与平等一辩》,[美]M. 沃尔泽著,褚松燕等译 24.80 元
25.《大萧条的孩子们》,[美]G. H. 埃尔德著,田禾等译 27.30 元
26.《黑格尔》,[加]C. 泰勒著,张国清等译 135.00 元
27.《反潮流》,[英]I. 伯林著,冯克利译 48.00 元
28.《统治阶级》,[意]G. 莫斯卡著,贾鹤鹏译 98.00 元
29.《现代性的哲学话语》,[德]J. 哈贝马斯著,曹卫东等译 78.00 元

第四批书目

30.《自由论》(修订版),[英]I. 伯林著,胡传胜译 69.00 元
31.《保守主义》,[德]K. 曼海姆著,李朝晖、牟建君译 58.00 元
32.《科学的反革命》(修订版),[英]F. 哈耶克著,冯克利译 58.00 元

33.《实践感》,[法]P. 布迪厄著,蒋梓骅译 75.00 元
34.《风险社会:新的现代性之路》,[德]U. 贝克著,张文杰等译 58.00 元
35.《社会行动的结构》,[美]T. 帕森斯著,彭刚等译 80.00 元
36.《个体的社会》,[德]N. 埃利亚斯著,翟三江、陆兴华译 15.30 元
37.《传统的发明》,[英]E. 霍布斯鲍姆等著,顾杭、庞冠群译 68.00 元
38.《关于马基雅维里的思考》,[美]L. 施特劳斯著,申彤译 78.00 元
39.《追寻美德》,[美]A. 麦金太尔著,宋继杰译 68.00 元

第五批书目

40.《现实感》,[英]I. 伯林著,潘荣荣、林茂、魏钊凌译 78.00 元
41.《启蒙的时代》,[英]I. 伯林著,孙尚扬、杨深译 35.00 元
42.《元史学》,[美]H. 怀特著,陈新译 89.00 元
43.《意识形态与现代文化》,[英]J. B. 汤普森著,高铦等译 68.00 元
44.《美国大城市的死与生》,[加]J. 雅各布斯著,金衡山译 78.00 元
45.《社会理论和社会结构》,[美]R. K. 默顿著,唐少杰等译 128.00 元
46.《黑皮肤,白面具》,[法]F. 法农著,万冰译 58.00 元
47.《德国的历史观》,[美]G. 伊格尔斯著,彭刚、顾杭译 58.00 元
48.《全世界受苦的人》,[法]F. 法农著,万冰译 17.80 元
49.《知识分子的鸦片》,[法]R. 阿隆著,吕一民、顾杭译 59.00 元

第六批书目

50.《驯化君主》,[美]H. C. 曼斯菲尔德著,冯克利译 68.00 元
51.《黑格尔导读》,[法]A. 科耶夫著,姜志辉译 98.00 元
52.《象征交换与死亡》,[法]J. 波德里亚著,车槿山译 68.00 元
53.《自由及其背叛》,[英]I. 伯林著,赵国新译 48.00 元

54.《启蒙的三个批评者》,[英]I. 伯林著,马寅卯、郑想译 48.00 元
55.《运动中的力量》,[美]S. 塔罗著,吴庆宏译 23.50 元
56.《斗争的动力》,[美]D. 麦克亚当、S. 塔罗、C. 蒂利著,李义中等译 31.50 元
57.《善的脆弱性》,[美]M. 纳斯鲍姆著,徐向东、陆萌译 55.00 元
58.《弱者的武器》,[美]J. C. 斯科特著,郑广怀等译 82.00 元
59.《图绘》,[美]S. 弗里德曼著,陈丽译 49.00 元

第七批书目

60.《现代悲剧》,[英]R. 威廉斯著,丁尔苏译 45.00 元
61.《论革命》,[美]H. 阿伦特著,陈周旺译 59.00 元
62.《美国精神的封闭》,[美]A. 布卢姆著,战旭英译,冯克利校 89.00 元
63.《浪漫主义的根源》,[英]I. 伯林著,吕梁等译 49.00 元
64.《扭曲的人性之材》,[英]I. 伯林著,岳秀坤译 69.00 元
65.《民族主义思想与殖民地世界》,[美]P. 查特吉著,范慕尤、杨曦译 18.00 元
66.《现代性社会学》,[法]D. 马尔图切利著,姜志辉译 32.00 元
67.《社会政治理论的重构》,[美]R. J. 伯恩斯坦著,黄瑞祺译 72.00 元
68.《以色列与启示》,[美]E. 沃格林著,霍伟岸、叶颖译 128.00 元
69.《城邦的世界》,[美]E. 沃格林著,陈周旺译 85.00 元
70.《历史主义的兴起》,[德]F. 梅尼克著,陆月宏译 48.00 元

第八批书目

71.《环境与历史》,[英]W. 贝纳特、P. 科茨著,包茂红译 25.00 元
72.《人类与自然世界》,[英]K. 托马斯著,宋丽丽译 35.00 元

73.《卢梭问题》,[德]E. 卡西勒著,王春华译 39.00元
74.《男性气概》,[美]H. C. 曼斯菲尔德著,刘玮译 28.00元
75.《战争与和平的权利》,[美]R. 塔克著,罗炯等译 25.00元
76.《谁统治美国》,[美]W. 多姆霍夫著,吕鹏、闻翔译 35.00元
77.《健康与社会》,[法]M. 德吕勒著,王鲲译 35.00元
78.《读柏拉图》,[德]T. A. 斯勒扎克著,程炜译 68.00元
79.《苏联的心灵》,[英]I. 伯林著,潘永强、刘北成译 59.00元
80.《个人印象》,[英]I. 伯林著,覃学岚译 88.00元

第九批书目

81.《技术与时间:2. 迷失方向》,[法]B. 斯蒂格勒著,
赵和平、印螺译 59.00元
82.《抗争政治》,[美]C. 蒂利、S. 塔罗著,李义中译 28.00元
83.《亚当·斯密的政治学》,[英]D. 温奇著,褚平译 21.00元
84.《怀旧的未来》,[美]S. 博伊姆著,杨德友译 85.00元
85.《妇女在经济发展中的角色》,[丹]E. 博斯拉普著,陈慧平译 30.00元
86.《风景与认同》,[美]W. J. 达比著,张箭飞、赵红英译 68.00元
87.《过去与未来之间》,[美]H. 阿伦特著,王寅丽、张立立译 58.00元
88.《大西洋的跨越》,[美]D. T. 罗杰斯著,吴万伟译 108.00元
89.《资本主义的新精神》,[法]L. 博尔坦斯基、E. 希亚佩洛著,
高铦译 58.00元
90.《比较的幽灵》,[美]B. 安德森著,甘会斌译 79.00元

第十批书目

91.《灾异手记》,[美]E. 科尔伯特著,何恬译 25.00元

92.《技术与时间:3. 电影的时间与存在之痛的问题》,
[法]B. 斯蒂格勒著,方尔平译 65.00 元
93.《马克思主义与历史学》,[英]S. H. 里格比著,吴英译 78.00 元
94.《学做工》,[英]P. 威利斯著,秘舒、凌旻华译 68.00 元
95.《哲学与治术:1572—1651》,[美]R. 塔克著,韩潮译 45.00 元
96.《认同伦理学》,[美]K. A. 阿皮亚著,张容南译 45.00 元
97.《风景与记忆》,[英]S. 沙玛著,胡淑陈、冯樨译 78.00 元
98.《马基雅维里时刻》,[英]J. G. A. 波考克著,冯克利、傅乾译 108.00 元
99.《未完的对话》,[英]I. 伯林、[波]B. P. -塞古尔斯卡著,
杨德友译 65.00 元
100.《后殖民理性批判》,[印]G. C. 斯皮瓦克著,严蓓雯译 79.00 元

第十一批书目

101.《现代社会想象》,[加]C. 泰勒著,林曼红译 45.00 元
102.《柏拉图与亚里士多德》,[美]E. 沃格林著,刘曙辉译 78.00 元
103.《论个体主义》,[法]L. 迪蒙著,桂裕芳译 30.00 元
104.《根本恶》,[美]R. J. 伯恩斯坦著,王钦、朱康译 78.00 元
105.《这受难的国度》,[美]D. G. 福斯特著,孙宏哲、张聚国译 39.00 元
106.《公民的激情》,[美]S. 克劳斯著,谭安奎译 49.00 元
107.《美国生活中的同化》,[美]M. M. 戈登著,马戎译 58.00 元
108.《风景与权力》,[美]W. J. T. 米切尔著,杨丽、万信琼译 78.00 元
109.《第二人称观点》,[美]S. 达沃尔著,章晟译 69.00 元
110.《性的起源》,[英] F. 达伯霍瓦拉著,杨朗译 85.00 元

第十二批书目

111.《希腊民主的问题》,[法]J. 罗米伊著,高煜译　48.00 元
112.《论人权》,[英]J. 格里芬著,徐向东、刘明译　75.00 元
113.《柏拉图的伦理学》,[英]T. 埃尔文著,陈玮、刘玮译　118.00 元
114.《自由主义与荣誉》,[美]S. 克劳斯著,林垚译　62.00 元
115.《法国大革命的文化起源》,[法]R. 夏蒂埃著,洪庆明译　38.00 元
116.《对知识的恐惧》,[美]P. 博格西昂著,刘鹏博译　38.00 元
117.《修辞术的诞生》,[英]R. 沃迪著,何博超译　48.00 元
118.《历史表现中的真理、意义和指称》,[荷]F. 安克斯密特著,周建漳译　58.00 元
119.《天下时代》,[美]E. 沃格林著,叶颖译　78.00 元
120.《求索秩序》,[美]E. 沃格林著,徐志跃译　48.00 元

第十三批书目

121.《美德伦理学》,[新西兰]R. 赫斯特豪斯著,李义天译　68.00 元
122.《同情的启蒙》,[美]M. 弗雷泽著,胡靖译　48.00 元
123.《图绘暹罗》,[美]T. 威尼差恭著,袁剑译　58.00 元
124.《道德的演化》,[新西兰]R. 乔伊斯著,刘鹏博、黄素珍译　65.00 元
125.《大屠杀与集体记忆》,[美]P. 诺维克著,王志华译　78.00 元
126.《帝国之眼》,[美]M. L. 普拉特著,方杰、方宸译　68.00 元
127.《帝国之河》,[美]D. 沃斯特著,侯深译　76.00 元
128.《从道德到美德》,[美]M. 斯洛特著,周亮译　58.00 元
129.《源自动机的道德》,[美]M. 斯洛特著,韩辰锴译　58.00 元
130.《理解海德格尔:范式的转变》,[美]T. 希恩著,邓定译　89.00 元

第十四批书目

131.《城邦与灵魂:费拉里〈理想国〉论集》,[美]G. R. F. 费拉里著,刘玮编译 58.00 元

132.《人民主权与德国宪法危机》,[美]P. C. 考威尔著,曹晗蓉、虞维华译 58.00 元

133.《16 和 17 世纪英格兰大众信仰研究》,[英]K. 托马斯著,芮传明、梅剑华译 168.00 元

134.《民族认同》,[英]A. D. 史密斯著,王娟译 55.00 元

135.《世俗主义之乐:我们当下如何生活》,[英]G. 莱文编,赵元译 58.00 元

136.《国王或人民》,[美]R. 本迪克斯著,褚平译(即出)

137.《自由意志、能动性与生命的意义》,[美] D. 佩里布姆著,张可译 68.00 元

138.《自由与多元论:以赛亚·伯林思想研究》,[英]G. 克劳德著,应奇等译 58.00 元

139.《暴力:思无所限》,[美]R. J. 伯恩斯坦著,李元来译 59.00 元

140.《中心与边缘:宏观社会学论集》,[美]E. 希尔斯著,甘会斌、余昕译 88.00 元

第十五批书目

141.《自足的世俗社会》,[美]P. 朱克曼著,杨靖译 58.00 元

142.《历史与记忆》,[英]G. 丘比特著,王晨凤译 59.00 元

143.《媒体、国家与民族》,[英]P. 施莱辛格著,林玮译 68.00 元

144.《道德错误论:历史、批判、辩护》,

[瑞典]J. 奥尔松著,周奕李译 58.00 元

145.《废墟上的未来:联合国教科文组织、世界遗产与和平之梦》,[澳]L. 梅斯克尔著,王丹阳、胡牧译 88.00 元

146.《为历史而战》,[法]L. 费弗尔著,高煜译 98.00 元

147.《语言动物:人类语言能力概览》,[加]C. 泰勒著,赵清丽译(即出)

148.《我们中的我:承认理论研究》,[德]A. 霍耐特著,张曦、孙逸凡译 62.00 元

149.《人文学科与公共生活》,[美]P. 布鲁克斯、H. 杰维特编,余婉卉译 52.00 元

150.《美国生活中的反智主义》,[美]R. 霍夫施塔特著,何博超译 68.00 元

第十六批书目

151.《关怀伦理与移情》,[美]M. 斯洛特著,韩玉胜译 48.00 元

152.《形象与象征》,[罗]M. 伊利亚德著,沈珂译 48.00 元

153.《艾希曼审判》,[美]D. 利普斯塔特著,刘颖洁译 49.00 元

154.《现代主义观念论:黑格尔式变奏》,[美]R. B. 皮平著,郭东辉译(即出)

155.《文化绝望的政治:日耳曼意识形态崛起研究》,[美]F. R. 斯特恩著,杨靖译 98.00 元

156.《作为文化现实的未来:全球现状论集》,[印]A. 阿帕杜莱著,周云水、马建福译(即出)

157.《一种思想及其时代:以赛亚·伯林政治思想的发展》,[美]J. L. 彻尼斯著,寿天艺、宋文佳译 88.00 元

158.《人类的领土性:理论与历史》,[美]R. B. 萨克著,袁剑译(即出)

159.《理想的暴政：多元社会中的正义》，[美]G. 高斯著，范震亚译（即出）

160.《荒原：一部历史》，[美]V. D. 帕尔马著，梅雪芹译（即出）

第十七批书目

161.《浪漫派为什么重要》，[美]P. 盖伊著，王燕秋译 49.00元

162.《欧美思想中的自治》，[美]J. T. 克洛彭伯格著，褚平译（即出）

163.《冲突中的族群》，[美]D. 霍洛维茨著，魏英杰、段海燕译（即出）

164.《八个欧洲中心主义历史学家》，[美]J. M. 布劳特著，杨卫东译（即出）

165.《记忆之地，悼念之地》，[美]J. 温特著，王红利译（即出）

166.《20世纪的战争与纪念》，[美]J. 温特著，吴霞译（即出）

167.《病态社会》，[美]R. B. 埃杰顿著，杨靖、杨依依译（即出）

168.《种族与文化的少数群体》，[美]G. E. 辛普森、J. M. 英格尔著，马戎、王凡妹等译（即出）

169.《美国城市新主张》，R. H. 普拉特著，周允程译（即出）

170.《五种官能》，[美]M. 塞尔著，徐明译（即出）